Johann Diefenbach

Der Hexenwahn vor und nach der Glaubensspaltung in Deutschland

Johann Diefenbach

Der Hexenwahn vor und nach der Glaubensspaltung in Deutschland

ISBN/EAN: 9783743317901

Hergestellt in Europa, USA, Kanada, Australien, Japan

Cover: Foto ©ninafisch / pixelio.de

Manufactured and distributed by brebook publishing software (www.brebook.com)

Johann Diefenbach

Der Hexenwahn vor und nach der Glaubensspaltung in Deutschland

Der Hexenwahn

vor und nach

der Glaubensspaltung in Deutschland.

———◆———

Von

Johann Diefenbach,

Inspector an der Deutsch-Ordenscommende zu Frankfurt a. M.

Nil oculi prosunt, quibus est mens caeca
videndi.

S. Columbanus.

Mainz,
Verlag von Franz Kirchheim.
1886.

Vorwort.

Die Herausgabe vorliegender Schrift bedarf kaum einer Rechtfertigung. Seit dem Erscheinen des großen monumentalen Werkes unseres Joseph von Görres 1842 — die Mystik — ist die katholische Literatur auf diesem Gebiete unfruchtbar geblieben. Görres' Werk ist kein Buch für Jedermann sondern für Fachgelehrte. Kurz nach Erscheinen der Mystik gab Dr. W. G. Soldan die „Geschichte der Hexenprocesse" heraus, mit der unleugbaren Tendenz, die katholische Kirche in der Schuldfrage bezüglich der Hexenprocesse ins Unrecht zu setzen. Ferner erschien im Jahre 1860 Roskoffs „Geschichte des Teufels", welche keine confessionelle, wohl aber die rationalistisch-fortgeschrittene Färbung des Protestantismus zur Schau trägt und den Versuch macht, den altheidnischen Dualismus eines guten und bösen Principes selbst in das Christenthum hineinzutragen. Die durch Professor Heppe in Marburg 1880 herausgegebene zweite Auflage des Soldan'schen Werkes ist zwar eine bis zu zwei Bänden vermehrte Auflage, keineswegs aber eine verbesserte. Die Irrthümer Soldans sind nicht geschwunden; die confessionelle Einseitigkeit ist nicht gewichen, sondern gewachsen. Das Dogma von der Unfehlbarkeit des Papstes, welches Heppe mit den Haaren herbeizieht, und die Hexenprocesse, haben nichts mit einander zu schaffen. Jene Irrthümer und diese Parteilichkeit in dem Soldan-Heppe'schen Werke bedurften einer Widerlegung; insofern ich diese erstrebt habe, trägt mein Werk einen polemischen Charakter; im großen Ganzen aber ist der apologetische vorherrschend. Es handelt sich darum,

die Kirche zu vertheidigen gegen die Anklage, daß sie die Hexenprocesse verschuldet; gegen den ferneren Vorwurf, daß sie den
Hexenglauben gefördert und begünstigt habe. „Peccatur intra
muros et extra"; dieser Satz bleibt auch hier zu Recht bestehen.
Aber die Gerechtigkeit und die Wahrheit erheischen, daß man die
Schuld nicht allein intra muros suche, wenn sie extra muros
thurmhoch aufgeschichtet ist. Ein zehnjähriges Studium der Akten
und der einschläglichen Literatur überzeugten mich, daß eine Revision der genannten Werke protestantischer Autoren nicht bloß
nothwendig, sondern auch möglich sei. Auf Grund dieses
Studiums ergab sich nämlich die Ueberzeugung, daß aus dem sog.
„crimen mixtum", als welches die Zauberei im Mittelalter angesehen
wurde, wie heute noch Meineid, Ehebruch und Gotteslästerung, die
Jurisprudenz der Reformationszeit ein „crimen exceptum" gemacht hatte, nicht bloß in Bezug auf die Art und Weise des
Verfahrens, sondern auch in Bezug auf die Competenz. Die
Jurisprudenz, welche im Mittelalter nur den Vollzug der
Strafe hatte, den Hilfsdienst, (brachium saeculare), nahm seit
der Carolina auch das Verfahren, den Proceß, selbst in die Hand,
und so entstanden die Hexenprocesse im Abendlande, nicht
durch Schuld der Kirche, sondern durch Schuld des Staatsabso-
lutismus, der sich damals, begünstigt durch die Kirchentrennung,
ausbildete, und durch Schuld der sog. Reformation, welche die ursprüng-
lich getrennte kirchliche Gerichtsbarkeit zu Gunsten der Staatsall-
macht säcularisiren ließ. Die geistlichen Reichsstände katholischerseits
folgten theil- und zeitweise dem von der Gegenseite gegebenen Im-
pulse in Behandlung der Hexensache. Bezüglich des zweiten Vorwurfs
ergab sich aus der zeitgenössischen Literatur die Thatsache, daß der
protestantischen Theologie ein ungleich größerer Antheil an der Verbreitung und der Unterhaltung des Hexenwahns zufällt als der katholischen Theologie. Ich glaube den Beweis dafür im zweiten Theile
zur Genüge erbracht zu haben. Ueber die überaus reichhaltige hier in
Frage kommende Literatur dürfte schon der Einblick in dieses Werk
dem Leser einen annähernden Begriff verschaffen. Auch darf ich
darauf billigen Anspruch erheben, die reichhaltige Predigt-

Literatur zum erstenmale ans Tageslicht hervorgezogen und benutzt zu haben.

Es erübrigt mir noch, den verschiedenen Herren Bibliothekaren
zu Frankfurt, München, Würzburg, Berlin, sowie den Herren
Archivaren Dr. Grotefend zu Frankfurt, Dr. Schaeffler zu Würzburg, Dr. A. Kaufmann zu Wertheim für die mir gewährte
höchst freundliche Unterstützung den gebührenden Dank auszusprechen. Ebenso bin ich dem hochwürdigen Herrn Pfarrer Link
zu Neustadt verpflichtet für das mir so gütigst zur Benutzung
überlassene Material über Lohr, Rothenfels und Miltenberg.

Bei Wiedergabe von Proceßakten habe ich zumeist die Sprach-
weise und den Styl der damaligen Zeit festgehalten. Dadurch
tritt der Leser der Zeit selbst näher, der Eindruck ist unmittel-
barer, es erhält die Darstellung oftmals ein mehr dramatisches
Colorit.

Möge der Leser dieses Buch mit demselben Geiste lesen, in
welchem es geschrieben wurde: „sine ira et studio“: ohne
Leidenschaft und Vorurtheil.

Frankfurt, 1. Mai 1886.

J. Diefenbach.

Inhalt.

***

Erster Theil.

Die Zauberei als „Verbrechen" vor dem Forum der Justiz.

***

Erstes Buch.

Die Hexenprocesse in protestantischen Territorien.

Zweites Buch.

Hexenprocesse in katholischen Gebieten.

Drittes Buch.

Die Folter oder Tortur.

Viertes Buch.

Zweiter Theil.

Der Hexenwahn als „Laster" vor dem Forum der Kirche.

Erstes Buch.

Die christliche Kirche und der heidnische Zauberwahn von 1—1000 n. Chr.

Zweites Buch.

Die Kirche und der häretische Aberglaube von 1000—1500 n. Chr.

Drittes Buch.

Der Kampf der Kirche gegen den Hexenwahn des Reformationszeitalters 1500—1800 n. Chr.

Viertes Buch.

Die Stellung des Jesuitenordens zum Hexenwahn.

Fünftes Buch.

Der Protestantismus und der Hexenwahn.

Erster Theil.

Die Zauberei als „Verbrechen" vor dem Forum der Justiz.

Fides ist geschlagen zu todt,
Justitia leidet große Noth.
Pietas lieget gar im Stro,
Patientia schreyt mordio,
Superbia ist auserkorn,
Humilitas hat's Feld verlorn,
Veritas ist hinweg geschlagn,
Castitas ist übers Meer zogn,
Invidia wird dick und groß,
Charitas stirbt kalt und gar bloß,
Virtus ist des Lands vertrieben,
All *vitia* thun drin obsiegen.

Nürnberg, den 1. Dezember 1619.

Johann Philipp Schurstab
in
seiner „höllischen Brüderschaft".
Frankfurt a. M. 1620.

Erstes Buch.

Die Hexenprocesse in protestantischen Territorien.

Erstes Kapitel.

Die Besessene zu Möttlingen 1840—43.

Zur nämlichen Zeit als Joseph von Görres seine „Christliche Mystik" schrieb (1842) und in diesem Werke die dunkelste Seite der Menschengeschichte an der Hand der Philosophie, Theologie und Geschichte zu erhellen suchte: nämlich die Influenz des Satans auf das geistige und physische Leben der Menschen, war ihm Gelegenheit geboten im nahen Württembergischen eine Teufels-Einwirkung in natura zu beobachten und zu studiren. Ob er Kenntniß davon genommen, weiß ich nicht, besorge aber, daß man einer eventuellen persönlichen Beobachtung die gleiche Weigerung würde entgegengesetzt haben, welche drei benachbarte katholische Priester erfuhren, als sie um eine Zulassung zu der angeblich Besessenen gebeten hatten. Dieser merkwürdige Fall von Besessenheit spielte sich ab im 5. Decennium unseres Jahrhunderts in dem Pfarrdorfe Möttlingen in Württemberg. Der dortige Pfarrer Blumhardt berichtet darüber im August 1844 an die Kgl. württembergische Ober-Kirchenbehörde unter Auflage der Verschwiegenheit; allein die Sache kam dennoch an die Oeffentlichkeit. Ein Arzt aus Basel war es, welcher über den Vorfall gegen Pfarrer Blumhardt öffentlich polemisirte [1]. Dieser hat daher unterm 31. Juli 1850 seinen offiziellen Bericht als Manuskript vervielfältigt, und einzelnen befreundeten Personen eingehändigt. G. [2], ein 28 Jahr altes Mädchen, war gut unterrichtet und als Dienstmädchen geschätzt. Im Jahre 1836 überfiel sie eine Nierenkrankheit, in Folge deren sie in die Heimath zurückkehrte. Doch blieben einige Nachwehen der Krankheit zurück, namentlich im Unterleibe. Auch gab es im Hause bald unheimliche Dinge, wie Geräusch und Getöse. Sie sah auch Gestalten, Lichtlein

---

[1] Dr. de Valenti.

[2] Ihr Name: Gottliebin Dittus cf. Pfarrer Johann Christoph Blumhardt, ein Lebensbild von Fr. Zündel, Pfarrer, II. Aufl. Heilbronn 1881, S. 117.

1*

und Dinge, die schon eine Besessenheit ahnen ließen. 1841 machte sie
den Herrn Pfarrer mit Allem bekannt; doch dieser blieb sehr kalt; denn
sie war nicht zutraulich sondern abspenstig und verschlossen. Im
Jahre 1842 wurde das Gepolter häufiger und heftiger, besonders zur
Nachtzeit. Sie sah eine vor zwei Jahren gestorbene Person mit einem
Kinde auf dem Arme; diese sprach mit ihr. Man fand beim Suchen
im Zimmer Papiere und Geld mit Ruß beschmutzt, entdeckte ein Ding
wie Pulver, Zettelchen vom Ruß entstellt; das Geld waren Sechsbäzner.
Die Pulver wurden vom Apotheker und Ärzte chemisch untersucht, doch
wurde nichts Besonderes gefunden. Das Gepolter wurde oft bei Tag
und Nacht gehört. Dr. Späht aus Merklingen behandelte die Kranke;
zwei Mal blieb er über Nacht bei ihr und fand sich durch die Erlebnisse
nicht wenig überrascht. Endlich veranlaßte der Pfarrer eine Anzahl von
gebildeten Männern, ungefähr sechs bis acht Personen, eine nächtliche
Beobachtung vorzunehmen [1]). Nach zehn Uhr begannen sie mit Liederversen
und Gebeten ihre Anwesenheit zu bekunden. Der Tumult fing an; es
erfolgten fünfundzwanzig Schläge so arg, daß die Stühle aufsprangen und
die Fenster klirrten, daß Sand herabfiel. Auch Töne wurden vernommen.
Man beschloß, die G. in ein anderes Haus zu bringen. Am folgenden
Tage war sie todtkrank; Flämmchen gewahrte sie unter der Thürschwelle.
Dort fand man beim Nachgraben in einem Topfe Knochenreste mit Erde
vermischt, — man glaubte darin die Anzeichen eines verübten Kindes-
mords zu haben. — Der Fund wurde zu Dr. K. in Calw gebracht,
welcher ihn für Vogelsgebeine erklärte. Es schien nun, daß ehemals in
diesem Hause Jemand Zauberkünste getrieben hatte. Die Kranke wurde
jetzt zu Gemeinderath Stanger gebracht und kehrte in einem Jahre
nicht mehr in ihr Haus zurück. Erst 1844 hatte das Gepolter dort aufgehört. Am stärksten war es auf Bußtagen; dann erschienen ihr auch
Gestalten und Lichtlein. Der Pfarrer aber sah solches nicht. Bei der
G. zeigten sich auch Convulsionen, sie zitterte am ganzen Leibe, und es
trat Schaum vor ihren Mund. Nun glaubte Pfarrer Blumhardt an
etwas Dämonisches. Denn auf Anrufung des Namens Jesu kam sie wieder
zu sich; der zweite Anfall war ebenso schauerlich. Das Mittel half
stets, aber gleich fiel sie wieder in ihren Zustand zurück. Abwechselnd
wiederholte sich dieses an den folgenden Tagen. Man vernahm eine
fremde Stimme und Worte: „den Namen kann ich nicht hören." Auf
die Frage: „Hast Du keine Ruhe?" „Nein, zwei Kinder habe ich getödtet. Den Namen Jesu kann ich nicht hören. Ich bin der Zauberei
schuldig und deshalb gebunden, ich darf im Leibe der G. nicht bleiben."
Etliche Tage später wiederholten sich die „Besitzungen" der Dämonen

---

1) Am 9. Juni 1842.

mit Drohungen; der Schultheiß erhielt Faustschläge, auch raste G. gegen
sich selbst. Der Befehl des Ausfahrens wurde befolgt; die Zahl der
Dämonen steigerte sich von 14 auf 175 und dann auf 425. Man bemerkte Spuren einer „brennenden" Hand am Halse; die ganze Nacht des
28. Juli 1842 von Abends acht bis Morgens vier gingen ihr Dämonen
aus dem Munde; dann war es wieder ruhig. Dem Pfarrer offenbarte sie
ihre Blutungen an Freitagen und Mittwochen; bald kam wieder Delirium,
sie will mit Messer, mit Strick, mit Fenstersprung sich tödten. Nach
viertelstündigem Gebet ist sie wieder ruhig; dann wiederholen sich die
Dämonenstimmen: „Wir sind 1069, Gott verschworen, ewig verloren,
wir haben verloren dein ewiges Leben." Solche Dinge begaben sich im
August 1842. Nun nahm der Pfarrer nach der bekannten Bibelstelle
neben dem Gebete auch das Fasten zu Hilfe. Ein Dämon, der schlimmste,
war Herr über die Anderen. Oft wurde der Leib der G. ganz aufge-
trieben, und er erbrach dann einen ganzen Kübel voll Wasser; es stellten
sich auch ein erlösungsbedürftige und Hilfe suchende Geister, es war die
Frau und Kindesmörderin darunter. Sie lobte den Pfarrer, daß er blos
auf das Gebet Gewicht gelegt habe, und sie wollte durch sein Gebet aus
des Teufels Gewalt befreit werden; sie sei durch Zauberei in dessen Gewalt gerathen, durch Gebrauch von Sympathiemitteln. Der Pfarrer hat
sie im Leben gekannt; sie will in ihrem Hause bleiben. Er erlaubte ihr
dagegen, in die Kirche zu gehen, jedoch nur „wenn Jesus es erlaubt."
Solches geschah; sie fuhr aus, und es war nun die Kirche ihr Aufenthalt. Unser Pfarrer Blumhardt will aber durch das Gesagte das
Fegfeuer nicht bestätigt sehen. Andere Erscheinungen zeigten sich in
dem Sprechen, man hörte deutsch, französisch, italienisch. Dem Pfarrer
scheint Abgötterei, Schwarzkunst, Zauberei, besonders die herrschend
gewordenen Sympathiemittel in die evangelische Kirche eingedrungen zu
sein. Der Dämon kann körperlich einwirken auf den Menschen, z. B.
auf seine Nerven und kann Melancholie, Sinnenlust und Leidenschaft
erregen. Durch Gebrauch der Geheimmittel vollbringt der Mensch einen
Abfall von Gott.

Am 8. Februar 1843 ward G. bewußtlos. Sie erzählt später vom Fliegen über Länder und Meere mit Schiffen bedeckt, sieht sich auf einen Berg
versetzt, einen Vulkan. Die Erde bebt; ihr Dämon wird in den Vulkan ge-
stürzt und tausend mit ihm. Darnach wird G. zurückgeführt. Kurz darauf lief
die Nachricht durch die Zeitungen, daß in Amerika, und zwar in Westindien
ein Erdbeben entstanden sei. Noch zweimal fanden solche Entrückungen
statt. 800 Dämonen wurden dadurch befreit. Sowohl die Dürre von
1842, wie die Nässe 1843, wurde von ihr den Dämonen zugeschrieben,
wie auch der Brand von Hamburg als Strafe für Ausschweifungen. Im

Ganzen waren 36 Städte durch Unglück heimgesucht. Nun trat eine neue Epoche ein. Es kam die Zauberei zur Erscheinung; alles wurde in die G. hineingezaubert: zweiundvierzig Nägel, zwei Schuhschnallen, ein Eisenstück, Näh-, Strick- und Sticknadeln, welche aus Nase, Mund und Ohr herauskamen [1]). Fünfzehn Stück kamen auf einmal aus der Nase, zwölf Stecknadeln aus dem Kopfe, mehrere selbst aus den Augen; Drahtstücke kamen aus dem Leibe, wie auch im Ganzen dreißig Stecknadeln, ferner Glasstücke, Steinchen, Eisenstücke ꝛc. Und das hat ein Jahr lang vor Augenzeugen also fortgedauert. Ein Betrug war nicht möglich; Alles war mit Schmerzen verknüpft, die G. dabei besinnungslos. Das Austreten der fremden Körper wurde durch Gebet bewirkt. Dabei floß weder Blut, noch bildete sich eine Wunde. Oft auch schnitt sie sich zur Beförderung der Gegenstände die Haut auf; diese Wunden waren nicht zu heilen. Es gingen auch lebendige Thiere von ihr, vier Heuschrecken, sechs bis acht Fledermäuse, ein Frosch aus dem Halse und eine Natter. Im Dezember 1843 stellte sich Nasenbluten ein, das Blut war schwarz und scharf riechend; der Arzt verschrieb ihr Medicin. Dr. Späht fühlte etwas Hartes am Kopfe. „Ich war um vier Uhr bei ihr, die G. lag im Blute, welches aus Ohren, Nase und Augen hervordrang, ein Kübel war halb voll — ein gräßlicher Anblick. Doch ein frommer Seufzer zum Herrn stillte das Blut. Da kommt am Kopfe ein Nagel und bald ein zweiter hervor." Bl. meint, die Materie sei aus Atomen bestehend, und es könne der Zaubermacht gelingen, solche Atome im Leibe zusammenzubringen. Die G. sagte, sie habe Erscheinungen am Bette; diese geben ihr etwas in den Mund und berühren sie, alsdann fühlt sie widerstandslos die Blutungen. Drei Männer sieht sie als Geister vor sich, sie haben Spiritus und wollen ihr von demselben eingeben, doch es gelingt nicht. G. hatte wenig Empfindung von den Sachen, die in ihr waren, wohl aber dann, wenn sie sich entfernten. Nach Pfarrer Blumhardt wirken bei Zaubereien die Geister Lebender und Verstorbener zusammen. Die Aufgabe der ersteren besteht in der Herbeischaffung der Materie. Die meisten Hexen und Hexenmeister, welche Menschen und Vieh bezaubern und Schaden verüben, sind dieses, was sie sind, ohne Wissen, haben nur je und je ein Gefühl davon, was sie im Geiste thun, ohne sich dieses Gefühl erklären zu können. Es sind dies höchst unglückliche Menschen. Eine Beschuldigung lebender Men-

---

1) In einer Dissertation D. Doison Medici Tornacensis, Tübingen 1729 S. 12 wird von diesem Arzte referirt, daß er am 24. Novbr. 1724 eine kranke Schwester, Dominicanerin, behandelt habe, bei der 22 Nadeln herausgetreten waren aus dem Leibe, den Füßen, am Halse. Sie hatte in ihrer Jugend diese Nadeln verschluckt.

schen in dieser Beziehung ist daher unbarmherzig, weil ein Unterschied zwischen schuldig und unschuldig kaum möglich ist.

Als „gebundener Mensch" hat er kein Bewußtsein davon; aber doch ist er zurechnungsfähig, weil ihm der freie Wille bleibt; die Zustände kommen und fließen aus den Abgöttereisünden. Der Zustand der Gebundenheit dauert auch nach dem Tode fort; dann bleibt ihm noch die Wahl, ob er dem Teufel anhängen oder frei sein will. Die ihm sich ergeben, sind Zaubergeister, und viele Unglücksfälle kommen deshalb vom Teufel. Die Zauberei der Lebenden hat viele Stufen: erstens, die sich selbst helfen wollen; zweitens, gewerbsmäßige Zauberer, die es für Andere thun; drittens, Schwarzkünstler, durch Bündnisse mit dem Teufel verbunden durch Unterschrift mit ihrem Blute. Sie schaffen Geld, Wollust, Schadlosigkeit, die Kunst zu fliegen, sich unsichtbar zu machen, Menschen zu tödten durch Schlagflüsse auf 100 Stunden Entfernung, nicht weniger auch die Kunst der Brandstiftung. Die Anfangs erwähnte Mutter hatte ihr Kind entführt gesehen, dafür sollte ihr ein Wechselkind gegeben werden. Es kommt zu einer Base, die wollte es zaubern lehren, wenn es zehn Jahre zähle; doch stirbt die Base, als es acht Jahre alt war. Sie hatte in der Krankheit Sympathie gebraucht.

Die G. war fromm, und der Pfarrer mit ihr sehr zufrieden; aber sie war bereits gebunden, nur im geringen Grade; ihr Widerwillen half nichts, die Dämonen nahmen sie ganz in Besitz. Sie selbst hatte keine Ahnung davon. Die erste Versuchung war im Februar 1840 an sie herangetreten aus Armuth auf folgende Weise: „Sie geht mit einem Groschen fort, um im Topfe Mehl zu holen. Sie wünscht sich noch einen Groschen. Sie findet ihn. Sie geht mit den zwei Groschen nach Haus, weil ihr das Mehl geschenkt wurde. Woher die zwei Groschen? Zu Hause findet sie einen Thaler auf dem Boden, woher dieser? Ein ander Mal war wieder Noth; da findet sie Mehl auf dem Tische und Geld in einem Papier mit dem Spruche: „Christi Blut und Gerechtigkeit ist mein Schmuck und Ehrenkleid". Sie verbraucht Beides. Also ist sie durch Betrug in des Satans Gewalt gelangt."

Am 24. und 25. Dezember, Weihnachten 1843, zeigten sich auch Einwirkungen auf Bruder und Schwester der G.; es waren also drei Personen ergriffen. Pfarrer Blumhardt nahm seine Zuflucht zu einem vierzigstündigen Wachen, Fasten und Beten. Der Bruder wurde bald wieder frei; aber Schwester Catharina wurde wie rasend, während G. weniger angegriffen war. Catharina drohte, den Pfarrer in tausend Stücke zu zerreißen; man glaubte tausend Lästermäuler zu hören. Sie war stets bei sich und erklärte, sie könne nichts dafür, weder für ihre Reden, noch für ihre Thaten. Sie bat, man möge sie festhalten; der

Dämon war kein Geist eines Verstorbenen, sondern der oberste Engel der Zauberer. Um zwei Uhr schwand der Geist langsam von ihr. Ein zweijähriger Kampf war vollendet. Beim Magnificat Nachmittags hielt ich eine Predigt über die Sache. Die G. hatte noch einige Anfechtungen; doch nach und nach wurde sie besser und ist jetzt ganz hergestellt. Sie ist fromm und demüthig und nach solch' überstandener Prüfung ein Wunderkind. Sie ist Industrielehrerin geworden, ich selbst gab ihr die Kleinkinderschule.

Möttlingen, den 11. August 1847.

P. S. Nachwort nach sechs Jahren: Nach vier Jahren ist sie noch bei mir im Hause; man spricht ihr alles Lob. Sie ist bei Geisteskranken unersetzlich und hat drei Geschwister an Kindesstatt angenommen.

den 31. Juli 1850.   Pfarrer Blumhardt († 25. Febr. 1880).

Das ist im Wesentlichen der Inhalt der Blumhardt'schen Mittheilungen. Es liegt kein Grund vor, weder an der Aufrichtigkeit, noch an der Glaubwürdigkeit des Beobachters zu zweifeln.

Immerhin wäre eine Selbsttäuschung möglich; andere täuschen zu wollen, diese Absicht ist ausgeschlossen bei der ausgesprochenen Frömmigkeit des Autors. Sein glücklicher Erfolg erinnert zu sehr an die Praxis des Pfarrers Johann Gassner zu Ellwangen 1774, welcher durch Exorcismen Besessene, Bezauberte und mit Krankheit angefochtene Patienten zu heilen versuchte. Doch fand dieser bei den geistlichen Behörden seiner Kirche Mißbilligung und Widerstand [1]).

Was das Kgl. Württembergische Oberconsistorium auf die Berichte des Herrn Pfarrers Blumhardt erwiedert hat, ist mir unbekannt. Welch trauriger Ausgang dieser Fall zu Möttlingen vor 200 Jahre gehabt haben würde, ergibt sich aus einem analogen Falle, welcher die Veranlassung gegeben zu einer größeren juristischen Abhandlung [2]).

Es handelt sich um ein 17 Jahr altes Mädchen, aus welchem der Dämon sehr häufig die wunderbarsten Dinge redete, gemäß dem Zeugnisse des ganzen Ehrwürdigen Ministerii, wie solches in einem öffentlichen Actenstücke der Kirchenbehörde dargelegt war. Als species facti wurde erklärt: „daß dieses Mägdelein Margaretha N. zuvor mit Worten und Gebährden sich also angestellt, als sei sie vom Teufel leibhaftig besessen. Daher der Prediger zu etlichen Malen in verschiedenen Zeiten das Mäg-

---

1) Von Rom wie von den Erzbischöfen zu Salzburg und Prag wurde seine Praxis verworfen. Soldan. Hexengesch. II. 306.

2) Theodor Reinkingk, Rath und Kanzler in Schleswig-Holstein: Responsum juris in ardua et gravi quadam causa concernente processum quendam contra sagam. S. 38—40. §. 215. Gedruckt zu Marburg 1630, verfaßt 1621.

delein vor den Altar gestellt, die Litanei und andere Psalmen gesungen, worauf es sich ansehen lassen, und auch das Mägdelein bekennt, als wäre der Teufel von ihr gewichen. Welches auch sie, die Prediger, verhoffet. Es hätte aber lange Zeit hernach der arglistige Feind doch sich wiederum bei ihr finden lassen, viel wunderbarere Sachen durch sie geredet und zu vernehmen gegeben, daß sie sich mit dem Teufel verbunden, der sie ohnlängst von dannen leibhaftig in die Welt geführet und vor wenig Tagen sie wieder zurückkehren lassen. Da dann ihr Bekenntniß, so sie vor der Obrigkeit deponirt, für Wahrheit befunden wird, hielten sie, die Prediger, es nach ihrem Einfall und Meinung für ein Z a u b e r = w e r k."

Der Jurisconsulent tadelt hier die Prediger deßhalb, weil sie Anfangs die Person für eine Besessene, nachher aber für eine Zauberin ausgegeben haben.

Dann wird in facti specie weiter dargelegt: „Wie das Ehrwürdige Ministerium zu N. sich habe bemüht, das Mägdelein von dem unsauberen Geiste zu liberiren, wie derselbe aus ihr geredet, und unter anderem begehret, ihm zu erlauben in einen anwesenden Hund zu fahren."

Das Mädchen hatte aber am 23. Januar 1617 bekannt, daß der böse Feind zu N. sie aufgenommen, durch die Luft hinweggefahren habe. Item: der Teufel habe sie über die Elbe (bei Hamburg) und über die See nach Spanien geführt, wo sie Pomeranzenäpfel von den Bäumen gegessen. Es habe der Satan sie vom Baume gestoßen und sie sich den Arm aus dem Gliede gefallen. So habe er sie auch in Hamburg tractirt. In Danzig hat sie der Pastor nicht gehen lassen zum Tisch des Herrn, sondern sie zur Red gestellt, als er ihr Bekenntniß kennen gelernt (daß sie nämlich eine Besessene sei) und hat sie in sein Haus kommen lassen.

Auf ihrer Rückkehr hat sie in Neunkirchen übernachtet bei dem Pastor. Da hat es sich also in der Nacht verhalten, daß die Magd nicht hätte auf dem Bette bei ihr bleiben können. Es wäre der Pastor aufgestanden und hätte mit den Kindern gebetet, da wäre es besser geworden.

Dieses arme Mädchen war auf Anzeige ihres Vaters und ihrer Stiefmutter eingezogen worden. Trotz ihrer inständigsten Bitte um Aufschub des verhängten Todesurtheils ist die Arme dennoch hingerichtet worden. D a s w a r d i e T h e o l o g i e u n d J u s t i z i m A n f a n g d e s 17. J a h r h u n d e r t s.

Zweites Kapitel.

Die Grafschaft Löwenstein-Wertheim 1574—1806 [1]).

Löwenstein bildete im 15. Jahrhundert eine Reichsgrafschaft in Schwaben, welche Kurfürst Friedrich, mit dem Beinamen „der Siegreiche", seinem Sohne Ludwig gegen 1463 überließ. Dieser starb 1524. In Vollstreckung der Reichsacht gegen den Kurfürsten Philipp von der Pfalz wurde die Reichsgrafschaft Löwenstein von Herzog Ulrich von Württemberg erobert und der württembergischen Landesoberhoheit unterworfen. Indessen erschienen trotzdem noch Reichsgrafen von Löwenstein auf dem Reichstage von 1566 und 1567 [2]).

Der Enkel dieses Ludwig, Reichsgrafen von Löwenstein, Ludwig II., wegen seiner juristischen Kenntnisse des hl. römischen Reiches „Lagerbuch" zubenannt, brachte durch Heirath mit Anna, Tochter des 1574 gestorbenen Grafen von Stolberg-Wertheim die Grafschaft Wertheim an sein Haus, nebst der im Luxemburgischen gelegenen Grafschaft Rochefort, welch' letztere Herrschaft jedoch erst 1755 nach einem fast 200jährigen Streite mit dem Hause Stolberg in sicheren Besitz überging. So entstand die Grafschaft Löwenstein-Wertheim-Rochefort [3]).

Die Söhne Ludwigs II., Christoph Ludwig und Johann Dietrich, 1584—1644, nahmen eine Theilung der Besitzungen vor gemäß dem Statut ihres Vaters, und sind so die Begründer der noch blühenden beiden Linien geworden: die ältere Linie, von Christoph Ludwig gegründet, wurde nun die Löwenstein-Wertheim-Freudenbergische genannt, oder auch, weil von Seiten seiner Gemahlin ihm 1592 die Grafschaft Virneburg zufiel, die Virneburgische Linie; die jüngere Linie des Johann Dietrich wurde als die von Löwenstein-Wertheim-Rochefort bezeichnet. Die Scheidung war zugleich eine confessionelle, indem die ältere Linie protestantisch blieb, die jüngere 1621 der katholischen Religion sich zuwandte. Beide Linien besaßen die Grafschaften Wertheim und Löwenstein gemeinsam. Die ältere Linie erlitt 1721 abermals eine Theilung in zwei Speciallinien: diejenige Vollraths und diejenige Karls; erstere

---

1) Rheinischer Antiquarius Bd. XVII. Neue Folge. S. 728 ꝛc. Aschbach I., 376.

2) Geneal. Taschenbuch, Gotha 1836, 1847, 1848.

3) Ludwig II. hatte fünf Söhne: Christoph Ludwig † 1618, Friedrich † 1610, Ludwig † 1635, Wolfgang Ernst † 1636 und Johann Dietrich. Der Sohn Christoph Ludwigs hieß Friedrich Ludwig, welcher mit seinem Oheim Johann Dietrich in vielfachem Streite wegen der Grafschaft Wertheim lag. cf. Rh. Antiq. Neue Folge 17. Bd., S. 742.

mit der Residenz Wertheim, letztere mit der Residenz Kreuz-Wertheim. Von den drei Söhnen Christoph Ludwigs blieb nur der älteste am Leben Friedrich Ludwig, † 1658; deſſen Sohn Ludwig Ernſt, geboren 1626, ſtarb 1681. Johann Dietrich hinterließ nur zwei Töchter; Waldburga, an Grafen Berg vermählt, ſtarb 1683; Dorothea, an den Grafen Manderſcheidt verheirathet, hinterließ einen Sohn Ferdinand Carl, † 1672 [1]).

Johann Dietrich, der Begründer der katholiſchen Linie, hatte unter Leitung ſeines Hofmeiſters Magiſter Reinhard in Straßburg ſeine Studien gemacht. Dieſer Reinhard war von bedeutendem Wiſſen, großem Scharfblick, reicher Welterfahrung und ſtaatsmänniſcher Begabung [2]).

Graf Johann Dietrich und Reinhard hegten in Bezug auf Hexenweſen, Aberglauben ꝛc. Anſichten, welche ihrer Zeit weit vorauseilten und mit dem Bewußtſein der übrigen damaligen Welt durchaus nicht übereinſtimmten. Ganz anders die Brüder und Vettern dieſes Grafen (Proteſtanten), die wir mit Aſtrologie, Alchemie, Roſenkreuzerei u. ſ. w. lebhaft beſchäftigt finden [3]).

Was ihre Anſicht über das Hexenweſen betrifft, ſo gibt eine kurze Aeußerung Reinhards in einem Briefe vom Juli 1628 darüber Aufſchluß: „Seither meines Abweſens haben die anweſenden Herren ſich aufs Hexenwerk gericht, wollen mit ernſt dran und brennen.“ Worauf es denn wirklich auch für einige Jahre tüchtig ans Brennen ging. Reinhard mußte ex officio Antheil nehmen; „ich finde jedoch, daß er weit mehr auf wirkliche Verbrechen und ſexuelle Ausſchweifungen, als auf Teufels Buhlſchaft, Wettermachen, Viehbehexerei, u. ſ. w. inquirirte [4]).“

In der jüngeren Linie zeichnete ſich ganz beſonders Graf Max Carl, Sohn von Friedrich Carl, aus, der mit der reichsfürſtlichen Würde ausgezeichnet wurde, welche auch auf alle ſeine Nachkommen vererblich ſein ſollte. Die kaiſerliche Gunſt belohnte außerdem ſeine hohen Verdienſte mit reichen Schenkungen an Gütern in Böhmen, die noch heute ſeinem Nachfolger zugehören.

Hier ſei noch hingewieſen auf die bewährte Treue dieſer jüngeren Linie für Kaiſer und Reich, wodurch beſonders Johann Dietrich und

---

1) J. W. Imhof, notitia sct. rom. imp. procerum, Tübingen 1732, 1. Theil V., 14. und 2. Theil VIII., 7.

2) Kaufmann, Zeitſchrift für deutſche Kulturgeſchichte, S. 248. cfr. Wibel zur Münzgeſchichte von Wertheim S. 17—18.

3) Der in der Schlacht bei Höchſt 1622 im Main ertrunkene Graf Johann Caſimir (Proteſtant) trug an ſeinem Leibe Amulete. Rhein. Antiq. II. F. Bd. XVII. S. 730.

4) Kaufmann, Zeitſchrift für deutſche Kulturgeſchichte, S. 248. cfr. Wibel zur Münzgeſchichte von Wertheim S. 17—18.

Mag Carl sich auszeichneten gegenüber den verlockenden Anerbietungen des französischen Hofes [1]).

Die gleiche Ehre einer Standeserhöhung wurde der älteren Linie in beiden Zweigen erst 1812 vom Könige von Bayern zu Theil. Als Residenz der jüngeren Linie wurde Kleinheubach gewählt gegen Ende des 18. Jahrhunderts. Im Jahre 1768 wurde durch Hausvertrag in dieser Linie das Erstgeburtsrecht eingeführt.

Die französische Revolution brachte durch den Abschluß des Lünneviller Friedens den Verlust aller Besitzungen des Hauses auf dem linken Rheinufer mit sich.

Der Reichsdeputationshauptschluß 1803 gab der älteren Linie das ehemals würzburgische Freudenberg, Kloster Grünau und die Probstei Triefenstein mit vier Mainzer Ortschaften als Entschädigung, weshalb diese Linie die Löwenstein-Wertheim-Freudenbergische genannt wird. Die jüngere Linie erhielt für den Verlust von Rochefort und Scharfeneck das ehemalige würzburgische Amt Rothenfels mit Thalheim; Wörth und Trennfurt von Kurmainz und die Abteien Brombach und Neustadt. Mit Auflösung des deutschen Reiches 1806 wurden beide Linien mediatisirt und ihre Besitzungen den betreffenden Territorialhoheiten unterworfen.

Dieser geschichtliche Ueberblick bezweckt, die nachfolgenden Begebenheiten aus dem 17. Jahrhundert dem Verständnisse näher zu bringen und das Interesse zu fördern, welches eine genauere Bekanntschaft mit dem Orte der Handlung voraussetzt. Gehen wir nun zu dem traurigen Kapitel der Hexenprocesse über, welches die ärgste Verirrung der Menschheit darstellt, und was zu der Frage zwingt: wie war das im christlichen Europa und nach der Reformation nur möglich?

Drittes Kapitel.

Beginn der Processe in Freudenberg.

Es fallen diese Processe in die Zeit von 1590—93 und sind die ältesten, von welchen unsere Akten Kunde geben. Sie sind charakteristisch, weil sie das erste Stadium in der Entwickelung der Hexenprocesse Deutschlands veranschaulichen.

In dieser ersten Periode, welche mit Beginn des dreißigjährigen Krieges endigt, bewahrt das Verfahren noch mehr die Form einer richterlichen Untersuchung und Rechtsprechung. Neben den rechtskundigen Rich-

---

1) Wibel zur Mzg. von Wertheim S. 17—18.

tern wird eine Anzahl ehrbarer Bürger als Schöffen herangezogen; auch
werden die Pfarrherren conſultirt, öfters zur Theilnahme am Verhör,
zuweilen bei der Torquirung eingeladen. Unter den bürgerlichen Beiräthen, gewöhnlich vier, hat einer das Amt des Procurators; er muß
als „Anwalt“ für den Beſchuldigten fungiren. Es wird noch nicht
ex officio nach den complices gefragt und torquirt, dieſer ärgſte Mißbrauch, den man ſpäter mit der Folter trieb.

Die erſten Proceſſe entſtehen auf Grund von Anklagen Privater
über erlittene Beleidigung und Beſchädigung, welch' letztere mit der
Zauberei in Verbindung gebracht wurde. Die Unterſuchungen begannen
im Juli 1590 mit ſechs Frauensperſonen und zwei Männern. Die betreffenden Acten ſind bezeichnet mit der Aufſchrift:

Verzeichniß der Inquiſition, gütlich und peinlicher Frag und Handlung, ſo zu Freudenberg mit etlichen der Zauberei bezüchtigten Weibs-
perſonen fürgenommen und gerichtet vom 30. Juli 1590.

In der Einleitung wird berichtet:

„Demnach in der Stadt Freudenberg um etlich Jahr hero, durch
etlich der Zauberei und Hexenwerks beſchreite Weibsbilder viel Schaden
und Nachtheil den Menſchen, Vieh und Früchten zugefügt und auf
Verbleibung ernſtlich Einſtehens, deſſen Nachlaſſung und jegliches hals-
ſtarrigen Verfahrens (?) im Worte befunden, ſo hat der Schultheiß,
Bürgermeiſter und Rath daſelbſten den 30. Juli anno 1590 den Wohl-
geborenen Herrn Ludwig, Grafen zu Löwenſtein und Wertheim Herrn
zu Scharfeneck und Breuberg unterthänig ſupplicirend erſucht und
gebeten, daß er als deren ordentliche Obrigkeit und Landesherr zur Be-
ſtrafung der Uebel und Abwendung ſolcher teufliſchen Kunſt, gebührend
Straf vor die Hand wollen nehmen und deren Unterthanen vor dergleichen noch täglich zunehmendem Ungeziefer erhalten wolle.

Darauf Ihre Gnaden umb beſſere Strafrichtung und endliche Gewißheit nachgeſetzter Inquiſition, theils in eigener Perſon, theils aber
durch Schultheißen nnd Gericht vorgenommen.“

Die Namen der Unglücklichen heißen:

1. Jacob Wolz.
2. Regina, Michel Ochſen Weib.
3. Anna, Michel Kerns Weib.
4. Margaretha, Hanſen Zihns Tochter.
5. Barbara, Hanſen Zihns Hausfrau.
6. Die alte Lorentia oder Matheſſen im Haag.
7. Anna, Walters Hausfrau.
8. Andreas Burk von Klingenberg.

Sämmtliche Verklagten haben gütlich und peinlich ausgesagt, mit Ausnahme von Barbara Zihns, welche nur in Güte bekannte.

Die Aussagen bewegen sich genau im Rahmen einer Schablone. Alle, mit Ausnahme von Andreas Burk, welcher als Spielmann mit der Fiedel zu den Tänzen gegen Löhnung aufgespielt und seitdem ein gar lockeres und ausschweifendes Leben geführt hat, geben an, daß sie von ihrer Mutter im Kindesalter ohne jegliches Verständniß dieser Sache verführt worden seien. Barbara, Hansens Eheweib, macht ihre Schwiegereltern verantwortlich. Es war ihnen von Seiten der Mutter ein Ehemann versprochen oder gleich gegeben worden, welcher nur ein Buhlteufel war. Waren sie einmal in seiner Gewalt, so wurden sie ihm zu linker Hand angetraut, buhlten unausgesetzt mit ihm, die Frauen gar dann, wenn sie mit ihrem Manne das eheliche Bett theilten, sie mußten Gott und Christo abschwören und wurden in Teufels Namen umgetauft. Sie besuchten die Tänze und Trinkgelage, namentlich an Frohnfesten und in der Walpurgisnacht, welche Festlichkeit die alte Lorentia „ihren Reichstag" nannte. Sie fahren hinaus auf einem Pferde, Kuh, Geis, Bock, auf einem lebendigen Wesen. Bei diesen Conventen halten sie einen teuflischen Gottesdienst, indem sie den Groß-Teufel anbeten als Gott, als König. Sie graben die Leichen ungetaufter Kinder aus, braten sie mit Eiern und „fressen" sie.

Auch machen sie Schmier daraus, besonders aus dem Fette, womit sie noch vermischen: „Katzenhirn, Schmeißfliegen und die Hostien, das heilige Abendmahl," welches sie in der Kirche nehmen, ohne es zu empfangen. Sie nehmen es aus dem Munde, bringen es nach Hause und verunehren es auf die schändlichste Weise. Die ausgegrabenen Kinder bezeichnen sie mit Namen.

Der Altuar bemerkt zu der Aussage: „Auf das Bekenntniß, daß Wölzin zwei Kinderleichen ausgegraben habe, hat man nachsehen lassen und nur eine Kindesleiche gefunden, währenddem die andere verschwunden war und nur die Lumpen sich fanden, womit sie bedeckt gewesen." Bezüglich des religiösen Lebens hatte Anna, Hansens Ehefrau, welche am 27. Juli 1590 zum ersten Mal zum Verhör gebracht, am 4. August in Gegenwart des Pfarrherrn bezeugt: „daß sie gleichwohl die Predigt besucht, aber alleweil vom Teufel angefochten worden, sie solle solches nicht glauben, es sei nicht wahr, sondern erlogen Ding. Er sei ihr Herr und Oberst, was er ihr zusage, sei wahr und zu halten; das Uebrige nur unnütz Pfaffengeschwätz. Das Nachtmahl habe sie gleichwohl gebraucht und genossen, sei aber vom Teufel darüber verspottet und verlacht worden. Es sei aber als wenn eine Sau eine Rübeschnitz esse.

Durch dieſe und andere Ausſagen des Teufels ſei ſie nunmehr etlich Jahr vom Abendmahl abgehalten."

Dieſe acht Perſonen ſind am 23. October 1591 hingerichtet worden. Sie hatten mehrentheils auf eine Margaretha Löhr, oder Seilerin als Mitſchuldige ausgeſagt. Dieſe wurde eingezogen und am 18. October 1591 zum andermal verhört durch Amtmann Wolf Veit und Schultheißen Dr. jur. J. B. Eiſen und vier „hierzu erforderte unpartheiiſche Männer und Bürgern von Freudenberg: ob ſie bekannter Mißhandlung unſchuldig, oder aber mit viel mehr gleichen verübten Stücken und gepflogener Geſellſchaft ſchuldig und behaftet, derowegen auch gleicher Strafe würdig und theilhaftig werden müſſe."

Nach den für ſie höchſt nachtheiligen Ausſagen der 7 Zeugen wurde Seilerin wiederum von den Herren Doctoren und Räthen, mit Verwarnung „ſich beneben dieſer kurzwährenden der ewigen Strafen zu entledigen, durch die zween Pfarrherren folgends ihrer Seelen Seeligkeit zu betrachten, ihr Gewiſſen zu reinigen, der hohen Obrigkeit kein Beſchwerniß aufzuladen, dasjenige, ſo ſie vormals bekannt, ſich wieder zu erinnern und geſtändig zu ſein." Endlich durch beide Gräflichen Räthe weiteres vermahnet, der vorgeſtellten Zeugen, denen ſie doch nicht widerſprechen könne, beſtändige Ausſagen ſich zu bedenken und rund zu bekennen, ob ſelbige wahr oder nit. „So ſaget ſie: es ſei denn alſo; ſie geſtehe deſſen. Sie ſei krank geweſen, wie der böſe Feind zu ihr gekommen. Sie habe zu keines Menſchen Verderben geholfen; Andere haben's gethan; ſie wiſſe nicht, wie es damit zugehe. Sei wahr, daß ſie ihren Teufel genommen und mit ihm auf die Tänze gefahren. Ihre Mutter und die Tränkin haben ſie verführt."

Darauf Herr Doctor ſie gefragt: Geſteheſt du, daß du eine Hexe biſt? Sagte ſie: Ja. Haſt du (fragte er) mit dem Teufel zu ſchaffen gehabt? antwortete ſie: Ja. Darauf ſagte er: „Dein Blut ſei über dir."

Am 23. October wurde ſie vorgeführt, damit ſie erkläre, daß ſie alle Verantwortung auf ſich nehme und die Räthe entlaſte.

Die Fortſetzung datirt nun auf den 5. Auguſt 1593 und gibt folgende Ergänzungen.

Fr. 1. „Erſtlich befragt: aus was Urſach ſie jüngſt verwichenen Donnerstag, 26. Juli, aus dem Gefängniß zu fliehen vorgenommen? Zur Antwort geben: Der Stadtknecht habe ſie ſo grauſam allzeit angehalten: ſie ſolle ſagen, wer mehr die ſeien, ſo es auch können, ſo wiſſe ſie Niemand. Sie hab allzeit gebetet und ſich ſteif getröſtet.

Fr. 2. Warum ſie denn ausgebrochen? Antwort: Sie wäre ſo krank geworden, wie denn der Stadtknecht wohl wiſſe. So habe ſie gedacht: Sollte ſie doch alſo ſterben und könnte ſo wohl hinauskommen;

denn sie habe wohl gewußt, daß sie könne hinauskommen . . . . . .
weil man sie so lange unschuldig dabehalte. Ihr Vater und Mutter
seien fromme Leute gewesen, haben sie auch, die Tochter, allezeit zur
Gottesfurcht erzogen.

Fr. 3. Warum sie Klag und Urgicht (Aussage) vor dem Peinlich
Gericht nicht widersprochen? antwortet sie: Der Pfarrherr stande bei mir,
und der Mann, der von meinem Bruder soll angesprochen worden sein.
Derselbe Dr. Sander sprach mich an, da ich's wieder leugnete. Der
Pfarrherr aber hieß mich, ich sollte dafür beten. Dr. Sander sagte: ich
solle es ihm sagen, was mir fehlete. Hab auf des Asmusen (Procurators)
Rede sagen wollen: es sei nit also. So hab ich nicht gedurft. Der
Pfarrherr ihm gewinkt, er solle mich unverworren lassen. Und ich hab
auch, da man die Urgicht verlesen, ausdrücklich gesagt: Es wäre kein
Wort daran wahr.

Fr. 6. Warum sie es ihrem zugeordneten Beistand nicht angezeigt?
Sie hab nit gewußt, warum die Männer da waren; habt nit gewußt,
daß man ihr Jemand zugeordnet.

Fr. 8. Ob sie gestehe, was sie dem Amtmann, dem Junker Veit,
bekennet? Antwort, es sei kein Oehlkörnlein daran wahr. Sie sei
desselbig allezeit nit geständig.

Fr. 9. Ob sie denn beweisen könne, daß sie ihr Leben lang nie
nichts Böses gezihen worden oder auch Niemand etwas Böses gethan?
Antwort: sie könne es auf ihren Eid nehmen, daß sie ihr Leben lang
keinem Menschen kein Leid gethan. Der Amtmann und Veit haben
allezeit gesagt: Du mußt bekennen und sollte ich dreiviertel Jahr mit
dir umgehen. Da friß Vogel oder stirb.

Fr. 10. Ob sie beweisen könne, daß sie nie nicht mit der Zauberei umgegangen? Antw. auf ihren Eid könne sie sagen, daß sie nichts
mit dem bösen Feind zu thun habe.

Fr. 11. Wie aber, wenn es andere Leute, auf welche sie auch
bekennet, gleichmäßig bekenneten? Antw. So müssen sie auch Unrecht
leiden. Es gehe an anderen Orten ebenso zu, daß man den Leuten
Unrecht thue. Sie wolle sich besichtigen lassen bei denen Leuten, so
das kennen. Sie wisse, daß es Leute gebe, welche die Zauberinnen
kennen. (Das habe sie etlichemal repetirt.) Sie will mit dem Pfarrer
von Kleinheubach, wenn er noch lebt, beweisen, daß sie nichts könne.
Derselbe habe sie oft, wenn sie zum Nachtmahl gangen, ausgefragt.
Wenn der Doctor (Sander) nit gefragt und begehret, daß sie es ihm
sagen sollte, so wollte sie es dem Asmusen gesagt haben, daß ihr Unrecht geschähe. Der Pfarrer allhie bring sie All dahin . . . .

Der Amtmann habe ſie bedräuet, es ſollte ſie der Henker wiederum einhenken, daß ſie mit Schrecken bekännte. Der habe dieſes auch gethan und ſie befragt: „Was ſie verderbt habe?" Sie geantwortet: „Ein Kraut." „Was haſt du umgebracht?" Antw. Glock Michel eine Geiß. (Sei ihr eingefallen, daß er mehrere gehabt.) „Womit?" hab ſie geantwortet: ſie hab's mit einem Stein geworfen. Glock Michel wiſſe ober wohl, daß es nicht wahr ſei. Den erſten Tag ſei ſie ſo gar hart gehangen, ſo ohnmächtig worden, der Jöckeli (Wächter) ſie gedauert, ihrer geweint. Habe ſie mit Waſſer beſchüttet; habe ſie doch nichts gewußt zu ſagen. Den andern Tag der Knecht ſie wieder heißen bekennen. Sie geantwortet: ſie wiſſe nichts zu ſagen. Darauf hat Einer (ob der Pfarrherr oder der Amtmann) angefangen: „Sie hätte doch zuvor bekennet, daß die Trünkin eine böſe Frau ſei, ſie hätte einer Benderin Kind umgebracht." Sie, Seilerin, darauf geſagt: Die Trünkline hab ihr auch ihren Sohn wöllen geben. Der (obige) geſagt: Du haſt gemeint, es ſei ihr Sohn geweſt, es iſt aber der böſe Geiſt geweſt. Sie ſagt: Der Pfarrherr ſei bei dieſem alle geweſt. Darnach, als ſie gezogen worden, daß ihr die Galle aus dem Maul geloffen, haben ſie wieder gefragt: 1) Haſt du gemeint, es ſei ihr Sohn, ſo es iſt der Teufel geweſt? 2) Namſt du ihn? 3) Gabſt du ihm die Hand? So hab ſie allezeit „Ja" geſagt, ſei aber nit wahr geweſen. (Sie habe nimmer hangen können, ſo hab ſie müſſen etwas ſagen.)

4. Fr. Welche Hand? Ihre Antwort geweſen: die Rechte.

5. Fr. Ei, es iſt nit die rechte geweſen! Sie geantwortet: Ei, die linke Hand; iſt aber wahrlich nit wahr.

6. Fr. Tauften ſie dich auch anders? So wußte ich nit (ſagte ſie) wie ich zu meinem größten Leid ſagen ſollte. Sprach: Nein.

7. Fr. Ei dennoch, du wirſt unſerem Herrgott abgeſagt haben? Es muß raus; allzeit völlig raus. Antwort: ei, Ja.

8. Fr. Womit? Antw. Wußte ich nicht, was ich ſagen ſollte. Sprach: mit Wein.

9. Fr. Ei es iſt kein Wein geweſen, wird ſonſt etwas geweſen ſein. Antwort: Ei, mit Waſſer.

10. Fr. Was für Waſſer es geweſt? Antw. Ei, Waſſer.

11. Fr. Es muß ſonſt Waſſer ſein? Antw. Sie ſchütteten das Gießbecken auf mich, iſt mir aber eben alſo eingefallen.

Soweit das Referat über das Ergebniß der peinlichen Frage mit der Seilerin. Aus dieſem einfachen Thatbeſtand, wie die Richter verfuhren, erkennt man beſſer als durch jede noch ſo ausführliche Deduction die Ungerechtigkeit des Gerichtsverfahrens, die Unmenſchlichkeit der Richter und den grenzenloſen Aberglauben des Volkes. Das ſind die Faktoren,

Diefenbach, Der Hexenwahn.		2

deren Zusammenwirken die Möglichkeit der Hexenprocesse und ihre lange
Dauer bewirkt haben.

Das Actenstück schließt mit dem Nachwort: „Weil nun mit ihr ferner
nichts auszurichten, sintemal sie sich so unbeständig erzeigte, so ist man
wieder abgeschieden und hat sie auf die letzte Frage 13: „Wer denn
die Trünkin zuerst bei ihr erwähnt habe, wenn sie ja so unschuldig sein
wöllte?" geantwortet: Sie hat vom Amtmann gehöret: „Der Schultheiß
soll zuerst der Trünkin gedacht haben. Bate sie endlich, man wöllte
ihr gut im Wort sein, damit sie docheinmal dieses schweren Gefängniß
erledigt werde."

Außer diesen beiden Processen sind noch zwei andere in Freudenberg zur Verhandlung gekommen, von welchen der eine grobe Excesse
gegen die Sittlichkeit zum Gegenstand hat, der andere wegen Zauberei-
Sachen geführt wurde auf Anstehen eines Privatklägers Paul Sachs in
legitimer Vertretung seiner Ehefrau Margaretha gegen Antonius Grimm,
Beklagten, die genannte Ehefrau mit herben Worten angefahren und ihr
zugerufen zu haben: „Warte, ich hab mit dir zu reden, du mußt verbrannt werden." Dieser Proceß, welcher am 25. Januar 1590
begann, wurde beiderseits mit Aufwendung aller Rechtsmittel, mit Zeugen
und Anwälten, mit Repliken und Dupliken geführt und dauerte bis in
das Jahr 1591 hinein.

Für besonders interessant ist die Defensionsschrift des Anwaltes des
Klägers, Andreas Bopen von Miltenberg, welcher seinen Clienten
gut vertheidigt und den Rechtsgrundsatz: »delictum non praesumitur
nisi probetur« sich zu Nutzen macht. Er ist ein genauer Kenner seiner
Zeit und Zeitgenossen, was aus folgender Stelle genügend hervorgeht:

„Das möchte man aber vom beklagten Theile wohl gerne wissen,
wo er sein Lebtag je gehört oder für Recht gelesen, daß man auf eines
jeden leichtsinnigen Gesellen bloßes Wort und Angabe ohne vorhergehende
genügsame Indicien eine ehrliebende Person und sonderlich beklagte ehr-
bare Matrone (die Margaretha Sachs), von welcher mäniglich anders
nicht als Lieb, Ehre und Gutes weiß, so ringlich antastete, gefänglich
einziehen und zu hochbeschwerlicher Tortur und Peinigung hinreissen
soll?

Fürwahr! Wenn man ein solches Recht aufkommen
ließe, was würde es doch für eine Zerrüttung des ganzen
menschlichen Wesens, sonderlich zu unserer Zeit geschehen,
da Haß, Neid in so hohem Schwang gehet, und manichsmal zu so gräulicher Verbitterung wächst, daß oft Einer auch mit Gefährlichkeit des
Leibes und Lebens den anderen unschuldiger Weiß in höchste Angst und
Noth zu bringen kein Gewissen noch Scheue trägt? Dem gegenüber

wiſſen aber die Verſtändigen ſehr gut, deſſen ſich auch die Unſchuld zu
getröſten hat, daß kein Richter auf eine bloße Anzeige, ſondern auf ge-
nugſam beigebrachte Beweisthum oder indicia und ſonſten andere beſag-
ter Geſtalt nicht zur Peinigung ſchreiten, und wo ein Richter die im
Rechte vorgeſchriebene Form, Maß und nothwendige Requiſiten dieſes-
falls übergeht, derſelbe ſelbſt in die Kaiſerliche Conſtitutionsſtrafe gefallen
ſein ſoll [1]).

Darum auch ein Richter, ſo Gott vor Augen hat, (wie Clarus
Hunius practicus ſagt) vor allem betrachtet, daß es nicht genüge, daß
Indicia und Anzeige vorhanden, es ſei denn, daß dieſelbigen auch recht-
mäßig bewieſen ſind. Und er hält es damit noch nicht genug, ſondern
noch ferneres für nöthig, daß erwogen werden ſoll, ob dieſelben auch zur
Tortur erheblich erfunden und genügend ſeien, damit Niemand leichtlich
Unrecht widerfahre, und der Judex ſelbſt ſich dadurch Syndicatui unter-
würfig mache.“

Ueber ſeine Zeitgenoſſen hatte dieſer Procurator ganz richtig ge-
urtheilt; über ſeine Collegen im Richteramte hatte er leider eine zu gute
und darum falſche Meinung. Anſonſten hätten die Hexenproceſſe ſich
nicht dergeſtalt ausbilden und verbreiten können, wie ſie uns in der
zweiten Periode, während des dreißigjährigen Krieges, begegnen. In
dieſer Zeit ſind alle jene Einſchränkungen und Cautelen bei Prüfung der
Indicia (der Anzeigen) und die Beſchränkungen bei Anwendung der Tortur aufgehoben. Man hatte ſich das Axiom gemacht, da es ſich um ein
»crimen exceptum« handele, um ein „Ausnahme-Verbrechen“, deshalb
dürfe man auch von der gemeinen Rechtsform abweichen und zum
Ausnahme-Verfahren greifen. Es iſt das die erſte Spur von Ausnahme-
Geſeßen, und ihm ſind die vielen Unſchuldigen als angebliche Hexen
zum Opfer gefallen. Das Ausnahme-Gericht gegen die der Zauberei
Verdächtigen war damit etablirt, und die Hexenproceſſe hatten ihren ge-
ſicherten Fortgang.

Die in der Carolina vorgeſchriebenen Bedingungen, welche eine
„Anzeigung genügſam“ machen ſollen, und die in den Paragraphen 19,
20 und 21 niedergelegt ſind, waren noch ein Schußmittel gegen den

---

1) »Non enim a tortura incipiendum, sed necesse est in re tam ardua,
ut multis indiciis oneratus et, ut inquit Ulpianus, argumentis paene con-
victus sit reus; indiciis, inquam, gravibus urgentibus et paene certis opus
est, adeo ut levium nulla habeatur ratio; quin et ea ipsa duobus testibus
omni exceptione majoribus probata esse debere communi scribentium cal-
culo receptum est. Quibus omnibus non concurrentibus judex ad quaestionem minime procedere debet, etiamsi reus ad eam se sponte offerat.«

2 *

Mißbrauch der Tortur und machten sogar den leichtfertigen Richter er-
satzpflichtig, wie auch der Anwalt Bopen von Miltenberg hervorhebt. Der
Artikel 20, mit der Ueberschrift: „daß ohne redlich Anzeigung Niemand
soll peinlich befragt werden," lautet:

„Wo nit zuvor redlich Anzeigung der Missethat, darnach man fragt,
vorhanden und bewiesen wurde, soll Niemand peinlich gefragt werden,
und ob auch gleichwohl aus der Marter die Missethat bekannt würde,
so soll doch der Marter nit geglaubt noch Jemands darauf verurtheilt
werden. Wo auch einig Obrigkeit oder Richter in solchem überführen
würden, sollen die, denen so also wider Recht ohne die bewiesene Anzeigung gemartert werden, seiner Schmach, Schmerzen, Kosten und
Schaden der Gebühr Ergötzung (Ersatz) zu thun schuldig sein."

Einen solchen Richter soll nicht einmal die vom Gefolterten ge-
schworene Urphede (Verzicht auf Rache) von der Ersatzpflicht befreien.

Mit einer Rücksichtslosigkeit ohne Gleichen wurden diese Cautelen der
Carolina bei Seite gesetzt; man nahm jede Aussage eines Gefolterten,
wenn er Complices nannte, für eine genügende Anzeige und ging sofort
zur peinlichen Frage des Verhafteten über. Man machte selbst nicht
einmal einen Unterschied, ob es unmündige Kinder waren, welche denuncirten, oder Erwachsene. Namentlich war es der berühmte Carpzov,
welcher mit Beiseitesetzung jeder weiteren Beweise und Begründung die
»confessio« der Angeklagten als hinreichenden Grund zur Tortur der
Hexen erklärte. Hiermit berühren wir die traurigste Seite bei den so
traurigen Erscheinungen der Hexenprocesse.

Viertes Kapitel.

Die „inficirte" Jugend.

I.

Wenn ein Vogel, oder eine Gemse im Hochgebirge zur Winterzeit
eine Handvoll Schnee ins Rollen bringt, so kann daraus eine Lawine
entstehen, welche Thäler verschüttet und zahllose Hütten mit ihren In-
sassen begräbt. So beweiset ein großer Attenfascitel der Stadt Werthheim, daß die Aussagen zweier Kinder eine lawinenartige Wirkung hatten,
so daß sie zahllose Menschen ins Verderben stürzten. Es war auffallend,
daß die in Freudenberg justificirten Personen der Mehrzahl nach be-
haupteten, daß sie in ihrem zarten Kindesalter von ihren Müttern zur

Hexerei verführt worden seien. Diese Aussage brachte das Volk zu dem Wahnglauben, daß auch schon die kleinen Kinder den Zauberkünsten ergeben und dem Teufel verschrieben sein könnten. Als ein treuer Ausdruck dieses Volksaberglaubens stellt sich die Supplik von dreizehn Bürgern dar, welcher unter Gutheißung der Geistlichkeit sich an die Obrigkeit wandte, damit sie dieser Pest unter den Kindern entgegen treten und Abhülfe gewähren sollte.

Das Aktenstück lautet:

Etlicher Bürger zu Werthheim Supplik an die Herrschaft wegen Inquisition auf die »sortilegos et sagas« den 24. December 1628.

(Unsere drei Geistlichen haben dieses Scriptum collegialiter revidirt und approbirt.)

„Obwohl der leidige Satan, Gottes und aller Menschen abgesagter Feind, nach seinem Abfall von Gott viel unnatürliche Gräuel und verdammliche Sünd ins menschliche Geschlecht gebracht und unter seinen Adhaerenten mehr und mehr häufet und fortpflanzt, so finden wir doch bei der jetzigen sehr bösen Welt keine gemeinere, größere, verderblichere und bei Gott verhaßtere Sünd, als die teuflische verfluchte Zauberei und erschreckliche Abfall von Gott, unserem Schöpfer und Erlöser, welches Uebel vor wenig Jahren durch Verhängniß Gottes allenthalben dermaßen zugenommen, daß sie nunmehr aller Orten im öffentlichen Schwang und also dahin gehet, daß auch (Gott sei es geklagt) die Kinder und Schüler sie lernen und practiciren wissen.

Inmaßen wir mit Entsetzen müssen hören, und deßhalb mit Eltern wegen ihrer verführten und zum Abfall gebrachten, auch hingerichteten Kinder, deren Blut über Eltern und Obrigkeit um Rache zum Himmel rufet, billiges Mitleiden haben sollen. Gleichwie nun das verfluchte Gift bei der Jugend, deren ohnedieß das Böse mehr als das Gute beliebig ist, süß einschleicht, aber fest einwurzelt, sonderlich wenn es ohne Wissen der frommen ehrlichen Eltern geschieht: Daß haben sich bei jetzigen Zeiten, da der böse Feind vor dem letzten End der Welt gleichsam ledig ist, wohl fürzusehen, daß sie ihre Kinder als Gottes Geschöpf und Ebenbild für böser Teufelskunst bewahren, welches nicht besser kann geschehen, als wann christliche Obrigkeit ins Mittel kommt, und diesem Uebel nach Gottes ernstem Befehl mit Abstrafung solch teuflischer Zauberer und Hexen abhelfen. Demnach aber außer Zweifel ist, daß auch in dieser Grafschaft und hiesiger Stadt, in dergleichen Zauberer, Unholden und Zauberinnen gefunden werden, denen nichts mehr angelegen, auch von ihrem Meister dazu angetrieben werden, als wie sie dem armen Mann zu Haus und im Feld, in ganzer Landschaft durch göttliche Zulassung allerlei Ungewitter, Hagel, Frost und anderm Können mögen verderben.

Inmaßen wir solches in zwei letzten Jahren mit unwiederbringlichem Schaden (Gott erbarm's) in unserm Frankenlande erfahren, auch ihr eigen Bekenntniß bei den in der Nachbarschaft hingerichteten Hexen und Milchdieben mit sich gebracht haben[1]).

So bitten wir in aller Unterthänigkeit und ums jüngste Gericht willen, da wir allsamt vor Gottes Richterstuhl erscheinen .... Eine gnädige Herrschaft als Gottes Dienerin, weßhalb sie das Schwert trägt, gerufen aus göttlichem Befehl, welcher in der heiligen Schrift oft wiederholt ist, mit ernstem Eifer auf die berüchtigten durch ihren Ruf und gemeinen Leumund der Hexerei halber bezüchtigten Leute inquiriren und sie nach Befund der Sachen exemplarisch abstrafen zu lassen. Daburch geschieht Gottes des höchsten Richters Befehl nicht allein, sondern es wird auch seine göttliche Ehre befördert, das verunsäuberte und entheiligte Land von Gottes Zorn und Straf befreit und gesäubert, so daß wir der zuversichtlichen Hoffnung leben, weil dieses Unkraut nunmehr aller Orten auszurotten angefangen wird, es werden nicht allein um unseres eifrigen Gebetes bessere fruchtbarere Zeiten folgen, sondern der Allmächtige werde auch dem Teufel ein Ziel stecken, daß die unverständige einfältige Jugend, unsere lieben Kinder, nicht so jämmerlich verführt, schmählich hingerichtet und zugleich um Leib und Seel gebracht werde ....

Dieses haben einer Herrschaft, als unserer lieben gottfürchtigen Obrigkeit, wir bei so gründlich und sonnenklarer Sach und Vorgang zu klagen und zu bitten nicht umgehen können, nicht der Intention, Dero vorzugreifen, Maß oder Ordnung zu geben, sondern aus der Ursache, daß sie auch sehen, wie in dieser Gegend das teuflische Laster einen rechten Abscheu trage, nicht weniger unsere Kinder und Nachkommen durch Austilgung dieses Unkrautes davon ganz befreiet haben möchten, der ganz unterthänigen Hoffnung, eine hohe Herrschaft sich diesem unserem recht christlichen Eifer mehr in Gnaden belieben als mißfallen lassen werden.

Das Uebrige Gott und dem hohen obrigkeitlichem Amte anheimstellende, der bald folgenden gnädigen Resolution uns getröstende

unterthänig gehorsamste

(Folgen 13 Unterschriften.) Bürger und Unterthanen der
Stadt Werthheim.

Dieses Gesuch hat seinen Eindruck auf die Obrigkeit nicht verfehlt. Ein circa 170 Seiten starker Protocollband von Wertheimer Acten beginnt folgendermaßen:

„Nachdem die hochgeborenen Grafen und Herren, Herr Ludwig, Herr Wolfgang Ernst, Herr Johann Dietrich, Ritter und Oberster, Herr

---

1) Sind die Hochstifte Würzburg und Bamberg gemeint.

Friedrich Ludwig, Gebrüder und Vettern, Grafen zu Löwenstein, Werthheim, Rochefort, Montagu, Oberherrn zu Chassepiere, Herrn zu Schar-
fened, Breuberg, Hubemont und Neuenburg ꝛc. unseren Gnädigen,
Grafen und Herren glaublich berichtet worden, wie daß Barthols Klein,
Bürgers und Schlottfegers, beide Kinder allhier, von denen das älteste
zehn und das andere fünf Jahre zählt, allerhand nachdenkliche Reden
von geschehener Hexerei und einer gehaltenen Hochzeit mit ihres Vaters
Bruder spargirten und ausgaben: also haben Ihre Gnädigen Herrn
zur Erkundigung der Wahrheit selbige anfangs durch die Geistlichen
und Präceptoren examiniren und nochmals selbsten bei gemeiner Kanzlei
abhören lassen.

In Gegenwart von: 1. Superattendent
                 2. Oct. Klein   } Diacone
                 3. Jos. Angelus }
                 4. Nicol. Streck Rector fand am 10. Febr. 1629
das erste Verhör statt.

Die Substanz der Aussage des älteren Bruders Hans Klein, zehn
Jahre alt, läßt sich folgendermaßen zusammenfassen: Auf ihres Vaters
Boden haben sie Nachts eine Gasterei gehalten, eine Hochzeit; es waren
ein Pfeifer, zwei Geiger anwesend, welche musicirt haben; es wurde ge-
gessen, Wein getrunken und gesungen; seine Mutter habe gekocht. Der
Bräutigam habe Philipp, und die Braut Amelie geheißen. Seien auf
Besen herumgefahren und die Stiege herunter. Ein weißer Löwe sei
dagewesen; dann sei er ausgerissen, sie ihm nachgelaufen und mit Ketten
stark gebunden. Er, der Knabe, habe die Freitags Nacht gewacht,
Samstags aber geschlafen. Seien sechs Buben dabei gewesen, vier fremde
und zwei bekannte: Bernhardt Häselein und Andreas Oetzel. Zum
Schluß bemerkt er: der Löw sei zum Schlag hinaus, über die Mauer
hinab in Garten, nichts geschadet, den sie wieder holen wollen, aber nicht
bekommen. Auch die Braut sei ausgerissen, aber vom Bräutigam eingefangen und geprügelt worden. Der Bräutigam sei ein alter Mann
aus Bettingen gewesen.

Außer den genannten Knaben hatte er noch benuncirt: Spände-
lein, Aeltelein, Georg Krug und das Frewlein nebst seinen eigenen
Eltern.

Sofort wurden diese besagten Theilnehmer eingezogen und von der
Kanzlei durch die vier Räthe verhört: Zuerst Vater und Mutter des
Knaben. Letztere betheuert ihre Unschuld aufs Nachdrücklichste; sie habe
ihren kleinen Daniel gestraft, weil er so „närrisches Zeug" vor dem
Pfarrer von Nassich, so ihn examinirt, geredet haben soll. Sie, wie der
Vater Klein, weißen alle Verantwortung von sich, seien ganz frei von

jeder Schuld. Darauf verfügt das Gericht ihre Verhaftung. Dr. Reinhardt bemerkt dagegen: solche Informationes und Inquisitiones sollten
billig nur bei gemeiner Kanzlei und nicht bei den Superattendenten
oder den praeceptioribus vorgenommen werden; es seien Criminal-
sachen.

Zugleich wird der Pfarrer von Naßich vernommen in Betreff seines
fünfjährigen Söhnleins. Er berichtet, der jüngste Sohn des Barthol Klein
habe ihm erzählt, wie es zugegangen, und daß fast alle Nachbarn in
derselben Gasse bei dieser Hochzeit gewesen. Karl habe einen Hammel-
schlägel gebracht, der alte Hans zwei Paar Fladen[1]); dieses habe er ihm
erst am verflossenen Mittwoch gesagt. Sein Söhnlein belangend, habe
er ihn dieserhalben auch zur Red gestellt, und er geantwortet: „Wär auch
dabei gewesen. Der Daniel (der jüngste Klein) habe ihn geholt, hätten
ihm Fleisch und Weck gegeben, habe auch mit dem Daniel getanzt. Wie
sie Alle darauf die Stiege wären hinabgegangen, wär auch er darnach
gegangen.“ Habe sonst nichts weiter von ihm vernommen, sei noch nicht
fünf Jahre alt, habe Niemand von den Gästen gekannt.

Der kleine Daniel Klein wird am 15. Februar vor dem Rector vernommen und referirt: „Nachts im Bette, ehe er eingeschlafen, zu seinen
Beischläfern gesagt: es ständ eine weiße Magd, ein Hund, eine Katze, der
böse Feind vor dem Bette; darauf die Nacht hindurch sehr
phantasirt und gewinselt. Er wäre mit seinem Vater zum
Schlott hinausgefahren auf den „Werth“, da Wiesen seien, auch nach
grünen „Werth“[2]) gefahren.“

Das Verhör des älteren Bruders wird am 15. und 16. Februar
fortgesetzt. Er bringt immer nur alberne und absurde Dinge vor. So
hat er Karl mit einem kleinen Hölzchen Schnecken, Raupen und Mücken
machen sehen; die Schnecken fielen herunter wie Nüß. Aufgefordert es nach-
zumachen, zeigt er die Manipulation, aber „es wollen keine Schnecken
kommen, weil sie ihn es noch nicht gelernt haben.“

Zu Bettingen habe er eine Kindesleiche helfen ausgraben, welche ein
Mägdlein war und hätten in einem näher beschriebenen Hause Schmier
daraus gesotten. Den Richtern fiel es leider nicht ein, dieses beschrie-
bene Haus sich zeigen zu lassen, um die Identität zu prüfen. „Wer
dabei gewesen?“ Er nennt sechs erwachsene Personen. Nach der Tauf-
formel gefragt, wie er vom Teufel anders getauft worden, sagt er:
„Jesus Sohn David, gehe weg, will dich nicht haben.“ Sein Doth
(Pathe) sei ein Balthasar aus Reichholzheim gewesen, habe sich bei der

1) Wohl Weißbrod. — 2) Kleine Inseln im Main.

Tauf nicht entsetzt. Hätten Hochzeit gehalten und gesungen: „In der Höllen" ꝛc. Er habe den Teufel seinen Herrn genannt, weil andere es gesagt hätten, er sei ihr Herr. Gefragt: „wie des Teufels Gestalt sei?" Er beschreibt ihn wie folgt:

„Große schwarze Augen, schwarz am Gesicht wie Tinte, krumme Händ, Gäulsfüß, nur zwei Hörner und diese krumm wie Bockshörner: heißt Lorenz Bocksbruder, tanzte mit, sähe dann dem Tanz zu, stieß »saltantes« mit dem Fuß hinten an die Schenkel — weißt sonsten seine Larve »ex *figuris metamorphoseos Ovidii monstrosioribus* qualis Cycaonis«. Gefragt, „ob er seinen Herrn nicht fürchte?" »Hic nihil, sed inde patet.« Es wird ihm nämlich zugemuthet, die h ä ß l i c h e n M ä n n e r a u s d e m Buche (Ovidius) zu reißen und zu verbrennen. Negabat: sagt: „der Andere (Satan?) käme sonsten".

Am 16. beschreibt er wieder eine Gasterei in Bettingen, und daß sie alle auf Besen gesessen, die Schornstein seien nicht offen gewesen; aber dennoch hinausgekommen. Er sei getauft worden durch einen Pfarrherrn, der habe weiß ausgesehen und einen schwarzen Bart gehabt. Auch der Löw sei wieder dagewesen, habe schneeweiß ausgesehen. Die Leute haben es ihm gesagt, daß es ein Löw sei. Der Löw habe auch gessen und getrunken. Vor acht Tagen seien die Buben wieder getauft worden, also Oetzel das andermal; kenne die andere nicht. Sein Bruder sei nur einmal dabei gewesen.

Heut vor acht Tagen getauft worden, weiß aber den Namen nicht. Haben ihm ein ander Christkindlein geben, welches er angebetet, weiß aber nit, was er geredet. — Die Zahl der denuncirten Personen war im Laufe der wenigen Tage auf 15 gestiegen.

Die Mutter des Hans Klein, welche am 16. mit ihrem Manne zum zweiten Verhör gelangte, machte als sie vom Henker gebunden wurde, schon Zugeständnisse, während ihr Mann fest auf seiner Unschuld beharrte. Er bemerkte u. a., daß seine Frau im Pfarrhaus zu Bettingen gearbeitet habe. Am 14. kam der Andres Oetzel zum Verhör; auch er betheuerte seine Unschuld, sei sein Lebelang noch nie in Bettingen gewesen, auch nie in Kleins Haus. Deßhalb wird der kleine Hans Klein mit ihm confrontirt. Dieser sagt ihm Alles in's Gesicht, was er gethan mit ihnen. Er leugnet aber Alles, denn er sei „fromm und ehrlich". Nach der Wegführung in's Gefängniß deliberirt der Gerichtshof, ob man den Stark nicht gefangen nehmen solle wegen notorischen Verdachtes der Flucht. Herr Dr. Bünting, Dr. Hinderofer, Dr. Lohmeier sind dafür. Nur Dr. Reinhardt hat einiges Bedenken, „daß es nämlich gefährlich sei, auf dergleichen Kinder bloßes Angeben »ad capturam« zu schreiten, der Junge variire im Reden". Diese einzig vernünftige Ansicht konnte indessen nicht zur Geltung gelangen; die Macht der Vorurtheile und des Aberglaubens verfinsterte zu sehr die Geister, selbst der Gebildeten. Es wird deshalb Stark vorgefordert und mit dem Jungen Hans Klein confrontirt. Dieser beschuldigt den Stark in Bettingen bei der Taufe zugegen gewesen zu sein, daß er Raupen gemacht habe. Stark betheuert bei Gott seine Unschuld „wie man auf solche Reden etwas geben wolle; er wisse nicht, daß er diesen Jungen jemals gesehen". Der Junge denuncirt noch Starks Mutter und dessen Magd. Darauf wird die Verhaftung Starks beschlossen. Stark bittet noch ihm zu erlauben nur zu seiner Mutter zuvor gehen und ihre Sachen richtig zu machen. „Soll fortgehen; es sei der Herrschaft Befehl."

Hierauf wird die alte Wittib Kleins Mutter vorgeführt, welche sich für ganz unwissend und unschuldig erklärt; auch dann noch, als der Scharfrichter ihr vorgestellt wird. Als sie aber von diesem gebunden und geschoren wird, bekennt sie vor zehn Jahren aus Armuth sich mit dem bösen Feind eingelassen zu haben. Sie denuncirt sechs weitere Personen. Am 20. Februar wird Frau Stark vernommen. Sie verlangt gleich einen Pfarrherrn. Sie wolle ihr Leben gern hergeben; wenn sie es sagen müsse, so lüge sie. Nur einmal vor 15 Jahren, als ihr Sohn nach Leipzig ging, sei sie in Bettingen gewesen. Droht mit dem jüngsten Gericht den Angebern. Ihre Ehe sei nicht glücklich; sie wolle gerne sterben. Sie könne es (das Zaubern) aber nicht; man solle sie mit glühenden Zangen zerreißen, wenn sie habe Kinder ausgraben helfen. Als Herr Superintendent erschienen, ist sie doch auf ihrem Leugnen verblieben. Der Henker wird ihr vorgestellt, leugnet noch; dann bekennt sie etwas aus St. Andreas Nacht. Aber ihres Zögerns wegen ist sie geschoren worden. Dann bekennt sie ihre Tauf vor 20 Jahren, habe auch mit dem Teufel zu thun gehabt und Kinder ausgraben helfen ꝛc., macht ein langes Bekenntniß, sagt, der Teufel stehe in der Ecke, nennt sieben neue Complicen. Sie hat dann angefangen auf der Marter (Tortur) zu schlafen. Mit dem „Krebs" ist sie wieder geweckt worden. Hat in Teufels Namen Blüthen verdorben, Raupen gemacht, Vieh beschädigt. Hat Männer umgebracht, ihren Mann verflucht.

Am selben Tage setzt die Klein ihr Bekenntniß fort; neben allen unglaublichen Uebelthaten denuncirt sie abermals 33 neue Mitschuldige, welche „dabei gewesen".

Am 21. Februar wird der Katalog der „Zauberschen" abermal vermehrt durch die zweite Aussage der Wittwe Klein, der Großmutter der zwei Knaben Klein, und zwar um 22 Personen.

Als am gleichen Tage dem Jeremias Oetzel versprochen wurde, daß ihm nichts geschehe, begann auch dieser die Legende von der Hexerei zu erzäh-

len. Vor zwei Jahren er in Bettingen getauft; es waren 15 Personen zugegen, darunter auch neben der alten Clementin des Malers Steffels
Tochter, die von Frankfurt gekommen. Der Teufel habe ihm des Hof-
bauers Hans Kutturfs Tochter zur Buhlin gegeben. Vor vier Wochen
noch eine große Zusammenkunft in Bettingen gewesen, auf Gabeln und
in Kutschen seien sie gekommen; es eemol 43 Personen, darunter zehn
neue Namen, die noch nicht genannt waren. Berichtet auch von einer
Zusammenkunft auf Kleins Boden; er nennt zehn Personen, die anwesend
waren, abweichend von den Aussagen von Hans Klein. Die alte
Clementine habe hinter dem Ofen gesessen (auf dem Boden!) und
geschlafen; ihr Sohn Barthol Klein habe sie mit einem Besen-Schlag
geweckt.

Sei ein großer Löw dagewesen, wie man's in Briefen male;
habt dafür, es sei der Teufel gewesen, weiß nicht, ob er weiß oder
schwarz (!) wäre!

Ist auf die „Veitsstuben“ zu Barthols Weib verwiesen worden.

Will weder bei dieser noch bei ihrer Mutter sein; seien beide gar
böse Frauen und alte Vetteln. Er begehr allein zu sein, damit er recht
beten könne. Hat Niemand Unrecht gethan; wolle es ihnen unter die
Augen sagen. Habe jetzt auf der Kanzlei nichts bekennen können, weil
der böse Feind bei der Thür kohlenschwarz die ganze Zeit gestanden und
mit dem Kopf gewunken, nichts zu sagen!!

Am 26. Februar wird Margaretha Stark wieder vorgeführt
und erinnert die Wahrheit zu sagen. Wohl sagt sie die Wahrheit, aber
nicht im Sinne der Richter; denn sie fällt auf die Knie, weiß nicht, wie
sie dazu gekommen; wisse auch nicht, daß sie eine solche Person sei, ruft
die hl. Dreifaltigkeit, Sonne, Mond und Sterne zum Zeugen an; weil
man ihr neulich so hart zugeredet und gedroht, habe sie herausgeredet,
was ihr eingefallen und Leute angegeben; sie thue ihnen aber
Unrecht.

Da ihr aber vorgehalten, daß sie da und dort auf dem Tanz gewesen,
sagt sie: sie wisse nichts darum; es müsse ein anderes gewesen sein, begehrt ihr die Leute, die solches sagen, vorzustellen. Hierauf ihr die Apollonia Clementin vorgeführt worden; ebenso der Jeremias Oetzel. Auf
deren belastende Aussage räumt sie wieder ihre Theilnahme an dem Zauberwesen ein; von M. Merle in Teufels Namen getauft, habe sie der heiligen Dreifaltigkeit ungern und nur bedingungsweise entsagt, resp. wenn der
Teufel sein Wort halte. Ist dann auf Stecken gefahren, hat gebuhlt, in
Bettingen gewesen, aber keinen Schaden gethan. Der Teufel hab ihr kein
Zeichen angehenkt. Sie war ein gutherzig Weib gewesen; sie wäre ge-

wöhnlich die letzte dazu und die erste davon gewesen; es gebe viele arme
H—ren, welche andere vertreten. Die Rue Ketha hab bisweilen ihre Stelle
versehen. Die Külsheimer Frau habe ihre Stelle diese Zeit über bei den
großen Conventen vertreten. Hierin widerspricht ihr die Plamich. „Es
müsse Einer selbst auf Walpurgis erscheinen". Darauf jene erwiedert:
„Ja es sei wahr; sie sei dagewesen". Ihr Mann habe es nie gemerkt
wenn sie ausgefahren; sie habe ihm eine Weil ein Büschele oder ein
Ritzele gemacht und weiß Oel (N. b. ist Wegsamen) in Milch gesotten und
den Kopf ihm damit bestrichen, darum er so lang geschlafen, bis sie wieder-
kommen. War vom Teufel unterrichtet worden Wetter mit ungelöschtem Kall
und mit Kieselstaub Hagel zu machen, habe wenig Schaden gethan; Frucht
nicht verderbt; habe ihre Kuh umgebracht, aber andere nicht. Ihre Kinder
habe sie nicht verführt. Wenn sie einigen Menschen Schaden gethan hätte,
wisse sie es nicht. Dem Pfarrer hab sie oft Gottes Wort beim Predigen
widersprochen im Herzen, die Hostien habe sie nie aus dem Mund genommen. —

Nach diesem ganzen langen Geständnisse, wobei sie mehrere Personen
neuerdings belastet, endigt dieses Verhör mit der Mahnung: sie habe bis
morgen Bedenkzeit; alsdann habe sie Alles anzuzeigen. Wo nicht, so soll
die Tortur mit ihr auf's ärgste vorgenommen werden.

Am 27. Februar wird Catharina, Friedels Weib, vernommen. Nach
anfänglichem Leugnen geht sie endlich auf das Geständniß ein, bekennt
ihre teuflische Taufe und Hochzeit, Ausfahrten nach Freudenberg, wo sie
gebürtigt, denuncirt wieder sieben Personen als Mitschuldige.

Am selbigen Tage wird ein Bericht des Pfarrers von Bettingen,
Antonius Knoll, eingebracht.

Derselbe lautet: „Es hat sich allhier zu Betting ein Knabe zu zehn
Jahren, neben seinem kleinen Bruder, beide Lorenz Zinksen zu Bettingen
Söhne, unter den Schüler verlauten lassen, daß er ein Gürtlein zu Haus
habe; wenn er solchen anthue, werde er allzeit ein Hase [1]."

Auf solch gründlich (!) eingeholten »rumorem«, hab ich heut den
größeren zu Urpfar in der Sacristei, den kleinen in einem anderen Wohn-
haus allein in größtem Geheim examinirt und soviel befunden, daß solche
fast münbige Kinder (!) dieser gedachten bösen Sachen vielfältige Wissenschaft haben, auch eines wider Christum gottesläfterlichen Gebetes Anfang
gedacht, daß mir die Haar zu Berg standen. »Tale autem initium
carminis magici erat:«

_____

1) Ein Beispiel der Art von Verwandlungen in einen Hasen cf. Anzeiger
für Kunde der deutschen Vorzeit. Bd. XXIII. S. 280.

„Ich stehe allhier auf dem Mist.
Und verschwöre den Herrn Jesum Christ."

Hierauf dann die beiden Kinder herein in die Stadt geholt worden.

Am 2. März sind beide Knaben im Beisein des Herrn P f a r r e r s v o n B e t t i n g e n verhört worden. Johann Zink zehn Jahre alt, bekennt: seine Mutter habe am Main einen ledernen Gürtel gefunden; wenn er solchen anthue, werde er zu einem Hasen bei Nacht, aber nicht bei Tag. Wenn er zum Hasen werde, laufe er in die Häuser und in die Gassen; in des Schultheißen Scheuer habe er Kraut und Fleisch gegessen; desselbigen Tochter habe es gekocht; die sei auch zur Katze geworden; Hänßle, des Steffen Friedrichs Söhnlein, sei auch dabei gewesen; am Mittwoch Nacht sei er in Spinners Haus gewesen, wo Michel Müller dabei gewesen. Er und sein Bruder Lorle fahren auf Besen in die Stadt. Vom Teufel sei er getauft und habe ein Kreuz als Mal auf dem Rücken. Mitgetauft seien: sein Bruder Lorle, Michael Schürger, Hänßle Stefan Friedrich, Hänßle des Barthol Klein; Michel Seidensteiner sei sein Dötlein (Pathe) gewesen.

Will mit der Sprach nicht heraus, sondern so oft man ihn dessen erinnert, fangt er an zu w e i n e n; sagt, wären ihrer sieben zu Bettingen, welche es könnten: Er, sein Bruder, Seidenspiners Tochter Regina und Sohn Niclos; Endres Berl Tochter Babara, Michel Müller, Hans Schürgers Hänßle, des Berl Babette. Diese sei wie eine Katze vor einem halben Jahr in seines Vaters Stube bei Nacht gekommen. Endlich Hofmanns Sohn Klaus.

Gefragt: ob er's denn Vater und Mutter gestehe, hat er geweint und nichts gesagt. Nunmehr wurde sein Brüderchen Lorenz gefragt, nämlich: ob er den Gürtel kenne, damit man zum Hasen werden kann, und ob er eines guten Muthes gewesen? — Hat Alles geleugnet. — Endlich, er sei zu einem Häslein worden in des Büttners Michels Haus. Der Teufel habe ihn getauft. Hänßle Klein, Hans Schürger sei dabei gewesen und ein Unbekannter. Dann nennt er noch zwei Knaben. Vater Zink habe ihm Schmier geben; sein Bruder ihn das Gebet gelernt; die Mutter, der er es gesagt, wann er ausgefahren; habe ihm nichts gesagt. Hab bei der Tauf gesehen, wie ein Kind ausgegraben; sei auch Hochzeit gehalten worden; die Leute aber nicht gekannt.

Der Protocollist schließt das Verhör mit dem Vermerk: „Allem Ansehen nach ist aus diesem Buben in der Güte nichts zu bringen. Denn er Alles mit seiner Ignoranz verantwortet, soll, wie Pfarrer bezeugt, ein gar halsstarriger Jung sein."

Am 3. März wird berichtet, was die beiden Zeugen einem Michael Hafner gestanden. Es werden weiter acht Knaben als vom Satan getauft bezeichnet; ebenso zwölf erwachsene Personen als Theilnehmer. Ein Mädchen von Waltershausen, Ursula Hofmann, bekennt: sie habe Fahren gelernt auf Besen, Läus und Flöhe machen. Sie nennt fünf Personen als Theilnehmerinnen.

Am 11. März findet ein weiteres Verhör der Kinder im Beisein des Pfarrers von Bettingen statt.

Der Pfarrer berichtet, daß der Scheurer Dinkel Vater und sein Sohn, welcher den ältesten Sohn des Zink die Kunst gelernt, sich zuerst nach Lindelbach, dann nach Homburg und, weil die Luft auch hier nicht gut, sich nach Altfelden begeben haben. Sein dann fünf Knaben aus dem Dorfe Bettingen, so der Hexerei halber beschreiet, hereingebracht und bei gemeiner Kanzlei examinirt worden.

1. Michel Müller wird mit Johann Zink refractirt. Dieser behauptet ihn in Barthols Haus gesehen zu haben, hatten gessen und getrunken, gespielt, seien ihrer acht gewesen, darunter sechs aus Bettingen, welche er benennt: Müller Michel, Hans Friedrich, Hans Schürger, Hofmanns Klaus, und die zwei Zinken. Michel leugnet es, weinet und nennt den Hans Zink einen Lügner. Er bleibt dabei, wie wohl der Hans Zink sich dreimal auf sein und seines Brüderchens Lore Zeugniß beruft.

2. Nach Michel Müller wird Hans, Stefan Friedrichs Sohn refractirt. Der Hans Zink bezeugt, daß er mit ihm und vier anderen als vierter getauft worden sei. Jener leugnet es hartnäcig, selbst als ihm die Castigation angedroht wird. Deßhalb wird auch Hans, Barthols Klein Sohn, entgegengestellt. Derselbe behauptet dessen Theilnahme an Tauf und Fahrten. Jener bleibt beim Leugnen. Hans Klein spricht ihm zu; er wisse wohl, daß er es könne; soll's nur heraussagen, sei gewiß.. Darauf stimmt Hans Friedrichs Sohn zu; nur den Michel Müller kenne er nicht. Als dieser wieder vorgeführt wird, kennt ihn Barthols Klein Sohn Hänsle; aber Michel kennt den Barthols Kleins Sohn nicht. Auch Hans Friedrich will denselben nicht kennen. Dem Michel Müller wird mit der Castigation gedrohet; endlich gibt er zu, er sei mit hereingefahren. „Stimmen alle mit einander überein," bemerkt frohen Sinnes der Protocollist, daß sie den Berg hinauf gefahren sind auf die Warth. Sie geben noch ferner als getauft an: die Maigele, Büttners Babette, Michel Spinners Reginele. Es sei dabei gewesen der alte Hirt.

3. Hans Schürger herbeigeführt; er kennt den Hans Klein nicht. Dieser sagt ihm Alles in's Gesicht. Dieser: er lüge wie ein Schelm.

Alle drei zeugen wider ihn; da gesteht er seine Tauf; tergiversirt aber wieder und gibt ziemlich trotzige Antworten, er wisse nichts. Dann gesteht er doch wieder seine Taufe; seinen „Tot" kenne er nicht, sei aus Urpfar gewesen. Ihm wird die Note: »variable« im Protocoll gegeben.

4. Claus Hofmann leugnet Alles; ebenso das Maigele; weinet, es sei nit wahr. Der Hans Zink sagts aber ordentlich und alle Knaben, daß sie getauft seien. Maigele leugnet es; „Omnes affirmant die Taufe". Endlich gesteht es der Claus. Der bös Feind, schwarz, „mit Hirschhörner", habe ihn getauft. Hans Klein widerspricht; es seien „Bockshörner" gewesen. Maigele Müller leugnet noch, auch ihr Bruder Michel; als aber alle Buben behaupten, sie sei auf einem Besen allein gefahren, gibt er es zu.

Sie leugnet noch, obwohl alle Kinder sie überzeugen. Tandem affirmat, sei oft dabeigewesen. Reußen Peters Frau sei seine Döttin gewesen, in Barthols Haus getauft. Eine Erhardtin habe alle drei, sie, Spinners Reginele und Büttners Babette, getauft. Noch eine Familie wird hereingezogen in die Denunciation: Stoffel Segner und sowie Kinder; jener sei bei ihren Tänzen ihr Spielmann gewesen. Auch Grünleins Jacob sei dabei gewesen, rufen Alle. Ueber Kasperle von Bettingen stimmen sie nicht überein.

Am 8. April werden von den Kindern als Zeugen vorgeführt die beiden Brüder Zink und die Maigele Müller gegen die Frau Hans Michels von Bettingen, welche jede Theilnahme an der Tauf der Kinder leugnet. Die drei betheuern sie nicht gesehen zu haben, und die Maigele leugnet selbst ihre Taufe durch den bösen Feind. Es wird Häns Klein gerufen; dieser bezeugt das Gegentheil.

Nachdem die „inficirten Kinder" während dreier Monate im Spital fleißig bewacht und verhört worden waren, werden sie unterm 29. Mai in Gegenwart von Rath Dr. Bünting und Herrn Superintendenten nochmal vernommen.

Der Herr Superintendent berichtet, daß bei den Kindern von Bettingen eine große »malitia« vorhanden und spüre gewisse »simulationes«, dann sie nit mehr geständig sein wollen, was sie vor diesem deponirt. Wollen sich eher zerreißen lassen.

Berthold Kleins Sohn Hänsle berichtet, daß der böse Feind in der Nacht, da man die anderen (den 7. Mai) justificirt und er den Spruch: „des Weibes Samen" ꝛc. — gebetet, zu ihm gekommen und habe ihm gewehrt, solches zu beten; wolle ihm sonst den Kopf abschlagen. Er hab ihm aber geantwortet: er wolle Alles beten; solle von ihm gehen, habe nichts mit ihm zu thun. Eltelins Frau habe ihn das Hexen gelernt.

Hans Zink schreibt es dem Hans Schürgers Sohne und dem Hans Friedrich zu, die ihn verführt. Diese beiden Knaben werden gerufen, welche es leugnen. Reginele Seidenspinners Tochter desgleichen; ebenso die Maigele. „In Summa ist es augenscheinlich zu verspüren und zu sehen gewesen, daß diese Kinder heimlich unterrichtet sein worden, nichts mehr zu bekennen" fügt der Protocollist hinzu. Am 5. Juni ist das Schlußverhör veranstaltet worden.

1. Hans Friedrich bekennt, daß er nichts könne; die beiden Hänsle Zink und Klein überführen ihn der Tauf. Der Büttel wird geholt, welcher das Zeichen (Stigma) des Teufels suchen soll. Darauf bekennt er die teuflische Tauf. Er denuncirt sechs Personen.

2. Michel Müller leugnet Alles. Deswegen ihm der kleine Lorenz Zink vorgestellt worden. Als er Ernst gesehen, fängt er an zu bekennen. Hans Zink und Hans Klein bezüchtigen ihn der Unzucht mit des Schreiners Hertzen Tochter.

3. Seidenspinners Reginele gesteht nichts. Zinken Hans zeugt gegen sie. Als ihr mit den Ruthen gedroht wird, gesteht sie ihre Verführung, ihre Tauf durch die Erhardtin zugleich mit Büttners Babette, Abschwörung von Gott und Teufelsbuhlschaft.

4. Maigele Müller behauptet ihre Unschuld gegen die beiden Hänsle Zink und Klein. Sie wird deßhalb ein wenig gehauen; nützt aber nichts.

5. Hans Schürger gesteht das Fahren, aber nichts weiter. Er wird mit der Ruthe bedroht. So bekennt er denn die Taufe und das Zeichen vor zwei Jahren durch den Teufel erhalten zu haben; vor $\frac{1}{4}$ Jahr sei er abermal getauft worden. Er habe dem Christkindlein absagen müssen. Der Teufel habe ihm auch ein Mägdelein gegeben, sei von Dardingen, heißt Maigele. Bald darauf, als er etwas gehauen worden, sagt er, es sei des Müllers Maigele und auf Kleins Boden geschehen, was Hänsle Klein bestätigt mit dem Zusatze, daß er gesehen, wie sie Unzucht verübt hätten. Auch er habe mit ihr zu thun gehabt. Schürger und Hans Klein bekennen, wie sie auch aus dem Spital noch Nachts ausgefahren seien auf Kleins Boden und auf die Warth; hätten aber Niemand dort gefunden.

6. Maigele Müller vorgekommen. Die leugnet Alles; hierauf ist sie mit Schürger und Kleins Hänslein überwiesen worden. Sie leugnet noch; da ist sie mit Ruthen ein wenig gehauen worden. Gesteht dann ihre Verführung durch Hänsle Zink, könne aber nicht fahren. Hans sagt: er habe sie lehren wollen, sie habe aber nicht gewollt. Die Maigele gesteht weiter ihre Tauf durch den Satan neben Büttners Babette; Schürger sei ihr Hochzeiter gewesen, beschreibt die Thaten der Unzucht mit einer

erschreckenden Umständlichkeit, wie sie bei einem Kinde sonst niemals vermuthet werden kann.

7. Seidenspinners Reginle, nochmals verhört, bekennt zweimalige Teufelsbuhlschaft, (!) worauf der Böse ihr den Hans Friedrich zum Hochzeiter gegeben. Hänsle wird darüber gefragt und bestätigt es.

8. Barthols Hänsle auch examinirt worden. Fragt an, wenn man seinen Vater schonen wolle, wolle er Alles sagen. So ist ihm solches zugesagt worden. Nun bekennt er, daß der Vater ihn viermal, seine Mutter den kleinen Bruder einmal mitgenommen nach Pettingen. Dort Bierbrauerin, Elteleins und Semlerin, die Metzgers Frau, gewesen, hatten Kind ausgegraben und gesotten; sein Vater und Mutter dazu geholfen. Seine Mutter könne Wetter machen ec. —

9. Dirzheimers Söhnlein Hänsle auch gehört worden. Gesteht seine Taufe zu Bettingen, welches ihm Hänsle Klein bestätigt.

Am 9. Juni Nachmittags sind in Gegenwart des ehrwürdigen Ministerii alle Kinder nochmals vorgeführt und examinirt worden, warum sie zuvor so lange zurückgehalten und nicht bekennt haben.

Jene sagen, sie seien alles geständig. ZinI und Friedrich berichten, daß der Teufel zu ihnen ins Spital gekommen und befohlen, daß sie nichts bekennen sollen.

Hiermit · schließen die Protokollberichte über die Processirung der „inficirten Kinder" von Bettingen, deren Aussagen genügt hatten, am 7. Mai bereits sechs Personen in den Tod zu schicken.

    1. Margaretha Stark[1]), des Hans Stark Weib.
    2. Apollonia Clementin, Kleins Mutter, des Clemens Klein Frau.
    3. Catharina Frieblerin von Freudenberg, 45 Jahr alt.
    4. Anna Hans Michels Weib von Bettingen, 50 Jahr alt[2]).
    5. Hans Stark[3]).
    6. Catharina Brönnerin, auch Stumpfin genannt.
Ihnen folgten am 24. Juli folgende nach:

---

1) Bezeugt, mit ihrem eigenen Sohn, copula gehabt zu haben, nachdem sie es zuerst in Abrede gestellt hat. Endlich bittet sie, den Armen etwas vermachen zu dürfen, und sollen die Herren Räthe alle, wie auch Centgraf u. Registrator einen Eimer 24er Wein für ihre Mühe haben, weil sie durch dieses Mittel wieder zu Gott kommen sei.

2) Gibt als Ursache ihrer Denunciation die Feindschaft der Plamich an.

8) Ein überaus ausschweifender Mensch, dessen Scandalchronik alles glaubliche übersteigt.

1. Walpurga Heuser[1]).
2. Margaretha Semlerin, 76 Jahr alt.
3. Die Bierbrauerin, 55 Jahr alt.
4. Peter Götters Wittwe, 48 Jahr alt.

Damit ist die Reihe der Opfer noch nicht erschöpft; sie folgen sich noch in einer langen Reihe im Laufe von 15 Jahren. Denn anno 44 werden noch Personen justificirt, deren Anzeige aus 1629 datirt.

Doch hatte die Hinrichtung der Frau Starkin noch ein kleines Nachspiel im Gefolge. Der ausgezeichnete Jahrgang des 1624 er Weines, welchen diese angeklagte Person den Richtern spedirt hatte, war Ursache, daß Graf Wolfgang Ernst seinem Rathe Dr. Bünting darüber, sowie überhaupt über sein Verfahren in puncto des Procedirens gegen die Hexenleute vorstellig geworden und ihm eine Rüge ertheilt hatte. In einem langen Schreiben vom 6. Juni 1629, gerichtet an Grafen Wolfgang Ernst, sucht Herr Rath B. sich zu vertheidigen. Er bezeugt, daß er bei Examinirung und Torquirung der Malefizpersonen keines unverantwortlichen Processes sich erinnere, sondern „daß ich an meinem schwierigen Orte dasjenige, so allen beschriebenen Rechten, Peinlicher Halsgerichts-Ordnung, auch der Billigkeit an ihnen selbsten gemäß, bei den Examinibus hab geachtet und helfen anstellen lassen."

Bezüglich des Weines stellt er es als eine Weinprobe vor, die nöthig war, um die Fässer zu untersuchen und zu füllen, sei nach dem Verhör geschehen, nur 4 oder 5 Maaß betragen — soll nicht mehr geschehen und bittet um Verzeihung. Man hatte damalen den (unschuldigen) Gedanken gehabt, es hätte nicht viel zu bedeuten, wenn man nach der Mühewaltung und gehabter Examination sich mit einem Trunk 24 er labe; soll und muß künftig gänzlich abgestellt werden.

„Wegen der Tortur und peinlichen Frag sind wir Räthe, wie ich wohl weiß, in solchem Ruf, als ob wir tyrannisch und nicht mit der Ordnung gemeinen Rechts gemäß damit procedirten und ohne genugsame fundirte rationes und Anzeigung die Verhafteten ließen martern und angreifen. Es wird sich aber in Wahrheit anders befinden, daß wir bisher noch nie gelinder, als man stricto jure ist befugt gewesen, mit der Tortur procedirt haben!! Es seien Lediggänger und Pflastertreter, welche das Gefängniß umständen, das Schreien der Gefolterten hörten oder die Gefolterten nach ihrem Nest zurückführen sähen; welche aussprengten: man handle unbarmherzig, den armen Leuten geschähe zu

---

1) Wurde furchtbar torquirt; doch ihre Aussage immer unbeständig, was die Richter dem Satan zuschreiben. Der Versuch der Räthe, ihn durch die beiden Pfarrer vertreiben zu lassen, blieb vergeblich.

viel; sie müßten bei den unerhörten großen Martern dasjenige, so ihnen zu thun niemals in den Sinn gekommen, bekennen. Geben auch vor, man haue die Hexen mit Ruthen, bis daß sie vor todt gehalten würden. Aber es ist nicht also. Was wegen der Tortur geschieht, will ich vor Gott verantworten und vor allen ehrlichen Leuten. Dr. Lehmann habe vor seinem Abzug auf der Kanzelei Meldung gethan, sein gnädiger Herr Joh. Dietrich wolle seinestheils zu diesem Hexenwerke sich fernerhin nicht verstehen, es wäre dann, daß man sich eines anderen Processes sich vergliche, daß man das Protocoll jederzeit auf dem Centhaus verschlöß und keinem Menschen, weder Herrn noch Diener, außer mündlichem Berichte, communicirte. Eine eigene besondere Person soll als Hexenwarth das Directorium von der Kanzelei erhalten, nicht aus sich selbsten. Die verhafteten Hexen sollen expedirt und justificirt, aber mit der Captur anderer innegehalten werden bis zum neuen Zusammentritt der Räthe . . . . (!)

Aber die Sache mit der Heußers Wulp (Walpurga) betreffend, habe er nach Einholung der Genehmigung der HH. Grafen Ludwig und Friedrich eine Wiederholung der Tortur vornehmen lassen, nachdem er 2 Stunden vergeblich in Güte sie ermahnt habe, die Wahrheit zu sagen; habe aber nichts verfangen, sondern das Absehen haben wollen, daß sie der Teufel bei der glitlichen Frag, da sie, Wulp, ein wenig hat schwätzen wollen, dermaßen gedrückt und zugesetzt, daß sie in Ohnmacht gefallen, niedergesunken und einem todten Menschen gleich gewesen. Man hat aber ihrer gleichwohl, da sie wieder zu sich gekommen, nicht geschont, sondern sie a u f z i e h e n   l a s s e n und mit Ruthen hauen auch den Krebs am rechten Bein ihr anthun lassen; sie hat aber allem Anschein nach keinen Schmerz gefühlt, auch derohalben nichts, als daß sie die Fastnachtin auf der Warthe in Walpurgisnacht gesehen, bekennen wollen.

Mittags ist sie wieder (5. Juni) in praesentia obgemelder auch Grafen Ludwigs und Secretarii gütlich examinirt worden aber vergeblich. Ich jedoch mit Consens des Hrn. Grafen Friedrichs habe die Herren Pastores, Superintendent und Herrn Jacobum kommen lassen um zu versuchen, ob etwa dieselbigen etwas von ihr erfahren und ausforschen könnten. Daher conclubirt worden, man soll sie abermal torquiren, nicht zwar mit Ruthen, sondern auf die Folter ziehen, welches auch unfruchtbar abging. In Summa; m a n   k a n n   a u s   d e m   T e u f e l s k o p f   n i c h t s e r p r e s s e n ; es ist das beste, man verbrenne sie lebendig, da sie des Teufels, wie sie auch sagt, sein und bleiben will, gestehet auch, daß sie ihre beiden Männer mit Mücken = Pulver hingerichtet, auch viele Leute, deren sie keinen namhaft machen will, auf der Warthe gesehen hat. Hab also den ganzen Tag verspielt auf Zauberei.

Selbigen Abend noch um 6. habe ich die Buben aus dem Spital

kommen lassen und sie examinirt, welche auch außer Bartholds Hänslein und Zinken Hänslein von Betting, alle ihre Aussagen audacissime (aufs kühnste) revocirten. Als aber der Zentbüttel mit Ruthen ist vorgestellt worden, ihnen auch das Wams, als ob man sie hauen wollte, ausgethan, haben sie Alles wieder bekennet. Des Müllers Mägdle aber zu Bettingen hat durchaus nichts mehr gestehen wollen, unerachtet es von 2 Bütteln ist gestäupt worden. (!) Meines Erachtens aber wird man sie heute wieder vernehmen und bei Verspürung einer Bosheit intentius (kräftiger) noch einmal, weil die gestrige Castigation gar gelind gewesen, herüberziehen. (!) Zinken Hänslein, ein Bub von 11 Jahren, hat schon eine Braut, so ihm der Teufel gegeben, bei welcher er, seinem Vorgeben nach, geschlafen. Seine Braut soll des Schreiners Tochter in der Eichelgasse allhier (dessen unser Keiner gewußt) sein. Des Schürgers Tochter von Bettingen, ein Mägdlein von 12 Jahren, hat auch schon seinen Buhlteufel, welcher Unzucht mit ihr treibt.

Man mache daraus, was man wolle. Es kann die Obrigkeit nicht verantworten, wann sie gemeldete Hexenkinder länger im Spital speisen und erhalten ließe, da ich sehe, daß sie viel boshafter als frömmer werden. Ich will der Pfarrer und auch der Hrn. Gutachten hören und solches Ew. Gnaden mittheilen.

Samstag den 6. Juni 1629.

C. Bünting, Dr.

II.

Die Schicksale der inficirten Kinder aus Freudenberg und Bettingen waren noch frisch im Gedächtnisse Aller, als in Wertheim eine neue Klage an die gräfliche Herrschaft einlief über „Kindesverführung zu dem gottlosen Laster der Zauberei." Diese Supplication oder Hilferuf ging aus von dem Bürger Michael Kapf sammt seiner kränklichen Hausfrau und Kind. Die Beschwerde war gerichtet gegen Catharina, des Michael von Cöls Hausfrau, welche durch die verteufelte Hexerei sein Kind verführt, und mit diesem und ihren beiden Söhnen zum Schlott hinausgefahren, wie solches alles sein liebes Kind ausdrücklich angezeigt und aller Umstände Meldung gethan habe. „Das verführerische Weib treibt mein liebes Kind noch so weit, daß es noch ganz und gar nicht eine einzige Stunde in der Nacht Ruhe hat, noch auch haben kann, sintemal wie fleißig und eifrig wir auch unser Kind zum Gebete anhalten, auf und wieder segnen, je härter es angefochten wird und sich martern und peinigen lassen muß . . . . Auf solch mein unterthänigstes Anzeigen ist mein Kind vom Herrn Superintendenten beschickt und abgehört worden, deßwegen meinem Kinde freundlich und tröstlich von ihm zugesprochen worden, auch ausdrücklich von solchem Laſters abgewarnt und zum Gebete ermahnt haben." Dieſes Kind war 5 Jahre alt.

Das Kind wird gleich am 26. März ins Verhör genommen.

(Protokollauszug.)

Fr. Wer ſie heraufgefordert?

A. Ihr Vater.

Fr. Was ſie hier thun ſoll?

A. Wiß nicht.

Fr. Wie alt?

A. Weiß nicht.

Fr. Ob ſie bei dem Superintendent geweſen?

A. Ja.

Fr. Was es bei ihm gethan?

A. Hab geſagt, ſoll nimmer nicht hinaus, wolle ihr einen neuen Thaler geben.

Fr. Wo hinaus?

A. Auf die Warth.

Fr. Was man draußen thue?

A. Eſſen und trinken.

Fr. Was ſie hätten?

A. Fleiſch und Moſt.

Fr. Was für Fleiſch?

A. Rippenfleiſch.

Fr. Ob ſie Brod hätten? Negat.

Fr. Ob ſie Salz hätten?

A. Nein.

Fr. Wer allezeit dabei ſei?

A. Wären viele Leute dabei, bei hundert.

Fr. Ob ſie dieſe nicht kenne?

Nennt 4 Namen; die eſſen und trinken mit, werfen ihre Becher hinter ſich weg.

Fr. Wie ſie hinauskomme?

A. Fahre hinaus.

Fr. Mit wem?

A. Mit dem Cätherlein auf dem Markt, ſo dem Rotlers Michael zugehör. (Katteli Michels von Cöls Weib.)

Fr. Wie ſie es mache?

A. Schmiere mit Schmier einen Stock, ſie fahre mit dem Ketterle auf der Gabel; die anderen hätten Stöcke. Ihre Salbe ſtehe in der Stuben auf dem Fenſter in einem hölzernen Büchslein, ſehe weiß aus.

Fr. Wann sie zum erstenmal hinausgeführt worden?

A. Vor ihres Vaters Hochzeit sei sie zu ihrer Bäßlein gekommen. Ihr Vater habe die Magd geschickt, sie heim heißen gehen; hätte ihr Bäßlein gesagt: werde kommen. Darauf hätte sie es hinausgeführt.

(Anmerkung: sagt ferner ungefragt: Ihr Baß sagte sich: hätte einer ein Kind abgetrieben, hätte Schmiere daraus gesotten.) Ihre Bas habe sie in die Küche geführt, einen Stecken geschmiert, darauf sie hinausgefahren.

Als man sie erinnert, daß sie vorhin eine Gabel gesagt, distinguirt sie, daß sie das erstemal auf einem Stock, vergangenen Freitag aber auf einer Gabel mit ihrer Base gefahren. Das erstemal hab sie gesagt: solle die Beine über die Gabel schwenken, das Vaterunser beten, aber das „täglich Brod" auslassen . . .

Nach dem Vater Unser wäre es gleich hinausgegangen durch den Schlott; gehe geschwind. Komme hinaus auf die Warth; tanze droben, sie hab mit ihrem Buben getanzt; ihre 2 Buben (Michael und Niclas von Cöls) wären draußen gewesen; hat mit allen beiden getanzt. Sie hätten Schmiere auf der Warth gesotten. Sei ein todt Kindlein gewesen, weiß nicht, ob es ein Büblein oder ein Mägdlein gewesen; sei ihres Armes lang gewesen. Hättens in einem Hafen gesotten. Balthasars Frau, deren Tochter und ihre Bas wären dabei gewesen. Die anderen hatten gegessen und getrunken; ein großer Mann, wie ein Kachelofen, schlage sie, wenn sie nit hinauswolle; auf Walpurgisnacht soll sie getauft werden, will aber nicht hinaus; ihr Vater fluche; ihr Superintendent habs auch gesagt: soll Jesus schreien.

Dimissa und dem Vater die Aufsicht befohlen worden.

Samstag den 29. März Michael Kepf wegen seines Kindes verhört worden. Dieser berichtet: daß es ihm heut aus dem Arm kommen, sei umb ein Uhr geschehen, weiß nit, wie es wieder hineinkommen; seine Frau hab's gemerkt; dann sie allzeit zuvor zu ihm kommen, allein sie könn's nicht sehen, seine Frau sei krank darum.

Ist das Mägdlein Kath. Kapfin wieder gehört worden und befragt „Warum sie wieder hinausgefahren, da es ihr doch verboten worden?

Illa: Wenn sie nit hinauswolle, so schlage sie der große Mann, der wie ein großer Kachelofen aussehe; wäre heut hinaus zum Galgen gefahren. Balthasars Tochter wäre auf einem Bock gekommen. Wenn sie schreien wolle, drücken sie ihm das Maul zu. Das todte Kind, daraus sei Schmier gesotten, wäre des Bütters Tochter: die Leut wären wieder alle da gewesen, wie auch Notlers Michels 2 Buben, Michel und Niclas. Ihre Bas, des Notler Michels Weib, habe Wein in der Kanne gebracht und in Becher geschenkt. Sie hat den Wein gekauft. Sie wäre

von ihres Vaters Haus in ihrer Bas Haus und von dannen hinausgefahren zum Galgen.

Diese in dem Kindesverhör mehrbenannte Catharine von Cöls war
offenbar mit der Fallsucht behaftet und zeitweise geisteskrank.

Sie wird verhört am 31. März, 1. April, 6. Mai.

In dem Zeugenverhör, welches ihr Mann und ihre beiden Söhne
am 26. Mai zu bestehen hatten, deponirt der älteste Sohn Niclaus, 16
Jahre alt: „Seine Mutter habe fast alle Tage einmal gethan, als wenn
sie die böse Krenk hätte; aber sein Vater habe davon gehalten, als wenn
sie der böse Geist also trieb. Auf den Tag aber, als man sie einsetzen
wollte, haben sie nichts an ihr gemerkt. Und wenn sie gefallen, sei sie
nach Vortheil gefallen, daß ihr nichts geschadet." Ferner besagt er:

Die Mutter habe ihm und auch dem Vater die Bibel aus der Hand
genommen und hinter die Thür geworfen. Auch der Augenschein lehre,
daß sie ein böses Weib sei. Habe auch mit seinem Vater niemals recht
zufrieden sein können. Wenn sein Vater, oder er etwas aus Gottes Wort
oder in Psalmen gelesen, habe sie es nit leiden wollen. Habe auch etliche
mal nach seinem Vater mit Messer geworfen. Sein Vater habe oft zu
ihr gesagt: Sie müsse noch verbrannt werden, weil sie ein böses Weib
sei. Habe auch den Spruch im 90. Psalm nicht hören wollen: „Das
macht dein Zorn, daß wir vergehen, und dein Grimm, daß wir so plötzlich dahin müssen."

Ueber die Cölsin selbst bemerkt das Protokoll vom 31. März:

Tergiversirt, will nicht wissen, was sie gesagt. — Die böse Krenk
mache, daß sie alles vergesse.

Nachdem sie aber Einiges gestanden, daß sie versprochen, alles Böse
zu thun, der heiligen Dreifaltigkeit abgesagt, stellt sie sich ganz ungebährdig, als wenn sie der Teufel ritt.

Am folgenden Morgen gesteht sie die Verführung der Henninger,
Anneleis Tochter, „will aber weiter nichts wissen, wegen des Kopfweh-
thums, welches mache, daß sie Alles vergesse." Auf Vorhalten weiß sie
sich zu erinnern, daß sie gestern gesagt: der Teufel sei ihr auf der Zunge
gesessen, daß sie nicht reden konnte.

Da sie nun weiter nichts gestehen wollte, ja doch die Hexerei gestand,
ist der Meister (Henker) vorgestellt worden. Sie bekennt, des Kapfs Kind
verführt zu haben. Hat es am verflossenen Freitag zur Nacht zwischen
9 und 10 Uhr hinausgeführt, als sie in Kapfs Haus gegangen. Gefragt,
ob sie auch andere Kinder und nicht auch ihre Kinder verführt, weiß sie
von keinem mehr. Dann leugnet sie aber Alles, befand sich auch, daß
sie in Zeit ihrer Custodie (Kerker) nichts gegessen und hat ihre Menses.

Im dritten Verhör vom 6. Mai ist sie auf Verlesung ihrer früheren Aussag „der Tauf und der Absagung geständig". Hat sich aber hierauf gar ungebährdig und scheußlich gestellt, die Farb im Angesicht verändert, mit dem Munde geschmatzt und an den Kleidern gezupft und ist ganz still geworden; was man sie gefragt, zu Allem keine Antwort gegeben, bis des Meisters Knecht herbeigefordert, der sie gerüttelt, daß sie wieder zu sich kommen. Weil da in der Güte weiter nichts aus ihr zu bringen gewesen, also hat man ihr den Kittel anlegen lassen und sie gebunden. Hierauf eine Beinschraube angelegt. Aber allezeit verstockt geblieben, so daß man also um dieser Umständ willen zu der anderen Beinschraub hat greifen müssen. Darauf gebeten, daß man die Schrauben aufmache, sie wolle Alles gutwillig bekennen, was sie gethan.

Bekennt alsdann wiederum die Verführung des Kopfs Kindes auf Geheiß des Satans, dieses Kind wird dann confrontirt und sagt Alles ihr ins Gesicht, was sie mit ihm angefangen: Ausfahren, Schmiermachen aus gesottener Kinderleiche ꝛc. Darüber sie zum anderenmal mit Seufzen gesagt: „Du gerechter Gott! Vor 2 Jahren habe sie ein todtes Kind gehabt; die schwere Kreul habe es ihr abgetrieben."

In dem zweifachen Verhöre am 29. Mai Vormittags und Nachmittags bezeugt sie hingegen: „daß ihr Mann sie vor ungefähr 3 Jahren geschlagen, so sei ihr das Kind abgangen und begraben worden."

Um nun ihre Uebelthaten gegen andere Leute zu erfahren, wird ihr, da sie hierüber nicht bekennt, der Kittel angelegt und sie gefesselt. Nun bekennt sie verschiedene Beschädigungen während der Tortur, als Tödtung einer Kuh, eines Kalbes durch Schmiereingeben, und daß sie ihr todtes Kind dazu benützt. Als sie aber nicht recht herausgewollt, was sie noch mit der Schmiere sonst gemacht, wird sie mit Ruthen gestrichen.

Nun gesteht sie in der Tortur wieder die Beschädigung des Viehes; habe auch alle Jahre einmal ausfahren müssen, sei allezeit krank gewesen.

Als sie nach zweimal am Nachmittage (29. Mai) überstandener Tortur von derselben entledigt worden, hat sie mit freudigen Gebährden und lachendem Munde Meister und seinem Knechte gedankt, daß sie so gezüchtigt worden sei, sie wollt nicht die ganze Welt nehmen, daß sie nicht so vorher gezüchtiget worden. Sie hab's an ihrem Mann verdient, daß sie so gezüchtigt worden; sie hoffe nun, Gott wolle sie seelig werden lassen.

Am 30. Mai wird ihr ihre frühere Aussag wiederholt, und sie bekennt wiederum Alles, wie früher. Auf die Angabe, vor 6 Jahren habe sie ihrer Kuh vergeben, bemerkt der Richter, daß ihre Tochter davon nichts wissen wolle. Sie antwortet: „Jesus, ja, das Mägdlein ist ein Narr; es sei freilich wahr. Warum sie sonsten es sagen würde?"

Am Schlusse bemerkt sie noch: „Der böse Feind habe ihr allezeit, sonderlich in der ersten Nacht eingebildet, solle nichts bekennen; er wolle ihr wohl davon helfen. Sei ihr aber allezeit gewesen, als wenn's ihr geträumt."

III.

Fast gleichzeitig bringt ein Wilhelm Bracker die Anzeige am Tage vor Ostern 1634: „Daß in der Pulmani Klasse die vier jüngsten Knaben theils mit meinem Drängen, sämmtliche aber freiwillig und aus Verdruß den teuflischen Conventen beizuwohnen, ihre Verführung bekannt und um Gottes Willen davon erledigt zu werden gebeten, auch, wie es mit ihnen hergegangen, einfältig und kindlich erzählt." Der Schreiber bittet sein Schreiben der gräflichen Obrigkeit zu unterbreiten zur Entschließung „ob die Kinder möchten communiter oder indicialiter angehört und dann durch gute Mittel zurechtgebracht werden."

Gedachte Kinder über 10 Jahren werden nun in das Spital abge-führt und dem Schulmeister von Erlenbach zur Beobachtung übergeben. Dieser berichtet über das Resultat derselben unterm 15. und 18. Juli, 7. und 14. August 1634. Der Inhalt dieses Schreibens ist zu charakteristisch für die Beurtheilung der geistigen Cultur jener Zeit, weßhalb einige Bruchstücke hier ihren Platz finden sollen. (Gerichtet an die H.H. Grafen Ludwig, Wolfgang Ernst und Friedrich Ludwig.)

„Hochwohlgeborene Grafen und Herren, sendte meinen unterthä-nigsten gehorsamsten Dienst zuvor.

Was vor ungefähr 6 Wochen ich wegen der inficirten mir unter-gebenen Kinder unterthänig supplicirt und dabei berichtet, das wird der-selben noch eingedenk sein. Wenn ich dem anders nicht vermeint und nachmals mit Gott und gutem Gewissen sammt den Meinen bezeugen kann, es verhalte sich also (wie ich sie dem unterschiedlich male und zum öfteren examinirt und befragt, auch vor und nach Mitternacht im Bette zugerufen, und bißweilen sie bei Arm und Beine gerüttelt und sie mir Antwort gegeben), daß nämlich die Zeit über des Nachts keiner hinausgekommen; so habe ich doch etlichemal, sonderlich von meinem Weibe hin und her vernehmen müssen, daß sie bei Nacht hinaus kommen sollen, welches vornehmlich das Kapplau Mädchen von des Haasen Niclaus Mädchen gesagt haben soll, darauf ich sie am vergangenen Samstag mit Ernst und Castigirung der Ruthen einen nach dem an-deren vorgenommen und leider Gott Erbarmen so viel bei ihnen erfahren und herausgebracht, daß sie die Zeit über im Spital gewesen, theils

drei und vier, theils fünf und sechsmal draußen gewesen, und hatten sie
eines Theils Weiber, deren sie drei benamsten, theils der Satan, von
dem uns Gott gnädig behüten wolle, selbst geholt: Die Weil dann meiner
nur auf etliche wenige Wochen begehret worden, und ich nun an die 15
Wochen von meinem Schuldienst zu Erlenbach gewesen und sich mein
Herr Pfarrer daselbsten, weilen er auch das Filial Diessenthal zu versehen
und beide Gemeinde Erlenbach und Diessenthal sich wegen der Jugend und
Kirchengesangs zum höchsten beschweren; also will ich nochmals ganz unterthänig gebeten haben, Sie wollen mich der obgenannten Kinder, vorab weil
sie wider all mein Verhoffen und Gedenken, so wie oben erzählt, beschaffen
sind, auch solches gestrigen Tages den geistlichen Herrn, als Herrn Superintendenten und Herrn Jakob geständig gewesen, in Gnaden entlassen,
und ihnen entweder doch ohne mein Maßgeben einem andern untergeben,
auch anderwärts selbsten examiniren und befragen lassen.

Und weil mir auch anfangs deßwegen ein gnädig Honorarium versprochen worden, ich aber die Zeit über noch nichts empfangen, und die
Kost und Trank im Spital etwas schlecht gewesen, weil ich und die
Kinder miteinander essen müssen und dennoch fast Alles mit Widerwillen
geschehen, also will ich Ew. Gnaden gebeten haben, meiner in den 15
Wochen gehabter Mühe und Sorge, so Tag und Nacht gnädig zu erwägen und mich sammt den Meinigen mit einem ziemlichen Honorario
gnädig begeben und abfertigen lassen. Und da ich eher vermerkt und
erfahren, daß die gottlosen Kinder leider also beschaffen, wollt ich keinen
Tag noch Stund länger bei Ihnen geblieben sein, wie ich auch deßwegen
um Erlößung deren nächsten Tages nochmal ganz unterthänig gebeten
haben will und gnädige Resolution gehorsamst erwarten thue.

Euer Gräflichen 2c. unterthänigst gehorsamer Diener

Johann Schildtbach,
Schulmeister zu Erlenbach[1]).

Schon nach vier Tagen folgt der zweite Bericht, datirt 19. Juli 1634.

„Seit ich am Dinstag meine innigste Supplicium übergeben, habe
ich von den Kindern ferner noch dieses gutwillig und ohne Castigirung
erfahren, daß sie von dem Satan (Gott behüt uns gnädig) und seinem
Anhang den Hexen informirt und zum höchsten abgemahnet worden, nicht
zu beten, und weil sie gesagt, sie müssens thun, der Schulmeister schmeiße
und streiche sie sonsten, wenn sie nicht beten wollten, habe er, Satan,
auf der Tauberbrücke, allda alle Hexen mit ihm reden dürfen, gesagt:

---

1) Des Lehrers Schreiben sind gerichtet an die Grafen Ludwig, Wolfgang
Ernst und Friedrich Ludwig. Graf Dietrich war vertrieben seit Ankunft der
Schweden 1631.

sie müssens nicht thun, und könne er sie wohl besser treffen. Item sie sollen mehr Kinder verführen und hinausbringen, oder er wolle sie zerknirschen. Ingleichen hat ihnen der Satan und viele Hexen, als sie heut 14 Tag am Freitag das letztemal draußen gewesen, angelehret und befohlen, Mir als der Zeit ihrem Schulmeister und den Meinigen Kügelchen aus ihrer Schmier zu machen, oder der Satan wollt ihnen das nächste mal, wenn sie wieder hinauskommen, welche geben, um ins Essen zu werfen und damit zu erlähmen, welches sie aber, da sie keine Schmier gehabt, nicht gethan und nicht thun können. Aber des Niclas Hasen Mädchen Rosina, sagen die anderen zwei Mädchen, hatte vergangenen Samstag, als ich sie castigirt und die Sache bestanden, gesagt: wenn sie Schmier hätte, wolle sie dergleichen Kügelein machen und mir ins Essen werfen, welches sie des Lembleins Peter auch Jost Dixheimers Weib sonderlich angelernt, auch ihrem Buben Michel Dixheimer, mir solches zu thun, zum öfteren befohlen. Erstgenannte Hasen Niclas Mägdlein Rosina, sagt leider auch ferner gutwillig und ohne Castigation, daß ihr der Satan (Gott sei uns der nächste) vergangenen Charfreitag, die Nacht zuvor, ehe sie ins Spital kommen, auf der Tauberbrücke bei 5 Kügelein geben, ihrem Vater und Mutter ins Essen zu werfen, welches sie aber, weil sie gleich Samstag darnach in das Spital kommen, nicht gethan, und hätte sie solche Kügelein ins Papier gewickelt und in ihr Bettstroh daheim versteckt, allda sie vielleicht noch zu finden wären."

Bei solchen ihn bedrohenden Gefahren ist es begreiflich, daß der gute Schulmeister um nichts mehr supplicirte, als um Abberufung aus dieser Gesellschaft. Die dritte Supplik vom 7. August ist noch eindringlicher; denn es sind schon 18 Wochen, daß er bei den inficirten Kindern im Spitale wohnt. Er spricht am Ende von »periculum in mora« und in „Betracht der schweren Last und großen Sorg und auch Befahrung meines und der Meinigen Leibs und Lebens gnädigen Entlaß mit einem gebührenden honorario," wie ihm versprochen.

Ueber den Zustand der Kinder bringt er wieder merkwürdige Dinge vor. „Weil seither sie in die 4te Woche gestanden, daß sie vorher theils 3, theils 4, theils 5 und 6mal bei Nacht draußen gewesen, habe ich diese Zeit, Gott sei mein Zeuge, weit besser und fleißiger Acht auf sie gegeben, besonders um Mitternacht, da sie gesagt, daß sie sonst allerweg hinaus können; bei 3 und mehr Stunden mit ihnen gewacht und gebetet, anders nicht vermeinend, als sollte solche Zeit mir keines hinauskommen sein; aber leider nun ersehen muß, daß sie erst vergangene zween Tage bekannt und sagen, daß sie nun diese 3 Wochen fast alle ihre Fahrnächt, wie sie es heißen, draußen gewesen und von deß Lembleins Peters, deß Flegels und Jost Dixheimers 3 Weiber bisweilen vor und nach Mitternacht sind geholt worden. Auch dessen sich zu verwundern und Gott im Himmel zum Erbarmen, wie sie sagen, mitten unter dem Gebet, in meiner und des Centgrafen Knechts im Spital Gegenwart."

In der vierten Supplikation vom 14. August erzählt der Schulmeister Schildtbach, wie er vergebens nach dem Verschwinden eines Messers geforscht habe. Endlich, als er dem Dixheimer versprochen, ihm einen Weck zu kaufen, habe er gestanden, die Rosina habe es vorige Mittwoch Nachts mit hinausgenommen, was auch Rosina eingesteht; aber draußen beim Hochgericht habe es ihr der Satan abgenommen und gesagt: er wolle damit den Leuten Böses thun. Weiter erzählt er: Gestern Mittwoch in der Nacht, als wir miteinander gebetet, und um 10 Uhr niedergelegt, in Gottes Namen eingeschlafen, habe ich das Licht bis ungefähr Mitternacht brennen lassen. Als ich aber gegen 1 Uhr wieder erwacht und das Licht ausgegangen, habe ich ihnen nach einander gerufen und gefragt, ob Niemand dagewesen, haben sie mir alle vier Antwort geben und gesagt, sie hätten nichts vermerkt.

Darauf ich sie geheißen fromm sein und im Namen Gottes einschlafen. Bald hernach, sagen sie, als wir wieder geschlafen, wäre des Lembleins Peter Weib zu Rosina kommen, sie, als sie stark geschlafen, aufgewedt, gerüttelt und auf sie geschlagen, daß ihr Maul und Nasen geblutet, welches sie ihr vor 8 Tagen draußen angedroht, weilen sie verrathen. Unterdessen habe des Flegels Weib die anderen 2 Mägdlein auch angefallen, der Kattel die Bindeln vom Hals gerissen und unter mein Bettladen geworfen, und als sie der Ursel das ihre auch herabreissen wollen, habe sie ihr die Hand gehalten und sich gewehrt. Indessen hatte die Kattel angefangen zu beten: „Befiehl dem Engel, daß er komme, und uns bewach dein Aug".

Darauf sie beide Weiber und des Buben Michels Mutter, so auch in der Kammer gewesen, alsobalden weichen kommen und sie weiters nichts gesehen, darauf auch wieder eingeschlafen. Ich und die Meinen aber haben unseren theils nichts gesehen noch vernommen.

Daß die ganz unterthänige und hochflehentliche Bitte um Entlassung wiederkehrt, darf nicht wundern; denn „die große Gefahr, die ihm und den Seinen angedroht, ist noch vorhanden."

Während der Zeit, in welcher die Kinder im Hospital waren, werden sie zuweilen als Zeugen vorgefordert. So treten unterm 10. Juni Ursula Kreß und Rosina Goß gegen die angeklagte Katharina Cörrin auf. Ebenso Cath. Strauch, Michel Dixheimer.

Nicht uninteressant und zur Beurtheilung des crassen Aberglaubens, wie er damals im Schwange war, ist sehr geeignet das Verhör mit den inficirten Kindern. Dieses fand statt am 29. Juli 1634.

In Gegenwart: Dr. Cancell.

        Dr. Lippoldt Concell.

        a Waldenb:Hohelohe.

        Dr. Reb (Pfarrer).

        Dn. Cunone.

„Sein die inficirte Kind im Hospital vorgefordert worden. Ist der Schulmeister zuvor gehört worden. Der sagt aus und beruft sich auf sein gethanen Bericht, daß sie noch hinausgefahren. Berichtet daneben, daß verschwundenen Sonntag zur Nachtzeit die Hexen um die Spital-fenster herumgeschwärmt, so den Kindern gezeigt und unter anderem des Lembleins Peters Frau, des Andreas Fleglers Frau und des Tizheimers Mutter kanat, haben den Kindern Weck und Wein gezeigt, sie zu ver-führen. Das habe er sichtbarlicher Weiß gesehen, daß ein schwarzer Strich vorm Fenster herübergefahren, hernach sei die Gaße und Stube voll stinkigem Rauch worden, welches auch der Wächter gesehen. Berichtet daneben, daß die Kinder angeben, sei solches unterschiedliche mal geschehen.

Catharina Straußin

befragt worden. Flegels Frau hole sie, könne allein nit fahren. Fahre hinaus zum Galgen und tanze. Sei vom Spital auch hinausgefahren. Flegels Frau hab sie auf einem Stock hinausgeführt. Der schwarze Mann habe sie dazu gezwungen und das Fenster aufgemacht; habe beim Tanz Blut trinken müssen aus einer Kuhklaue, haben viele Kind mit ihr theils auch Wein getrunken. Sie habe darum Blut trinken müssen, weil sie Samstag Flegels Frau hab gesagt, was sie nach des Teufels Herr allhier frag. Das Hößlein habe sie verführet. Könne Flöhe machen, thue Schmier in ein Häfelein und rühre. Wann sie dem Schulmeister sage, des Flegels Frau sei da und wolle sie holen, so könne sie ihm nichts thun. Sein Vater heiße Peter Strauß.

Regina Hößin gehört worden.

Sei hinaus zum Galgen gefahren und Kindlein gesotten. Sie hob das Sträußlein und ihre Mutter und Fräulein.

Lembleins Mutter habe sie im Spital 6mal hinausgeführt. Schlage sie der schwarze Mann, wenn sie hinaus nit wollt fahren. Kommen die Hexen allezeit vor die Fenster; Lemblein Peters Frau und ihre Tochter plage sie am meisten, wohne dahinten bei ihrem Haus. Ihr Mann sei ein Knapp, habe ohnlängsten draußen Blut in Kuhklaue trinken müssen. Vadlers Caspar, Krebs, Michael Stirl und andere haben Wein ge-trunken; Lembleins Peters Frau verbiete ihr allezeit, solle nichts sagen. Sei 10 Jahre alt.

Michael Dexheimer gehört worden.

Sei hinaus vom Spital in Galgen, Wartthurm und Spitalacker gefahren, habe gessen und getanzt und Blut getrunken aus Klauen, die Schultheiß, Kaufmann und Sander haben Wein getrunken. Seine Mutter führe ihn hinaus, tanze mit Catharina Straußin; vergangenen Sonntag sei er das letztemal hinausgefahren. Die kleine Hüppin, so zu Frankfurt, habe ihn verführt vom Wort Gottes; der Köre habe ihn getauft. Könne Mücken machen. Der bös Feind habe gesagt, wenn sie Niemand mehr verführen, wolle er sie zerknirschen; habe aber noch Niemand verführet. Er schlage sie allzeit mit Pritschen. Seine Mutter sei bei ihm gewesen und verboten, solle nichts sagen.

Ursula Krätzin gehört worden.

Sei unter den Galgen gefahren, getanzt, gegessen und Blut getrunken aus Kuhklauen, schmeckt gar häßlich. Der schwarze Mann mit Geißfuß zwang sie dazu, habe ein schwarz Kleid.

Körn, Krebß und Schmidt in der Bettlersgasse, des Kreß, Michels, Flegels und Georg Umpferbachs Frauen und andere mehr seien dabei gewesen. Deß Flegels Frau habe sie geholt, sei zum Fenster hinaus auf einem Stecken gefahren. Flegels Frau hab gesagt, was sie nach des Teufels H—ren allhier frage. Sie könne nit schreien, wenn sie geholt werden.‟

Das sehr genau über die Kinder der fünften Klasse der Pulmann'-schen Schule geführte Protokoll erstreckt sich namentlich über vier Fragen:

1. Wie sich die Gelegenheit zur Erlernung der Zauberei gegeben.

2. Wer solches sie gelehrt.

3. Wie und Wo sie getauft worden, wer ihr „tobt‟ und was für Leute dabei gewesen und

4. Was sie können machen und damit angestellt oder gestiftet haben.

Die Namen der Kinder insgesammt sind:

1. Michael Dixheimer,
2. Johann Weiß,
3. Georg Metzler,
4. Stephan Haim,
5. Johann Philipp Mesmer,
6. Johann Hesler,
7. Johann Georg Haimichel,
8. Feßler,
9. Johann Veltele,

10. Der kleine Weiß in der Cappelgaß, deffen Bruder ihm folches gelehrt, wie fein Bruder bekannt hat.

Zur Charakterifirung diefer Schlußprotokolle mag das neunte, jenes über J. Veltele dienen.

I. Wie er dazu kommen, weiß er nit.

II. Seine Mutter hab es ihn gelehrt.

III. Ob er fei getauft worden, weiß er nit. Wer fein „Todt" gewefen, auch nit.

IV. Könnte er nichts, nur allein, daß er und feine Mutter, wie auch fein Vater und der Schultheiß, welcher einen Topf gehabt, Diels Tochter — die haben oben auf dem Galgen mit einander getrunken. Indem er gefragt ward, wie er könnte hinaufkommen, antwortete er: Der Galgen habe fich gegen ihn gebeuget, alfo fei er darnach hinauf geftiegen und Zucker gegeffen.

Pro ultimo, fo hat er bekennet, daß fein eigen Mutter ihn habe getauft beim Brunnenthor. Sein „Todt" ift gewefen der Breck Cronle. Wer aber dabei gewefen fei, das wüßte er nit, es wären Viele dagewefen, er kenne fie aber nit. (Vorher nannte er aber 2 Perfonen.)

NB.

„Diefes Büblein ift mein wildefter in 5. Claffe und hat zum deutlichften gefagt und publice in der Schule vor allen Buben öffentlich bekennet und herausgefagt: „Schulmeifter, ich mag nit in den Himmel, fondern in die Hölle; da ift das Chriftkindlein, mein Vater und Mutter wollen auch hinein."

Das war die dritte Geiftes-Epidemie, welche einen Theil der Bevölkerung „die Jugend" inficirt hatte. Sicherlich war aber Herr Pulmann kein größerer Pädagog und Menfchenkenner, als Herr Pfarrer Knoll in Bettingen, der jeden Unfinn, welchen unmündige Kinder vorbrachten, als teuflifche Offenbarungen hinnahm und dafür ausgab.

Aber diefe Kinderepidemie hört damit noch nicht auf. Die Acten von Wertheim bieten noch weitere Anzeigen von teuflifch inficirten Kindern.

Folgendes Actenftück rührt wohl von einem Theologen her, der zugleich Rector an einer Lateinfchule war. Das Schreiben lautet:

Salutem per Christum a fonte Salutis cum servitiis debitis:

Wann nicht Gott mit feiner Gnade mich ftärkte, fo wär kein Wunder, daß ich wegen beharrlicher Verweigerung des gemeinen Kirchengebotes noch tiefer in die Tiefe Davidis fiele. Man hält mich ja ärger als einen Excommunicirten. Denn diefen vergönnt man das gemeine Gebet; aber meinem Kinde und mir verfagt man es. Ift das nicht ein

Stoß vom Satan? Wie kann man das gegen Gott, die Christenheit, hochgelehrte Theologen, ganze Academien und in dem Gewissen verantworten? Soll ich denn bei unserer katholischen Obrigkeit das venerandum ministerium verklagen? Das ist ja keine Manier. Vielleicht ist es bisher nicht üblich gewesen, für ein solch Kind zu beten. Vielleicht hat noch kein Vater ultro dergleichen begehrt. Zudem als es keiner Obrigkeit Gebrauch die Wahrheit vom Kind auszubringen, weil es beharrlich seine teuflische Verführung, Gottes Absagung und höllische Tauf bekennet. Weiters ist es ein Criminal-Werk; (wie ich dafür halte, aber andere daran dubitiren) so habe ich solches der Obrigkeit übergeben und Euch ins Angesicht gesagt: Man sollte dem Knaben lieber sein Recht thun, dafür die Seele zuvor kurirt sei, so bin ich seiner künftigen Seligkeit desto eher versichert. Die Seelencur sollt man so gar unmanierlich nicht versäumen und mich ärger als einen Heiden aus den Kirchen halten. Repeto. Wäre Gott nit, der mir den Freund, Kinder und Schulgebet gelassen, so wäre kein Wunder, wenn gleich das venerandum ministerium mich gar zur Verzweiflung brächte. Denn diese Versuchung ist größer quantum ad me. Gott vergelte Allen denen ihr Unrecht, so sie an mirs thun. His valete et tandem in Christo favete.

Vester nescio qualis.

M. Antonius Rübel, Rector.

Der etwas mysteriöse Inhalt dieses Klagerufes wird noch vermehrt dadurch, daß weder Ort noch Datum noch Adresse angegeben ist. Da Schreiber mit der Appellation an seine katholische Obrigkeit droht, so scheint er dem katholischen Grafen Johann Dietrich unterthänig gewesen zu sein. Sein Kind war aber zur Zauberei verführt, und dem Knaben, wie ihm selbst das Kirchengebet versagt, worüber der Vater aufs höchste empört ist.

Uebrigens steht er betreff des Glaubens von Zauberei seitens der kleinen Kinder ganz auf dem Niveau der Volksanschauung, weßhalb er auch die obrigkeitliche Strafe gegenüber seinem unmündigen Kinde begehrt zur „Rettung seiner Seele".

Noch hat die Processirung schulpflichtiger Kinder ihr Ende nicht erreicht. Auch aus den vierziger Jahren des siebenzehnten Jahrhunderts begegnen uns gerichtliche Verhandlungen gegen solche. So z. B. aus dem Jahre 1644.

Das Protocollbuch enthält das Ergebniß eines Verhörs mit einem siebenjährigen Knaben, welcher die deutsche[1]) Schule besuchte.

---

1) D. h. wohl Volksschule im Gegensatz zur Lateinschule.

Zuerst wird der Schulmeister vernommen, welchem mitgetheilt wird, es gehe der Ruf, daß der Junge ohnlängst durch 2 Weiber zum Schlott hinausgeführt worden sei, worauf der Lehrer berichtet: Der Junge habe ihm freiwillig gesagt, daß er von einer Frau und einem Mägdelein nachts im Bette aufgehoben und zum Schlott hinausgeführt, hernach wieder durch denselben hinuntergelassen wurde. Die Frauen kommen oft und fahren ihn hinaus. Der Junge sehe gar schlecht aus, daß sich Einer seiner erbarmen möge. Aber die Weiber lassen ihm keine Ruhe.

Hierauf ist der Junge vorgefordert worden in praesentia seines Vaters und Schulmeisters. Er nennt die Frau Trinknäßlein und das Mädchen Ursula Greffin. Diese tragen ihn hinaus und haben ihn wieder den Schlott hinuntergelassen. Gefragt, wo sie dann gewesen, sagt er in einem Garten. Was sie da gethan? Er wisse es nit. Endlich auf vieles Zureden und Bedrohung mit der Ruthe, sie hätten getanzt. Es wird nach dem Spielmann gefragt. Er kenne ihn nit, habe schwarze Kleider angehabt. Sie seien auf einer Gabel hinaus- und heimgeritten. Dann sagt er wieder, sie seien in einem Schelch (Kahn) hinausgefahren; die beiden anderen hätten gefahren. In einer Sonntags Nacht sei es gewesen, als sie ihn geholt hätten. Sie hatten an der Thüre gepocht; er habe nicht mitfahren wollen, habe aber gemüßt. Des Trinknäßlein Sohn sei auch einmal mitgefahren.

Bei diesem widerwärtigen Berichte wurde der Vater gefragt, wie lange es sei, daß der Junge bei Nacht heimkomme? Er antwortet: es seien beinahe sechs Wochen, da sein Weib, als sie in Umständen gewesen, sich übel befunden, da sei der Junge, unangesehen er sich Abends in sein Bett gelegt, um zwei Uhr in der Nacht vor ihrer Stubenthür angefahren kommen und Alles kohlenschwarz gewesen, darüber er sehr erschrocken. Habe er aber selbige Nacht nichts aus ihm bringen können. Andern Morgen habe er seiner Frau gesagt, die Trinknäßlin habe ihn hinausgeführt.

Dem Jungen wurde ferner zugesprochen zu sagen, was sie in dem Garten gethan, sonderlich auf dem Mist; worauf er gesagt „sie seien auf- und abgelaufen;" hat auch etwas vom „Fahren" gesagt und, daß sie „überall ausführen." Das andere wisse er nit. Ob er auch schon mit den Worten, daß man ihn einsperren und ihm nichts zu essen geben wolle, erschrekt wurde, hat er mehr nicht vermeldet als, daß sie gesagt „er hätte unserm Herrgott verschworen," bald „sie habe ihn verschworen," habe dem Trinknäßlein nachsagen müssen: „Ewig verschworen hat verloren."

Nachdem der Junge vor den Grafen und seinen Räthen vernommen worden war, wurden auch die Geistlichen angewiesen ihn ins Gebet zu nehmen. Diese meldeten unter dem 16. Januar das Resultat ihrer Prüfung in folgendem Schreiben.

Diefenbach, Der Hexenwahn.   4

Hochwohlgeborener Graf, Gnädiger Herr!

„Auf Euer hochwohlgeb. Exc. Gnädigen Befehl haben Wir jüngsthin Hanß Schwarz Fischers über der Tauber Söhnlein von 7 Jahren vor Uns gehabt und dasselbe neben seinem Praeceptori besten Fleißes examinirt, weiter aber mit freundlichen und harten Worten aus demselben nichts bringen und erzwingen können, als daß es durch ein Weib, das Trinkfäßlin und Mägdlein Ursula genannt, aus seiner Kammer bei nächtlicher Weil abgeholt und in ein Garten hinauß geführt worden, als da es sammt ihnen getanzt und gesprungen, auf- und abgeloffen, auch diese Wort gesprochen: Ewig verschworen hat verloren. Deßgleichen den bösen Geist in schwarzer Gestalt gesehen und demselben die linke Hand gegeben. Darauf wieder heimgeführt worden. Item, daß es sich in den Ofen verkrochen, ein Gerümpel in demselben gemacht, und eine Kachel hinaus in die Stube gestoßen, welches Ew. hochgräfl. Exc. Wir unterthänig zu berichten nicht Umgang nehmen sollen. Dieselbe sammt Dero Geliebten Herrschaft und alle Gräfl. Anverwandten göttlichem Directorio und Patrocinio hochtreulich, Uns aber Dero beharrlichen Gräfl. Gnad unterthänig und demüthig empfehlend.

Wertheim, 16. Jan. 1642.

Ew. Hochgräfl. Excellenz
unterthänigste getreue Diener am Worte Gottes
M. Jacobus Anglinus,
M. Hieronymus Holl, Diaconus.

Diese Darstellung gibt der Vermuthung Raum, daß der Kleine im Zustande nächtlichen Alpdrückens oder im somnambulen Zustande sein Bett verlassen, dann nicht eine Gartenfahrt, sondern eine Ofenfahrt unternommen, wobei er nicht blos ganz schwarz sondern durch das Geräusch auch zum Bewußtsein zurückgebracht wurde. Ihm lag dann die Vorstellung ganz nahe, daß er den Schlott hinabgeworfen worden von der Trinknäßlein, während er selbst hineingekrochen war in den bauchigen Kachelofen. Seiner Mutter aber und seinem Vater war die Schwärze seines Aussehens ein unwiderleglicher Beweis, daß er in derselben Nacht eine teuflische Ausfahrt bewerkstelligt habe.

Die theils kranken und nervösen Kinder und solche, die schon in zarter Jugend zu geschlechtlichen Ausschweifungen sich verirrt hatten, waren eine nur zu gut vorbereitete Sippe, welche unter dem Einflusse schauerlicher Erzählungen von Zauberern und Hexenwerken in Zustände von Hallucination und visionärer Einbildung versetzt werden mußten, so daß sie die Ausgeburten ihrer überreizten Phantasie für Wirklichkeit ansahen. Aehnliche Kinder-Epidemien traten an verschiedenen Orten Deutschlands auf. Reiche berichtet: „Von einem Juristen, welcher seiner Zeit Deutschland bereist hat, der selbst Gerichtsassessor war und allen Glauben verdienet, habe er vernommen, daß oftmals gegen Personen das Verfahren eingeleitet wurde, wie in Sachsen und Schweden, gegen welche kein anderes Indicium vorlag, als die phantastische Aussage von Knaben von ganz jungem Alter. Gegen ihr, der Juristen Bedenken, hätten die Theologen obgesiegt, mit der Behauptung, Gott lasse nicht zu, daß die Kleinen lügen nach den Worten des Psalmes: „Aus dem Munde der jungen Kinder und Säuglinge hast du dir eine Macht zugerichtet, daß du vertilgst den Feind und den Rachgierigen." Endlich nachdem viele unschuldige Personen auf der Kinder Aussage hin verbrannt worden, denuncirte ein Knabe einen sehr achtbaren Mann. Die weltlichen Richter versprachen dem Knaben einen halben Thaler, wenn er einen andern anzeige. Der Knabe ging darauf ein, und so wurde sein Lügenhandwerk aufgedeckt, zur Beschämung der Theologen. Spitzelius macht eine Ausnahme, indem er diesen Proceß aufgenommen hat, um das Gegentheil zu beweisen [1]).

Auch gegen Ende des 17. Jahrhunderts spuckte es noch in den Köpfen der Jugend zu Wertheim. Nach der dortigen alten Kapuzinerchronik verstand es ein Knabe sich einen Namen zu machen.

Er gab vor durch einen Engel in den Himmel entführt worden zu sein, und zum Beweis seiner Aussage zeigte er ein Ei vor, das ihm Gott der Vater gegeben. Der Junge predigte und prophezeite und fand Gläubige in großer Menge, darunter nicht wenige protestantische Prediger. Schließlich wurde die ganze Sache als Betrügerei entlarvt, und der Betrüger selbst erhielt eine gehörige Tracht Prügel als wohlverdienten Lohn [2]).

---

1) Reiche, Theses inaugurales S. 33. Von einer großen Kinder-Epidemie in Calw Solban-Heppe II. 39.

2) Dr. A. Kaufmann, I. Bd., Beiträge zur deutschen Culturgeschichte. Ein ähnliches Vorkommniß berichtet Jansen IV. 225 von einem Geisterseher Hans Tausendschön in Sundhausen. Daß in Süddeutschland Kinder und zwar die Schuljugend in Hexenwahn befangen war, darüber berichtet die vorgenannte Zeitschrift Jahrg. 1856, S. 351. In Schweden ergriff eine solche Geistes-Epidemie 300 Schulkinder zu Mora. Hierauf bezieht sich die obige Bemerkung Reiche's. Ueber Schwelgerei in Wertheim S. 312. S. Kaufmann in Ztsch. f. d. C.

Fünftes Kapitel.

Das denuncirte Alter.

In der ersten Hälfte des Jahres 1634 werden folgende Frauen als Hexen eingezogen und peinlich verhört: Barbara Rübinger, 50 Jahre alt, Mutter von drei Kindern, ohne Vermögen. ·

Apollonia Hüppin, 53 Jahr alt, Mutter von einem Kinde.

Regina Hüppin.

Katharina Körr aus Freudenberg 40 Jahr alt, vier Kinder, nennt 32 und hat noch einen großen Catalogum solcher Leute anzugeben.

Endlich Margaretha Fuhrmann, 50 Jahr alt, Mutter von acht Kindern, davon vier verstorben. Diese erklärte sich für unschuldig: nur als sie eine halbe Stunde auf der Marter gewesen mit Daumenstock und dann mit Ruthen gepeitscht worden, hat sie gestanden, eine Zauberische zu sein und nannte vierzehn Complices. In ihrem Schuldbekenntnisse heißt es: „Sie habe Rauppen, Schnecken, Fledermäuse und Mücken machen können und zu dem Ende gethan, um „die Frucht auf den Bäumen und das Kraut zu verderben." Von Schmiersieden will sie nichts wissen. Aber das heilige Abendmahl habe sie auf sein (des Teufels) Begehr liefern müssen. Als sie ihm es gab, hab sie es ihm durch die Bein hinausgeben müssen. Was er damit gemacht, wisse sie nicht."

Die Verhandlungen und die Verhöre dauerten die Monate März, April, Mai und Juni hindurch.

Die Barbara Rübinger wird zum erstenmal vorgeführt am 7. März 1634; sie leugnet, wird mit der Mäntelin confrontirt, welche ihr ins Gesicht sagt, daß sie mit auf der Zusammenkunft gewesen, worüber jene sehr erzürnt sie der Lüge zeiht.

Bei dem zweiten Verhör mit Hüppin confrontirt, welche aussagt, daß sie 3 mal draußen und bei der Tauf gewesen.

Die Rübinger will, indem sie leugnet, weinen, kann aber „kein Wasser geben."

Am 27. März 3 tes Verhör; es wird derselben der Daumstock angelegt und sie so torquirt. Als mit noch mehr Instrumenten gedroht wird, gesteht sie, die Semlerin habe sie verführt.

Beim 4. Verhör am 30. März macht sie umfassendere Geständnisse über ihr Leben; sei 30 mal ausgefahren, habe mit Schmier 2 Kühe getödtet, nur das Schmiersieden habe sie nicht gelernt. Mit ihrem Mann habe sie diese Sünde begangen, welche ihr hart angelegen, daß sie verhütet, daß sie keine Kinder mehr mit ihm gehabt; er hat gesagt, er wolls machen, daß es keine Kinder mehr gebe.

Das 5. Verhör am 2. Mai will sie nicht Alles gut heißen, und muß der Kerkermeister sie wieder bedrohen mit der Tortur, worauf sie verspricht Alles gestehen zu wollen. Sie sei weder bei der Hüppin, noch bei des Michel Dirtzheimers Schulknaben Taufe gewesen, was beide ausgesagt hatten, „der Junge lüge in den Hals hinein, sei ihr Lebtage nicht wahr.“

„In Summa sie will gar nichts von Kinderverführen, Ausgraben, Schmiersieden wissen; könne es Niemand lernen, sei auch keine Schmier in ihr Haus gekommen, als die Schmier, die die Semlerin ihr zugestellt habe. Cum admonitione dimissa.“

6. Verhör 6. Mai. Wiederum auf ihr frühere Aussage gefragt, leugnet sie Alles.

Darauf tritt der Meister vor und streicht sie mit Ruthen. Sie bekennt nun verschiedene Unthaten: hat eine Stiege geschmiert, „damit der Knecht beim Besteigen verunglücke, welches geschah, indem die Stiege einstürzte, und jener den Arm zerbrach.“

Dann hat sie Kälber umgebracht, ditto Schweine, ihrer Magd von Sachsenhaussen den rechten Arm geschmiert vor 20 Jahren, und ist dieser ganz erstarrt, hat ihr aber mit Kräuter und Wein wieder geholfen.

Ihr Teufelsbuhl habe Ungnad geheißen; sie habe gebuhlt auf dem Felde. „Gestehet, daß 2 Kinder in der Stumpfin Haus auf einmal gesotten und Schmier daraus gemacht worden; hatten es in ein Kessel gethan und gesotten bis es weich und zu Schmier geworden, habens nochmals in Töpfe geschüttet, sie hat auch eine Portion daraus bekommen. Hüppin, Semlerin und Stumpfin sind dabei gewesen.“ (S. 76.)

Von dem Laster des Schmierens, wie auch der Umbringung ihres Mannes, unerachtet ihr mit Demonstrirung der Indicia und Umständt stark zugesprochen, will sie gar nichts gestehen.

„Weil sie ganz blau um das Auge gewesen, wird sie befragt, ob der Teufel sie nicht geschmissen und verboten Nichts zu sagen und das vorige zu leugnen, antwortet sie: „Nein sie hab sich es selbst gethan, in Meinung den Kopf so lange an die Mauer zu schmeißen, bis sie sterbe. Nachmals war ihr Geblüt so in die Augen geschossen; weil es ihr aber sehr wehe that, habe sie wieder aufgehört.“

Der Concipient fügt die Bemerkung hinzu:

„Sorgt Selbiges vor ihren Kopf, der ihr dermaleinst abgerissen werden möchte.“

7. Verhör vom 7. Mai.

Aussag und Inhalt ihrer ganzen Procedur ist ihr vorgelesen worden. „Ob sie wohl wiederum etwas tergiversiren wollen, ist sie doch nochmals darauf beständig geblieben, alles mit sonderlichen Seufzer und Beklagen, daß sie sei angezeigt.. Hab Niemals kein Hostie aus dem Mund genommen; hab auch Niemand gesehen, der solche hinaus gebracht. Es könne einer die Leute nicht so alle kennen; es sei so ein ungestüm Durcheinander.

Gestehet zwar den concubitum diabolicum, sei aber nur über sie kommen wie ein Schatten rund rumb und sei wieder davongeflogen; hab einen Leib gehabt, weiß aber nicht wie es zugegangen, sei kein solches Beiwohnen, wie bei einem Manne.“

Gibt dann noch vier Complices an, die sie gesehen bei den Conventen. Darauf wieder in der Custodie verwahrt worden.

Als Epilog fügt der Schreiber hinzu:

„Als diesem Weibe beweglich zugesprochen worden, ihre Seligkeit zu bedenken, hat man an ihr wahrgenommen, daß sie an ihrer Seligkeit zweifelt und die zeitliche Schand derselben vorziehen wolle. Ist ihr deßwegen stark zugesprochen worden, bis sie endlich ihr Herz erweicht, so daß sie Wasser geweint hat. Die heilige Dreifaltigkeit angerufen, dem Teufel abgesagt und sich erbothen, sich nunmehr Gott zuzuwenden und Buß zu thun, auch erbeten ihr Mittel an die Hand zu geben, daß sie wiederum belehrt und zu Gott gebracht werde, welches auch von den Herrn Examinatoren geschah.“

8. Vorführung den 30. Mai.

„Ist Barbara Rüttingerin all ihr vorige Aussag, ob sie derselben geständig, vorgehalten worden. Hat sie solches Alles durch und durch geleugnet und geschrien, als sei ihr das Urtheil schon gemacht. Man werde sie auf einen Karren schmieden; der Karre stehe im Hof oder davor; sie muß heut noch fort; begehrt, man soll ihr ein Urtheil gleich ein anderen Hexe machen und den Kopf abhauen. Hat aber kein einzig Zähren weinen können. Nur gebeten, man solle ihr ein ander Urtheil machen und auf keinen Karren schmieden.“

Ueber diesem ist sie dem Meister übergeben und der Kittel umgelegt worden.

Sagt sie auf vielfältiges Zureden, sie wollte ja Alles gestehen, man soll sie nur auf keinen Karren schmieden.

Bald leugnet sie wieder.

Darauf hat sie der Meister mit Ruthen gehauen.

Hierauf bekennt sie, daß Alles, was sie zu unterschiedlichen Malen gütlich und peinlich bekennt, die lautere Wahrheit vor Gott und der Welt sei, aber doch mit verschmückten Worten. Sie muß gestehen, Sie wolls gethan haben! Weil sie gebeten von der Tortur zu lassen und woll sie Alles bekennen, hat man sie heruntergelassen.

Wird gefragt: warum sie solches geleugnet, sagt: sie hab ihre Sorg, sie müsse ihr Leben hergeben, hab gemeint, sie woll es erretten.

Endlich gesteht sie auf vielfältige Erinnerung, daß es die rechte Wahrheit sei, was sie bekannt. Darauf ihr anbefohlen, ihre Sache auf Gott zu stellen. Darauf sie um ein gnädiges Urtheil bittet, und man soll sie nicht auf den Karren schmieden. Begehrt, man soll ein großes Gelaß mit Wasser nehmen, sie darein setzen, und der Meister soll alle Ader lassen, daß sie sterbe, daß sie nur auf den Karren nicht komme. Es sei ja eine gar große Pein, wann man ein ganz glühendes Eisen an die Füße lege.

Unterm 8. Juli wird noch eine Aussage protocollirt, dahin lautend: „In ihrer Kammer unter der Fenstertruhe unter einem Diele liege noch Geld begraben, welches sie in ihrer Schatzung der Obrigkeit verhalten. In der großen schwarzen Truhe, wo das Weißzeug liege, sei auch noch Geld in Beutels und Schachtels, was sie aus Waar und Gold gelöst."

Die Gesammtzahl der im Jahr 1634 in Wertheim eingezogenen Personen, welche der Hexerei verdächtig waren, betrug 16, von denen der größte Theil hingerichtet wurde; im vorangehenden Jahre 1633 waren 11 Hexenleute justificirt worden. Das vorhandene Verzeichniß der von den Gefangenen denuncirten Personen weißt über sechzig Namen auf.

Im Jahre 1639 hatte der Spitalmeister viel Unglück in seinem Stalle. Es verunglückten 2 Pferde, auch eine Kuh und ein Kalb, sodann im Sommer 6 Schweine auf einen Tag; seit 2 Jahren 14 Stück. Er wird obrigkeitlich aufgefordert zu erklären, ob er nicht auf Jemand Verdacht habe, da die Sache nicht natürlich zugegangen zu sein schiene. Er erlaubt sich, die alte Hofbauerin Esther Gutroff, welche sich ganz sonderbarer Lebensweise und eigenthümlicher Redeweisen bediente, als verdächtig zu bezeichnen. Diese wird sofort ins Gewahrsam genommen und verhört am 12. März und 13. April.

Man entdeckt an ihr viel närrische Einbildung; sie hat »eandem cantationem« wie am 3. März gesungen und »diversis vicibus repetivit«: „das vom Spitalmeister geschlachtete Schwein sei ihre Tochter gewesen." Sie hatte nämlich 14 Kinder, darunter 6 Töchter; bis auf eine Tochter waren aber alle gestorben. „Im Uebrigen so, wie neulich, sich gleich verdächtiger Rede bedient: sie sei kein solches Weib, wie man fie anfehen möge; man werde ihr das Leben nicht nehmen, fie habe es nicht verdient."

Am 5. und 7. November 1641 ist ein Junge, Georg Föhrmann, im Examen, welcher Zauberei gelernt haben will durch eine „krummhalfige Frau in der Eichelgaffe", welche ihn getauft mit grüner Schmier an Herz und Händen. Könne Flöhe, Raupen und Schnecken machen aus Stroh und Kirfchenftielen. Bei den Tänzen habe der Satan Effen bereitet aus feinem Kothe. „Eine habe auf dem Kopfe geftanden und als Leuchter gedient," worüber er lacht.

Am 6. November wird eine Frau Catharina Rockftat verhört, welche von einem fimpelhaften Jungen als Hexe angezeigt war, weil fie ihn durch ihr Fenfter gescholten und verflucht hatte aus dem Grunde, weil er vor ihrer Thür getrippelt und fo fchlecht gebetet habe. Sie betheuert es bei dem 3faltigen Gotte, daß fie keine Hexe fei; das könne Niemand fagen. „Der Junge fei ein böfer Schelm und ein Kind, ihm feie nicht zu glauben."

Nach ihr wird Maria Fleglerin, 58 Jahr alt, vorgeführt, welche Jörg Föhrmann denuncirt hatte. Im erften Verhöre verneint fie Alles mit größter Entfchiedenheit und unter Berufung auf Gott den Dreifaltigen. Indeffen in den 5 weiteren Examen, im Monat November 1641 und im Monat Juni 1642, (11. bis 30. Juni) bekennt fie fich der Hexerei fchuldig, wie im 6. Verhöre bei Anwendung der Tortur. Complices gibt fie nur 5 an, darunter Verftorbene. Sie bekennt fich fchuldig mit der Hofbauerin im Spital die 6 Schweine getödet zu haben. Eine von ihr denuncirte Margaretha Bickin ift eingezogen worden und hat ebenfalls fich fchuldig bekennt.

1642 wird eine Anna Hans Senteifen Wittwe, gewöhnlich Fetzen-Haurin genannt, auf Anzeige eines Mädchens Katharina inhaftirt; fie betheuert ihre Unfchuld aufs höchfte. Doch das Kind gibt an: diefe habe mit der Stumpfin fie ein Gebet lehren wollen in der Stube, dann im Stall, fie fei aber fortgelaufen. Von diefem Mädchen wird bemerkt:

Catharina will nichts geftändig fein; macht ein groß Gewäfch, dergleichen von andern nit gehört worden. Das Mägdlein tritt hierauf ab. Auch die Ausfage des Knaben Dixheimer wird ihr vorgehalten. Sie weißt diefe Ausfage zurück.

Eine Fetzlerin wird vorgeführt, welche ihr ins Angeficht fagt, daß fie bei Hexentänzen und Feldfrüchtenbefchädigung theilgenommen. Jene negirt: „Gezwungener Eid, fei Gott leid. Jetzt fehe fie, daß man den Menfchen Unrecht thue. Sie habe mit dem Teufel nichts zu fchaffen. Sagt ferner: Jefus helfe mir! Wie foll ich dann fagen? Sie kniet nie-

ber, küsset die Erde und spricht: „O du liebe heilige Erde," macht das
Kreuz vor sich, sie könne nichts." Hierauf ihr Bedenkzeit gegeben.

Beim Nachmittagsverhör kommt sie gleich auf die Tortur, welche
zweimal angewendet wird. Sie bekennt, daß sie Hexe sei, Schaden gethan, Leute umgebracht. Aber nichts in specie. Losgelassen bittet sie
um Besprechung mit lutherischer und katholischer Geistlichkeit. Im folgenden Verhör gibt sie das Jahr 1636 als Datum ihrer Verführung
an und ihre Magd als die Verführerin; 8 Personen sind ihre Mitschuldigen. „Vierzehn Tage vor ihrer Einziehung habe sie den Pfarrer Jacob
aufgesucht, der Meinung, ihr Laster zu bekennen; er aber habe sie zu
seiner Frau gewiesen, weil er studiren müsse und sei in seine Studir-
stube gegangen; jene habe sie hinaus in den Garten genommen, so daß
sie ihren guten Vorsatz nicht habe zum Werk richten können. Dieses
Verhör fällt auf den 11. Juli.

Das nächstfolgende aber datirt 12. November und bezieht sich auf
die Ursache und die Art und Weise, wie sie aus dem Gefängniß entsprungen sei. Sie erklärt, daß die Anwesenheit der Pfarrer dazu geführt,
ihre Ketten am Stock loszulassen; sie hatte nach Abgang des Pfarrers
sie aus dem Ringe herausgezogen; der Wärter habe sie geschlossen, ohne
dieses zu merken. Nach Einbruch der Nacht hat sie sich mit einem Bett-
tuche in den Garten herabgelassen, ist in einem Scheich über den Main
gefahren und hat sich dort die Ketten abgeschlagen. Sie kam nach Lohr, von
da wollte sie nach Aschaffenburg, wurde aber unterwegs wieder captivirt.

Aus dem Jahre 1644 liegen nur einige Protocolle vor; auch hier
wiederholt sich die traurige Wahrnehmung, daß Kinder-Aussagen zum
Tode von Erwachsenen führen. Ein Mädchen von 11 Jahren, Anna
Reinhardt von Wertheim, bezüchtigt die krumme Margaretha Wolz, daß
diese sie in einer Nacht mit zum Brunnen genommen, um Wasser zu
holen, und daß sie bei dieser Gelegenheit vom Teufel sei getauft worden.
Die Umstände, welche sie dabei erzählt, führen die Herren Richter selbst
zu der Frage: „ob es denn vermeine, daß solches Alles natürlich zugegangen und nicht etwa ein Traum gewesen," worauf es betheuert, es
sei Alles natürlich gewesen. Die von ihr der Magd zugeschriebenen, un-
züchtigen Handlungen mögen wohl natürliche Thatsachen zur Grundlage
gehabt haben. Obwohl Vater und Mutter mit ihr gebetet, seien doch
3 Frauen gekommen, welche sie mitgenommen zum Ausfahren; im Ganzen denuncirt es 5 Personen. Beim Ausfahren habe die „Krumme"
eine Ruthe gehabt, um ihre Gabel anzutreiben."

Die Margaretha Wolz wird am 8. und 9. April 1644 examinirt,
ist ungefähr 18 Jahr alt. Sie stellte die nächtliche Taufgeschichte vorerst
entschieden in Abrede. Hierauf wird die 11jährige Anna mit ihr con-

frontirt, und diese sagt ihr Alles ins Angesicht. Sie aber widerspricht.
Auf starkes Zusprechen der Richter deponirt sie, sie wisse nicht, ob es
geschehen oder nicht. Auf weiteres Zusprechen sagt sie endlich — Ja;
habe es zum Brunnen geführt, und der Teufel sie getauft. Habe ersteres
auf Geheiß des Satans gethan. Hernach 3 Nächte nacheinander ausgefahren und viele Leute dort gesehen: nennt 3 mit Namen; der Teufel,
so zugegen gewesen, habe ein Maul, wie ein Rabe gehabt, bisweilen
Geis-, bisweilen Pferdefuß, bisweilen auch wie ein anderer Mann. Er
sei zu ihr gekommen, als sie lahm geworden, und gleichsam ein Mißtrauen
in Gott gesetzt, und in solchen bösen Gedanken unterschiedliche Mal gestanden, er ihr versprochen zu helfen, aber es nicht gethan. Einen
Buhlen, Jörg genannt, von ihm erhalten und mit ihm ausgefahren zur
Buhlschaft." Gefragt: ob sie es gewiß wisse, daß sie leiblich ausgefahren,
antwortet sie: „Ja sie wisse es nit anders." Bei den Mahlzeiten
fehlte Brod und Salz. Weiter, ob sie auch mit ihrem krummen Beine
getanzt habe? „Ja, habe tanzen müssen, wie es gehe." Das lahme Bein
sei ihm gekommen, nachdem es vom Baum gefallen. Halte als Medicamente
gebraucht: Oleum papolinum (!) und Würzburger Salbe. Dann wurde
das Bein auch geräuchert mit Kräutern, auch 3 Stücklein von 3 Thür-
schwellen in die Kohlen gelegt. Doch nichts geholfen. Hernach habe sie
3mal, allezeit vor Sonnenaufgang, Etwas genommen, so groß wie eine
Haselnuß, welches ihr Große Appel gegeben; auch umsonst. Auf Satans
Geheiß habe sie die Anna verführt und zuweilen Nadeln auf die Straße
geworfen, damit die Schaden nehmen, so drüber gehen. Am 2. April
kommt sie auf die Tortur. Bittet um Loslassung, will Alles sagen.
Nun bekennt sie nebst Schaden an Feldfrüchten das Sieden von einem
ausgegrabenen Kinde, um Schmier zu machen. Sie nennt jetzt 13 Complices; viele reiche Leute, welche verhüllt waren, kannte sie nicht. Zu der
Schmier auch h. Hostien gethan. Doch revocirt sie sogleich: das habe
sie gegen ihr Gewissen gesagt. Sie sei um Margarethatag vorm Jahr
das erstemal zum Tisch des Herrn gegangen. Am 1. Juni letztes Verhör gibt sie an, daß sie, wie bei der Taufe der Anna, so auch bei den
Tänzen gesungen habe. Das eine Lied lautet:

> Der Kukuck auf dem Zaune saß,
> Es regnet sehr und er ward naß.
> Es kam ein warmer Sonnenschein,
> Der Kukuck der ward hübsch und fein.
> Der Kukuck hob sein Flügel auf,
> Er flog den grünen Wald aus, aus;
> Wohl für das Haus, wohl für die Thür,
> Man trug ihm Essen und Trinken herfür.

„Solche Lieder," sagte sie auf Befragen, „habe sie auf den Gassen gelernt von den Leuten." Hierauf weinet sie. Nach dem Grund gefragt, erklärt sie: „es sei ihr so leid, daß sie Gott erzürnt habe; sie wolle dem Teufel wieder ab- und Gott zusagen." Ob sie aber auf ihr Bekenntniß leben und sterben wolle, sagt sie „Ja". Den angebotenen Trost durch Geistliche nimmt sie an. Sie wolle ihnen ihre Sünden beichten und bekennen und sie bitten, daß sie zu Gott beten, daß er ihrer Seele gnädig sein solle.

Als Probe, in welcher Form der Urtheilsspruch gefaßt, den Beschuldigten vorgehalten und den Acten einverleibt wurde, diene folgendes Formular.

Urtheilspruch.

Dörlein Müllerin Caspar Bummens Weib von Erlenbach, 30 Jahr alt, den 7. März 1634 in Verhaft genommen und examinirt worden. Von 14 Personen theils todten, theils lebendigen besagt (angezeigt) ante captivationem, unde causa urgens ejusdem.

Delicta. (Verbrechen.)

1. Dem Herrn Jesu abgesagt, im 5. Jahre ihres Alters baptizata in nomine Daemonis, postea copula ejusdem subsecuta.

2. Fünf Kinder, darunter ihres Schwagers, verführen helfen.

3. Zweimal Wetter helfen machen, daß die Weinberg erfroren, auch den Hasen (Topf) hierzu umstoßen helfen.

4. Dem Schmidt Hansen von Erlenbach vor 6 Jahren ein Kalb umgebracht.

5. Ihren Schwager, den Schultheiß Hansen, wollen umbringen, habs aber nicht gekonnt, obgleich der Teufel gesagt, sie solle ihn erwürgen oder zerdrücken, sei aber selbigesmal nicht gestorben.

6. Wein und Korn einmal helfen erfrieren, auch einmal Wetter gemacht, daß solches erschlagen solle.

7. Dem Schmiersieden zweimal, dem Kinder-Ausgraben einmal beigewohnt.

8. Ihrem Schwager Schultheiß Hansen eine Kuh geritten, daß man sie lebendig hinausführen und im Felde müssen sterben lassen.

Eorum probatio. (Die Beweise.)

1. Bei dem ersten attestirt Schmidt Hanß selbsten, daß ihm vor 6 Jahren ein Kalb umgefallen, welches er, da er des Morgens früh aufgestanden, im Stalle todt gefunden. Wisse zwar hierinnen Niemand zu zeihen. Es hätte aber einesmals besagte Müllerin ihn um 3 Reichsthaler betrügen wollen, dazu ihr sein eigen Weib, welches bereits verbrannt,

geholfen, worüber er mit Beiden uneins geworden. Nachher sei ihm das mit dem Kalb widerfahren.

2. Bei dem anderen ist die Beständigkeit in ihrem Bekenntniß wegen ihres Schwagers des Schultheißen Hansen unterstandener Enunciation vorhanden, und weiterer Beweis, weil er bereits verstorben, nicht zu erlangen gewesen.

3. Auf das dritte befindet sich bei gehabter Confrontation dieser Complicis mit Schaefers Dörlein, daß sie beide gegen einander aussagen, wie Anno 1628 beide, neben anderen Consorten, den Hafen umgestoßen, und diese Complex hatte nur einmal Wetter machen, aber zweimal den Hafen umstoßen helfen.

5. Zum Fünften, deß Schultheißen Kuh belangend, sei dessen Kindern sowohl als der ganzen Gemeinde bekannt, daß die Kuh lebendig auf ihr und der Muhl Elsen geschehen es Reiten hinaus auf das Feld geführt worden, daß sie daselbsten gestorben.

6. Auf das Sechste, die von ihr verführten Kinder haben mit ihr confrontirt werden sollen, ist aber unterlassen worden.

In dem Confrontations-Protocoll ist doch so viel zu lesen, daß sie ferner aussaget, wie sie in Schultheißen Clausen 5 oder 6jährigen Kindes, Namens Christinlein, Teufelstauf eingewilligt hat.

Deßgleichen in der Schäferin Tödtleins Tauf, habs aber wohl selbsten gethan.

Die Verhaftete begehrt überdieß auch, zu diesem anderweit eingebrachten Beweis, bei ihrer Aussag zu bleiben, und hat es Gott und der Obrigkeit befohlen, hat auf diese ihre Aussage zum andernmalen beharrt.

Das Urtheil lautete auf Tod durch Enthauptung und Verbrennung des Leichnams.

Sechstes Kapitel.

Reaction des Volkes gegen die Justizmorde.

Die Hexenprocesse mußten auf dem Wege der Denunciation von Complicen bis zu dem Puncte fortschreiten, wo die Hinrichtung unschuldig Denuncirter auch dem blödesten Auge sichtbar wurde. Nur die an Blutarbeit gewöhnten und für die menschlichen Empfindungen unzugänglich gewordenen Richter machten noch eine Ausnahme. Doch dämmerte es auch bei ihnen durch die sich häufenden Fälle von Solchen, welche unter auffallenden Zeichen und energischen Erklärungen gegen ihre Ankläger auftraten und ihre Unschuld vertheidigten. Hierüber findet sich in dem Actenfascikel des Wertheimer Archivs genügendes Material. Solche Fälle häufen sich seit Beginn des 5. Decenniums des 17. Jahrhunderts.

In einem Schreiben vom 17. Septbr. 1642 beantwortet der Graf Johann Dietrich zu Loewenstein Wertheim, Rochefort und Montagü 2c. mehrere Schreiben seiner Räthe, welche ihm auf seiner Rheinreise nach Köln zugegangen waren. Es betrafen diese Schreiben verschiedene Anklagen gegen der Zauberei Verdächtige. Der Graf erinnert seine Räthe daran: „was mündlicher Befehl wir euch wegen Fortsetzung des Processes wider die Hexen vor Unserer Abreise ertheilt haben. Wenn Wir es dabei nochmals bewenden lassen und Uns gnädig versehen, ihr werdet mit denselben allenthalben dem üblichen Herkommen nach procediren, auch die abgefaßten Urtheile den Rechten gemäß in euren Gewissen dergestalt erwogen haben, daß sie Bestand erfunden, consequenter von Uns nunmehr ad Executionem gezogen werden können, und befehlen euch hiermit gnädig, daß ihr dieselbe an einer und der anderen Person, zumal aber Anna Feßlerin, der Fetzenhauerin, Schumpfin und Ladenburgerin aufgesetzter maßen durch den Scharfrichter gewöhnlicher Orten vollziehen und zu solchem End durch den Centgrafen gehörige Anstellung machen lassen sollt.

Was aber den alten Kellerwirth und seine Frau, ingleichen Peter Baldaufs Frau betrifft, da wollen wir uns nit weniger versehen, ihr werdet die von euch für gut angesehene Abprehendirung aus den Rechten der Gebühr nach zu behaupten wissen. Ist auch hiermit Unser befehlich, daß ihr sie alle drei unverzüglich eurem Vorschlag nach gefänglich annehmet, sie gebührend examiniren und Uns hernächst über allen Vorgang gehörigen Bericht erstatten sollt. Datum wie oben Köln.

Graf zu Loewenstein Wertheim."

Die hierauf eingezogenen Opfer hatten bereits in den verflossenen Jahrzehnten beobachten können, daß kein Leugnen etwas helfe; daß jede Widerrede nur dazu diene, die Folterungen zu vervielfältigen und die Qualen ins Unendliche zu vermehren. Bei den Bamberger Processen ist dieses Geständniß ausgesprochen in dem rührenden Schreiben des Bürgermeisters Junius an seine Tochter.

Dieses Schreiben ist ein sprechendes Beispiel zum Erweis der Thatsache, daß viele Angeklagten sich von vornherein lieber schuldig bekannten, als sich der Tortur unterwerfen wollten. Damit werden die gegentheiligen, diese Fälle sehr bezweifelnden Darstellungen von Haas und Dr. L. Mejer[1]) berichtigt.

Die Acten über die Hexenprocesse in der Grafschaft Wertheim geben

---

1) Dr. L. Mejer S. 38. „Haas weist mit vollem Recht die Insinuation zurück, als ob unschuldige Personen sich aus Furcht vor der Folter häufiger von vornherein als schuldig bekannt haben könnten; es wird dieses nur selten geschehen sein."

uns diese Fälle in reicher Auswahl. Es ist jedenfalls für die Beurtheilung der Sachlage von großem Werthe, die Verhandlung nach ihrem natürlichen Gange wiederzugeben. Nur wenn obscöne Dinge zur Sprache kommen, werden solche aus Rücksicht der Sittlichkeit übergangen. Zwei Processe sind hier von besonderem Werthe, beide aus dem Jahre 1642. Der erstere gerichtet gegen die Ehefrau des Stephan Schump, der zweite gegen den Kettenwirth Hotz und seine Frau Anna.

I.

Proceß gegen Anna Maria Schumpen Büttners-Frau, wegen des Lasters der Hexerei in Verhaft, das erstemal gütlich examinirt. Wertheim den 1. August 1842.

1. Wie sie heiß? R. Anna Maria.

2. Wie alt? R. 41 Jahr.

3. Wo sie daheimb? R. Zu Wiesbaden.

4. Wo sie sich aufgehalten? R. Bei ihrem mütterlichen Herrlein (Großvater) zu Neuhof, darnach bei ihrer Mutter zu Wiesbaden, bei dem Weckbäcker, darnach ein Jahr in eines Junkern Haus daselbst, item nit gar ein Jahr zu Frankfurt. Ihre Mutter hatte sie auch einmal zu Wiesbaden ins „Einhorn" geliehen, weil selbige Frau damal keine Magd gehabt. Item allhier bei ihrem väterlichen Herrlein, dem alten Grötschen 2 Jahre bis sie endlich Anno 1619 wieder hierherkommen und sich bei ihres Vaters Bruder, dem jungen Grötschen, bis sie sich endlich Anno 1621 an diesen ihrem Mann Stephan Schump verheirathet.

5. Was ihrer Eltern Nahrung gewesen? R. Von dem Baden. Item hatte ihre Mutter daneben ein Krämlein gehabt von Butter und Käse.

6. Womit sie sich ernährt? R. Mit allerlei Arbeit im Haus und auf dem Felde; mit Haden, Scheeren und Graßen.

7. Ob sie denn sonst keine Kunst kenne, sich damit zu ernähren? R. Sie könne sonsten Nichts.

8. Was denn das für eine Kunst sei, daß einer sein Leben lang genug davon habe? R. Sie wisse nichts; hab solches nicht gelernt, oder andere lehren wollen.

9. Was sie denn ihr Mägdlein Catharina lehren wollen? R. Sie habe solches nichts lehren wollen.

10. Ob sie solches dann nit ein Gebet lehren wollen? R. Nein.

11. Was sie dann das Maiblein im Kuhstall lehren wollen? R. Nichts.

12. Ob sie denn mit noch ein anderer Frau das Maiblein nit in der Stube lehren wollen? R. Nein.

13. Ob denn nit einmal eine Frau bei ihr gewesen in der Stube,

zu der sie gesagt, das Maiblein ist gar verschlagen, wir fangen nichts mit ihm an? R. Nein.

14. Ob sie denn nit einmal ein Bettel-Maiblein in dem Eichelgarten gerufen und gesagt habe: sie wolle es beten lehren? R. Auch Nein, sie wisse nichts davon.

Nach diesem Verhör erfolgt die Confrontation.

Catharina das Mägdlein sagt ihr unerschrocken ins Angesicht, sie und Fetzen-Hauerin waren in der oberen Stube gewesen und es hineingerufen und gesagt: sie wollen's ein Gebet lehren, sei es erschrocken und hinausgelaufen. Als sie nun nichts verrichten können, wären sie hinunter in den Stall gegangen und ihm nochmal gerufen und gesagt, da soll es auf dem Mist stehen und Gott verschwören, so soll es sein Leben lang genug haben. Das hab es aber nit gethan. Könne also anders nit sagen als sie, Schumpin, sei eine Hex; hab' es um Leib und Seel ins ewige Verdammniß bringen wollen.

R. Schumpin will gar nichts gestehen; sie sagt, das Maiblein sei ihr Feind. Wenn sie aber ja eine Hex sein soll und muß, so müsse sie also sagen; aber des Letzteren wisse sie sich nicht schuldig; sagt daneben: Verzeihe mir's Gott, ich hatte schier gestrauchelt und gesagt, ich sei eine Hexe. Da sie aber sollte gemartert werden, wolle sie lieber sagen: sie sei eine Hexe, wann's schon nicht sei. Wer dann in ihr Herz sehen wolle, was sie sei?

Es folgte die zweite Confrontation mit der Fetzen-Hauerin.

Fetzen-Hauerin sagt ihr ins Gesicht, es sei die Wahrheit, sie sage es, als wäre es vor Gottes Angesicht geschehen, daß sie das Mägdlein habe lehren wollen in der Stuben; weil es aber nit gewollt, habe sie gesagt, das Mägdlein ist zu gescheut. Darnach hätten sie es in den Stall gerufen und gesagt, da solle es Gott verschwören, hab's aber nicht thun wollen und davon gelaufen.

Hatte sie auch ein Bettelmägdlein lehren wollen.

Als ihr die alte Magd eine Suppe gebracht und sie die Kunst lehren wollen, wären sie, Schumpin und andere Weiber, des Nachts gekommen und die Kunst vollends gelehrt; darauf wäre sie oft mit ihr hinaus gefahren an unterschiedliche Orte als zum Galgen, zur Warth und ins Dämig. Dieses wie auch Alles andere könne sie, Schumpin, nit leugnen. Denn sie, Fetzen-Hauerin, wolle hierauf leben und sterben.

Illa, Schumpin will nichts gestehen. Wann sie aber bekennen muß, so wolle sie gezwungen bekennen. Daß sie aber Leut angeben soll, das könne sie nit thun.

Diese Person machte eine Ausnahme von der Regel. Während andere leichten Kaufs soviel Namen angaben, als man wollte, zog diese

Schumpin es vor, lieber gegen sich gezwungen eine falsche Aussage zu machen; aber andere Personen falsch anzuklagen, dazu kann sie sich nicht verstehen.

Im zweiten Verhör vom 4. August macht sie Geständnisse, doch von nichtssagender Bedeutung. Demnach ist sie mit 2 Weibern schwedischer Unteroffiziere, die im Quartiere gelegen, in näheren Umgang gerathen. Die Corporalsfrau hat ihr ein Mittel angerathen, um sich von aller Bedrückung durch Kriegsvolk sicher zu stellen. Das sonderbare Mittel bestand in einem kurzen Gebet:

„Gott Vater mit mir, Gott der Sohn mit Dir, der h. Geist mit uns Allen Beiden, damit wir wieder im Frieden von einander scheiden."

Die lehrkundige Schwedenfrau konnte aber dabei 3 Maaß Wein vertilgen ohne Schaden.

Am andern Tage nach diesem Abende habe die Corporalsfrau sie gerufen, um sie Alles zu lehren, so daß ihr Niemand nichts mehr thun könne. Darauf sie ein Büschlein Stroh auf die Erde gelegt, sie heißen darauf stehen und sprechen: „Hier stehe ich auf dem Mist und verschwöre dem Herrn Jesum Christ;" hierauf habe die Frau sie herunter in die Küche geführt, und sie dort mit Wasser getauft, wobei sie nochmals Gott und allen Heiligen entsagt habe. Auf die Frage, ob sie hernach auch ausgefahren sei, bemerkt die Angeklagte: der Teufel habe es begehrt, sie aber habe von ihm erlangt die Erlaubniß, daß eine andere an ihrer Stelle ausfahre. So lange die Wörles Wittwe lebte, habe diese für sie die Ausfahrt gemacht für 2 Simmer Korn. Nach ihrem Tode habe die Spenglerin für ein Stück Dörrfleisch die Ausfahrt besorgt. Auf weitere Befragung gesteht sie ein, daß sie einmal ohne Lust mit dem bösen Feind gebuhlt, und daß sie nach dem Tod ihrer Dienerin 3mal ausgefahren an die drei bekannten Orte, um dort zu tanzen. Gefragt nach denjenigen Personen, welche sie dort gesehen, bezeichnet sie 4 Namen derer, die sie beim Galgen, 6 die sie beim Tanz gesehen, darunter die alte Kettenwirthin, deren Schicksal uns ferner noch interessiren wird. Zuletzt wird die Frage an sie gestellt: Ob es wahr sei, daß sie die 2 Mägdlein habe verführen wollen, sagt sie: „Ja, es sei wahr."

Im dritten Verhör vom 3. August wird sie examinirt über die Art und Weise ihrer Ausfahrt, den Gebrauch der Schmier und des Steckens; der Teufel habe aufgespielt mit einer Art Maultrommel; nicht schön gelautet. Wer denn da geleuchtet habe? R. Die alten Weiber, so auf dem Kopf gestanden und Lichter s. v. . . . . hatten.

Schaden habe sie nicht gethan; nur 2 Hühner dem Registratori vergeben, dafür aber ein Viertel Essig ihm geschickt. An ihrem eigenen Geißlein habe sie es thun müssen.

Gefragt, ob sie nicht die hl. Hostie mißbraucht zu ihrem bösen Laster? antwortet sie: Nein. Sie habe deßhalb vorsorglich nit mit einem Tüchlein, sondern mit der Hand ihren Mund abgewischt. Ob sie Schmier gemacht? Nein.

Es erfolgt nun die Confrontation mit der Feßlerin. Diese bezeugt, daß Schumpin mit der Spenglerin war. „Jedoch könne sie mit gutem Gewissen dieses nit sagen, sondern weil die Spenglerin dasselbige ausgegeben, so habe sie auch also gesagt, wiewohl sie selbsten solche Schmier nit helfen machen, auch die Schumpin nicht dabei gesehen. Habe nur die Marter gefürchtet, darum habe sie es also bekennt." Item revocirt sie auch wegen des Kindes, so sie im Schlott gehabt.

Damit aber mit ihrem Leugnen der Schumpin selbsten nit Ursach zum Revociren gegeben werde, ist die Feßlerin wieder dimmitirt worden.

Schließlich wird Schumpin gefragt: ob sie denn nicht habe helfen Kinder ausgraben? Sie antwortet: „Nein, gar nit."

Nachdem sein Weib gefänglich eingezogen worden, gab sich ihr Mann alle erdenkliche Mühe seine Ehehälfte zu retten. Das Schreiben, welches er an sie richtete, während sie im Gefängnisse lag, ist ein Zeichen von der rührendsten Gattenliebe, welche kämpft zwischen den beiden Gefühlen der Angst und der Hoffnung; die Furcht, sie könnte schuldig sein, wird zurückgetrieben von dem Glauben, daß sie frei sei von der Schuld. Aber der Ausgang der Sache läßt ihn zweifelhaft, und deßhalb thut er Schritte, um ihr zu helfen. Das ergreifende Schreiben lautet[1]):

„Anna Maria! Ich bin vorgestern bei Herrn Jacob (dem Pfarrer) gewesen und Ihme erzählt, daß Du noch sagst, wenn Du noch außen wärst und die ganze Stadt käme und Dir sage: „Du wirst eingezogen werden, so fragest Du doch nichts darnach." Denn Du sagest: Du wüßtest Dich frei von der Zauberei. Ich sagte Ihm auch, daß Du mir entbothen unsere 3 Kinder Seel an meine zu binden. Ich solle sie Dir am jüngsten Tag wiederliefern, wie Du mir sie geliefert hast.

Darüber er sich wundert; sagt er: Er wolle alsbald zum Centgrafen schicken, daß er heut nach der Predigt wolle zu Dir kommen. Ach ich bitte Dich um tausend Gotteswillen, sage von keinem Menschen (etwas aus), dann Du weißt es recht, gibst Du Eines unrecht an, so mußt Du vor ein anderes leiden und bist ewiglich verloren. Bedenke Deine Seele und Leib und Deine Kinder; thue es nicht. Wann ich wüste, daß Du gar frei davon wärest, ich wollt Hab und Gut, Leib und Leben darauf

---

[1]) Es bietet ein würdiges Seitenstück zu dem Briefe des Bürgermeisters Junius zu Bamberg vom 24. Juli 1628.

Diefenbach, Der Hexenwahn.

5

setzen und Dich nicht lassen. So kann ich Dir nicht helfen. Wann Du es kannst, und wann Du es leiden magst, so will ich heut um 10 Uhr hinten auf der Gasse bei dem Waschhaus stehen bleiben, mit Dir reden; oder willst Du es mir schreiben? Gestern hat man wieder (einen) Theil vorgehabt. Wann Du kein Papier mehr hast, dann will ich Dir Papier hart zusammendrehen und in das Fläschlein stecken. Laß es wieder trocken werden; dann es nicht viel naß wird. Ich habe es schon probirt.

Ach Anna Maria! Wann es wahr wäre, daß Du frei von dem Laster wärest, und Deine Feind könnst zu Schanden machen, hätte ich keine größere Freud auf dieser Welt! Laß Dir die 3 Weiber vorstellen. Ich habe leider Sorg, Du werdest einbüßen müssen! Gott gebe, daß ich lüge! Es wird mir oft so übel, daß ich nicht weiß, was ich thue vor Angst Deinethalben. Ich bitte Gott alle Tag fleißig vor Dich, wenn's möglich wär, daß Dir könnte geholfen werden, wann Du schon hinwegkommst (exilirt wirst). Das verdrießet mich, daß Du mit den nächsten Hexen sollst gerichtet werden, wenn es wahr ist.

Hiermit Dich Gott dem Allerhöchsten und allen seinen Engeln befohlen! Amen."

Außer diesem Brief an seine Gattin schrieb er noch ein kleines Briefchen:

An meinen guten Freund Hans Conrad Ußleber zu Wertheim zu Hand.

„Einen guten Tag, Freund Hans Conrad! Es wäre mein freundlich Bitt an Euch, Ihr wollet mir itzt einmal zu Gefallen thun, wenn Ihr es könnt, meiner Frau sagen, Herr Jacob will nach der Predigt zu ihr kommen. Ich bin gestern bei ihm gewesen und allerhand mit ihm gesprochen, ihn bezahlt wegen der Leucht-Predigt; und soll das Fläschlein, wenn ihr es könnt, zum ersten in Acht nehmen. Bitt Euch nochmal ganz freundlich, wollet Euch doch meinetwegen soviel bemühen, lasset doch ein Weil ein Viertel Wein holen, bis wir zusammen kommen, habe doch noch einen Trunk drinnen. Hiermit Gott befohlen.

Euer dienstwilliger

Stefan Schump."

Saget meiner Frauen, sie soll ihr Herz für K. Jacob ausschütten, wie ich ihr gesagt habe.

Hiermit endigen die Acten.

II.

Bei weitem wichtiger und Aufsehen erregender war der Proceß gegen die Eheleute Johann Hotz, der alte Kettenwirth genannt, und seine Ehefrau Anna von Wertheim. In dem Berichte an die Grafen wird hervorgehoben, daß solche schon lange Zeit her, nämlich anno 1629, 1633 und 1634, 1641 und 1642 als Theilnehmer an den Zusammenkünften der Hexen denuncirt worden, und zwar: Johann Hotz von 10 Complicen, Anna Hotz von 6 Complicen, und derowegen unterm 26. September 1642 gefänglich eingezogen worden. Der Proceß dauerte über zwei Jahre, und bereitete dem Centgrafen und den gräflichen Beiräthen große Schmerzen, so daß sie zuletzt in ihrer Verlegenheit an die Juristenfacultät in Marburg recurrirten und deren Gutachten einholten. Auch war dieser Proceß dazu angethan, eine bittere Stimmung im Volke zu erzeugen, welche den Richtern höchst unbequem war und sie zur Gegenwehr veranlaßte.

Am 1. October 1642 stand der alte 71jährige Kettenwirth Hans Hotz zum erstenmal vor seinen Richtern. Wir folgen dem Protocolle.

„Nachdem nun Hotzen ernstlich zugesprochen und erinnert worden, freiwillig zu bekennen und die angebotene Gnad von Gnädiger Herrschaft anzunehmen und ihm außer dem Protocoll genugsam demonstrirt worden, daß er mit diesem Laster (der Zauberei) behaftet sei, hat er sich hierauf vielfältig verantwortet und mit der hl. Dreifaltigkeit betheuert, daß er des Lasters frei sei. Citirte auch alle diejenigen vor Gottes Richterstuhl, welche ihm Gewalt anthun, damit sie nach seinem tödtlichen Hintritt daselbst Rechenschaft thun. Item, so er mit diesem Laster behaftet, wünsche und wollte er, daß der Teufel zugegen wär und wider ihn zeugete."

Fr. Wie alt er sei? R. 71 Jahr.

Fr. Wo geboren? R. Zu Most.

Fr. Wie lange er daselbst gewest? R. Er wisse es nicht. Er sei noch jung gewesen, als er eben schon ein wenig lesen konnte. Darnach sei er mit seinem Vater nach Creußwertheim kommen. Als aber nachfolgends sein Vater nach Neubrunn gezogen, sei er, Kettenwirth, nach Nürnberg in die deutsche Schule, von dannen nach Wissenburg kommen, allda er bei einem Wirth gedient. Letzlich sei er wieder hierher zu seinem Vater, der selbigmal auf der Wirthschaft gewohnt, kommen.

Fr. Wie lange, daß sein Vater gestorben? R. Anno 1596, und er sei nach dessen Todt bei der Mutter blieben, bis er sich anno 1601 verheirathet mit dieser jetzigen Frau.

Fr. Wie er denn zu diesem Laster gekommen? R. Von diesem Laster wisse er nichts, da er von Jugend auf bis Dato so verständig gewesen und so viel gelesen in der hl. Schrift, daß er dem Teufel Widerstand hab thun können. Und wann ihrer hundert dastünden und wider ihn zeugeten, so wäre es doch gelogen; denn solche Leut Teufels-Leut seien, und der Teufel ein Vater der Lügen sei, von dem sie solches gelernt; aber auch von ihm verblendet worden, so daß sie einen Frommen, in dessen

5*

Gestalt der Teufel selbst auf der Zusammenkunft erscheint, angeben und vermeinen, es sei wahrhaftig dieser oder Jener. Denn der Teufel sich ja in einen Engel des Lichtes verstellen könne, wie viel mehr in einen gemeinen Mann? Weiß also die Schrift, darin er war wohl belesen, zu seinem Vortheil meisterlich zu allegiren. Nach diesem gütlichen Examen und treuherziger Erinnerung ist ihm Bedenkzeit gegeben worden.

Ille protestirt und bittet, man soll ihn mit der Tortur verschonen und keine Gewalt anlegen. Und wenn er schon bekenne in der Tortur, so thue er wider sein Gewissen.

Am 2. October beginnt das zweite Examen.

Hotz ist wiederum examinirt und ernstlich ermahnt worden, wie er zu diesem Laster der Zauberei gekommen. Er will aber nichts gestehen; sei ganz frei von diesem Laster. Damit er sich aber nicht beschwert, daß er übereilet, ist ihm ferner Bedenkzeit bis Nachmittag gegeben worden, der Gestalt, wenn die Güte bei ihm nicht helfen wolle, hätte er anders nichts als die Tortur zu erwarten, wonach er sich zu richten.

Das dritte Verhör hat bereits ein anderes Resultat im Bekenntnisse des Hotz ergeben. Hören wir. Hotz ist anfänglich nochmal gütiglich erinnert und gefragt worden.

Erstlich, wie er zu diesem Laster gekommen? R. Es sei einmal ein Händler zu ihm gekommen, als er schon in der Ehe gewest, der hab gesagt: er wolle ihn eine Kunst lehren, daß ihm kein Mann uff dem Feld etwas thun könne. Er soll sagen: „Gott der Vater mit Dir, Gott der Sohn mit mir; Gott der hl. Geist mit uns Allen beiden, daß wir mit Frieden von einander scheiden." Item als er noch jung gewest, hatte ihn ein Haus- oder Stallknecht eine Kunst gelehrt: Wie man wissen könne, wer ein Ding gestohlen. Man soll ein Sieb machen, und eine scharfe Scheere hineinstecken, und ihrer Zwei sollen die Finger darunter halten, und solchen, der im Verdacht sei, im Namen der hl. Dreifaltigkeit beschwören, und so das Sieb herumlauft, so hab solcher die verlorene Sach gestohlen.

Item habe ihn sein Vater einmal zu Most eine Kunst wohl zu schießen lehren wollen und gesagt: Er soll ein Bissen Brod kauen und ins Rohr laden, so schieße er gewiß. Im Uebrigen wolle er nunmehr gern sterben, ob er schon sonsten nichts könne. Jedoch endlich sagt er: Man solle es dabei bleiben lassen, was Diejenigen im Protocoll auf ihn ausgesagt.

In demjenigen, was er nun noch Weiteres bekennet, erscheinen sicherlich nur einige fleischliche Verirrungen in seiner Jugend, die er aber unter dem Banne des Zauberglaubens geneigt ist, dem Teufel als seinem

Complicen zuzuschreiben. Der erste Fall ereignet sich auf einer Reise nach Würzburg. Der Satan habe ihn dabei im Walde getauft, in seinem des Satans Namen; er habe sich ihm versprochen, sei Niemand dabei gewesen; sei oft in Weibsgestalt wieder zu ihm gekommen.

Gefragt, ob er denn auch hinausgefahren? R. Ja, einmal oder dreimal.

Fr. Wie er denn hinaus gekommen? R. Auf einem Bocke; das sei ein wenig stattlicher als auf einer Gabel oder Stecken, und halte er dafür, daß solcher Bock der Teufel sei. Bisweilen sei er auch zu Fuß kommen in seinen Garten.

Fr. Wo er das erstemal hingefahren? R. Auf den Spitalacker, das zweitemal auch, das drittemal im Dämig.

Fr. Was er für Nutzen vom bösen Feind verhofft? R. Gold hab er verhofft, auch empfangen, sei aber wieder zu nichts worden; bisweilen sei aber etwas wenig blieben.

Fr. Woraus die Hexenschmier gemacht werde, an welchem Ort und wer dabei gewesen? R. Sei nit dabei gewesen und nit dazu geholfen.

Fr. Was sie zu der Schmier brauchen? R. Wisse nit: das seien Weiber-Händel.

Fr. Mit was Sachen sie dann Menschen, Vieh und Frücht verderben und beschädigen und umbringen? R. Soviel die Frucht betrifft, habe er nit dazu geholfen.

Fr. Welche Personen vor- oder nachreisen auf den Zauber-Tanz? R. Wann er hin sei kommen, sein andere schon dagewest.

Fr. Ob es gewiß sei, daß sie wachend und leibhaftig durch die Luft hinaus zu den Zusammenkünften fahren? R. Er wisse nit anders als leiblich und zwar wachend; dann er vom Bett aufgestanden und auf dem Bock gesessen.

Fr. Ob er seine Gespielen an solchen Orten auch wahrhaftig gesehen? R. Ja, etliche auf dem Innern Rad als: Michel Stierlein, Heinrich Schmidt, Philipp Kaufmann und Lorenz Rothe, sei vor ungefähr 4 Jahren geschehen.

Fr. Was für ein Gelübde sie ihrem Abgotte leisten müssen? R. Das Gelübde, das sie dem Teufel einmal gethan, müssen sie respectiren und verrichten.

Fr. Zu welcher Zeit sie müssen zusammenkommen? R. Wisset ihr nit, wie man sagt, um Walpurgis?

Fr. Warum sie aber zusammenkommen? R. Daß er seine Leut wolle wisse, und sie nit abtrünnig werden.

Fr. An welchen Orten solche Zusammenkünfte geschehen? R. An wüsten Orten, als im Dämig, bei den Spitaläckern und bei dem Wartthurm.

F. Wie oft solche Zusammenkünfte im Jahr geschehen? R. Wisse nur von einmal.

Fr. Was allweg bei solchen Zusammenkünften ihre Verrichtung sei? R. Er wisse nit, was Andere verrichtet haben; wenn er seinen Bund verantwortet, sei der Teufel zufrieden gewesen.

Fr. Wie lange sie sich pflegen aufzuhalten? R. Ungefähr 2 Stunden.

Fr. Wann sie von einander kommen, oder ob sie weggehen oder fahren? R. Es gehe stillschweigend zu. Man verliere sich von einander. Sein Bock habe sich allweg praesentirt und ihn heim für seine Kammer geführt.

Fr. Was für ein Abschied sie vom bösen Geist nehmen? R. Keinen Abschied. Jeder gehe wieder weg, wie er gekommen.

Fr. Was der böse Feind ihm befehle zu verrichten? R. Nichts befehl er ihm; was er aber anderen befehle, das müssen sie verrichten; er aber wisse es nit, was es sei.

Aus dem ganzen Tenor der Antworten des alten Hotz, welche in Phrasen und Gemeinplätzen sich bewegen, auch weder etwas Individuelles, noch etwas Specielles enthalten, gewinnt man sofort den Eindruck, daß der Mann Erdichtetes vorbringt. Aber sein Gerichtshof findet dieses nicht. Als Hotz am 7. October wieder examinirt und auf seine vorige Aussage gefragt wurde, erwiederte er: Alles, was er bereits bekannt, sei erdichtet und sei wider sein Gewissen; „er wolle deßhalb dasselbe revocirt haben." Er wird wegen dieses „Tergiversirens" hart angefahren, dieweil er dadurch die Gnädige Herrschaft beschwere, das Gericht zum Besten halte, und solches ihm zu keiner Gnad gereichen werde. Zur besseren Besinnung wird ihm Zeit bis morgen gegeben.

Doch erst am 14. October wird er wieder vorgeführt. Er will auf seiner Erklärung vom 7. October beharren. Als aber der Folterknecht hereingerufen wird, dieser ihn anpackt und den Wams auszieht, um ihn zur Folter zu führen, bittet er, „seiner dergestalt zu verschonen, wolle Alles gutwillig aussagen." Und so bestätigt er die ersten Aussagen wider sich vom 2. October.

Das nächste Verhör fand am 14. November statt.

In demselben denuncirt er 3 Weiber, die er im Dänig gesehen, und soll Auskunft geben, wie er zu seinem Vermögensstande gekommen. Er schreibt den Erfolg seinem Weinhandel und Gottes Segen zu. Den vorgeblichen Nutzen vom Satan in Folge seines Bündnisses leugnet er, und nimmt den göttlichen Segen in Anspruch seiner braven Kinder wegen.

Am 20. September 1644 widerruft Hotz alle Aussagen gegen sich betreffs der Zauberei. Gefragt, warum er denn diese Aussagen im Protocolle so umständlich gemacht, antwortet er:

„Er habe solches aus Furcht vor der Tortur gethan".

Fr. Warum er solches aus Furcht vor der Tortur gethan, da er doch noch nie torquirt worden?

R. Er sei kein eiserner Mensch; hätte wohl gewußt, so er würde torquirt werden, daß er dann die Unwahrheit wider sich selbsten reden werde. Daß er aber bei solchen unwahrhaften Aussagen bleiben soll, das wäre wider sein Gewissen, welches er begehre nit zu beschweren. Da man ihm nun mit der Tortur droht als eine unabänderliche Folge seines Leugnens, bleibt er dabei: „er sei des Lasters wegen frei". Die Einrede, wie er denn Alles so umständlich und genau habe angeben können, wenn er nicht die Zauberkunst erlernt und getrieben habe, beantwortet er wiederum mit der Erklärung „ich habe es aus Furcht gethan, weil ich ein weiser Mensch bin"·

Das nächstfolgende Examen fand am 22. September statt. Loß er-klärt, er habe sich anders bedacht; er sei nochmals des Lasters geständig, wie er denn Alles beim vorigen Centgrafen ausgesagt. Er bittet aber um Gotteswillen seinetwegen bei Gnädiger Herrschaft eine unterthänige Inter-cession anzuwenden, daß er mit dem Henker verschont und wiederum aus- und zu seinen Kindern gelassen werde.

Gefragt, ob denn Alles die Wahrheit sei, was er gesagt, erwidert er: ich will hierauf nit sagen, obs die Wahrheit sei, sondern er wolle eher sterben, als daß er wider sein Gewissen rede, und wenn er ja die Wahrheit sagen soll, so sei er mit diesem Laster nit behaftet.

Das letzte Verhör fällt auf den 23. September 1644 in Gegenwart von Dr. Schöpping, dem Centgraf und Centschreiber. In derselben soll er noch einmal seine ganze Verführungs-Geschichte wiederholen. Er thut es mit einer Ausführlichkeit und Offenheit, wie sie die Richter nicht besser wünschen konnten. Er gibt seine Theilnahme an den Zusammenkünften zu, bekennt keine schädliche Handlungen, sondern mehr fleischliche Verir-rungen; betheuert, daß das, was er gesagt, die lautere Wahrheit sei, darauf er leben und sterben wolle, bittet aber um Gnade.

Doch seine Richter trauen ihm noch nicht. Er hat bekannt, aber noch nicht genug, um ihn zu verurtheilen. Deßhalb wird das Verhör am Nachmittag fortgesetzt und ihm wieder die Tortur angedroht.

Darauf hin bekennt er mehrere Beschädigungen; an des Herrn Grafen Esel, dem er anno 1636 in seinem Stalle vergeben, daß er verendete; vor 15 Jahren sein eigenes Schwein umgebracht mit Pulver; item eines Fuhrmanns Pferd; nochmal Unzucht verübt, habe auch einen Kauf-mann berauben wollen; endlich, daß er auch seine zehnjährige Tochter zur Zauberei verführt und mit hinausgenommen habe zu den Hexentänzen, wo sie auch mit dem Satan gebuhlt habe. Eine Folge habe diese Buhlschaft nicht gehabt, weil . . . . . . untauglich.

Gefragt, ob er noch mehr wisse, sagt er: Nein, dieses sei Alles, das sei wahr, dabei wolle er leben und sterben und befehle sich der Obrigkeit, die er um Gnade bitte.

Eines weiteren Bekenntnisses bedurfte es jetzt nicht mehr. Der alte Kettenwirth hatte genug Anklagen gegen sich gehäuft; er war des Todes schuldig. Aber zwei ganzer Jahre hatte es bedurft, um ihn unter der moralischen Folter der Furcht dahin zu bringen, gegen sein besseres Wissen und Gewissen der schmählichsten Schandthaten sich schuldig zu erklären.

Er mußte vorerst den moralischen Selbstmord an sich selbst begehen, um dann zum Lohn dafür den physischen Tod gewaltsam zu erleiden. Sind jemals in der Welt die Civil- und christlichen Gesetze der Gerechtigkeit ärger verleugnet und auf den Kopf gestellt worden?

Indessen hatte es seinen Richtern viel Kopfzerbrechen gemacht. Sie waren nicht ohne Beschwerung ihres Gewissens geblieben, wie aus weiteren Begebenheiten zu ersehen ist. Ein noch größeres Interesse bieten die Aussagen seines Eheweibes Anna, deren Schicksal mit dem seinigen so eng verknüpft war.

III.

Anna Hotzin, die alte Kettenwirthin, wegen Zauberei in Verhaft gebracht. 1. October 1642.

Nach den gewöhnlichen Antworten auf gestellte Fragen nach Name, Alter, Geburtsort, ergibt sich, daß Anna Hotz 57 Jahr alt und aus Hochhausen gebürtig war; 1601 hatte sie ihren Mann geheirathet. Die Frage, ob sie wisse, warum sie verhaftet sei, beantwortet sie: „ich weiß es nit". Fr. Ob sie dann von keiner Zauberei wisse? A. Nein, so wahr Gottessohn vor sie gestorben, so wahr sei sie keine Hexe. Addit: O Ihr lieben jungen Herren, wie könnt ihr mit diesen schweren Händeln umgehen, welches ihr nit verantworten könnt! Man bringet ja die Leut um Leib und Leben. Ob man dann sonst keine andere Mittel habe, die Leute zur Wahrheit zu bringen als das grausame Martern!

Confrontation. Schumpin (deren Aussage wir bereits vernommen) sagt, die Kettenwirthin sei bei dem Galgen und bei der Warth beim Tanz gewesen, darauf wolle sie auch sterben.

Kettenwirthin will nichts gestehen; sagt es geschehe ihr Unrecht; dieses solle sie wohl bedenken. Bittet daneben um Gotteswillen, man soll ihr einen Tag Bedenkzeit und einen Pfarrer geben; darnach wolle sie sagen, was zu sagen ist.

Befragt, was sie dem Pfarrer sagen wolle, antwortet sie: „sie wolle fragen, ob sie auch mit gutem Gewissen sagen könne, so sie gefragt werde, daß sie das und ein anderes gethan habe, wenn gleich es nit wahr sei".

Am 7. October war das zweite Verhör oder „gütliche Examen", wie der technische Ausdruck lautete.

Die Arme beginnt: „Nachdem sie der Gnad sei vertröstet worden, wolle sie eben die Wahrheit bekennen".

Sie bekennt also, daß sie im elften Jahre durch eine „schwarze Plamich" verführt worden sei. Diese habe ihr einen Buhlen verschafft, welcher der Satan gewesen; der habe sie auf den Tanz mitgenommen, wo viele ihr Unbekannte waren, und auf sein Geheiß habe sie Christo mit der bekannten Formel abschwören müssen. Sei gezwungen auf die Con- vente gegangen und vom Satan am Arm ergriffen und hingeführt wor- den. Sie nennt dann doch noch eine Anzahl Namen solcher, die dabei gewesen; die dicke Rosenwirthin, die Jost Plamichin, gewesene Centgräfin u. a. m. Darunter auch die Schumpin vor fünf Jahren, „welche verbrennt worden". „Praeocupirt, sie habe nie eine Schmier gemacht", ein Zei- chen, daß den Richtern es lieb war, Aussagen zu hören über Dinge, die noch nicht gefragt waren. Sie bekennt ferner ihre Buhlschaften mit dem Satan, das Wettermachen; statt auf Befehl ihrer Nachbarin ein Stück Vieh umzubringen, habe sie lieber ihr Kalb umgebracht, und zwar hätte der böse Feind und sie es tobtgeritten. Im Ganzen sei sie in ihrem Leben fünfzigmal ausgefahren; öfters habe sie sich vertreten lassen durch ihre Magd, der sie ein „Kopfstück" habe geschenkt, damit sie sich etwas kaufen könne. Verführt habe sie Niemanden.

Im weiteren Examen vom 20. September 1644 erklärt sie „eben- mäßig wie ihr Mann" sie sei von dem Laster der Hexerei ganz frei.

Fr. Warum sie denn also bekennt, daß sie eine Hexe sei?

R. Aus Furcht vor der Marter hab sie bekannt.

Fr. Wie das sein könne, da sie doch Alles so umständlich be- kennt und nochmals wiederholt, daß Eins mit dem Anderen übereinge- stimmt habe? Daraus müsse ja unwidersprechlich folgen, daß sie eine Hexe sei.

R. Was sie gesagt, das habe sie oft von anderen Leuten gehört, wie es mit den Hexen hergehe, daß ja die Kinder auf den Gassen genug davon sagen.

Fr. Ob sie sich denn erst wolle martern lassen?

R. Sie lasse sich nicht martern. Sie wolle lieber sagen: Ja, sie sei eine Zauberin; man soll sie nur hinausführen und richten, aber sie wolle es den Examinatoribus in ihr Gewissen geben.

Am 22. September 1644 gibt sie sich wieder alles dessen schuldig, wessen sie sich am 7. October 1642 schuldig bekannt hat. Nur behaup- tet sie, daß sie nicht getauft worden sei und außer der Tödtung ihres Kalbes Niemanden Schaden zugefügt habe, weßhalb sie der Teufel oft mit Schlägen tractirte. Der Centgraf wirft ihr die Frage hinein: Wenn sie denn nun Alles dieses gethan, warum sie denn unlängsten ein Brieflein geschrieben, auch vor zwei Tagen mündlich ausgesagt, daß sie unschuldig sei?

R. Es such eben jeder allerlei Ausflüchte, daß er möchte davon kommen und ledig werden. Nunmehr aber sehe sie wohl, daß ihr Leugnen nit helfe, gebe sich deßwegen solches Lasters schuldig, darauf sie auch mit wahrer Ruhe und Buß hoffentlich selig sterben wollte. Bitte aber, man wollte doch nit auf ihr Denunciation gegen Andere verfahren. Denn der Satan Einen wohl verblenden könne, weil er sich in einen Engel des Lichtes verstellen könne.

Das Jahr 1643 hat nur ein Verhör über beide Eheleute in den Acten hinterlassen, vom 27. März 1643, in welchem Johann Hotz alles Frühere bestätigt, nur über die von ihm denuncirten Personen den Vorbehalt macht: Anlangend die denuncirten Personen zweifele er daran; dann er nit wissen könne, ob er solche eben natürlich gesehen; es könnte wohl sein, daß der Teufel sein Gaukelspiel damit habe. Es habe ihn also gedeucht, es wären diese Personen, bitt aber dafür, man wolle hierauf nit gehen, denn ein Zeuge sei kein Zeuge. Hierauf bestand er ein Verhör über seinen Vermögensstand, wobei besonders darüber inquirirt wurde, warum er eine Summe Geldes in Frankfurt deponirt habe; er erklärte, damit er seine Kinder könne studiren lassen.

Sein Weib Anna nahm bei dieser Vorführung eine festere Haltung an: sie leugnete ihre früheren Aussagen.

Wenn sie schon die Wahrheit sage, wolle man ihr nicht glauben; sie sei keine Zauberin; habe zwar die Geistlichen auch so berichtet, weil sie ihr also hart zugesetzt.

Fr. Was denn die Ursach sei, daß sie vor der Obrigkeit bekennet und vor den Geistlichen geleugnet habe?

R. Die Geistlichen hätten unter anderem gesagt, sie müsse die Wahrheit allenthalben bekennen. Wo sie das nit thue, hätte sie ebensowohl die ewige Verdammniß zu gewärtigen, als wenn sie mit Lügen berichte.

Nach nochmaliger ernsthafter und nachdrücklicher Ermahnung bekennt sie wieder das Gegentheil, sie erklärt sich schuldig; sie bittet um Verzeihung, daß sie also die Geistlichen belogen und die Wahrheit hinterhalten; sie wolle es nimmer thun.

Fr. Warum sie denn im Gefängniß auf ein Zettelein mit Kohlen geschrieben, daß sie unschuldig sei?

R. Sie hab vermeint, solches in ein Buch zu legen, und so es nach ihrem Tod gefunden würde, die Leut erinnern solle, es wäre ihr Unrecht geschehen; hätte auch nit gemeint, daß dies Zettelein noch bei ihrem Leben gefunden würde; aber Gott habe es also haben wollen.

Da auch ihr die Frage, wie es sich mit dem Gelde in Frankfurt verhalte, vorgelegt wurde, hat sie eine ähnliche Antwort, wie ihr Mann. Ein diese Acten revidirender Graf (wohl Johann Dietrich) fügt hier sehr verständig die Rüge bei: „daß die Civilaction mit der Criminal vermischt, ist mißbräuchlich, ja wider meine verschieden ertheilten Befehle; also wohl anders werden".

Die Herren Richter waren in nicht geringer Verlegenheit, was sie mit den Acten anfangen sollten. Herr Rath Schlaun macht einen Bericht über das Ergebniß der Untersuchung unterm 15. April 1643 »casus in causa Hans Hotzen und seiner Hausfrau in puncto veneficii«.

Aus einem Bericht der beiden Untersuchungsrichter Dr. Bernhard Schöpping und Dr. Joh. Schlaun ergibt sich, daß der Graf Johann Dietrich die Frage gestellt hatte, ob der alte Kettenwirth und seine Frau justificirt werden könnten, obwohl sie nicht torquirt worden seien. In ihrem Antwortschreiben bejahen die genannten Räthe diese Frage unter Berufung auf Mascard vot: I. concl. 353 n. 34 »sufficit enim ad condemnandum spontanea confessio absque tormentis« Item Prosp. Farinac: de delictis qu. 21. No. 115, Damhoud: prax. crim. lb. I. c. 35.

Wenn Jemand scrupulös sein wolle, dürfe man behaupten, daß er auch torquirt worden, weil nach Mascard die Aussagen beim Anblick der Tortur »quia confessio apud tormenta facta, dicitur facta in tormentis«, als unter der Tortur geschehen zu betrachten seien. Zu diesem Satze macht der Graf die Glosse: „diese Opinion ist der Vernunft zuwider und mit Haaren herbeigezogen".

Den Einwand, daß aber der Inculpat keinen Schaden zugefügt habe, beseitigen sie mit Berufung auf die Bibel, welche ohne Unterscheidung sage: »Non patieris vivere veneficum super terram.« „Kein Zauberer auf Erden darf am Leben bleiben". Sie wollen die Frage also so formuliren, supposita specie facti, ob zur Verurtheilung dieser Personen von Rechtswegen noch etwas desiderirt werden könne? Graf Dietrich wollte diesen Handel ganz auf das Gewissen seiner Räthe abschieben; die Räthe aber fanden ihr Gewissen beunruhigt und beschwert, ein Zeichen, daß auch bei ihnen die Dämmerung eintrat, in welcher sich Zweifel zeigten an der Wahrheit der Aussagen ihrer Gefangenen.

Schon unterm 31. März hatte ein Beisitzer seine Bedenken geäußert. In einem Schreiben von diesem Datum heißt es: Centgraf sagt, daß unter allen den Hexenleuten ihm dergleichen noch nicht zu Handen gekommen, welche ihn so perplex und nachdenklich machen, als diese zwei Leute. Sie bekennen zwar, aber er wußte, daß sie im Herzen anders gemeint, auch darauf sterben. Es wäre vor diesem bei dergleichen Herkommen, wenn keine wirkliche lasterhafte und Capitalthaten, außer der Absagung, auf Eines gebracht worden sei, sie mit dem Leben nit bestraft worden, sondern haben öffentlich Buß thun müssen. Schreiber hält den Dr. Schöpping „für judiciren zu schwach" und „wäre der Handel sehr schwer". Der alte Kettenwirth habe aufs Höchste ums Leben gebeten und den Vorschlag gemacht, zeitlebens im Spital zu verbleiben. Es seien zwei alte Leute; es stehe bei Ihrer hochgräflichen Excellenz, ob sie ihnen Gnad wollten erweisen. Er halte in seiner geringen Meinung dafür, daß es besser sei, einen Schuldigen zu pardoniren, als in so bedenklicher Sach mit der Schärfe zu procediren.

In diesem Manne regte sich schon das Gewissen und die bessere Erkenntniß.

Weiteres berichten die Acten aus dem Jahre 1643 nicht. Die Sache kam in Wertheim nicht ins Reine. Man hatte dazumals die Gewohnheit, in solch zweifelhaften Dingen an die Juristenfacultäten der Universitäten zu recurriren und deren Gutachten zu verlangen.

Es scheint, daß man sich nach Ingolstadt zunächst wandte; die vorhandenen Correspondenzen geben aber keinen Aufschluß über die erfolgte Antwort; sie behandeln in Schreiben vom 9. August und 3. September 1644 lediglich die finanzielle Frage der Gebühren mit zehn Rchsthl. Das nach Ingolstadt gesandte Schreiben nebst Acten war am 7. Juni dort eingetroffen. Das über Nürnberg Augsburg laufende Schreiben brauchte zwölf Tage; mithin konnte das Schreiben in Wertheim unterm 26. Mai abgegangen sein.

Anders mit der Anfrage an die Facultät in Marburg. Hier liegt das betr. Actenstück vor. Nach der canonistischen Observanz werden die Inhaftirten auf den Namen Sempronius und Seia eingeführt und ersterer als Senator et exconsul civitatis titulirt.

Nachdem die species facti auf Grund der Aussagen des alten Kettenwirths dargelegt, werden drei Fragen gestellt:

1. Wie man sich dieser Variation halber zu verhalten, und ob solche modificata confessio torturam ad categoricam responsionem verlange, und ob derselben völliger Glaube zugewendet werden könne.

2. Ob nächst solcher Bekenntniß Sempronius nicht um mehrere Complices (er hatte nur sechs genannt) oder Schaden, welchen er bei so lang vergangener Verführung gethan, zu torquiren wäre?

Sodann wird die species facti in causa Seiae in puncto veneficii dargelegt. Am Schlusse heißt es: Da sie angefangen zu revociren, aber auf ernstliches Zusprechen wiederum zu bekennen, jedoch gleichwie ihr

Ehewirth, als wenn die Aussage aus einem Maul geredet werde, ihre Bekenntniß verschraubt. Die Fragen seien hier die nämlichen mit Ausschluß der Frage nach den Complices.

Senat und Doctoren der Jurisprudenz erwiedern:

„So haben wir demnach dieselben Fragen mit Fleiß verlesen und erwogen, berichten darauf und zwar auf die erste Frag vor Recht: Wofern den Herrn Consulenten Sempronium aus erheblichen, im Rechten gegründeten und mit Kaiser Carl V. Peinlicher Halsgerichts-Ordnung übereinstimmenden Indiciis (wofür wir aber die bloße Denuntiationes sagarum nicht halten) der Zauberei wegen in Gefängliche Haft gezogen und zur Peinlichen Frage verdammt, ehe aber dieselbige an ihm wirklich ist vollzogen worden, das Laster der Zauberei und zwar umständlich bekennt, aber dennoch nach gethaner Confession nachher wiederum revocirt, daß er dann wegen solches bevorstehender Urgichts nochmals wiederum zur Erkundigung der Wahrheit mit Peinlicher Frage anzugreifen und wegen Umstände seiner vorigen Bekenntniß und, ob solche der Wahrheit gemäß oder nicht, zu befragen, wie in specie in besagter Peinlichen Halsgerichts-Ordnung art. 57 mit mehreren verordnet ist. Im Fall er nun auf der Tortur seine vorige Bekenntniß reitiriren sollte, so wäre alsdann die Frage zu beantworten und daneben seiner Complices halber zu befragen. Doch müßte dabei gute Bescheidenheit gebraucht werden, daß er nur in genere denuncire, und was er bei solchen teufelischen Actionibus bekennen möchte, was vor Gesellschaft gehabt, und wer ihm dazu geholfen gefragt, nicht aber eine gewisse Person mit Namen und ob dieselbige dabeigewesen sei, ihm vorgehalten worden; eine solche in berührter Criminal Institution art. 31. in princ. §. 1 ex 2 fein erklärt wird. Denn sonsten wäre eine solche Frag mehr für eine verbotene Suggestion als eine im Recht erlaubte interrogation zu betrachten. lib. I. §. qui quaestionem 21. seq. de quaest Math. Steph. ad dict. art. 31. §. 2., ubi plures allegat und im Rechte gar nicht zu verantworten.

Endlich auf die letzte facti species und deren ungehoffte Frage zu antworten, halten wir dem Rechte gemäß und darin gegründet sein, daß mit des Sempronii Hausfrauen Seia eben solcher Proceß zu halten, wie bei der ersten Frag des Sempronii selbsten bereits ist angedeutet worden. Von Rechtswegen. Zur Urkund haben wir unsere Faculkäts-Insiegel hierauf drucken lassen.“ So geschehen Marpurgh den 9. Julii 1644.

Decanus und andere Doctores der Juristenfacultät an der Universität daselbst.

Ueber das Endresultat dieser zweijährigen Untersuchung enthalten die Acten nichts Näheres; nur findet sich noch ein Schreiben des Pfarrers

Jacob Cuntz von Wertheim an den Grafen Johann Dietrich, datirt den 22. September 1644, in den Acten.

„Es haben Johann Hotz und sein Weib mich gestern (21. Septr.) durch den Centknecht zu ihnen bitten lassen und mir gutwillig angelobt, daß selbige bei deren vor diesem (Centknecht) gethanen Bekenntniß und Aussag hinfüro verbleiben: selbiges nochmals wiederholt haben: und es zur Peinlichen Tortur nit kommen lassen wollte. Gelobten aber der unterthänigen Hoffnung Em. Hochgräflichen Gnaden ihnen Gnad erweisen, das Leben schenken und gnädig verwilligen würden, daß sie solches entweder im Hospital oder in einem anderen Gefängniß vollends endigen möchten. Also ich Em. Hochgräfl. Gn. referiren wolle, wie ich es auch gestern Dr. Schöpping berichtet, der sich erklärt auf morgen Freitag in dieser Sach ferner fortzufahren". (Wahrscheinlich ist den Petenten nach Wunsch gehandelt worden.)

IV. Die verhängnißvolle Hochzeit.

Der Proceß hatte noch ein Nachspiel ernster Art. Unterm 12. Februar 1643 berichtet ein Albert Schloßperner an die gräfliche Excellenz, daß am verwichenen Dienstag Abends bei offen gehaltener Mahlzeit auf des Dreßlers Hochzeit der Nicolaus Schürer über den Weiber Tisch gesagt habe: seine Schwester, die in Haft befindliche Kettenwirthin, wäre keine Zauberin; diejenigen, welche beim Examen wären, gingen mit den Leuten um, sonderlich der Centgraf, daß sie sagen müssen, sie wären Zauberer und man frage sie „kanns der und diese nit auch"? Daß also der (Ketten) Wirth und seine Schwester wären gezwungen worden, ja zu sagen, wie daß ein Mann dorten überm Tisch sitze, auf den der Wirth (Hans H.) bekennen müsse, — die Person aber nicht namhaft gemacht — und solches nochmals wiederholt habe, seine Schwester hätte gesagt: Sie wäre keine Hexe, aber eine arme Sünderin, und wenn sie schon sterben müsse, so stürbe sie als eine Martyrin; es wäre nur um das Gut zu thun. — Woher er nun solche Reden hat, und wie man mit ihnen Umgang hatte, wird von ihm zu vernehmen sein. Etliche Personen, die solches gehört, sind Hans David Lautzenberger, Johann Birkenfelders Hausfrau, welche wird wissen, wer mehr an dem Tisch gesessen und solches gehört, welches ich Em. Exc. u. Herrlichkeit zu berichten nicht unterlassen können.

Wertheim, 12. Februar 1643.   Albert Schloßperner.

Auf diese Denunciation geht eine neue Untersuchung an. Es wird die Liste von den Namen derjenigen aufgestellt, welche auf der Hochzeit und beim Abendschmauß anwesend waren. Es sind die Namen von elf Männer und zehn Frauen.

Es wurde ein Formular mit dreizehn Fragen zur Beantwortung für die Zeugen aufgestellt: „Interrogativa über etliche von Niclaus Schürer auf Peter, Dreßlers Hochzeit ausgegossenen Columnien".

Die Fragen 1—6 betrafen Theilnahme am Kirchgang, an der Mahlzeit, die Namen der Anwesenden, die Gespräche, zumal ob über Hexerei u. s. w. Ob er nicht gehört, Schürer habe gesagt, man ginge mit den Leuten um, sonderlich der Centgraf, daß sie sagen müssen, sie seien Zauberer.

Q. 7. Item in specie, daß Einer über dem Tisch da sitzen thäte, auf den auch also inquirirt worden wäre, und Kettenwirth auf derselben habe bekennen müße.

Q. 8. Item daß man die Leut unschuldig brennen thäte und wäre nur „um das Gut zu thun".

Q. 5. Item der Kettenwirth und seine Frau seien keine Hexen, wohl aber Sünder, und wenn sie sterben müßen, so sterben sie als Martyrinnen.

Q. 10. Item der Kettenwirth und sein Weib seien keine Zauberer, sondern gezwungen worden also zu sagen.

Frag. 11.
„   12. } nach Beginn, Fortsetzung im Schluß solches Gesprächs und ob Schürer betrunken.
„   13.

Das Verhör begann schon am 14. Februar und dauerte fünf Tage.

Gegen den angeklagten Nicolaus Schürer wurden sechs Zeugen verhört. Alle bejahten Frag 13, daß Schürer stark betrunken gewesen, daß seine Frau ihm zu schweigen zugewinkt, und er der Birkenfelderin die Sache erzählt habe. Diese als dritte Zeugin deponirt zur vierten Frage. Er (Schürer) sei bei seinem Schwager und seiner Schwester gewesen, habe von ihnen vernommen, daß sie beide unschuldig seien; auch säße Einer überm Tisch, von welchem er, der Kettenwirth, auch habe aussagen müssen. Darauf er zum Kettenwirth gesagt: „warum er solches thäte"? Er habe geantwortet: man ginge mit Einem also um durch Marter und Pein, daß Einer wohl bekennen müße; gestalt dann des Schumpfin Frau also gezwungen und gepeinigt worden; ihr, der Schumpfin, sei ebensowohl Unrecht geschehen, auf sie, Kettenwirthin, zu bekennen; seiner des Kettenwirth Hausfrau sei auch also Unrecht geschehen. Sie wäre zwar große Sünderin, aber keine Zauberin; wenn sie sterben müße, wollte sie sterben als Martyrin und dergleichen; welches er wohl zum drittenmal mit zornigem Gemüth wiederholt.

Zuletzt wird Niclos Schürer gleichfalls aufgefordert und befragt, wie er so vermessen sei, solche Calumnien wider Obrigkeit zu reden. R. Wenn er solches geredet, werde ihm Ursach dazu gegeben worden; werde vielleicht sein befragt worden, wie es seiner Schwester gehe. Darauf er möcht geantwortet haben: Er hätte neulich, nachdem er aus der Stadt versperrt gewesen, mit ihr geredet, da sie dann gesagt, sie wäre unschuldig, wie ihr Hans auch, der Kettenwirth. Sie hätte die Leiter und andere Tormente gesehen; daher sie gedacht, sie wolle es belennen, damit sie nur der Marter entgehen möchte. Dafern etwas geredet worden, wüßte er wegen Trunkenheit sich dessen nicht zu erinnern und bittet Ihre Hochgräfl. Excellenz wollen sein Verbrechen seiner Trunkenheit zuschreiben und in Gnaden verzeihen.

Ist ihm die Thurmstraf angekündigt und dem Stadtknecht in seine Verwahrung überliefert worden.

Ille bat abermals Ihre Hochgr. Exc. mögen gnädig geruhen ihn nicht mit Thurm-, sondern mit einer Geldstrafe anzusehen.

Am 17. Februar wird Schürer vorgeführt und ihm die Frage vorgehalten: „Warum er Ursach gesucht mit den Gefangenen und besonders mit seiner Schwester heimlich und ohne Vorwissen der gräfl. Herrschaft zu sprechen und sie zu besuchen?

R. Zweimal habe er geredet mit ihr. Einmal unten in dem Gefängniße, als sie unter der Stiege verhaftet gewesen. Damals hatte sie zu ihm gesagt: „Niclos! was haben wir für ehrliche Eltern gehabt!" Er hatte ihr damals zur Antwort gegeben: „Wenn du Zauberin bist, so bekenne es bald und lasse dich nicht peinigen."

Das andermal habe sich zugetragen, daß er aus der Stadt versperrt gewesen, und sie ihn an seiner Sprach erkannt, hätte sie zum Fenster hinaus gerufen: „Niclos, bist du da"? Und darauf bald angefangen, sich zu entschuldigen, sie wäre mit dem Laster der Zauberei nit behaftet. Darauf er geantwortet: „Du hast's doch bekannt?" Sie gesagt: „Man ginge also mit den Leuten um, daß sie wohl sagen müssen, sie wären Hexen; wo der Centgraf ein halb Kopfstück zu holen wüßte, wollte er einen Menschen hinrichten lassen."

Ist ihm vorgehalten, daß solcher Verkehr und Umgang mit Gefangenen ihn verdächtig mache, er vielleicht habe erfahren wollen, ob er auch benunciirt sei.

R. Es sei nicht heimlich geschehen, sein ganzes Hausgesind sei bei ihm gestanden und habe es gehört.

Fr. Ob er denn nicht von dem Gerüchte über ihn gehört? Warum er denn nicht opponirt und protestirt, wenn er unschuldig sei?

R. Er wüßte sich frei von solchem Laster. Wenn man dem gemeinen Geschrei wollte nachgehen, wäre Keiner frei. Denn durch böse Leut viel geredet werde. Ihm sei das von seiner Schwester von Werbachhausen angedeutet worden, daß er und Philipp Kaufmann nach seines Schwagers Verhaftung auch eingezogen würde. Ist er vom Gefängniß seiner ausgestoßenen Calumnien wegen erlediget, die verdiente Geldstraf aber der gräfl. Herrschaft vorbehalten worden.

So weit war es denn doch schon gekommen, daß aus dem Volke heraus sich eine Opposition und Reaction bildete gegen das willkürliche und grausame Verfahren der Hexenrichter. Die schändlichen Motive traten mehr an den Tag; die Habsucht spielte eine wichtige Rolle.

Am selbigen Tage, als der Kettenwirth gefänglich eingezogen wird, nimmt sein Sohn das vorhandene baare Geld und flüchtet damit nach Frankfurt. Freilich traf ihn dafür nach seiner Heimkehr die Gefangennahme, während sich die gräflichen Räthe Mühe gaben, in Frankfurt die Beschlagnahme des Geldes zu erwirken. Die Stimmung des Volkes war schon so gereizt, daß sie zur Satyre griff und in Pasquillen das Verfahren der Richter verhöhnte. Ein solches Pasquill ist in den Acten verwahrt. Es lautet:

> „Ach, ihr Herrn und Regenten allhie
> Was ich thue melden, ist wider mich.
> Auch treibt mich mein Herz und Gewissen,
> Daß ich hab ein wenig verziehen müssen,
> Wie daß ich bin ein sehr ansehnlicher Mann,
> Wer mich aber kennet, weiß was ich kann.
> Ich vermein zwar ich wär klug in meinen Sachen,
> Durch Verhängniß Gottes hab ich mich betrügen lassen.
>
> Mit dem Laster der Zauberei,
> Welches mir von Herzen ja ist sehr leid,
> Ich muß, ich soll, ich wollt mich gerne nennen,
> Aber ich thue mich vor der Welt schämen.
> Mit Furcht möcht ich mich weiter wünschen davon,
> Aber ich weiß nit, wie ichs soll greifen an.
> Soll ich mich denn nennen öffentlich,
> So fercht ich mich, ich komme ins Käfig,
> Darin mein Leben ich bring lange Zeit zu.
> Nichts desto weniger bekommen die darin gut.
> O ihr Doctoren und Juristen
> Bedenkt zu dieser Zeit euer Gewissen,
> Nehmt Schmiral und Häuser an,
> Um baares Gewinns willen die Zauberer leben zu lahn.

O ihr Herrn Grafen thut aufwachen
Und die Laster strafen
Bedenkt euer Amt und Seligkeit
Mit Ernst zu strafen die verfluchte Zauberei;
Sonst werden die unmündigen Kindlein klein
Rach und Weh schreien in Himmel rein.

Von wegen man sie läßt jämmerlich verführn
Und den Herrn Zauberern salva guardia thut geben,
Wiewohl es nicht geschieht umsonst,
Denn es hat mich selbst genug gekost,
Und ich muß es lassen bleiben
Es will mich Einer nicht mehr lassen schreiben."

Mit der zweiten Hälfte des siebenzehnten Jahrhunderts scheinen die Hexenprocesse in der Grafschaft Löwenstein-Wertheim aufgehört zu haben. Wenigstens geben die Acten keine weiteren Processe kund. Sie hatten fünfzig Jahre gedauert und viel Schmerz und Pein in die Bevölkerung getragen. Nicht besser war es bestellt in den übrigen Territorien der Reichsfürsten, welche jetzt unsere Aufmerksamkeit in Anspruch nehmen sollen.

* * *

Siebentes Kapitel.

Die freie Reichsstadt Schweinfurt.

In dem Gebiete des Hochstiftes Würzburg lag die genannte freie Reichsstadt Schweinfurt, welche sich der Reformation angeschlossen hatte und durch Bürgermeister und Rath regiert wurde. Auch hier hielten die Hexenprocesse mit Beginn des 30 jährigen Krieges ihren Einzug und dauerten in einem Zeitraume von hundert Jahren hindurch fort. Die letzte Proceß-Verhandlung fällt in die Jahre von 1714—1721[1]).

Die erste Procedur war im Jahre 1627 gerichtet gegen Anna Gröbin. Metzgermeister H. Schumm stellt Klagen beim Löblichen Rathe über seine Nachbarin, weil sie ihn bestialisch angegriffen mit Schimpf- und Scheltworten, und ist er jämmerlich gelähmt; sie hat sein Kind mitgenommen vor die Stadt und vom Friedhof heimlich unterm Kleid einen Todtenschädel entführt. Die Gröbin, deponirt eine Nachbarin, habe ihr den Todtenkopf geschenkt, weil er gut sei gegen die Schwindsucht, damit ihre kranke Tochter daraus trinke. Beide werden mit der Klage auf den

_____

1) Die Proceßacten von Schweinfurt bilden im Kreisarchive zu Würzburg Fascikel VII, 64 b.

schriftlichen Weg gewiesen. Der Kläger fühlt sich dadurch beschwert, desgleichen die Bellagte, welche geltend macht, daß der Metzger sie Hexe gescholten und Todtenkopf zugerufen habe, worauf die Gassenjungen im Chorus, „Todtenkopf, Todtenkopf," „Hex, Hex" gerufen. Dieserhalb reicht die Gröbin am 3. September ihre Defensionsschrift ein. Der Rath wendet sich nun an die Nürnbergische Juristen-Fakultät zu Altdorf, um ein Gutachten zu erlangen, ob die Indicien genügend seien. Die Antwort vom 2. November besagte: Die Indicien seien nicht zureichend, weder ad capturam noch ad torturam, habe auch der gelähmte Kläger nicht die richtigen Mittel zur Heilung gebraucht. Bellagte sei von der Instanz zu entbinden, aber fürderhin genau zu beobachten.

Aus dem Jahre 1629 berichten die Acten über den Proceß gegen Wittwe Agatha Pollmann, des Pfarrherrn Alex. Schebii zu Burgsimmern Tochter, welche in Gräfendorf wohnte. Sie war auf Anzeigen Anderer wegen verdächtiger Hexerei eingezogen, examinirt und gefoltert worden, ohne etwas gegen sich zu bekennen. Sie wird daher entlassen und muß dem Herrn Neidhard von Thüngen zu Soden, fürstl. würzb. Oberstlieutenant „aus solcher hier in Gräfendorf habender Gerechtigkeit" Urphede schwören und das Land verlassen. Anläßlich des Ausganges dieses Processes richtet der Bürger Georg Lill eine energische Beschwerdeschrift an Bürgermeister und Rath der freien Reichsstadt Schweinfurt. Er klagt darin über unqualificirte Commissarien, welche die Pollmannin zu unterschieden Malen ohne gegründete rechtmäßige Ursachen durch vielfältige, abwechselnde Torturen mit unmenschlicher Grausamkeit peinigen lassen, daß sie ganz um ihre Gesundheit gebracht und die Zeit ihres Lebens ein armseliges Mensch sein muß.

Wann sie dann an berührter Exorbitanz sich nicht ersättiget, sondern sie haben ledig lassen müssen, weil sie nichts bekennet, hat sie Beschwerde erhoben beim Reichskammergericht und ein Mandat erhalten de damno restituendo, dagegen die übelberüchtigten Commissarii sich mit Exceptionibus salviren wollen.

Sie hat in 36 Wochen nicht blos ihr Vermögen eingebüßt, sondern auch oft wiederholt unmenschliche Torturen erlitten, mit angezündetem Schwefel an verschiedenen Orten des Leibes, Hals, Hand, Schenkel, Brust und Rücken jämmerlich verbrennen lassen, deren vestigia augenscheinlich vorhanden. Bittet derohalber um Sendung eines Schöffen, Arztes und Feldscherers zur Untersuchung der Brandwunden, damit sie beim Kammergericht in Speyer weiter handeln könne.

Im Januar 1640 kommen zwei Knaben Zauberei halber zur Haft. Georg Kuhn, 14 Jahre, und Hans Reinhard, eines Pfarrers Sohn, 11 Jahre alt.

Der erstere erzählt in seinem Verhöre die wunderlichsten Dinge. Vor vier Jahren mit dem Vater spazieren gegangen, da kommt ein Haase so groß wie ein Fuchs und habe zum Vater gesagt, soll viel Haasen fangen, sonst hau ich dir den Kopf ab. Vater war erschrocken und schwieg. Später der Haase ihm begegnet, ihm den Kopf ins Wasser gesetzt und bespritzt, dabei gesagt, er solle sein viel Vögel fangen. Der Haase hatte schwarzen Kopf, grauen Rücken, viereckiges Maul und röthliche Nase.

Vor zwei Jahren auf einen Birnbaum gestiegen, war ein Vogel, schwarz und weiß, hat ihn auf Stirn, Nase und Kopf gepickt, bis Blut gelaufen. Da hat der Vogel ein spitzes Hölzchen vom Baume gebrochen und gesagt, er solle seinen Namen auf das Papier einschreiben, sonst nicht lebendig vom Baum kommen, er habe solches gethan, und der Vogel das Blättlein zu sich genommen und davon geflogen. Nur zwei Mal sei er hinaus gegangen und gesagt, „Vöglein, Vöglein, halt mich," es aber keinem Buben gelehrt außer das Hänslein. Dieses war mit auf den Baum gestiegen. Ein ander Mal sei zwölf Uhr Nachts ein Bettelbub vor sein Haus gekommen, ihn geweckt und den Reinhard zum Oberthor mitgenommen. Dort vier Katzen und ein Bock an ein Kutschlein gespannt gewesen, hierauf eingestiegen, über die Schanz hinausgefahren und über Wiesen bis zum Sand. Der Bettelbub hab Holz aufgeladen, dann zurückgefahren, habe Jeder sich niedergelegt. Büttners Hänslein habe ihm die Thür aufgemacht. Nicht lange her habe er sich nächtlicher Weile gelegt, da hätten die Katzen so ein Gepratschel gemacht, und er habe Feuer gesehen.

Hierauf wird der kleine Reinhard, des Pfarrers von Wiesenbronn Sohn examinirt. Er erzählt, daß Kühn ihn gelernt habe, wenn du auf den Baum willst, mußt du sagen, „Vöglein, Vöglein hol mich" und ein Kreuzlein unter den Baum legen, so kannst du hinauf, wie du willst. Hierauf erzählt er das Besteigen des Baumes unter Beihülfe eines Vogels mit Storchflügeln, sowie die nächtliche Ausfahrt mit dem Katzengespann.

Dieses Phantasiegebilde zweier hallucinirender Knaben wird einer hochwürdigen Geistlichkeit der fr. Reichsstadt Schweinfurt zur Begutachtung und »ad informationem conscientiae judicis« unterbreitet. Diese Herren „pflichtschuldige Diener am Wort" M. Joh. Kuser, Superintendent, B. Schuchel, J. C. Cremer, M. Andr. Brückner, Diakon, nehmen die Sache sehr ernst und beantworten die Anfrage mit einem sieben Seiten füllenden Berichte unter genauester Untersuchung der »species facti«. Sie haben mündliche Relation eingezogen, wozu noch das »novum emergens« gekommen, daß in der Gestalt des G. Kuhn eine Larve des Satans dem andern, dem Hans Reinhardt, seit der Zeit er in Verhaft genommen, zwischen 11 und 12 Uhr Mitternachts erschienen, mit Gewalt denselben vom Bette wegnehmen und mit sich führen wollen, darob Reinhard erschrocken und um Rettung geschrien. Der Knecht zwar, so alle Nacht bei ihm schläft, wie auch ein Soldat sind dabei gewesen, haben Beide noch gewacht, das Schreien und Zittern des Jungen wahrgenommen, aber nichts gesehen, vor Entsetzen auch nichts antworten können. Gleichwohl hat der Knecht den Knaben zu sich ins Bett genommen, und ist der vermeintliche G. Kuhn wieder verschwunden, woraus abzunehmen, daß diese teuflische Verführung nicht de nihilo ist, sondern „daß der starke höllische Gewappnete will seinen Palast fest bewahren, welchem mit Glauben und Gebet stark zu begegnen sein wird."

Auch der Knecht, welcher gewacht, wird am 25. Januar verhört. Dieser, Martin Heißler, besagt, er wisse gar nicht, daß der Junge, so bei ihm geschlafen, Nachts aufgestanden sei, er habe geschlafen; er wisse sich auch keines Wortes zu erinnern, so Reinhard, nachdem er vor ihm aufgestanden, mit ihm geredet habe; wisse auch nicht, ob er des Nachts aufgestanden und weggegangen sei. Hat dasselbe damit geschlossen und das Wenigste anzeigen können.

Im Jahre 1644 wird Maria Seuffert, eine Metzgersfrau, Hexerei halber eingezogen und examinirt. Ein mehr Aufsehen erregender Proceß beginnt 1665, welcher einen großen Theil der Acten ausfüllt.

Der Edelmann und Junker Ad. Ulrich von Steinau zu Euerbach erhebt beim Rathe und Bürgermeister von Schweinfurt Klage gegen Marg. Rumelin, Wartfrau, weil sie sein neunjähriges Töchterchen, Eva Ursula, zur Zauberei verführt habe. Es kommt ihm dabei zu Hülfe die freiwillige Aussage eines 14jährigen Mädchens, Anna Elisabetha Bullmann, welche ihrem Dienstherrn offenbart, daß die Wartfrau auch sie und zwei Mädchen verführt habe.

Doch will diese Denunciantin auch oft zwei Engel bei sich gesehen haben, welche sie getröstet hätten. Die Untersuchung beginnt am 8. März, das Protokoll trägt am Kopfe die Worte: „Heilige Dreifaltigkeit, vor dem Teufel uns bewahre." Am 9. wird die kleine Eva Ursula angehört, welche alle Fragen bejaht; darauf wird sie mit Margaretha confrontirt. Letztere läugnet Alles mit großer Festigkeit. Die Aussagen der beiden vernommenen Kinder differiren bezüglich des Ortes der Verführung.

Das erstere läßt es in einem Zimmer des Schlosses, das andere auf einer Wiese hinter dem Schlosse geschehen sein. Am 13. März stellt F. H. Rauschert zu Beilsdorf ein Verhör mit dem dritten Mädchen, Marg. Gleichmann an unter harter Bedrohung. Unter Weinen stellt sie

Alles in Abrede, was man auf Margaretha Rumelin aussagt. Da sie nicht schreiben könne, wie hätte sie da unterschreiben sollen?

Dieser Bericht geht zurück. „An die Feste hochgelahrte, auch hochweise besonders groß und hochgeehrte Herren und Freunde."

Ein abermaliges Verhör der kleinen Ursula findet am 9. März statt im Beisein a) Dr. Moritz von Günderrode avi, b) Adam Ulrich von Steinau, comite matertera Frau von Günderrode.

Die Kleine bezüchtigt Margaretha der Verführung. Diese läugnet Alles. Die Elisabeth verlegt die Verführung auf die Wiese. Eine Engelsgestalt sei dagewesen, habe mit einer Art Nadel ihr den Finger geritzt und mit ihrem Blut den Namen auf ein Brettlein schreiben lassen, gesagt, nun würde sie in den Himmel kommen und die Englein sehen, wär auch getauft worden. Conven te und Tanz seien in einem prächtigen Hause gewesen, Alle in herrlichen Kleidern, in Gold und Silber. Eva Ursula ein Koller angehabt, aus goldenen Geschirren gegessen und getrunken. Margaretha dabei gewesen, auch Spielleute, wie bei einer Hochzeit. Habe Schaden zufügen sollen ihrer Frauen, aber nicht gewollt, der böse Feind sie geschlagen. Da habe sie ihrem Herrn, der sie hart angelassen, die Sache offenbart. Darauf sei der böse Feind ihr erschienen, habe sie mit einem Messer bedroht, aber zwei Engel sind ihr erschienen und haben ihr gesagt: „nun siehst du, wie du bist betrogen; es solle beten: dreimal, Hilf, Hilf, Hilf in Angst und Noth."

Der Rath hatte sich am 24. März an die Juristen-Fakultät zu Gießen gewandt mit der Anfrage, ob die Indicia gegen Margaretha Rumelin genügend seien zur Tortur. Am 7. April über ihre Missethaten befragt, versichert sie ihre Unschuld bei Gott und dem jüngsten Gerichte. Hierauf erster Grad der Tortur. Ueber elf vorgehaltene Fragen antwortete sie durchaus mit nein. Zeugen, über ihren Leumund befragt, schildern sie als zornig und bitterbös gegen ihr eigenes Kind. Am 7. April klagt von Steinau seinem Anwalt Dr. J. Hössel über den schlechten Fortgang und mögliche Loslassung der Inhaftirten. Abermals ging ein Gesuch am 10. April an die Juristen-Fakultät in Jena mit der Anfrage, ob zur Erkenntniß der Tortur die Indicia contra Inquisitin genügend sein mögen. Gießen antwortete am 29. Mai: quoad torturam indicia sufficientia, quia 2 puellae licet impuberes, unius testis legitimi vicem possunt replere. Von Würzburg sei zu begehren, das Mädchen Dorothea in eodem articulo zu examiniren und den Amtmann zu Veitsburg zu bewegen, die Margaretha Gleichmann mindestens zur Confrontation zu sistiren. Dann sei die Aussage der zwei Mädchen bezüglich des Ortes variirend. Im April war die Antwort von Jena eingetroffen. Auch hier nähere Erkundigung über das vierte Mädchen, Dorothea Althäuser einzuziehen, betreffs der Inquisitin zu vernehmen und zu confrontiren. Dem dritten Mädchen, Margaretha Gleichmann, im Beisein des Pfarrers ernstlich und beweglich zuzureden, welches bisher Alles in Abrede gestellt hatte, damit sie Gott die Ehre gebe und Alles frei heraus sage. Eva Ursula, von Steinau's Töchterlein, solle den Geistlichen zur Unterweisung und Ermahnung zur wahren Buße übergeben werden. Dieser Proceß zog sich weiterhin in die Länge, weil die würzburgische Regierung und der Amtmann von Werneck erst die Auslieferung der Margaretha Rummel verlangten, weil das Vergehen auf würzburgischem Territorio verübt sei, im anderen Falle würden sie betreffs der Dorothea und Margaretha Gleichmann nichts thun. Daher ging eine Gesandtschaft nach Würzburg, bestehend aus zwei Juristen. Sie wurden sehr kalt aufgenommen, und gelang es ihnen mit schwerer Mühe, ein leidiges Abkommen zu treffen, doch nicht zur Befriedigung des Herrn Junkers von Steinau, welcher unter'm 15. Mai ein lamentables Schreiben einschickte, die mangelhafte Satisfaktion beklagend.

Gleichzeitig liefen noch einige andere Untersuchungen nebenher, so den 20. März gegen drei Knaben, der eine von neun, der andere von eilf und der dritte von zehn Jahren. Sie können weder ordentlich beten, noch die zehn Gebote sagen. Am 21. März ist eine Untersuchung in Zaubereisachen gegen zwei städtische Hirtenfamilien, Schweinhirt und Kuhhirt. Der Schweinhirt ist jämmerlich krank im Leibe, sieht Nachts Gestalten, die ihm den Tod ankündigen. Dr. Schmidt erklärte, das sei keine natürliche Krankheit; ebenso der Feldscherer, der ihm zu Ader läßt. Die Frau des Oberhirten hatte er in Verdacht; er läßt sie kommen, zahlt ihr einen Reichsthaler und bittet sie um Hülfe. Ihm geht es darauf wieder besser; aber die Oberhirtin hat beim Weggehen den Stall betreten, und beim Verlassen ist sein Gaislein krank und verendet in selbiger Nacht. Die Sauhirtin gibt nun ihr Urtheil dahin, ihrem Mann habe sie geholfen, ihr Gaislein aber getödtet. Am selben Tage werden wieder sechs Kinder, Knaben, ins Verhör genommen zwischen fünf und dreizehn Jahren. Sie sagen aus, der „Weißkopf" habe sie das schwarze Vaterunser beten lehren wollen, welcher dieses von einem Mann aus dem Oberland gelernt haben wollte. Dann hieß es, er habe es vom bösen Feind gelernt, welcher wie ein Wolf erschienen mit schwarzem Gesicht, und dieser habe den Weißkopf getauft, so daß er pitschnaß gewesen. So oft man das schwarze Vaterunser bete, finde man einen Thaler.

Aus dem Jahre 1697 wird eine Untersuchung eröffnet am 6. Oktober gegen die Wittwe des Christian Jäger, angeklagt wegen Hexerei. Eine Person, Ditmarin, hatte am Fieber bei ihr krank gelegen. Drei Mittel hatte Jägerin dagegen gebraucht. Erstens gab sie ihr Wasser mit Unschlitt

zu trinken; gefragt wozu, erfolgt die Antwort, damit die Patientin sich
übergebe und das Fieber aufhöre; zweitens ein Nachbar empfiehlt ihr,
einen Mehlsack zu nehmen und die Patientin drei Mal hineinzustecken.
Beim zweiten Mal weigert sich die Kranke, weil sie im Sack sich nicht
regen konnte und blos der Kopf herausschaute. Drittens 77 Erbsen.
Mittags 12 Uhr habe Patientin ihr W . . . . darüber lassen müssen,
dann 24 Stunden stehen gelassen um hierauf in den Rauchfang zu
hängen. Alsdann müsse das Fieber weichen. Noch wurde eine Anklage
gegen Jägerin erhoben, weil sie einer Nachbarin sechsjähriges Kind an den
Tisch gebunden und mit ihrem Kleid bedeckt habe. Seit dem Tage wäre
das Kind albern und aberwitzig gewesen.

Im Jahre 1671 beschäftigt die Marg. Freiling im Seelhaus das
Criminalgericht zu Schweinfurt. Der Seelvater macht die Anzeige, daß
sie zwei Mal das heilige Abendmahl empfangen und wieder von sich
gegeben habe. Herr J. von Berg und Casp. Luchard sind Zeugen hier-
für. Die Margaretha F. wollte erst läugnen; dann bekannte sie es mit
dem Zusatze, sie habe sich übergeben, damit sie Ruhe hätte, der Teufel
wolle es so haben. Sie habe zwei Dinger[1]) im Leibe, der Teufel
verhänge es also, sie sei ein unwürdiger Gast gewesen. Ihre Sünden
seien so groß, daß sie ihr nicht vergeben werden könnten. Der Seelvater fragt, warum sie sich aber in der Kirch so andächtig stelle, als ob
sie die heiligste wäre, antwortet sie, der Teufel wolle es so haben.

Zehn Zeugen kommen zum Verhör; eine Zeugin deponirt, Beklagte
habe gesagt, zwei Alrunnen seien in ihr. Auch wird das gegen sie bezeugt, daß sie oft während dem Gebete geschlafen. In ihrem eigenen
Verhöre bekennt sie alles Mögliche: sie sei Hexe, mit dem Teufel gebuhlt schon als Kind, Kinder umgebracht rc. In vielen Aussagen in-
deß variirt sie. Sie kommt 16. Januar zur Territion, bekennt nun,
daß sie sechs Menschen getödtet, die sechs Werke des Satans vollbracht
habe, aber Alles so durcheinander, daß sie selbst meint, bin ich denn
irr geworden? Am 30. Januar besucht sie Herr Hammig, der Geistliche,

---

1) Diese Vorstellung von teuflischen resp. zauberischen Dingern, die „guten
Dinger" oder Holdichen genannt, ist in Norddeutschland zu Hause. Sie
sind zum Qualen derer bestimmt, welchen sie beigebracht werden. Man kann sie
zubringen und abtreiben. An Farbe sind sie verschieden, wie an Wirkungen;
sehen bald aus wie Würmer, dann wie Raupen, Mücken, Strohhälmchen rc.
Sie werden im Topf aufbewahrt unter Hollundersträuchen. Der Teufel spielt auch
dort eine ganz andere Rolle; er bringt den Frauen, was sie verlangen: Butter,
Milch, Eier rc. —; jede Umarmung bezahlt er baar; man kann ihn abtreten,
verschenken, ihrer 2 bis 3 haben rc. Voigt, 10—150. Horst, Daemonomagie
II. 259; noch 1787 kommen die Elben, die bösen verzehrenden Dinger vor.

im Gefängniß. Das Credo konnte sie beten. Von den zehn Geboten
nur die drei ersten; während er mit ihr betet, schläft sie ein, und kann
er sie nicht wach kriegen. In der vorigen Nacht sei ein großes Gepolter
gehört worden. Als er gefragt, was das gewesen, erhielt er zur Antwort, der böse Feind sei dagewesen, habe aber nichts gemacht. Man
schreitet jetzt zur Tortur, bei der sie anfänglich Alles leugnet; darauf
aber wieder bekennt sie alle möglichen Schandthaten vor 4, 24 und 30
Jahren. Dr. Körfel gibt ein Gutachten ab, sie sei nicht weiter zu torquiren, sondern, weil sie bekannt, als schuldig zu verurtheilen. Auch das
sei ein Indicium, daß sie beim Besuch des Geistlichen eingeschlafen. Ein
J. H. Segnitz gibt ein Gutachten von sechs Seiten mit der Folgerung,
sie könne noch die Tortur vertragen (70 Jahre alt), mithin nochmals zu
torquiren. Es wurden 15 Fragen zu Papier gebracht, über welche sie
auf der Tortur zu befragen sei. Jedenfalls ist sie hingerichtet worden,
wiewohl die Acten dies nicht hervorheben.

Endlich entspann sich noch ein Hexen-Proceß im Jahre 1714, bei
welchem Diebstahl und Zauberei zusammen wirkten. Als Angeklagte
erscheint der Nabler Luck und seine Frau. Letztere wurde als Zauberin
verschrieen, namentlich war auf dem Marktschiff von Haßfurt nach
Schweinfurt von den Weibern erzählt worden, daß ein vierzehnjähriger
Knabe, Nicolaus Rickert, einen großen Drachen gesehen habe[1]), der
auf Luckens Speicher geflogen; Größe und Gestalt beschreibt er genau.
Die Indicien mehren sich, eine Magd mit Nachbarskind sind Abends am
Brunnen gewesen, um Wasser zu holen; obwohl Mondschein gewesen,
hätten sie auf einmal ganz feurig hell gesehen, daß sie vor Schreck fort
gelaufen.

Die Luckin war nach Erlegung einer Caution frei gelassen worden,
auf das Gutachten der Universität Jena hin 1718. Die Fakultät hatte dem
Rath empfohlen, in der Sache behutsam zu sein. Sie wollten sich nicht
opiniones singulares obtrudiren lassen, z. B. a) daß Christus vom
Geiste in die Wüste geführt und versucht worden, sei nur ein Traum
gewesen, b) concubitus sei weder von Christus noch von den Aposteln
prohibirt worden. Fischer, welcher gegen Luck geklagt hatte, hatte sich an
die Universität Halle um ein Gutachten gewendet. Man kann in dem
Bescheid der Universität Jena schon den Umschwung der öffentlichen Mei-

---

1) Auch der „Drache" ist bei norddeutschen Hexen zu Hause. Einen ähnlichen Proceß brachte Voigt, Gemein. Abhdl. S. 154 u. 155 nach der Aussage
des Bürgermeisters Lüber von Quedlinburg!!! Der Superintendent Dr. Mengering zu Halle lehrt, „daß der Böse in Gestalt fliegender Drachen sich zu seinen Hexen zu begeben pflege." Inform. consc. ev. 291.

nung bemerken. Das Auftreten von Thomasius hatte daselbst in den
Köpfen gewaltig aufgeräumt, und war schon die Gefahr nicht mehr ferne,
aus einem Extrem in das andere zu fallen, nämlich vom Aberglauben
in den Unglauben. Auch die Wahrnehmung muß sich jedem Unbefangenen aufdrängen, daß in der freien Reichsstadt Schweinfurt es sehr
lange gedauert hat, bis Bildung, Humanität und wahre Rechtspflege
Aufnahme in der Bürgerschaft fanden [1]).

Achtes Kapitel.

Die freie Reichsstadt Eßlingen.

Ueber Hexenprocesse der ehemals reichsstädtischen, jetzt württembergischen Stadt Eßlingen mit 10,000 protestantischen Einwohnern
hat Dr. O. Pfaff in der Zeitschrift für deutsche Culturgeschichte [2]) ausführliche Mittheilung gemacht. Soldan-Heppe schenkt diesen Mittheilungen
seine Aufmerksamkeit. Er beruft sich auf die Berichterstattung Pfaffs über
die zu Eßlingen vorgekommenen Hexenprocesse, um den Beweis zu liefern,
daß die protestantische Geistlichkeit in unzähligen Fällen der Verhafteten
sich angenommen, auf eine humanere Behandlung hingewirkt, die Nichtigkeit der gegen die Angeklagten vorgebrachten Indicien und Zeugenaus-
sage nachgewiesen und überhaupt der Hexenverfolgung entgegen gearbeitet habe [3]). Ein Blick auf die genannten Veröffentlichungen wird den
Leser vom Gegentheil überzeugen. Aus der Einleitung heben wir folgende Stelle hervor: „Merkwürdiger Weise ist dieser (Hexen-) Proceß
nicht die Ausgeburt jener Jahrhunderte, die man gewöhnlich für die
finsteren des Mittelalters hielt, sondern seine Entstehung und Ausbildung
fällt gerade in die Zeiten, in welchen das neue Licht der Aufklärung
die frühere Geistesnacht zu durchbrechen begann, und weder die allge-

---

1) Chr. Thomasius hat unter dem Titel: „Thomasische Gedanken und
Erinnerungen an allerlei gemischte philosophische und juristische Händel" in Halle
und Magdeburg 1728 vorstehenden Proceß mit der Aufschrift der Oeffentlichkeit
übergeben: „Ein ganz ungegründeter, bisher unbekannter Hexen-Proceß und
und daraus entstandener Collission zweier collegiorum juridicorum." S. 391—668.
Die beiden Collegien sind die juristischen Fakultäten zu Halle und Jena. Die Namen
sind hier, wie üblich, aus Discretion verändert. Wir dürfen diese Indiscretion
uns gestatten.
2) Jahrgang I, 1856, S. 253, 289, 347.
3) Soldan-Heppe, Bd. I, S. 231.

meiner sich verbreitende Bildung, noch die Reformation vermochten diese Schande der Menschheit zu beseitigen. Fragen wir nach der Ursache hiervon, so ersehen wir, daß es die innige Verbindung tief eingewurzelter Vorurtheile und abergläubischer Meinungen mit geistlichem Fanatismus und einer barbarischen Jurisprudenz war, welche die Hexenprocesse so lange aufrecht erhielten[1])." Pfaff macht begreiflicher Weise als Protestant die Bulle Innocenz VIII. für die Entstehung der Hexenprocesse verantwortlich. Wenn er aber den Hexenhammer in späteren Zeiten „die Hauptrichtschnur für alle Hexenrichter" sein läßt, so muß dieses als irrig bezeichnet werden. In den Processakten des 16. u. 17. Jahrhunderts berufen sich die Schöffenstühle und Richter und juristischen Fakultäten auf alle möglichen Auktoritäten, nur nicht auf den Hexenhammer; wohl wird in wissenschaftlichen Abhandlungen seitens der Theologen und Juristen über diesen Gegenstand nicht selten auf den Hexenhammer hingewiesen. Die Eßlinger Processe beginnen 1562. Graf Ulrich von Helfenstein, im Schloß zu Wiesensteig, hatte 20 Weiber wegen Verdachts der Hexerei einthürmen lassen[2]).

Der Oberpfarrer Thomas Naogeorgus fand die Angelegenheit für so wichtig, daß er mehrere Sonntage nacheinander über die „Unholden" und ihre verderbliche Wirksamkeit predigte. Als vollends ein furchtbares Hagelwetter die Gegend von Eßlingen und Stuttgart auf 18 Meilen im Umkreis gänzlich verheerte, erklärten auch seine Amtsgenossen in Uebereinstimmung mit ihm, dasselbe sei ein Werk der Hexen und brachten dadurch eine so große Aufregung hervor, daß ihnen der Rath am 18. August 1562 ernstlich befahl, sie sollten der Sache gemäß und nicht so predigen, wie neulich mit dem Hagelwetter geschehen sei, damit sie den gemeinen Mann nicht also verbitterten. Im August 1562 wurden zwei Weiber, Barbara Schauer und Bertha Buhl eingezogen. Erstere richtete ihren Zorn in erster Linie gegen den Oberpfarrer Naogeorgus, diesen „Bösewicht", dem sie nie Uebles, sondern stets nur Gutes gethan habe, und der nun wie ein Dieb über sie lüge. Beide Personen aber entfalteten eine außergewöhnliche Standhaftigkeit. So wurde am 25. August die Schauer am Vormittage vier Mal gefoltert, obwohl sie in flehentlichsten Worten um Schonung bat wegen ihres Alters, und da sie schon so gelähmt sei, daß sie weder essen noch trinken könne. Trotz der schrecklichsten Folterqualen ließ sie nicht nach, ihre Unschuld zu betheuern; allein am Nachmittage mußte sie hören, man werde nicht von ihr lassen,

---

1) Zeitschr. für b. Culturg. S. 263.
2) A. De Haen in seinem Buche: „Ueber die Magie" 1775 erwähnt eine bezauberte Margaretha Ulmer vor 1561.

bis sie die Wahrheit bekannt habe. Der Pfarrer Martin Severus wurde veranlaßt, ihr zuzusprechen und ihr das Bekenntniß des Hans Schwarz vorzuhalten, daß er den Teufel in i h r e m Garten in Mannsgestalt gesehen habe. Sie wurde wiederum zwei Mal gefoltert. Dasselbe widerfuhr der Bertha Buhl. Am 1. September zog man Lucia Zeh wegen Verdachts der Hexerei gefänglich ein. Auf dem Wege zum Thurm äußerte sie, „warum zieht man nicht auch die reichen Weiber ein?“ Sie wurde z w e i M a l s c h a r f gefoltert, ohne zu gestehen. Am 9. September wurde sie durch den Nachrichter von Stuttgart zwei Mal wiederum so gefoltert, „daß sie sich grausam übel gehabt und jämmerlich geschrieen habe.“ Wegen des nicht Weinen Könnens gefragt, erklärte sie, sie habe in den letzten Tagen genug geweint. Von den beiden Mitgefangenen wurde Schauer an einem Tage wiederum z w e i, die Buhl v i e r M a l gefoltert, ohne zu gestehen. Deßhalb wurden am 18. September die zwei Geistlichen Naogeorgus und Martin Severus zu diesen Gefangenen geschickt, denen sie auch ernstlich zusprachen, aber ohne den gehofften Erfolg. Denn alle waren gottergeben.

Statt nun die armen zu Tod gequälten Frauen zu entlassen, machte man einen dritten Versuch, ein Geständniß zu erpressen, indem der Rath im Oktober 1563 den im Rufe großer Geschicklichkeit stehenden Nachrichter von Ehingen kommen ließ. Allein auch dieser, obgleich er „mit den Weibern in aller Strenge handelte, und auch andere Mittel anwandte“, konnte nichts ausrichten, und er erklärte „er wisse weitere Handlung nicht vorzunehmen“. Darauf schlug endlich diesen drei Gefangenen die Stunde der Befreiung. Am 16. September mußten sie die Urphede beschwören und wurden entlassen. Gegen diesen Schritt des Rathes protestirte nicht blos Ulrich von Helfenstein, sondern auch der Oberpfarrer Naogeorgus erhob das größte Geschrei über das Freigeben „dieser Unholdinen“, und that sie förmlich in den Bann. Es entstand im Rath ein großer Zwiespalt wegen dieses Falles. Denn Naogeorgus hatte sogar die Sache auf die Kanzel gebracht. Derselbe wurde daher vor den Rath citirt, „weil er die Bürgerschaft gegen den Rath verbittert habe“. Er vertheidigte sich scharf, wurde aber mit der Androhung entlassen, „man werde ihn absetzen, wenn er fortfahre in seinen Predigten Zwietracht und Unruhe zu erregen.“ Die angedrohte Entlassung erfolgte in Wirklichkeit, als auch die württembergische Regierung ihn der Ketzerei beschuldigte. Am 15. Januar wurde die Barbara Wagenhaus wegen Hexerei eingezogen, die vom 15. bis 30. Januar 1563, neun Verhöre zu bestehen hatte, wobei auch f l e i ß i g die Folter angewendet wurde. Besonders erstreckte sich die Frage auf die Nennung ihrer Gespielinnen, deren sie einige bezeichnete, widerrief jedoch bald diese Aussage als Lüge, weil durch Marter erzwungen. Sie wurde am 3. Februar zum Feuer- tode verurtheilt. Zuvor jedoch wird sie noch d r e i M a l gefoltert wegen ihrer „Gespielinnen"; allein vergeblich. Deßhalb wird sie am 11. Februar im Beisein von 2 Predigern zum Tod geführt. Nochmals widerruft sie alle Aussagen als falsch. Sie habe nur geglaubt, sich dadurch vor aller Marter und dem Tode zu retten. Besser erging es der Barbara Schrott. Sie war von der Wagenhaus zuerst als „Gespielin" genannt und des- halb eingezogen worden. Am 19. Januar wurde sie zwei Mal aufge- zogen. Trotzdem die Wagenhaus ihre Denunciation zurückgenommen hatte, wurde die Schrott am 22. Januar z w e i M a l gefoltert, ohne sich schuldig zu bekennen. Nachdem auch der Pfarrer Severus durch seine Ermahnung, die Wahrheit zu bekennen, nichts ausrichtete, wurde sie entlassen.

In Sachen der Walburga Hoppenhans, am 14. Juli 1596 ver- haftet, welche trotz mehrfacher Folter kein Geständniß ablegte, wandte sich der Rath nach Nördlingen mit der Anfrage, wie man dort mit der- artigen Personen verfahre. Die Antwort beschreibt die übliche Procedur bezüglich des Einziehens, des Verhörs und der peinlichen Frag. „Durch die Folter, versichert der Rath, sonderlich durch die Schrauben habe Gott schon mehrmals die Gnade gegeben, daß, wenn auch nicht das erstemal, doch zuletzt die Wahrheit herausgekommen sei." Dem Schreiben war ein Gutachten Dr. Röddinger beigelegt, eines erfahrenen Mannes in Hexen- sachen. Dieser schreibt, daß „die Hauptursachen, warum sich die Weibs- personen so oft dem Teufel ergeben, sind Armuth, betrübtes Hauskreuz, übermäßiger Geiz, verbitterte Rachgier, unziemliche freche Liebe, fleisch- liche Begierden und Fürwitz. Ein besonderes Kennzeichen einer Hexe ist, daß sie beim Hersagen des Vater unsers an der 6. und 7. Bitte anstößt und nicht genau aus- oder nachbetet." Die in das Gefängniß geschickten Geistlichen gaben der Hoppenhans ein gutes Zeugniß in der Religion. Sie wurde daher entlassen. In der Untersuchungssache gegen Marga- retha Harscher und Katharina Lutz wurde Dr. Fleiner, ein bedeutender Jurist, um Gutachten angegangen, demgemäß die erstere als sehr ver- dächtig bezeichnet wird. Am 10. August wird Harscher verhört, welche unter vielen Thränen ihre Unschuld betheuert. Der Pfarrer Veihingen, als Zeuge vernommen, weiß wenig zu berichten. Eine Confrontation bleibt leider ebenfalls erfolglos; denn die Harscher leugnet, und die Lutz bleibt bei ihrer Aussage. Die Geistlichkeit empfängt darauf die Alten. Diese machten den Vorschlag, die Harscher zu entlassen unter der Be- dingung, daß sie nur bei hellem Tage ausgehen, die Gemarkung nicht verlassen, die Leute nicht in ihren Häusern überlaufen, antasten, streichen oder klopfen dürfte bei strengster Strafe. Diesem Gutachten gemäß wurde

eine Urphede verfaßt, von der Angeklagten beschworen, und diese alsbann
entlassen. Zwei Jahre später, bei Gelegenheit der Kirchenvisitation, wird
wiederum gegen die Harscher geklagt, als sei sie verdächtig. Dr. Fleiner,
wiederum consultirt, will die Meinung nicht negiren, als sei sie vom
Teufel regiert. Sie wird eingezogen und bald wieder entlassen. Weiter
gepflogene Untersuchungen erneuerten jedoch den alten Verdacht. Sie wird
zum dritten Mal eingethürmt, von den Geistlichen besucht, welche ihr ein
gutes Zeugniß geben.

Dem schloß sich auch Dr. Fleiner an, daß sie weder ausgewiesen noch
torquirt werden dürfe, und so wurde sie auf Grund ihrer ersten Urphede
wieder entlassen. Das arme Weib hatte aber keine Ruhe. Im Jahre 1672
wird sie auf Antrag Dr. Fleiner's wegen erneutem bösen Geschrei zur
peinlichen Frag verurtheilt, trotz der heftigsten Folter betheuert sie ihre
Unschuld und wird auch diesmal entlassen.

Die im 30jährigen Kriege eingerissene Sitten- und Ruchlosigkeit
hat auch ihre Spuren in den Hexenprocessen hinterlassen. Ein Hans
Wild, Schneider, ist ein gottlos und wilder Mensch, mißbraucht selbst
seine Stieftöchter, ist schandbar in Reden und Thaten, ein arger Fresser
und Säufer, der im Rausche wie ein wildes Schwein drein fährt. In
einem solchen Rausche, 15. Januar 1630, gibt er an, er habe den
Teufel gesehen und will sich hängen. Er wird deshalb verhört in Gegenwart des Pfarrers, des Schultheißen und zweier Richter. Er leugnete,
mit dem Teufel zu thun zu haben; jedoch mit der Folter bedroht, gestand er mit dem Teufel verkehrt zu haben. Am 6. Februar widerrief
er jedoch das zweimal Bekannte; er habe es aus Furcht vor der Folter
gestanden. Als er auf seinem Widerrufe bestand, schickte man einen
Geistlichen zu ihm, der ihn „ernstlich und beweglich erinnerte, die Wahrheit anzuzeigen, Gott dem Allmächtigen die Ehre zu geben, sein Gewissen
zu reinigen und seine Seligkeit zu betrachten." Diese Mahnung ver-
fehlte ihre Wirkung nicht. Er bestätigte das früher Bekannte von
Neuem und vermehrte es noch mit Zusätzen, wurde am 17. Februar zum
Tode durch das Schwert und Verbrennung der Leiche verurtheilt.

Ein großer Hexenproceß, in welchem eine beträchtliche Anzahl von
Personen verwickelt war, spielte in den Jahren 1662—65. Dr Pfaff
leitet ihn her aus den traurigen Folgen des 30jährigen Krieges. Nach
ihm herrschten Unwissenheit und Aberglauben unter allen Ständen, ver-
bunden mit größter Sittenlosigkeit und selbst den unnatürlichsten Lastern.
Daraus entsprang eine ebenso große Gottlosigkeit, welche im Verein mit
Aberglauben und Sittenlosigkeit die traurigsten Folgen hervorbrachte.
„Nie zuvor und nachher wimmelte es überall so sehr von
Unholden beiderlei Geschlechts, als gerade zu Anfang der

zweiten Hälfte des 17. Jahrhunderts; nie zuvor und
nachher waren die Hexenprocesse so zahlreich als damals[1])."

Dem Spital zu Eßlingen unterstanden mehrere Ortschaften, z. B.
Möhringen und Weihingen. In diesen Orten wurden auch bei Kirchen-
visitationen fleißig nach Hexen geforscht. Die der Zauberei Verdächtigen
wurden durch die Inquisitoren ohne Ausnahme nach ihren Complicen
gefragt, und nöthigenfalls die Folter bis zum Geständniß angewendet.
Die Verhafteten wurden so zahlreich, daß die Gefängnisse nicht mehr
ausreichten, so daß das leer stehende Augustinerkloster in ein neues verwandelt werden mußte. Die Zahl der Gefängnißwärter wurde daher
um 20 Thorhüter vermehrt. December 1662 schickte die Geistlichkeit von
Eßlingen den Entwurf eines Neujahrsgebetes wider die Hexen und Unholden an den Rath, der ihn zurückwies, weil es ihm bedenklich erschien,
ein solches Gebet öffentlich verlesen zu lassen. Bei dem Verlaufe dieser
Processe nahmen die Inquisitoren weder auf den Verstand noch auf den
sittlichen Gehalt der Angeber Rücksicht; selbst die Aussagen anerkannt
schlechter Subjecte galten bei ihnen mehr, als die Zeugnisse unbescholtener
und obrigkeitlicher Personen. Sogar auf Aussage von zehn- und zwölfjähriger Kinder hin wurden mehrere Leute verhaftet. Den Angeklagten
band man, um Geständnisse zu erpressen, Steine von 30, 50 und 100
Pfund an die Füße. Ein Angeklagter, Joh. Elsässer, bekannte, wie der
Pfarrer Schultheiß und die Zuchtherrn berichteten, vor ihnen, schon als
Schulknabe sei er im Hexenwerk unterrichtet worden. Der erste Inquirent,
Advokat Daniel Hauf, welcher alle Angeklagten schon unverhört als schuldig betrachtete und demgemäß handelte, starb 1665. In seiner Leichenrede hob der Prediger hervor „mit welchem Fleiß und Eifer Tag und
Nacht der Verlebte auf die Ausrottung der teuflischen Zauberei sich verwendet, selbst mit Hintenansetzung seiner Gesundheit und der Fürsorge
für seine zahlreiche Familie". Er starb 37 Jahre alt. Das Richterper-
sonal lebte in beständiger Furcht vor den magischen Künsten der Zauberer.
Als Georg Schöffel ins Verhör nach Eßlingen gebracht wurde, wollte
dieser den Inquisitoren die Hand reichen. Dies wurde jedoch nicht ge-
duldet aus Furcht, er möchte sie dadurch bezaubern, daß sie die Wahrheit nicht aus ihm herausbringen könnten. Superintendent Weinheimer
war zu der Angeklagten Katharina Ebermains geschickt worden und

---

1) Diese unleugbare Thatsache macht wohl alle Tiraden über Hexenhammer
und Bulle Innocenz VIII. zu Schanden, als ob diese die Schuld an den Hexenprocessen in Deutschland trügen, wie Horst und Heppe im Widerspruche mit sich
selbst glauben machen wollen.

„sprach mit ihr schärfer, als er je einem Menschen zugesprochen"; sie aber
blieb ruhig, sprach ihm nach, ich widersage dem Teufel, und betete eifrig.
Als sie ihn mit aufgehobenen Händen fragte: Herr Pfarrer, warum
haltet ihr mich denn für eine Hexe? so wußte er keinen vernünftigeren
Grund dafür anzugeben, als das Gerücht; ihre, ihm beim Abschied
gebotene Hand schlug er aus mit den Worten: Ich gebe keiner Un-
holdin die Hand!

Beim nächsten Verhör wurde sie stark von Mücken geplagt, welches
sie durch Kopfschütteln abwehrte. Daraus schlossen die Richter, der
Mückenkönig Beelzebub lasse ihr keine Ruhe. Als sie dazu schwieg,
wurde es ihr als Schuldbewußtsein ausgelegt. Wie Vorgenannte, wurde
auch ihre Schwester Margaretha entsetzlich gefoltert. Sie betheuerte bei
Gott und ihrem Gewissen, daß man sie zwinge auf sich zu lügen. Der
71 Jahre alte Hans Harsch, gewöhnlich Hansenhans genannt, wird auf
die Anzeige hin verhaftet, er sei, als der Pfarrer von Unholden predigte,
aus der Kirche herausgelaufen und habe sich hängen wollen. Man ging
so weit, ihm durch Anhängen von 2 Centnersteinen und Anlegen von
Daumschrauben zu Geständnissen zu bringen, die er gleich nachher widerrief. Später gestand er, seine Gattin und seine zwei Kinder umgebracht,
mit seiner Tochter Anna Maria als Kind Blutschande getrieben zu
haben, welches das jetzt 15 jährige Mädchen bestätigt. Die 43 jährige
Gohlanna wird vom 20. bis 27. November elf Mal verhört über Char-
freitagskinder, Wechselbälge, Mondkälber, Kielkröpfe u. s. w., welches sie
wohl verneinte, aber vieles andere zugestand. Sie wurde geistig so gepeinigt, daß sie zuletzt um Gottes Willen bat, man solle ein Ende
machen, denn länger könne sie es nicht aushalten. Noch werden einige
Personen genannt, welchen man Centnersteine beim Aufziehen an die
Füße band nebst Anlegung der spanischen Stiefeln. Von den Verurtheilten wurden verschiedene auf dem Wege zum Hochgericht mit glühenden
Zangen an Brust und Armen zweimal gezwickt. Wenn, wie es sich er-
eignete, das in einem Säckchen angehängte Pulver nicht explodirte, er-
kannten darin „geistliche und weltliche" Zuschauer Gottes gerechte Strafe
wegen mangelhafter Buße und Reue. Der Tübinger Kaplan Tobias Wagner,
welcher 21 Jahre lang Prediger in Eßlingen gewesen, ermahnte den
Rath, daß er die Verbrecher nicht zum Feuertode, sondern nur zu Enthauptung verurtheile; denn solche Leute würden meist schon in früher
Jugend verführt und hätten dann keinen freien Willen mehr, sondern
hingen allein vom Teufel ab. Die von Dr. Pfaff in diesem großen
Hexenproceß mitgetheilten Namen von Inquisiten erreichen die Zahl von
ungefähr 70, worin aber nicht alle jene einbegriffen sind, welche in den
3 Jahren in Untersuchung wegen Zauberei gestanden haben. Die Zahl

der nicht Genannten mag noch größer sein, als die hier namhaft Ge=
machten. Bei mehreren Fällen wurde wiederholt Gutachten begehrt von
der Juristen=Fakultät zu Tübingen und Straßburg, wobei der Unter=
schied in den Anschauungen dieser Korporationen darin hervortrat, daß
die Tübinger milder, die Straßburger strenger zu entscheiden pflegten.

Neuntes Kapitel.

Die Landgrafschaft Homburg-Bingenheim.

Die Gründung dieser Seitenlinie von Hessen-Homburg erfolgte 1638
unter Landgraf Christoph. Ihm succedirte 1650 sein Sohn Wilhelm
Christoph, welcher in Bingenheim residirte. Es wurde diese Grafschaft
gebildet aus circa zwölf Ortschaften, worunter Echzell besonders zu er=
wähnen ist. Im zweiten Jahr der Regierung dieses Prinzen begannen auch
schon die Hexenprocesse. Nach den vorliegenden Acten[1]) zeichnen sich die=
selben dadurch besonders aus: 1) daß die Processe begonnen wurden auf
Anklagen zweier Schöffen; 2) daß die protestantischen Pfarrer zur Ver=
handlung hingezogen wurden und die Aufgabe hatten, die Beklagten zum
Geständnisse zu überreden; 3) daß in diesen Acten der vielleicht einzige
Fall vorkommt, in welchem Juden als Zauberer denuncirt werden.

Am 15. Mai 1652 wird in Gegenwart des Fürsten, zweier
Juristen und des Pfarrers der Proceß eröffnet gegen Johann Wildeisen's
Frau, genannt „Schmed=Anna", die 90jährige Gänsehirtin[2]). „Ist von
drei Mädchen und dem Saububen als Hexe angezeigt und habe sie selbst
in der Zauberei unterrichtet. N. B. Die Kinder hatten gebadet; die
Gänsehirtin war dazu gekommen; der Sauhirte habe mit der Juliana Böses
gethan. Die Gänsehirtin habe die Spuren durch Waschen beseitigt." Die
Alte läugnet entschieden die Beschuldigung der Kinder als Hexe; aber
in der Confrontation beharren die Kinder auf ihrer Aussage »instanter.«
Nach dem Verhör bittet der Pfarrer die Delinquentin inständig, sie möge
nur freiwillig bekennen. Dieselben Kinder haben aber zweitens noch

---

1) Dieselben finden sich auf dem Stadtarchive zu Frankfurt a. Main.
2) Horst Dämonomagie II. 874 zieht denselben Proceß an, ohne jedoch seine
Genesis zu wissen, weil ihm die Acten fehlten. Nach ihm, der nur vom Hören=
sagen wußte, war die Veranlassung eine viel unbedeutendere: das unbedachte
Wort des am Ufer spielenden Knaben. Weitere Processe bei Dr. Otto Büchner,
„Gießens Vergangenheit." 1886. S. 80 ff.

Johanna Walzen Weib ebenfalls als Zauberin denuncirt. Bei der Confrontation erklären die Kinder gegenüber ihrer Läugnung, sie sei ihre Lehrmeisterin gewesen.

„Sie habe zu Hause den Teufel in einem schwarzen Glase sitzen gehabt und gerufen: Teufel komm heraus." Die Margareth sagt „in Johann Walzen Haus habe sie drei Teufel gesehen a) einen in Weibsgestalt bei ihrem Mann, b) einen in Mannsgestalt bei ihrer Tochter, c) einen bei der Verstrickten selbst. Der Sauhirte sagt, er habe sie auf den Tänzen gesehen, aber nicht gekannt. Frau Walzen wird am 15. Mai gefoltert mit dem Krebs; nun gesteht sie: Als Dienstmagd zu Seibel von ihrer Hausfrau Margaretha Holzappel durch Zaubermittel in der Speise verführt worden zu sein; diese habe es ihr angethan. Die drei verhafteten Kinder habe sie die Zauberei lehren helfen, in Schmeck Annas Haus. Das Teufelsmal trage sie auf der Brust. Am 16. Mai erklärt sie ihre Aussage in Gegenwart des Pfarrers für falsch und revocirt. „Sie sei keine Hex, habe aber H . . . . getrieben mit Reitern. Man solle die Reichen angreifen." Warum sie aber dann gestern habe bekennen wollen? Sei aus Pein geschehen. Warum aber habe sie ihr Teufelsmal angedeutet? „Sei nichts als ein Pflastermal." Warum sie dann gestern den Georg Back Sohn denuncirt? Antwort: Der Pfarrer habe auf der Kanzel davon gepredigt. Darauf der anwesende Pfarrer ihr in's Gesicht den Vorwurf der Unwahrheit schleudert; sie erklärt alsbann, er habe nichts davon gepredigt. Am 17. erschien noch die Dritte im Bunde, Margaretha Kraft von Ziegenhain, von den Kindern als „Prinzin" bezeichnet. Ueber neun Punkte wurde sie verhört; sie sei keine Hexe, aber ihr Mann und ihre Freundschaft habe sie derowegen fortjagen wollen. Um seine Liebe wieder zu gewinnen, habe sie ihm in Teufels Namen eine Muskatnuß gekauft und gebraucht, das habe sie ihrer Magd gesagt. Auf die Frage, warum sie denn gesagt, sie säße mit den Füßen in der Hölle, antwortet sie, das sei eine Redensart, wenn Einem die Füße wehe thun, zu sagen, „man sitze so weit in der Hölle." Die Julchen wird vorgeführt und sagt, heute sei der Teufel bei ihnen gewesen und gesagt, sie sollten frei lügen. Dasselbe habe er der Schmeck Anna und der „Prinzin" gesagt; die Margaretha sei ihre Lehrmeisterin gewesen. Es werden nun Letzterer die Schrauben angelegt; sie bekennt, die Schmeck Anna habe sie Zauberei gelehrt, habe Geld bekommen vom Satan, sei aber Eselsdreck gewesen; nach der Taufe habe sie mit ihm gebuhlt und ihn dann erst erkannt. Ein Mal habe er ihr in die linke Seite gemacht, indem er sie „gepitscht"; Gift und Schmier habe sie nicht von ihm angenommen, dafür aber Schläge erhalten. Am 18. Mai wird Frau Walzen Weib mit dem Krebs angegriffen. Ihre Herrin Seibel habe ihr einen Gesellen gegeben, mit welchem sie gebuhlt, habe erst dann erkannt, daß sie betrogen sei. Sie habe seit dreißig Jahren bis zur Stund dergestalt mit dem Teufel gelebt. Mit der „Prinzin" und mit Schmed Anna habe sie die Kinder das Zauberwerk gelehrt. Am 19. wird die Schmed Anna auf die Fol-ter gesetzt, der Krebs angelegt; sie läugnet aber Alles mit einer seltenen Unempfindlichkeit. Der Scharfrichter meint, es seien die Schrauben alle-mal von selbst wieder aufgesprungen, das sei ihm noch nie widerfahren; deshalb wird sie aufgezogen, bleibt aber unempfindlich, wie zuvor und wie schlafend. Indessen wird der Pfarrer mit dem Sekretair zu den zwei anderen Weibern geschickt, um sie zur Buße und Reue zu disponiren und zum Bekenntniß zu ermahnen. Er referirt darüber: Beide wollen bei ihrem Bekenntniß bleiben und bitten nur um ein Begräbniß auf dem Kirchhof; doch glaubt der Pfarrer, daß sie in etwa läugnen wollen. Darauf wird bestimmt, nach §. 57 und 91 der Carolina zu verfahren. 24. Mai. Durch den Pfarrer von Echzell hat man sie nochmals ver-mahnen lassen; die Prinzin blieb bei ihrer früheren Aussage, zeigte ihm auch unaufgefordert das Stigma am oberen Schenkel. Es werden dann im Beisein des Pfarrers die zwei anderen Weiber nochmals ver-nommen. Am 5. Juni werden die drei Kinder vor dem Pfarrer von Echzell und dem Richter auf der Kanzlei nochmals verhört. Die Jul-chen gibt an: eine Frau Banner habe aus dem Umgang mit dem Satan ein häßliches Kind mit Hörnern geboren und habe es dem Teufel gegeben mit den Worten: „Herr, Herrgott, mein Engelein, da hast du das Kind, mach damit, was du willst." Man habe es dann zerschnitten und im Miste begraben. Warum sie nicht gleich bekannt? Der Teufel hab's verboten. Die Kett sagt aus, Julchen habe dem Teufel gerufen und gesagt „du liebes Engelichen, komme zu mir, die Zeit wird mir zu lang", und hierauf sei der Teufel plötzlich am Bett gestanden. Sie baten aber zusammen, morgen (am Pfinsten) 25. Juni in Echzell in die Kirche gehen zu dürfen und wollen nicht mehr des Teufels sein. Nach dieser Zusage geben sie noch mehrere Mitschuldige an. Sie verhehlen nicht, daß auf des Teufels „Kirmes" es sehr lustig sei. Bezüglich des De-nunciations-Fiebers sei hier bemerkt, daß im gleichen Jahre der Sau-hirtenbub Konrad Pfeifer zu Bingenheim 27 Personen aus dieser Ge-meinde und 5 aus Echzell der Hexerei bezüchtigt. Ueber das Schicksal der drei Frauen berichten die Acten Nichts; doch ist sicher anzunehmen, daß sie „justificirt" worden sind. Im selben Jahre wird noch ein Proceß angestrengt gegen Margaretha Sommer; zwei Schöffen berichten über ihren Leumund; sie haben allerlei gehört über zauberische Kunst und Uebelthaten, aber nichts Bestimmtes erfahren. Darauf wird die In-haftirung beschlossen; hierauf das Verhör. Sie betheuert ihre Unschuld,

7 *

trotzdem ihr Gnade offerirt wird. Confrontirt mit Sahls Frau, zeugt Letztere gegen sie. Es folgt die Tortur mit Krebs und Daumenschrauben; nunmehr bekennt sie: sie habe Unzucht getrieben mit Hans Lahm Abends in der Scheuer; dann sei in seiner Gestalt der Teufel zu ihr gekommen und habe mit ihr gebuhlt. Sie gesteht eine Unzahl von Uebelthaten ein, darunter auch ein Kind gekocht und Schmier daraus gemacht zu haben; es habe der Anna Häuserin gehört. Die Convente der Hexen fänden statt: auf St. Georg, Walpurgis, Johanni und Jakobi, in der Woche an Freitagen.

Die Delinquentin war ausgerissen, aber wieder eingefangen worden. Gefragt „warum"?, weil sie so lang gesessen und man ihr nicht zum Tod geholfen. Ihr Schloß war aufgewesen, das die Ketten zusammenhielt. Am 26. Februar 1653 hat sie nochmals Alles bestätigt. Gleichzeitig war Elsa, Hans Sahl's Frau, eingezogen worden. Die beiden Schöffen hatten ihren bösen Leumund bestätigt und namentlich ihren Ehebruch mit dem Haubenschneider. Am 18. November war das erste Verhör. Den Ehebruch gesteht sie ein, die Zauberei läugnet sie ab. Am Nachmittag wird ihr die Tortur angesagt, nach vorausgeschickter Haarabschneidung. Wird mit Daum- und Beinschrauben angegriffen. Sie bekennt jetzt ihre Zauberkunst. Als sie damals mit dem Haubenschneider gebuhlt habe, sei der Teufel zuerst zu ihr gekommen in seiner Gestalt und habe mit ihr gebuhlt. Dann habe er seine Gestalt geändert, sich Belzebock geheißen, sie aber Rabia genannt und ein Zeichen eingedrückt, gar oft mit ihm zu thun gehabt. Gesteht, verschiedene Kindesmorde verübt zu haben durch Gift, auch das eigene Kind, und hat solche Kinder zerschneiden und kochen helfen. Auch dem Pfarrer hat sie ein Kind mit Gift umgebracht. Gibt dann noch 21 Complicen an. Gefragt, warum sie denn am 18. Januar 1653 „ausgerissen", antwortet sie, weil sie so lange zu sitzen gehabt und so voll Unrath geworden.

Im Jahre 1654 am 14. Juni wurde die Schuhmacherin Barbara Ruppin examinirt, und als sie läugnete, mit zwei Zeugen konfrontirt[1]). Endlich auch durch den Herrn Pfarrer von Bingenheim ermahnt Gott und der hohen Obrigkeit die Ehr und Gehorsam zu geben, ihre Zaubersünden und wie sie dazu gekommen, zu bekennen u. s. w.

---

1) Elf Inhaftirte hatten auf sie bekennt, darunter auch der Haubenschneider nebst den beiden Frauen Margaretha Walzin und Mrg. Printzin. In ihrem Hause sollte der Teufel das Abendmahl halten; sie selbst in einer Kutsche mit 4 schwarzen Pferden, so Katzen seien, auf die Tänze fahren. Der Fürst erließ darauf das Mandat am 12. Juli »ut Captivetur et examinetur more solito et consueto.«

Trotzdem man 2¹/₂ Stunde mit ihr so verfuhr, hat sie nichts anders geantwortet, als sie sei keine Zauberin. Wenn es also zu ginge, wäre bald kein ehrlicher Mensch mehr sicher. Gott werde ein ganzes Land strafen. Sie weiß, daß sie unter die Kinder Gottes gezählet sei, und wenn man sie auch in tausend Riemenstücke zerschneide, so werde sie doch sicher nicht sagen, daß sie eine Zauberin sei; ich weiß, daß mein Erlöser lebt u. s. w. Am Nachmittage desselben Tages werden ihr die Daumen- stöcke angelegt; nachdem sie einmal versetzt waren, bekannte sie sich als Hexe. Der Richter fragt: „Ob auch Juden dabei gewesen bei den Tänzen? Ob sie nicht auch zaubern könnten?" Sie nennt zwei Jüdinnen, welche sie dort gesehen hätte. Sie repetirt dieses auch zum anderen Male. Die Barbara Ruppin wird verurtheilt zum Verbrennen, aber schließlich vom Fürsten zum Tode durchs Schwert begnadigt. Bemerkenswerth war ihre Erklärung auf die Frage: „Ob sie auch die Tortur ausstehen wolle für die Wahrheit ihrer Aussage betreffs der Juden", worauf sie sich dahin aussprach: Das möchte sie nicht; denn der Teufel könnte sich etwa in ihre Gestalt verkleidet haben. Wer ein Kleid anhabe, das S o n n t a g s g e n ä h t sei, in dessen Gestalt könne sich der Satan verstellen.

Ein sehr trauriges Bild von Rohheit und Versunkenheit gibt die Anklage gegen Anna Beilstein vom Jahre 1659. Sie bekennt sich sofort ohne Zaubern als eine Zauberin. Sie sei vom alten Karper Secker ge- tauft worden in Teufels Namen; die alte Pfarrerin sei ihr Goth gewesen; der Teufel habe mit ihr zu thun gehabt und der alte Karp, dessen Leib- magd sie geworden. Später sei an Karpen's Stelle ein Officier getreten, Chr. Metz; sie nennt die Häuser, in welchen die Convente gehalten wur- den. Nachdem sie noch mehrere Complicen genannt, fällt sie zu Boden und führt eine Scene auf vor den Augen der Schöffen und d e s P f a r - r e r s, die aller Beschreibung spottet¹). Sie erklärt dann: „sie habe sich niederlegen müssen, wie man's denn augenscheinlich gesehen hat (!), sagt der Teufel habe copula mit ihr gehabt, und so pflege er es zu machen. Bald hat sie schon zum zweitenmal sich niedergelegt und gethan wie zuvor. Es war zu sehen, als sie sich auf die Erde niedersetzet, daß sie von Jemand gleichsam mit Gewalt vollends niedergezogen wurde, daß sie liegen müsse so lang als sie war und zwar auf der Erden!"

Am Nachmittage gibt sie 16 Zaubergenossen an; darunter auch den Juden Seeligmann, welcher ihr P f e i f f e r sei und dessen Sohn Alf

---

1) Super humum prostrata non aliter se gerit ac si cum viro copulam haberet dicens et affirmans: diabolum coitum cum ipsa exercere.« Der Protocollist setzt hinzu: Dum jacebat super humum, aquam naturali via emisit.

Simon. Bei ihren Conventen haben sie auch ihren „Prediger", Christian Becker; die letzte Predigt hat er in seinem Hause gethan und zwar über die 10 Gebote, speciell über: Du sollst Deines nächsten Weib nicht begehren. Singen auch Kirchenlieder. Am 21. Juni fügt sie über Becker noch folgendes hinzu: „Dieser als ihr Pfaff predige auf ihren Zusammenkünften: man solle die Gebote Gottes nit halten; Gottes Wort nit glauben, auch nicht, was die Prediger lehren, denen sie nit glauben müßten."

Obwohl nun Inquisitin in der Güte und freiwillig sich als Zauberin bekannt und eine Unzahl von Verbrechen gestanden hatte, nicht blos Wettermachen, Früchte verderben[1]), Viehbeschädigungen, sondern auch diverse Giftmorde an Kindern und Erwachsenen, darunter ihr eigener Mann und zwei ihrer Kinder begriffen waren; erfolgte doch der Befehl des Fürsten unterm 7. Juli 1659 sie auf die Folter zu spannen wegen ihrer Gehilfen, und zwar sie anzugreifen mit Zuschnüren und Daumstöcken.

Als sie nach ihren Complices gefragt wird, nennt sie auch Johann Beilstein. Gefragt, warum sie diesen nicht früher genannt habe, antwortet sie: „Weil er ihr Land zackert." Sie beschuldigt diesen ebenfalls seine eigene Kinder mit ihr umgebracht zu haben. Dann nennt sie noch 29 Personen aus Bingenheim und 20 aus den benachbarten Ortschaften und gibt sich schuldig mit dem Juden Seeligmann unerlaubten Umgang gepflogen zu haben.

Abermal wird dem Richter befohlen nachzuforschen, welche Kinder die Inquisitin getauft habe in Teufels Namen. Sie nennt sieben; diese seien getauft, aber noch nicht gelernt worden. Christian Metz sei ihr Pätter gewesen. Außer vielen Personen, die sie angibt als Theilnehmer bei den Taufen, nennt sie noch eine ganze „Rotte"[2]). Beim ersten Verhör hatte sie von diesen gesagt: „Sie seien keine guten Leute; sondern sie gingen alle wider Gott."

Die Acten sind hier nicht vollständig; denn es fehlt der Ausgang und das Finale der Untersuchung. Jedenfalls hat sie mit ihrem Tode die

---

1) „Die Mücken zu machen verstand sie auf folgende Manier. Sie nahm Gerste, Aehre und Haferspreu; der Teufel blies mit seinem Odem darüber; dann nahm sie diese und trug sie hinaus, wo sie fliegen gelassen wurden. Beim Raupenmachen nahm sie Weidenblätter, wickelte sie zusammen, der Teufel blies darüber und es waren Raupen.

2) Ein ganzes „Regiment" gab Elsässer 1683 zu Eßlingen an. Zeitschrift für die Culturgesch. 1856 S. 357.

vielen Missethaten bezahlt, welche sie im Leben verübt hatte. Denn,
wenn sie auch das Bekenntniß zehnfach übertrieben hätte, was sie gethan,
so blieb noch genug übrig, um mit dem Tode eine Sühne der beleidigten
Gerechtigkeit zu bieten. Sie war eine durch Ausschweifung ganz herab-
gekommene und zu jeder Unthat disponirte Person gewesen. Hätten die
Acten ihre Hinrichtung oder Justification gemeldet, unser Placet hätten
wir gerne hinzugefügt.

Zweites Buch.

Die Hexenprocesse in katholischen Gebieten.

Erstes Kapitel.

Kur-Mainz.

I.

Mainzer Gebiet.

In nächster Nähe, nur vier Stunden Main abwärts von der Stadt Wertheim, liegt das schöne Städtchen Miltenberg; da, wo der Main seine letzte Biegung macht, um im westlichen Lauf dem Rheine zuzueilen, zieren seine Thürme und stattlichen Gebäude das linke Mainufer, überragt von mit rebenbepflanzten Hügeln. Damals war Miltenberg noch die Hauptstadt des kurmainzischen Oberamtes gleichen Namens. Dieses umfaßte drei Amtskellereien und Amts-Voigteien: Miltenberg, Prozelten und Klingenberg. Wiewohl wir bereits aus dem Jahre 1591 den hervorragenden Anwalt Andreas Bopen aus Miltenberg kennen gelernt haben, welcher die vortrefflichsten Gründe gegen die Tortur und die Hexenprocesse in's Feld geführt hatte, so wurde nichtsdestoweniger seine Vaterstadt dreißig Jahre später der Schauplatz zahlreicher Processe. Bereits 1615—1617 war eine Verfolgung der Hexen in Scene gesetzt worden. Dann war eine Pause eingetreten, bis ein Obrist Johann von Gartzen sich von seinem Fürsten und Herrn beim Jahreswechsel nach Anwünschung eines glückseligen, preis- und freudenreichen, gesunden und wohlersprießlichen neuen Jahres sich die gnädige Erlaubniß erbat, eine neue Verfolgung organisiren zu dürfen. Denn es seien der Hexen noch manche übrig geblieben seit der letzten Procedur vor eilf Jahren. Dazu fordere der Himmel die Obrigkeit auf, wie das aus dem letztjährigen Mißwachs genugsam zu erkennen. Auch erfordere es die unschuldige Jugend, die ansonst zu dem abscheulichen Laster der Zauberei verführt würde. Nach erhaltener Genehmigung begann die blutige Arbeit. Es mag dieser Beamte auch die Interessen des Fiscus im Auge gehabt haben; denn mit großer Genauigkeit läßt er die Vermögensverhältnisse der Justificirten regiſtriren. Wo Kinder zurückblieben, verlangte der Fiskus ein Kindes-Antheil, wo keine waren, ſequeſtirte er das ganze. Die zweite Verfolgung erſtreckte ſich von 1626—1629. Die Zahl der Juſtificirten betrug in Miltenberg 56, in Bürgſtadt 77, in Eichenbühel 19; 5 weitere Angeklagten wurden gegen Urpfede entlaſſen, weil ſie troß erſtandener Tortur nichts gegen ſich bekannt hatten, darunter drei Frauen. Von dieſen iſt die Ausſage der Catharina Henk bemerkenswerth.

Dieſelbe, zu drei verſchiedenen Malen eine halbe Stunde gefoltert und aufgezogen, geſtand nie; Kinder von 8 und 10 Jahren traten als Belaſtungszeugen gegen ſie auf, was die M. W. Räthe nicht ganz geheuer finden, weshalb das Hexengericht angewieſen wird, darüber die juridiſche Fakultät zu M. um Beſcheid zu bitten. Sie geſteht, in der Jugend ſei ihr geweſen, als wenn ein böſer Geiſt in ſie führe, das war die Hoffart, und dieſen böſen Hoffartsgeiſt habe ſie aber von ſich gethan. Vor zwanzig Jahren ſei in ſie einmal gefahren wie ein Schuß; der alte Pfarrer von Großheubach habe über ſie das Segensgebet geſprochen und zwei Düttlin Thee einzunehmen gegeben, da ſei's wieder von ihr gefahren.

Von gleich ſtarkmüthigem Charakter war die 26jährige Hausfrau des Schultheißen Baſtian Beck, welche jedesmal das widerrief, was ſie auf der Tortur bekannt; „denn, ſagte ſie, es geſchah nur aus Pein.“

Pfarrer Nicolaus von Eich ſei im Gefängniſſe bei ihr geweſen und geſagt, ſie ſolle eher den Tod leiden, als einen Unſchuldigen angeben. Noch zwei Mal gefoltert, ohne Eingeſtändniß, wird ſie entlaſſen.

Dasſelbe Glück hatte Heinrich Hank aus Eichenbühel, „wenn's ſo fortgeht, ſagte er den Richtern, bleibt kein Menſch mehr auf der Welt.“ Wogegen eine Hexe die Bemerkung machte, wenn man ſo fortfahren würde mit Brennen, werd's bald kein Holz mehr geben. Die meiſten Verurtheilten nahmen die heilige Communion aus den Händen der Geiſtlichen. Die Verpflegung war im Mainziſchen für die Inhaftirten im Ganzen gut; täglich erhielten ſie für 12 Pfg. Brod, Waſſer, öfters Brühen und Suppen, an Sonntagen mit Gemüſe. Wenn ſie communicirt hatten, wurde die Speiſung noch verbeſſert mit einer Zugabe von einer halben Maß Wein [1]).

Die Frage, wie oft gefoltert werden ſolle, wurde auf eine

---

1) Aus dem Gaſthofe „Zum Rieſen“ in Miltenberg liegt eine Rechnung in den Würzburger Acten für Beköſtigung zweier Weiber, welche inhaftirt waren vom 25. Juni bis 3. Sept. 1617. Die Summe beträgt 20 Rchsthlr. und 21 Alb. Pro Tag bis zur heil. Communion 5 Albus; von da an täglich 10 Albus für Eſſen, Wein und Brod. Nach jeder Tortur am Abend Wein und Eſſen; am Hinrichtungstag für 4 Rchsthlr. Mahlzeit! — 15 Albus für 8 Pfund Lichter.

Anfrage hin durch die Juristen-Fakultät zu Mainz und Würzburg am 24. September 1624 entschieden. Die Tortur dürfe nur eine halbe Stunde dauern; man dürfe sie später fortsetzen; denn es sei nur ein Blutact. Die Beinschrauben galten für eine halbe Tortur. Am 15. Juli 1628 verfügte das Mainzische Obergericht, daß die peinliche Frage mit Ruthenstreichen und Geißeln beginnen solle, statt der Folter, weil dieses den Körper nicht arbeitsunfähig mache. Auch wurde den Angeklagten von Amtswegen ein Defensor gestattet. Mit welchem Erfolge, mag der Schluß einer solchen Schrift errathen lassen, wo es heißt, „daß Gott erbarm die Hexenbezichtigung nicht ohne sei, und daß er um Gottes Gnad und des jüngsten Gerichtes willen um ein gnädiges Urtheil gebeten haben will."

Außer an den vorbezeichneten Orten wurden Ende der zwanziger Jahre hingerichtet: in Prozelten 4, in Amorbach ebenfalls 4, Berndit 1, Buttau 1, Ebenheit 1, Heinbach 3, Rüstenhausen 1 und Wenschdorf 1. Im ganzen Amte Miltenberg zählte man 168 Hinrichtungen und 25 Freilassungen.

Die große Zahl wird nicht mehr überraschen können, wenn man aus den Acten ersieht, daß die Inkulpaten vorgaben, bei den Tänzen ungezählte Schaaren gesehen zu haben und genöthigt, die ihnen bekannten anzugeben, 100 und mehr Complicen namhaft machten.

Ueber die Hexenprocesse im benachbarten Oberamte Amorbach mit den Amtsvoigteien, Walldürn, Buchen, Mudau und Burken liegen uns keine Acten vor; dagegen hat Amtsrichter E. Ph. Huffschmid in der Zeitschrift für deutsche Cultur eingehende Mittheilungen gemacht [1]). Derselbe schreibt: Wir sehen im 16. und 17. Jahrhundert wie Private und Corporationen einschreiten gegen Zauberer und Hexen. In jenen Zeiten entstanden allenthalben tumultuarische Bewegungen, welche zwar zunächst die Ausrottung der Hexerei bezweckten, bei welchen sich aber stets noch die Unzufriedenheit des Volkes mit den Zuständen im Allgemeinen zeigte, so zu Ostheim, Miltenberg, Buchen, Walldürn und Amorbach.

1602 war in Buchen ein Auflauf, wo man sich die Hexerei gegenseitig vorwarf; zufällig erscheinen zwei der Hexerei verdächtige Weiber; man ergriff sie, schleppte sie auf's Rathhaus und verlangte vom Amtskeller, daß sie verbrannt würden. Dieser ließ aber 5 Rädelsführer einsperren und mit Geld bestrafen. Auf deren Beschwerde darüber beim Kurfürsten Johann Adam befahl dieser, die Strafe nochmals zu wiederholen. Dagegen erfolgte eine Sturmpetition gegen den Beamten, welche eine Anzahl Bürger nach Mainz trugen, worin gesagt wurde, daß die beiden Frauen

---

1) Jahrgang 1859, Seite 428 u. f.

Hexen seien und um Zerstörung der „gräulichen Tyrannei" des Satans gebeten wird. Statt dessen läßt der Kurfürst auch die Supplikanten einsperren.

Von 1667 wird aus Amorbach ein ähnlicher Fall mitgetheilt, daß die Bürger eine Anzahl Personen wegen Zauberei verbrannt haben wollten. Der Oberamtmann Daniel von Frankenstein gab den Tumultuanten nach, allein der Kurfürst Johann Philipp von Schönborn ließ alle wieder frei.

Aehnliche Bewegungen aus dem Bürgerstande gegen angebliche Hexen sind noch berichtet aus Buchen, Wallbürn 1570, 1571 und 1593. Es fehlte nicht an Beschwerdeführern gegen die Mainzischen Räthe, wie namentlich die Freiherrn von Aderheim und den Würzburgischen Freiherrn von Morsom. Noch im Jahre 1641 wird von einer Bewegung der Bürgerschaft in Miltenberg berichtet, welche eine Hexenverfolgung zum Zwecke hatte.

In dem ganzen Amte Aschaffenburg sind in der Zeit von 1610 bis 1630 circa 120 Personen justificirt worden[1]).

II.
Das Amt Lohr.

Die erste Hexenverfolgung datirt aus dem Jahre 1576. Die Mainzer weltlichen Räthe erlaffen bei dieser Gelegenheit ein Circular an die Orts-keller, „hinfüro nicht weiter Weiber als Hexen einzuziehen, bis über die Art der Bezüchtigung an die Regierung Bericht erstattet sei." Diese Verfügung scheint gute Wirkung erzeugt zu haben. Erst 1602 wird Catharina Weis examinirt und macht die gewöhnlichen Aussagen. 1611 sind es aber 17 Personen.

Wegen eingetretener schädlicher Fröste machte Schultheiß von Rieneck auf Veranlassung der Bürgerschaft eine Anzeige über eine Person als deren Ursache. Diese wird eingezogen und als Hexe 1614 hingerichtet. Von da bis 1626 sind 36 Hinrichtungen verzeichnet. Ein Weißbinder-sohn, welcher Raupen gemacht haben soll, wird seinen Eltern zurückgegeben; die Mainzer Räthe erklären, man möge bei solchem Alter behutsam ver-fahren. Es kamen auch Geständnisse zu Tag, wo die bekannten Sachen auf Träume zurückzuführen waren. Alle Angeklagten betheuerten ihre Unschuld auf das Aeußerste, namentlich die Frauen, über deren Stand-haftigkeit man erfreut sein muß. Wir werden einige dieser Heldinnen

---

1) Nach Solban-Heppe sind auch im Amte Dieburg viele Hexen hingerichtet worden in der Zeit von 1627—1629. Die Verfolgung war eingeleitet worden auf inständiges Bitten einer ¦Deputation der Centmannschaft, welchem Gesuch Churfürst Georg Friedrich von Greiffenklau entsprach. Bd. II. 78.

verzeichnen. Ein Mädchen gab als Grund ihres Muthes eine Predigt an, die sie von einem Jesuiten gehört habe. Er habe gesagt, auch die Zauberer könnten in den Himmel kommen. So frage sie nichts nach Kerker und Pein und wollte nichts bekennen. Eine Frau aus Prozelten besaß einen Cryhtallstein, den sie von einem Medier in Hammelburg erhalten haben sollte. Derselbe habe damit die Krankheiten erkannt. Erblicke man darin zwei Personen, so sei die Krankheit durch Zauber angethan; erblicke man eine Person, so sei die Krankheit natürlich. Aber nur ein Gülden-Sonntags-Kind wie sie könne das sehen. Auch könne sie Segen sprechen gegen alle Krankheiten, gegen Gespenster und die Frau Hullen. Das war der Inhalt der Anklage. Sie aber stellte im Verhör „Alles in Abrede" und wurde in Gewahrsam abgeführt. 1628 gab es wieder viel Mißwachs. Zwei Bürger klagen über eine Frau beim Centgrafen wegen angethaner Schwachheit an einem Kinde. Der Vater wollte von diesem Glauben gar nicht abgehen; es gab aber auch schon Bürger, welche die Hexerei bezweifelten. Die Geistlichkeit wurde von Regierungsseite angewiesen, die Inhaftirten zu besuchen und vor dem Gerichtstage die heiligen Sakramente zu spenden. Eine alte Frau denuncirte auf einen Schlag 47 Personen, dann wieder 12, an ihrem Gerichtstage noch 3. Indessen verweigern die Räthe die Einziehung der drei zuletzt Genannten. Auch Hans Daniel von Rottenbuch will ein güldenes Sonntagskind sein; er will alle Hexen aus ihrem Angesichte erkennen, er gibt deren 315 aus zehn Ortschaften an; die meisten dieser Complicen leugnen ihre Schuld, theils während, fast alle nach der Tortur. Die Fahrten der Frau Hullen hat er nicht mitgemacht. Der Prior des Klosters N e u s t a d t hat einer Verdächtigen den Rath ertheilt, öfters zur heiligen Beicht zu gehen. Von dem Jahre 1576, wo die erste Einziehung stattfand, bis 1630 wurden im Amte Lohr 141 Personen eingezogen, davon zehn wieder entlassen. Hingerichtet wurden aus Lohr 67, Rieneck 32, Rottenbach 8, Laudenbach 4, Schupach 5, Seckenbach 5, Wanibach 5, aus fünf weiteren Ortschaften je eine. Von den zehn Entlassenen waren neun Frauen, sie verdienen, daß man Act nimmt von ihrem heroischen Muthe, mit dem sie ihre Unschuld vertheidigten. Da ist eine Frau von Flammersbach, Herrgottin, vom S c h u l t h e i ß u n d G e r i c h t beschuldigt, Zauberei zu treiben. Trotz angewandter Tortur bleibt sie stehen auf ihrer Unschuld und wird schließlich 1629 entlassen gegen Caution, Zahlung der Zehrungskosten und Versprechen des Wohlverhaltens. Gleichzeitig wird Hans Denfinger's Tochter eingezogen; ihre Eltern sind bereits justifizirt. Wenn auch meine Eltern, erklärt sie, mit der Zauberei behaftet gewesen, so weiß ich auf der ganzen Welt nichts davon. Wenn andere mit es gethan haben, ich kann es nicht thun; denn ich weiß von Allem nichts zu sagen. Wenn ich schon immer und ewig im Gefängnisse daliege, so kann ich doch nichts offenbaren. Ich habe mein Leben lang noch nicht so viel gesehen, als einer uffm Nagel möchte leiden; ich freue mich, daß ich so fromm bin. Unsern Herrgott habe ich vielmal gebeten, er möge mir doch einen guten Sinn geben u. s. w. Die Richter waren durch diese Haltung und die Jugend des Mädchens zur Milde gestimmt. Sie hatte 16 Jahre als ihr Alter angegeben, einige Bürger hatten dies erfahren und aus den Büchern constatirt, daß sie bereits 17½ Jahr alt sei. Sie verlangten peinliches Verhör wider dieselbe, weil sie kein Kind mehr sei und Andere habe verführen wollen. Es erfolgte ein scharfes Examen im Beisein des Scharfrichters mit seinen schrecklichen Werkzeugen. Doch sie bewahrte ihre feste Haltung, wurde freigegeben unter den bereits bezeichneten Bedingungen. Doch wollte sie Niemand in's Haus aufnehmen, weshalb ihr ein Vormünder gegeben wurde mit dem Auftrage, sie fleißig zum Gebet, zur Kirche und Schule anzuhalten.

Die dritte Heldin ist die 60jährige Wittwe Zanger's, Angela. Sie vertheidigt sich mit allem Muthe; es sei ihr noch kein einziges Gespenst oder Teufel vorgekommen; um hundert Gottes Willen bittet sie, ihrer doch zu schonen. Der Scharfrichter wurde ihr an die Seite gestellt, umsonst. An beiden Füßen erduldet sie die Pein des „Krebses"; sie bleibt bei ihrer Betheuerung der Unschuld. Am folgenden Tag gab sie der Tortur nach und erklärte sich schuldig, Hexentänzen beigewohnt zu haben, doch alsbald nimmt sie die Aussage zurück, sie wolle gern sterben; sie habe jenes nur aus Pein gesagt. Sie wird wiederum und zwar mit dem Aufzuge gefoltert, bleibt aber standhaft, wird abgeführt in's Gefängniß, in welchem sie der Tod aus der Hand der Henker befreit. † 27. October 1627.

Ein gleiches Geschick hatte die 45jährige Töngel's Apel, die Ehefrau von Georg Bickert. Sie wurde mit derselben eingekerkert. Auf der Folter schrie sie: „Liebe Engel im Himmel, steht mir bei; wenn es meiner Seele Seligkeit keine Beschwerniß macht, so will ich sagen, ich kann zaubern und will gern sterben wie eine Hexe, ich kann aber nicht zaubern. O, unschuldiges Blut, o Gott erbarm Dich!" Sie soll entlassen werden, stirbt aber noch vor ihrem Austritt aus der Kerkerhaft.

Welcher Art die Verpflegung der Gefangenen während ihrer Inhaftirung war, ergibt sich am Besten aus der Kostenrechnung, welche am Schlusse den Inkulpaten oder deren Erben eingehändigt wurde. Hier ein Beispiel:

Rechnung vor Hans Firner Keß Zehrung angefangen 25. März.

Erstlich vor Essen und Löffel	3 Patzen
Damals vor Brot	1 „
den 26. vor Brot	1 „
„ 27. vor Wein und Essen	4 „
„ 28. vor Brot	1 „
„ 29. vor Brot	1 „
„ 30. vor Wein und Essen	4 „
„ 31. vor Brot	1 „
„ 1. April vor Brot	1 „
„ 2. vor Wein und Essen	4 „
„ 3. vor Brot	1 „
„ 4. vor Brot	1 „
„ 4. als er bekannt hat vor Wein, Brot und Essen	4 „
„ 5. vor Wein und Essen	4 „
„ 6. vor Wein und Essen	4 „
„ 7. „ „ „ „	4 „
„ 8. „ „ „ „	4 „
„ 9. „ „ „ „	4 „
„ 10. „ „ „	4 „
„ 11. „ „	4 „
„ 12. „ „	4 „
„ 13. als sie das Nachtmal empfangen haben, vor Wein, Brot und Essen	11 „
„ 14. als sie hingericht worden sind vor Wein, Brot und Essen	11 „

Summa 3 fl 4 P.

Philips öhniger gastgewer Zur Crone.

Einen ähnlichen Kostenpunkt treffen wir bei den Uebrigen; der höchste wird der für Hans Keßlers Frau Dorothea sein. Wir finden für sie 48 fl. aufgewendet, darunter eine Zehrung von 11 fl. 6 P. 1 Pf. Sie war eingesetzt vom 14. Mai bis 1. September 1628. An 38 Tagen bekam sie Wein, Brod und Essen, an 74 Tagen ein Brod wegen unterschiedlicher Schwachheit, an 9 Tagen jedesmal Labung für 4 P. Das übrige Geld war verausgabt für die Gerichtsdiener und das Gerichtspersonal.

Derartige Personen bezogen laut Rechnung für Hans Birnenlofen folgende Gebühren:

1 fl. Herrn Amptschreibern von den Berichten auszufertigen;

2 fl. Herrn Zentgraben wegen des Berichts mehr;

1 fl. demselben zu warten und mit zur Execution zu reiten;

2 fl. dem Stadtschreiber mehr;

1 fl. demfelben von den Actis zur Cantzley und ins Ampt gedop-
pelt zu verfertigen;

2 fl. den beiden Herren Geiftlichen;

3 fl. 2 Patzen 2 Hll. für Zehrung in werenden feiner Verhaftung
uff Ihn ergangen Laut Zettels;

4 fl. 6 Patzen Philipps Seberichen. Des Verhafteten 22 tag und
nacht zu hüten;

3 fl. 2 Patzen 2 Hll. beiden Büdeln folche Zeit über des Verhaffteten zu warten, Jedem des Tags und nachts 2 P.

2 fl. 6 Patzen zu feinem Theil für Kohlen fo die Zeit über ver-
brand worden;

5 fl. dem nachrichter von diefer Perfohn hinzurichten;

1 fl. 7½ Patzen von feiner gefängniß zu fäubern;

2 fl. dem Nachrichter von dem Verhaffteten zu verbinden;

4 Patzen zu feinem 5ten Theil als Zentgraben beiden Burgermeiftern
und Stadtfchreibern diefer Rechnung bahzuwohnen und allen
Uncoften zu bezahlen, für Ihre Mühe.

In den rheinifchen Theilen des Erzftiftes Mainz, fowie in den Aem-
tern am Taunus bis ins Rheingau fcheint eine Hexenverfolgung nicht
zum Ausbruch gekommen zu fein. Nur in Oberurfel find einzelne Proceduren vorgekommen; Anno 1513 ein Häfner Illwegen; am 9., 16.
und 17. Febr. 1613 mehrere Hexen verbrannt[1]). Wenn es folche gegeben,
dann find fie an jenem Tage erlofchen, als der verdienftvolle und regie-
rungstüchtige Churfürft Johann Philipp von Schönborn 1647
den churfürftlichen Stuhl von Mainz beftieg, welchen er bis 1673 inne
hatte[2]). Derfelbe war früher Domherr in Würzburg gewefen und zwar
in den Jahren 1626—31, in welchen die meiften Hexen im Hochftift
verbrannt wurden. In denfelben Jahren war es, in denen er mit
dem edlen Menfchenfreunde Friedrich von Spee näher bekannt und von
diefem Manne in die fcheußlichen Ungerechtigkeiten und in das unmenfch-
liche Gerichtsverfahren feitens der Commiffarien eingeweiht wurde. Ihm
hatte auch Spee das Geheimniß entdeckt, weßhalb ihm die Haare vor
der Zeit auf feinem jugendlichen Haupte ergraut feien. Es fei der
Schrecken und die Gemüthserregung gewefen, welche er auf den fo häufigen Gängen zum Richtplatze erduldet an der Seite der zum Tode meift
unfchuldig verurtheilten fogen. Hexen. Derfelbe Johann Philipp hatte
auch das Geheimniß, daß Spee der Verfaffer jenes herrlichen und
berühmten Werkes: »Cautio criminalis« dem großen Leibnitz ver-

---

1) D. Wallau's Oberurfeler Reimchronik, herausgegeben von C. Roth, 1879.
S. 48 u. 50.

2) Dr. Hennes, Bilder aus der Mainzer Gefchichte. S. 330 ff.

rathen. Durch diesen ist dann der Verfasser, wie sich's gebührt, der Nachwelt bekannt gemacht worden, wofür wir beiden Männern Dank schulden.

Bereits 1642 war aber schon Johann Philipp, Bischof von Würzburg geworden, und so hatte die Vorsehung es gefügt, daß in diesen beiden geistlichen Territorien jener Gräuel der Hexenprocesse, nachdem er eine kurze Zeit gewüthet hatte, für immer erlosch, während er in den protestantischen Territorien noch mit aller Heftigkeit fortdauerte. Horst nimmt die Jahreszahl 1670 als Culminationspunct derselben an[1]).

Die großen Hexenprocesse in Bamberg und Würzburg hatten nur 5 Jahre, jene in Fulda nur 3 Jahre gedauert[2]). Im Jahre 1668 klagt Tabor in Gießen: das Verbrechen der Magie hat leider so von Neuem zugenommen, daß nichts anderes in gleicher Weise die Richtercollegien in Anspruch nimmt, und die Magistrate sich für unfähig erklären ihm Einhalt zu thun[3]).

Nicht unerwähnt dagegen darf bleiben die Stellung der Mainzer Juristenfacultät zu den Hexenprocessen im siebenzehnten Jahrhundert. Ihr gebührt der Ruhm, daß sie die erste Facultät in unserem Vaterlande war, welche in menschlichere Bahnen einlenkte und den Mißbrauch der Folter bekämpfte. Dieses ergibt sich klar aus einem Processe vom Jahre 1672, welcher zu Burkherdsfelden, einem hessendarmstädtischen Orte des Buchecerthales, gegen die Schulz-Else angestrengt wurde. Die Facultät zu Gießen hatte auf Tortur erkannt. Gegen die fortgesetzte Tortur in verschärftem Grade hatte Beklagte das Mittel der Einsprache und Defension ergriffen, wogegen der Fiscal an die HH. Juristen in Mainz Recurs ergriff. Diese aber verwarfen die zweite Tortur gänzlich und tadelten den Entscheid der Gießener Collegen bezüglich der Gestattung des ersten Grades der Folter sowie die Art und Weise der Tortur: „daß dieses arme alte Weib zwo ganze Stunden lang mit den Beinschrauben und an der Folter so überaus hart gepeiniget worden[4]).“

---

1) In die Regierungszeit Johann Philipp fallen die schrecklichen Hexenbrände zu Lindheim in der Wetterau 1650—53 und 1662—65. Hier hauste der berüchtigte Amtmann Geiß, welcher die Folterung mit „neuen ganz unbekannten tyrannischen Instrumenten“ vornahm, von seinem Landdrosten von Oynhausen nicht gestört wurde. Hingegen trat der Würzburger Dombdelan von Rosenbach für den verfolgten Müller Schüler ein. Horst, Daem. II. 369.

2) Soldan-Heppe I. 419.

3) Dissert. nonnullae de tortura praes. Joh. Ottone Tabore Giessae Hassorum 1668, S. 79.

4) Soldan-Heppe II. 103. Dieser fügt hinzu: „Hält man dieses Responsum gegen diejenigen, welche gleichzeitig und später in ähnlichen Sachlagen (Fällen) von anderen katholischen (welchen?) Juristenfacultäten und selbst von den prote-

Es möge hier noch ein Brief Platz finden, welchen ein Ehemann an seine als Hexe eingezogene Gattin zu Miltenberg schrieb. Dieses Schreiben wirft ein merkwürdiges Licht auf die Anschauungen des Volkes bezüglich des Hexenglaubens. Hier streitet der Wahn mit der natürlichen Liebe; Furcht und Hoffnung führen einen ungleichen Kampf; denn die erstere ist stärker als die letztere.

Im Namen Gottes Amen.

Liebe Hausfrau Catharina!

Euer betrübter Zustand ist mir hart zu Herzen gegangen. Ob nun wohl ich mir Anfangs keine Gedanken hab machen können, daß Ihr eine solche Person seiet, so weiß ich aber, daß ohne den Willen Gottes keinem Menschen ein Härlein auf seinem Kopf gekrümmt werden kann, und ist mir alsbald dieser Trost eingefallen, daß dies Unglück aus lauterer göttlicher Schickung zu eurem Sehlen Heyl geschehen sey.

Dieweil ich denn auch von Ihrer gestreng. Herrn obbristen verstanden, mehr auf Euch bekannt, und was ihr mit denselben menschen, so yf Euch gestorben, für Werk begangen, glaub ich wohl, daß ihr eine zauberische und arme verführte Person seiet, und der Buß wohl bedürftig.

Und wenn ihr auch schon durch Hülf des Leidigen Teufels die nachfolgende erschreckliche Pein, welches menschlicher Weiß möglich ist, ausstehen werdet, so müßt ihr doch in ewiger Gefängniß sitzen bleiben, und werdet nichts destoweniger von der Obrigkeit und allen Menschen für eine unbußfertige Sünderin und bekannte Zauberin gehalten werden.

Mich verwundert sehr und schmerzt mich im Herz, daß ihr euch durch Henker nakt ausziehen und wider die Natur scheren und schänden lasset. Vielmehr aber verwundere ich mich, daß ihr des leidigen Teufels in Ewigkeit sein und bleiben wollet. O Gott erbarme sich der armen Verführten Sehl. Gehet in euch, schemet euch vor eurem erschaffer, vor Gott dem Allmächtigen, schemet euch vor Gott unserm gerechten strengen Richter, der alles gesehen hat, was ihr vor seinen göttlichen Augen gethan habt. Schemet euch, daß ein solch unbußfertiges Leben von euch geführt wird, schemet euch vor denen, wider die ihr gesündigt habt, schemet euch mit vor mir, dann euch ist von mir Alles verziehen, und obwohl ich euch in dieser Welt nicht mehr sehen kann, noch sehen will, so verhoffe ich doch, wenn ihr diese Heimsuchung Gottes erkennet, und werdet euer Gewissen reinigen, daß wir wieder im Ewigen Leben mit Freuden ansehen werden.

---

stantischen zu Tübingen, Gießen, Helmstädt u. a. zu ergehen pflegten, so muß den Mainzern Juristen die Ehre bleiben, daß sie unter die Ersten gehören, welche auf die Bahn der Humanität einzulenken wußten."

Diefenbach, Der Hexenwahn.   8

Soviel ich Eurer Seele Gutes thun kann, will ich nit unterlassen. Habt das Vertrauen zu Gott, glaubt an Gott, veracht die böse Welt, folgt Christo nach, traget euer verschuldetes Creutz willig und gehrn, verachtet die bevorstehende Gnadenzeit nit; denn in der Hölle ist keine erlösung. Verlasst euch nit of des Theufels Einsprechen und verdammlichen bösen Trost; denn seine Werk sind lauter Lügen, und seind lauter solche zu sehn, darin er die bei ihm bleiben, zur Hölle führet, darin sidet, brennt und bratet. Gedenkt wie ihr selber oftmals - gesagt habt, wenn ihr euch ein wenig gebrannt habt: „O Gott behüte uns vor dem höllischen Feuer." Wenn ihr nun wollt eurer Seele Ruhe schaffen, so müßt ihr eurer Seele den Eingang zur ewigen Seligkeit durch eure Buß und Bekennung eurer Sünde machen. So wird alsdann zu eurer Sehl gesagt werden, wie dem heiligen Petro, der hl. Maria Magdalena, dem heil. David, dem schächer am Kreutz und vielen anderen mehr geschehen, so auch große Sünder gewesen: komme her du büßende liebe Sehl; denn alle deine schwere müh und arbeit solle nun ein Ende haben. Komm her, besitze das Reich deines himmlischen Vatters, welches dir von Ewigkeit her bereitet ist.

Hiermit wünsche ich euch eine gute Nacht und befehle euch in Schutz Gottes und der lieben Englein und aller Heiligen Gottes und ich will den heil. Erzengel Michael bitten, weil er den Teufel aus dem Paradies geschlagen, daß er auch zu euch komme, damit er den bösen Geist aus eurem Herz treiben möge. Allein bitt ich euch, ihr wollet die Thür eures Herzens eröffnen, und die gute einsprechungen nit versperren, so werdet ihr Ruhe finden.

Euer getreuer Hauswirth
David Mohr.

Herzliebe Frau, daß euch der
  Henker nit mehr schere.

Liebe Hausfrau, aus getreuem gemüth gebe ich euch dieses zu bedenken, wenn ihr eine arme verführte Sehl seiet, dafür euch meines gnädigsten Herrn Räthe und sonst jedermann haltet, so bitt ich um Gottes Willen, ihr wollet euch nit mehr durch den Henker zwingen und so jämmerlich zerreissen lassen, sondern wollet gedenken, wie Christus unser Seligmacher sagt: überwinde dich selbst, nimm dein Kreuz und folge mir nach. Es scheint euch vielleicht diese Rede hart zu seyn, aber viel härter wird das letzte Wort zu hören seyn, weichet von mir, ihr Verfluchten, in das ewige höllische Feuer. Gedenkt, daß daselbst eine stundt wird länger sein in der höllischen Pein, als allhie hundert jahr in schmertz und in der allerbittersten Buus.

Liebe Frau, gedenkt, daß besser ist, die ganze Welt zum Feindt zu haben, als Christum zum Zörner und in der Ungnad Gottes zu seyn. Ich bitt euch, bedenkt die Ewige Ewige Ewigkeit.

Gott behüt euch vor der ewigen Verdammniß. Amen.

Miltenberg 1627.

D. Mohr.

Zweites Kapitel.

Das Kurfürstenthum Köln.

Ueber den Verlauf der Hexenwirren im Kurstaate Köln sind uns durch den verstorbenen Archivar Dr. Ennen sowohl in seiner Geschichte der Stadt Köln, als auch hin und wieder in Zeitschriften schätzenswerthe Mittheilungen zugegangen. Das Gesammtresultat derselben ist die Thatsache, daß in dem Erzstifte Köln die Hexenverfolgung niemals epidemisch wurde. Sie ist nur sporadisch aufgetreten in einzelnen Districten und auf kurze Zeit. Lassen wir hier ein Actenstück reden, welches sehr interessante Aufschlüsse gibt.

Ansichten eines Kölner Juristen aus dem 16. Jahrhundert über Zauberei und Hexenverbrennung, mitgetheilt von L. Ennen[1]).

Anno 1589 den 30. Juni wollten Etliche für gewiß halten, daß die Hexen oder Zauberinnen das Unwetter verlittener Nacht gemacht hätten. Denn das Gerücht ging jetzt stark, wie der Kurfürst von Trier innen und außer Trier, viele Zauberer und Zauberinnen, Männer und Frauen, Geistliche und Weltliche, gefangen, verbrannt und ertränkt habe. Einige geben vor, es sei eine freie, natürliche Kunst, womit Hochgelehrte und Prälaten sich befaßten, vielleicht die nicromantia, Schwarzkunst oder dergleichen darunter verstehen, wiewohl auch diese verboten ist. Ueber die Zauberei kann ich nach meinem Verstande nicht urtheilen; ich höre auch, die Leute sind nicht darüber einig. Etliche glauben gar nicht daran, halten es für Phantasie, Träumerei, Tollheit, Dichtung, Nichtsnutzigkeit. Andere Gelehrte und Ungelehrte glauben daran, nehmen ihr Fundament aus der h. Schrift und haben Bücher darüber geschrieben und gedruckt, halten hart darauf. Gott allein wird es wohl am besten wissen. Man kann der alten Weiber und verhaßten Leute nicht besser und balder quitt werden, als auf solche Weise und Manier. Mich gibt es Wunder, daß es in dem katholischen heiligen Stifte von Trier und in mehrern andern Orten so viele böse Weiber gibt, warum dem Teufel dort mehr von

---

1) Zeitschrift für deutsche Cultur. 1859, IV. Bd.

Gott die Zauberei gestattet werden soll, als in der Stadt Köln. Wer hat früher gehört, daß Zauberer oder Zauberinnen in Köln verurtheilt, verbrannt worden wären? Oft hat man Einige, die der Zauberei beschuldigt waren, gefangen und lange sitzen lassen; man hat sie verhört, aber nichts Bestimmtes erfahren können. Soll es denn in Köln nicht so viele Mittel geben, die Wahrheit zu erforschen, als an andern Orten? Heute noch sitzt ein armes altes Weib auf dem Altenmarkte am Brunnen im Schuppen Tag und Nacht; man sagt, es ist eine Zauberin, man wirft es ihr vor, sie bekennt es öffentlich vor dem Volke, verlangt, man solle sie verbrennen; sie ist wohl lange Jahre ein böses Weib gewesen, aber man läßt sie passiren und sagt, daß sie toll sei. Vor längerer Zeit war ich im Namen meines Vaters zu Alken an der Mosel im Weingeschäfte: Dieser Ort ist zweiherrig, hat zwei Schlösser und zwei Gerichte, das eine trierisch, das andere kölnisch; zu jener Zeit saß ein Weib von Niederbell dort gefangen, es sollte Kühe, Enten, Hühner bezaubert haben. Diese Frau wurde von dem trierischen Vogt und Schöffen zum Tode verurtheilt; aber Vogt und Schöffen des kölnischen Kurfürsten haben sie freierkannt, ich habe sie danach in Freiheit gesehen. Daraus sieht man, daß die Anklage auf Zauberei ein ungewisser Handel ist, und daß man große Ursache zu zweifeln hat. Es gibt gar böse Leute, die irgend ein Weib Zauberin schelten, dadurch in den Mund des Volkes bringen, und das Volk hält dieses Weib dann für eine wirkliche Zauberin; wenn man aus Haß oder aus Leichtfertigkeit seine Mitmenschen in so böses Gerücht bringt, wird man schwerlich solches vor Gott verantworten können. Ich habe auch zu den Leuten, die mit Fingern auf eine Zauberin wiesen, gesagt: Woher wißt ihr das? Ja, die Leute sagens, das Gerücht geht so. Darauf antworte ich: Wenns von euch gesagt würde, wie solltet ihr dem gemuthet sein, welche Lust solltet ihr darüber empfinden? Liebe schweigt, nimmt Niemanden, was man ihm nicht wiedergeben kann. Ich weiß wohl, daß es manche böse, argwöhnische, niedrige, aufsätzige, unzüchtige, schädliche Weiber gibt; daraus folgt aber gar nicht, daß diese Zauberinnen seien; niemals hab ich aber ein Weib gesehen, das im Stande wäre, Hasen, Hunde, Katzen, Mäuse, Schlangen, Kröten zu machen, mit einem Bock durch den Schornstein zu fliegen, in Weinkeller zu schlüpfen, mit den Teufeln zu tanzen; und derjenige, der da sagt, er habe es gesehen, kann lügen. Laß es Gott richten."

Noch möge hier Platz finden, was L. Ennen aus dem Gedenkbuch des Herrmann Weinsberg aus dem Jahre 1589 mitgetheilt hat[1]). Am

---

1) Zeitschrift für die Culturgeschichte. 1859, IV. Bd. S. 765.

31. October wurde Peter Stube in Köln geviertheilt und verbrannt, weil er 25 Jahre mit einer Teufelin gebuhlt habe, sich auch mit Hilfe eines Gürtels in einen Wehrwolf verwandelt und viele Menschen und Thiere zerrissen habe. Besagter Chronist bemerkt dazu: „Nun, was die bekannte und befundene Mörderei, die Blutschande und die anderen Missethaten anbelangt, so ist es recht, daß der genannte Verbrecher nach geschriebenem Rechte zur Abschreckung für andere gestraft worden. Was aber die Zauberei betrifft, so ist es ein heimlich verborgen Werk mit der Zauberei; an vielen Orten glaubt man fest daran, und man will sie aus der heiligen Schrift beweisen; wie es sich aber damit verhält, geht über meinen Verstand, und es ist mir verborgen; wenn es einmal geglaubt werden muß, nun so mag ich es glauben; aber daß alles wahr sei, was man von Zaubern sagt, träumt und nachschwätzt, kann ich nicht glauben. Wer weiß, ob nicht alles Verschlagenheit, Betrug und Einbildung ist. Ich lasse heimliche, verborgene Dinge den lieben Gott, dem nichts verborgen ist, richten."

Daß derartige Greuel nicht immer bloße Wahngebilde, sondern auch Thatsachen waren, dafür spricht die Viertheilung eines Johann von Pulheim am 8. Mai 1593, welcher an 200 Pferde und Vieh geraubt und viele Leute umgebracht hatte. Man sagt ihm auch nach, er habe schwangere Frauen aufgeschnitten und die Herzen der Kinder gefressen, um sich schußfest zu machen.

Einen ähnlichen Fall berichtet der k. sächs. Alterthumsverein, Dresden 1846, Heft III. S. 83, von Jakob Pechenau aus Wurzen im Jahre 1570. Auch dieser hatte mehrere hochschwangere Frauen ermordet, dann aufgeschnitten, um sich der Leibesfrucht zu bedienen, sich unsichtbar zu machen. Sein Urtheil lautete, er soll wegen vielfach begangener greulicher Mordthaten auf einen Wagen gebunden, während des Fahrens zur Richtstätte mit glühenden Zangen dreimal am Leibe gezwickt und lebendig auf's Rad geflochten werden.

Auch das neu eingeführte Reformationsbuch des Kurfürsten Hermann von Wied zu Köln, betitelt: „Einfältiges Bedenken" dient uns als Beweis, daß Aberglauben und Zauberei in dem Erzstifte Köln keine besonders große Verbreitung erlangt hatten. Unter der Rubrik: Aberglaubischer Mißbrauch aller Creaturen ist zu lesen: „Wer vom Gestirn, Wolken und anderen Werken Gottes in Lufften, wollte Zeit und Gelegenheit nehmen, Fall oder Unfall erwarten, wie etwa die Heiden und Juden gethan . . . . Dergleichen thuen auch die, so Kräuter, Stein und andere natürliche Dinge durch Segen beschwören und andere abergläubische Weisen, wie Ungewitter, Gespenst des Teufels; item verlorene Ding zu finden, verborgene Ding zu erfahren und dergleichen Sachen, wozu Gott ſolche Ding nicht verordnet hat, gebrauchen u. ſ. w."

Hier ſind alſo Teufels-Bündniſſe und teufliſche Zauberei mit keinem Worte erwähnt, was gewiß geſchehen, wenn ſolche im Erzſtifte im Schwange geweſen; und doch war Köln der Ort, an welchem 1489 der berühmte Hexenhammer erſchienen iſt[1]).

Im Anfange des 17. Jahrhunderts fanden indeſſen, wie auch im Herzogthume Jülich-Cleve-Berg, Hexenverfolgungen ſtatt.

In der Erzbiöceſe gelangten ſie jedoch zu keiner großen Bedeutung. Rentmeiſter Johann Lax klagt in einem Schreiben an Graf Werner Salm vom 3. November 1628, daß zu Bonn damit eingehalten werde[2]); „warum, das wiſſe man nicht". Zu einer beſonderen Berühmtheit in der Hexenverfolgung am Rhein hat es ein Doctor juris Franz Buir-mann gebracht. Dieſer Unmenſch hat in Verbindung mit dem Amt-mann Schall von Bell und im Verein mit Caspar Liblar und Dr. Mö-den als Hexen-Commiſſarien eine gräuelhafte Verfolgung der Hexen im Oberſtifte der Erzbiöceſe Köln, ſowie im Jülich'ſchen und der abteilichen Stadt Siegburg in den Jahren 1631—1636 organiſirt. Der Schauplatz ſeiner blutigen Thätigkeit waren Rheinbach, Meckenheim, Heimerzheim, Lüſtelberg, Bornheim, außerdem noch einzelne Orte im Bergiſchen. Dieſes Kleeblatt ſuchte namentlich reiche Bürger, Männer wie Frauen, unter dem Vorwande der Hexerei in ſeine Hände zu bekommen, um ſich durch die Confiscation des Vermögens der Verurtheilten zu bereichern. Ueber das ſchändliche, rechtswidrige und grauſame Verfahren des Buirmann und ſeines Collegen Dr. Moeten hat ein durch die Flucht noch glücklich entronnenes Opfer die eingehendſten Schilderungen hinterlaſſen. Es iſt dieſes das Buch des Hermann Löher, Schöffen aus Rheinbach. Er war nach Amſterdam geflüchtet mit Hinterlaſſung ſeines nicht unbedeutenden

---

1) Nach Obigem iſt es nicht ſchwer die unhiſtoriſchen Behauptungen des Hiſtorikers Dr. Guſtav von Buchwald in ſeiner Schrift: „Zur deutſchen Bildungsgeſchichte im endenden Mittelalter" zu würdigen, welcher Köln und Rom gegen Ende des XV. Jahrhunderts als Mittelpunkte hinſtellt, von wo Aberglaube, Wahn und dumpfe zerſtörende Leidenſchaft ausgingen, nämlich durch die Bulle Innocenz VIII. und durch den in Köln gedruckten Hexenhammer. (S. 128.) Ferner: „In Köln habe ſich am Ende des Mittelalters eine ſchaurige, von heidniſchem Wahnſinn getragene Richtung Bahn gebrochen, welche zu dem dun-kelſten Schandflecke der deutſchen Geſchichte, zum Hexenhammer geführt habe." Dafür ſoll Ennen als Autorität dienen!! S. 91. Dieſer Hiſtoriker irrt ſich in der Zeit, im Ort, wie in den Perſonen. In Köln und Rom gab es die wenig-ſten Hexenproceſſe, wie Ennen behauptet hat.

2) Geſchichte der Pfarreien der Erzbiöceſe Köln. Decanat Herſel. S. 369.

Vermögens, welches seinen Verfolgern größtentheils zur Beute wurde. Vierzig Jahre nach seinem Tode erschien genanntes Buch[1]).

Von dieser interessanten Schrift existirt nur noch ein Exemplar. Das himmelschreiende Verfahren dieses Zauber-Commissars Buirmann muß zu Düsseldorf bekannt geworden sein; denn am 2. Mai 1631 erschien eine Verordnung des Pfalzgrafen und Herzog Wolfgang Wilhelm von Jülich-Berg an seine Statthalter und Räthe, in welcher er sich gegen die Competenz der Unterrichter in Sachen des abscheulichen Lasters der Hexerei ausspricht und die Entscheidung in diesem Punkte für die Zukunft der landesfürstlichen Obrigkeit vorbehält.

Auch wurde Buirmann eine zeitlang in den päpstlichen Bann gethan wegen seiner Unthaten. Doch hat er es verstanden, sich bald wieder des Bannes zu entledigen. Darauf setzte er sein altes Treiben wieder fort an der Seite des Commissars Dr. Moeten. Der Schöffe Richard Gerzen aus Rheinbach entging seiner Verhaftung durch die Flucht. Eine Zeit lang fand er eine Zuflucht in dem Weidenbacher Kloster zu Köln[2]), später gelangte er nach Amsterdam zu seinem Landsmann Löher. Ein Jean Reif von Lüftelburg fand Schutz im Kloster Heisterbach; die Mönche des Klosters verschafften ihm sicheres Geleit nach Köln, wo er den Beistand der Rechtsgelehrten nachsuchte. Er, wie die gleichfalls entsprungene

---

1) Der Titel lautet: Hochnötige, Unterthanige, Wehmüthige Klage der Frommen Unschüldigen; worin alle Hohe und Niedrige Oberkeit sampt ihren Unterthanen Klärlich, Augenscheinlich zu sehen und zu lesen haben, wie die arme unschültige fromme Leute durch Jahm- und Ehrenrauben von den falschen Zauberrichtern angegriffen, durch die unchristliche Folter- und Pein-bank von ihnen gezwungen werden, erschreckliche unthunliche Mordt- und Todt-Sünden auf sich selbsten und anderen mehr zu lügen und sie ungerechtlich, falschlich zu besagen — Welches auch die Herren Tannerus, Cautio Criminalis, Michael Stapirius härtlich bekräftigen. Mit unterschiedlichen schönen Kupferstücken nach dem Leben zierlich abgebildet. Alles mit grossem Fleiß und Mühe, zu Trost und Heyl der frommen Christ-Catholischen Leuten zusammengestellt: durch Hermannum Loeher, der Stadt Amsterdam Bürger. Gedruckt zu Amsterdam Vor dem Auctor, bey Jacob de Jonge. Anno 1676. 608 S. 12⁰. Daß dieses Buch nur in einem einzigen Exemplar vorhanden, berichtet Dr. Dornbusch: Ann. des Niederrhein. Heft 30, S. 136.

2) In der abteilichen Stadt Siegburg nahm der Abt des Klosters eine feindliche Haltung gegenüber der Hexencommissarien an. Er verweigerte auch die Annahme des ihm rechtlich zukommenden Antheils an der Vermögensstrafe. Bis 1636 kam Zauberei vor das geistliche Sendgericht, und wurden nur geringe Strafen an Geld, Wein und Wachs verhängt, selten auf Gefängniß- und Leibesstrafen erkannt. Dr. Dornbusch, Annalen des historischen Vereins vom Niederrhein 1876, S. 134.

Ehefrau des Wolfgang Esser zu Bornheim, hatten Glück mit ihrer Appellation. Sie wurden in Köln freigesprochen. Die Pfarrer von Rheinbach und Meckenheim boten Alles auf, dem Morden Einhalt zu thun;
der Pfarrer Weynard Hartmann von Rheinbach[1]) redete den Ortsschöffen
stark in's Gewissen und stellte ihnen ihre Pflicht vor, die Augen auf-
zuthun, damit sie ja keinen Unschuldigen dem Tode überlieferten. Selbst
auf offener Straße hatte er den blinden Werkzeugen Buirmanns den
Schöffen Dietrich Halfmann und Jean Thirn darüber zur Rede gestellt,
daß sie es gewagt, allein in den peinlichen Fragen die Schuld der Angeklagten festzustellen. Der Pfarrer Hubertus von Meckenheim war noch
entschiedener vorgegangen. Er eiferte von der Kanzel herab gegen die
Justizmorde und wurde dafür selbst als Zauberer inhaftirt. Seine
Rettung vor dem sicheren Feuertode verdankte er allein der hohen fürstlichen Protektion. Im ganzen sind in Rheinbach, Meckenheim und Flerz-
heim nach Löher's Angabe 120 bis 130 Personen verbrannt worden.
Eines der beklagenswerthesten Opfer, welches für seine edelmüthige Opposition gegen die Blutarbeit Buirmanns ein grausames Ende fand, war
der Vogt Dr. Andreas Schweygel[2]). Als er energisch gegen die grausame Folterung der reichen kinderlosen Wittwe Christina Bäslens, welche
während der Tortur starb, mit Berufung auf die kaiserliche Halsgerichts-
ordnung Protest einlegte, war sein Schicksal entschieden. Darüber gibt
näheren Aufschluß ein Brief des Dominikaners Dr. Johannes Freilink in
Köln, gerichtet an Hermann Löher, welcher verdient mitgetheilt zu werden unter Auslassung eines Passus, welcher Löhers hinterlassenes Vermögen betrifft.

---

1) Am 4. Juni 1647 klagt dieser Pfarrer in einem Briefe an Löher:
„Reimbach ist mir nun wie Reinbach. Ach was ein edel Stadt war es, als der Vogt
Dr. Schweygel, Herberdt Lapp, Gotthardt Peller, J. Bewel, Richard Gertzen und
euer Vetter in der Reimbacher Regierung waren! Nun ist Ungerechtigkeit, wenig
oder keine Ordnung; unter Scheffen, Raht und Bürgerschaft scheint Alles in Kin-
derhand gekommen. Ehebrecher, versoffene, eigen habige führen das Regiment.
Ohrenbläser, Anbringer sein alle. Ita, Ja-Herren bei der Oberkeit und Amptmann,
da ist keine rechte justitia; ein jeder sucht seinen Nutzen." Auch Löher hebt hervor, „daß die armen die reichen besagen als Zauberer, damit sie parbt und
theil an ihren Gütern bekommen." Katzey's Münstereifel II. 178 & 189.
Köln 1855.

2) Löher berichtet über ihn: „Dr. Moeten nimmt den sprachreichen gelehrten
Vogt zu Reimbach Dr. Andreas Schweygel für einen Zauberer gefangen; dann
im Verbrennen war er ihm und Franz Buirmann zuwider, in den Jülichschen
Landen, Grafschaft Neunahr Amt Domburg und andere mehr, wider sie, für die
Unschuldige an den Fürstlichen Hof und Cantzeley nach Düsseldorf zu schreiben."
Katzey's Münstereifel S. 184.

„Ehrbar, vorsichtiger, freundlich-geliebter Herman Löher, mein alter Schulgesel,

Ewer weitläufftig an mich ergangenen schreiben ist mir von meinem lieben Schwager zu recht eingehändigt, auß dem ich abgelesen, was ich zu Reimbach, gleich nach meiner ersten Ankunfft mit sonderm Herzenleid hab hören und sehen müssen, wie ihr so stark beschreyet und herdurchgezogen, daß man euch durch öffentliche Mandaten vor Gericht zu stellen requirirt. Wan nu ein jede Geistliche, vornemlich aber ein Religiöß-Ordensperfohn, sich in keine solche Sachen einlassen soll, die Leib und Blut betreffen thut, also wissete ich nicht, was ich euch bißfall rathen könnte: daß ich euch in kein Lebens Gefahr brächte. Das ihr euch zu Reimbach einstellet, widerrathe ich euch unverholen rund teutsch. Theils Ursachen dessen habt ihr selbst in eweren Schreiben angezogen, hab wohl andere, die nöthig allhier an zu ziehen, eins darf ich led schreiben, das, wan sie mit ihre Exelution so fortfahren, alle Rheimbacher zuletzt müssen eingeäschert werden. Das sie den H. Doctorem Schweygel (der bei seinen 70 Jahren die schmälige und schmerzliche tortur von 2 uhren nachmittags bis um 9 uhren in die Nacht manlich außgestanden hat und das Hexenlaster standhaftig verneint) dennoch so unmenschlicher Weise vom gefangenen Thurme herabgeschleifft und verbrent, das können sie in ewigkeit nicht gutt machen und verantworten, und verwundern sich alle Rechtserfahrne, als viel deren sein, denen ich daß vorgehalten. Nachdem er viel Folterung außgestanden, da ist er an dem letzten von dem peinlichen Stul abgenommen und in ein Beth niedergelegt worden. Da er nun vermerdet, daß der kalte brant zu den aufgeschwollenen Gliedern geschlagen, und daß seines lebens kein rath mehr wäre, da hat er um die heilige Beicht ein Priester angeruffen, auß dessen eigenen mund ich diß alles hab, ist ihm aber gemeigert worden, auff diß ist er also in den Beth tobts verfahren, da hat es geheissen, der Teufel habe ihm den Halß umbbrähet, diß hat man auf eines heilosen Scharpffrichters Eydt so fästiglich glaubt, daß man einen angesehenen Mann zum Scheiterhauffen geführt und verbrent, ich hab hören sagen, ein Commißarius von zweyen, die solcher execution beigewohnt und vorgestanden, solle mit weinenden Augen gesagt haben, er vor sein theyl wolle 1000 Rthlr. auß seinem sädel hergeben, daß er nicht darbey gewesen wäre. Ich will hoffen, man werde bey dem Churf. Hoff ihre Protocollen einmahl zu Handen nehmen und übersehen, so möchte wohl geschehen, das ihrer vielen, die sich zu solchen Händeln gebrauchen lassen, ihr vorgangenes prociren nicht aller gut geheißen noch zum besten außgeschlagen würden. Ich habe schon längst hören brummeln und etwas sagen, Gott gebe, daß es angehe. Der einfältigen, ungestubirten Scheffen zu R. erbarmt mich! Diese müssen dem urtheil des Menschlichen Bluts beystimmen und verstehen so wenig diesen Handel als ein Esel das Lautenschlagen und Orgelspielen. — Ich wünschete, ihr könntet mehr lateinisch, so wolte ich euch ein schönes Büchlein, genannt cautio criminalis 51 dubia schicken, in welchem der Hexen Commissarien unrichtiges verfahren mit lebendigen Farben herfür gestrichen und abgemahlet wird. Aber bleibt bey dem, daß ihr zuschauet, wie ihr euch bei seiner Chrf. Drchl. purgirt und ewern guten nahmen rettet. Meinen lieben Vettern Richard Gertzen, der auch geflüchtet, grüßet meinethalben. Zu Flertzheim fängt man schon wieder an zu brennen und wird mit nächsten zu R. auch angehen, und Gott weiß, wie es abgehen wird. Viel Leute sein schon im Geschrey, die ich für from, ehrlich und gottseelig halte; unser Herr Gott wolle alles zum besten schicken, und uns beyderseits bey seiner holdseeligen Gnad erhalten. Amen." Ewer alter Mitschüler und Diener in Christo.

Cöllen, 29. Juni 1637.

Von dem Verfahren bei Gericht bezeugte Löher, daß unpartheiische Rechtsgelehrte und Advocaten nicht zugelassen werden, ordinarie Pastores und Beichtvaters werden hinweg gebannen. Unter den vier Zauberrichtern, welche er kennt, ist ein Doctor Heinderich de Schultiß; er hat ein Buch herausgegeben über den peinlichen Proceß mit 500 Seiten, worin viel wunderbare, lügenhafte Dinge zu lesen sind. Darin will er die Edelen, Junkeren, Commissarien, Doctoren, Licentiaten und Studenten lehren, wie sie Zauberer und Zauberinnen sollen kennen, fangen, folderen, peinigen, andere zu besagen und zu verbrennen." ꝛc. —

„Das ist der Sinn und meine unterthänige Klage, daß die Churfürsten, Bischöfe, Priester, Patres und Pastores fortan genugsame und genaue Aufsicht über ihre anbefohlenen Unterthanen, Schafe, Hämmel und Lämmer haben sollen."

Den Schluß mögen Löhers Ansichten über den Hexenwahn bilden:

„Es ist wahrlich eine Sache, welche die falsche Richter treiben, daß die armen die reichen für Zauberer besagen, umb daß sie pardt und theil an ihren Gütern bekommen. Und ist noch bey den Gelehrten disputirlich, ob auch solche dantzen gehalten werden, daß die Fraw von den Man, und der Man von der Frawen, ohne gefül und wissenschaft, zierlich gekleidet, nackend geschmirdt durch die Lufft wie vögelen, über Kefirten, Städten, Buschen, Heden und Struchen fliegen, fahren und reyden, ꝛc. sonder Schiff, Pferdt, Kahr und Wagen. Dieses wird allein den Bürgeren in kleinen Stadten und Dörffern ihren Familien auffgelogen, die den Acker und Weinberg im Schweiß ihres Angesichts bawen, kalt, naß beregent und befroren, auß ihren Weingarten und Buschen komen, warlich dan nicht gelüsten werden mitter nachts auff einem fantastischen Dantz gehen und auff einen Bösemstock reiten ꝛc."

Das willkürliche Verfahren der einzelnen Commissare und Richter bei der Auslohnung für ihre Verrichtung, sowie in der Honorirung ihrer Unterbeamten mag den Anstoß dazu gegeben haben, daß die kurkölnische Regierung 1688 einen eigenen Gebührentarif für die Henker entwarf und einführte. Diese Gebühren-Ordnung hat für Beurtheilung des damals üblichen Strafcodex kein geringes Interesse; es wird deshalb von Nutzen sein, denselben theilweise hier mitzutheilen und in Vergleich zu bringen mit jenem von der Stadt Siegburg.

Dieser Tarif für Criminaljustiz von 1510, welcher in der abteilichen Stadt Siegburg in Geltung war, hatte viel geringere Ansätze.

Der Scharfrichter erhielt:

	In Siegburg 1510.				In Köln 1688.		
Vom Rädern	4	Schilling	— 6	köln.	Thaler	—	Alb.
Vom Pfählen	4	„	— 6	„			„
Vom Verbrennen	6	„	— 6	„			„
V. Enthaupten u. Aufhängen	10	„	— 5	„			„
Für Viertheilen	12	„	— 8	„			„
Für Ohrabschneiden	4	„	— ?	„			„
Für Handabhauen	6	„	— 1	„			„
Vom Foltern durch alle Grade	8	„	— 1	„		„ pro jede Viertelst.	
Von der einfachen Tortur[1])	6	„	— 1	„		„ — 26	

Drittes Kapitel.

Das Fürstbisthum Würzburg.

I.

Südlich und östlich von der Grafschaft Löwenstein-Wertheim erstreckte sich das Gebiet des Fürstbischofs von Würzburg, als Herzogs von Franken. Bereits unter Fürstbischof Julius fanden an einzelnen Orten des Hochstiftes Hexenprocesse statt. Ein Fascikel von 78 Seiten ist gefüllt mit einem Proceß gegen zwei Frauen in Arnstein, welcher mit dem 20. Januar 1600 begann und am 24. März mit deren Hinrichtung endigte. Julius überwachte den Proceß bis in's Einzelnste. Vierzehn Berichte von seiner Hand liegen vor; er selbst stellte

---

1) Dr. Dornbusch, Annalen des histor. Vereins für den Niederrhein 1876. S. 95 im 30. Heft.

die 16 Fragepunkte der Inquiſition auf; darunter fehlt das Pactum. Er begnadigte ſie zum Tod „durch den Strang und dann zum Verbrennen." Die Koſtenberechnung zweier Wirthe belief ſich auf 163 Rthl. Er fand ſie zu hoch, und befahl deren Reduction. Das übrige Vermögen blieb den Erben.

Zur Zeit des 30 jährigen Krieges regierte Fürſtbiſchof Philipp Adolf von Ehrenberg, deſſen Andenken durch die vielen Hinrichtungen von Hexen nicht wenig in Schatten geſtellt iſt. Doch war dieſer Fürſt nicht von grauſamer Sinnesart, wohl aber drängten ihn ſeine weltlichen Räthe zu Entſchließungen, die ſeinen Namen und ſein Amt ſchändeten. Das Faſcikel von Hexenproceß-Acten, welches uns vorlag, läßt ihn jedoch perſönlich in einem günſtigeren Lichte erſcheinen, wie nachfolgende Thatſachen beweiſen werden [1]).

Am 12. Mai 1626 wird der Gänshirt zu Heidingsfeld angezeigt wegen zauberiſcher Schäden, ſo er im Felde angerichtet. Unter'm 25. Mai reſcribirte ſein Landesherr: „Laſſet ihn; es iſt nur Geſchwäz, nach Art der Bauernregeln und daraus nichts Böſes wider ihn zu vermuthen; man ſoll ihn ermahnen, hinfüro ſich ſolcher Reden zu enthalten." Keller und Zentgraf aus Arnſtein berichten, daß ein gewiſſer Hans Günther und Hans Göbel, erſterer ſechzehn Jahre alt, ſich ſelbſt der Hexerei ſchuldig bekannt. Jener erklärt im Verhör, es ſeien nur Bexir = und Schimpfwörter geweſen. Später geſteht er ſeine Verführung durch ein Weib. Eine gleiche Unvorſichtigkeit im Wirthshausgeſpräche brachte den Hofbauer Balthaſar Müller in Haft. Im angetrunkenen Zuſtande hat er ſich mit zweideutigen Worten gebrüſtet. Zehn Zeugen, meiſt ehemalige Dienſtboten, wiſſen nichts von den angeblichen „Wichtlein" (Kobolden), welche ihm die ſchweren Säcke auf die Speicher getragen haben ſollten.

Am 29. December 1626 ſind acht Perſonen durch's Gericht zum Feuertod verurtheilt; eine ſoll ſogar vorher zweimal mit glühenden Zangen gezwickt werden. Dieſes Urtheil wird am 2. Januar 1627 vom Fürſtbiſchofe beſtätigt.

„Wann wir," ſchreibt er, „das angezogene Urtheil den kaiſerlichen Conſtitutiones gemäß befunden, alſo iſt Unſer gnädiger Befehl hiermit, ihr wollet ihnen ſämmtlich Freitag, den 15. dieſes Monats, einen pein=

---

1) Dr. Friedrich Leitſchuh, Beiträge zur Geſchichte des Hexenweſens in Franken 1883, gibt ihm folgendes Zeugniß: „Der Biſchof hatte freilich einige Jahre die Aufregung zu dämpfen und zu bemeiſtern geſucht, aber zu Ende des Jahres 1626 (dem Hungerjahre) konnte der ſonſt edle und fromme Mann auch nicht mehr zurückhalten." S. 14. Wo er perſönlich Einſicht ſich verſchaffte, war er milde im Urtheil.

lichen Rechtstag ansetzen, inmittelst die Geistlichen zu ihnen gehen, zur
Beicht, heiligen Communion und zur wahren Reue fleißig zu ermahnen.
Als dann das Urtheil auf angesetzten Termin zwar beigelegt und for-
mirter Maßen öffentlich publiciret, jedoch aber und da sie sich mit wahrer
Reu einstellen und erzeigen werden, sie erstlich mit dem Schwerte hinrichten und ihren Körper zu Asche verbrennen lassen. Bezüglich der zwei
Angriffe mit Zangen sollen die Richter die Anordnung unseres abgeord-
neten Rathes Zirners erwarten." Am 14. Juni wird ein Vater hingerichtet, welcher nebst seiner Frau und zwei Töchter durch seinen Sohn
Michael Winter zu Dippach als Zauberer denuncirt worden war. Das
Verbrechen des Knaben sollte, wie Schultheis Kramer berichtete, darin
bestanden haben, daß er andere Leute blind und lahm gemacht habe vermittelst eines Pulvers. Derselbe bekennt die Abschwörung Gottes, Teufelstauf und viermalige Buhlschaft mit „Annelie" im Freien, nebst Ausfahrten nach Schmierung im Rücken und in der Seite. Auch habe er
Flöh gemacht. Der Vater bekennt auf der Tortur Alles. Als Ursache
seines Lasters der Zauberei bezeichnete er die große Armuth. Bei den
Tänzen habe seine Frau als Leuchter gedient.

Am 18. Juni klagt Michael Weichlin aus Zellingen, daß ein
Schulbub seinen Sohn Michael aufgefordert habe, eine Trudenschule zu
errichten und auf dem Miste Gott und den Heiligen abzuschwören. Im
Verhöre begehrt der Angeklagte, er wolle nicht mehr nach Hause zurück,
sondern in die Schule der Jesuiten; er wird einem Vormünder überwiesen,
der ihn fleißig zur Kirche, Schule und zum Gebet anhalten soll. Eine
Dorothea Schneider, angeklagt, daß sie im Spital zur Nachtszeit allerlei
dunkle Gestalten um ihr Bett gesehen, wird gefoltert, und, weil sie Nichts
wider sich bekennt, am 11. Juli 1628 aus der Stadt verwiesen. Im
Januar 1628 werden zehn Schulkinder zwischen acht und dreizehn Jahren
examinirt. Acht unter ihnen werden dem Hausvater zur Aufsicht und
Besserung übergeben. Nicht so zwei andere, Sybille Lutzin und Anna
Rauschin, jene eilf und diese zwölf Jahre alt. Beide sollten hingerichtet
werden; denn ihr Leumund war sehr schlecht. Erstere hatte im Protocoll
erklärt, sechs Mal mit Meister „Hämerlein" gebuhlt zu haben, wobei
bemerkt wird „diesen Beischlaf hat das Kind formalissime beschrieben."
Diese bekannt das Nämliche von Meister „Federlein". Auch von der
8 ½ jährigen Mürchin heißt es, daß sie coitus cum daemone gehabt
als incubus und hat formaliter darüber ausgesagt.

Am 27. September 1628 wird der Burgvogt zu Dundorf, welcher
Hexerei halber eingezogen war, wieder in Freiheit gesetzt und auf hohe
Verfügung ihm seine Stelle wieder gegeben. Am 12. August wird
eine Anna Weimann aus dem Julius-Spital verhört. „Ich hab in

meiner Jugend nicht getanzt, um wie viel weniger in meinen alten
Tagen." Von Kellerfahrten weiß sie nichts. Beim Teufelsnamen spuckt
sie aus, sie wird bis auf Weiteres entlassen. Am 26. October wird
eine Margaretha mit „bösem Halse" aus dem Julius-Spitale vorgefordert,
weil sie von vier Kindern denuncirt ist. Sie leugnet aber pertinaciter
und wird durch den Fürsten des Landes verwiesen. Der Schulknabe
J. Phil. Schuck aus dem Julius-Spital wird den 28. October 1628
examinirt. Zuerst negirt er, nach 46 Streichen läugnet er noch. Dasselbe geschieht nach der Confrontation; er erhält nachmals 77 Streiche
und nun macht er ein umfassendes Geständniß. Darin ist namentlich
schrecklich zu hören, nicht was er über seine Ausfahrten nach dem Kleesberg und dem Sauwassem, noch daß er als Complicen einen Vicarius
vom neuen Münster und verschiedene Alumnen denuncirt, sondern mehr
Dasjenige, was er von seinen geschlechtlichen Ausschweifungen mittheilt.
Er gibt noch verschiedene Namen von Mitschuldigen an; er soll, sofern
er darauf verharret, Freitag den 9. November hingerichtet und verbrannt
werden. Er getraut sich, noch ein „Engel" zu werden. Ebenfalls wird aus
dem Julius-Spitale am 26. October 1628 ein zwölfjähriger Jacob Ruß
aus Fulda vorgefordert. Anfangs leugnet er, wiewohl auf ihn bekannt
worden war; erst nach wiederholten Streichen mit der Ruthe bekannt er
sich schuldig, hat an den Ausfahrten auf den Kleesberg Theil genommen,
auch Viele gesehen, welche als Leuchter gedient haben. War auch in den
Spitalkeller gefahren, wo die großen Fässer liegen. Er gibt viele Complicen an, darunter auch Geistliche. Die Stadtassessoren beschließen ein-
stimmig, daß, wenn er bei seinem Geständnisse bleibe, er am Freitag,
den 10. November, hingerichtet werde. Bei Vernehmung des Urtheils
hat er geweint und Besserung versprochen, wenn man ihm das Leben
lasse. Vom 15. Mai 1629 liegt eine Rechnung vor über noch nicht
bezahlte Unkosten für fünfzehn Personen, welche ihrer Haft entlassen
waren. Die Klage geht aus von Valentin Wolf, dem Sternwirth.
Am 30. Juli 1629 beginnt ein Anklage-Proceß, Stein contra Hügel,
wegen Beschuldigung der Hexerei. Der Proceß wird gründlich mit Zeugen
und Anwälten geführt. Hügel wird verurtheilt, vierzehn Tage Thurm
und 35 Reichsthaler Geldstraf. Nach Absitzung der Haft supplicirt er
unter dem 11. August um Erlaß der Geldstrafe; der Fürstbischof erläßt
ihm die Hälfte „wegen seiner unschuldigen Kinder". Eine weitere große
Untersuchung entspann sich gegen Nic. Späth, einen Küfer aus Dettel-
bach. Derselbe hatte sich gerühmt, ein altes Zauberbuch zu haben, wodurch er es vermöge, 1. ein weißes Pferd schwarz, 2. sich unsichtbar zu
machen, wozu er einer dicken Mauer bedürfe, 3. sich hieb- und stichfest zu
machen. Er gebrauchte drei Gläser, mit Rothwein gefüllt, um auf Grün-

Donnerstag getrunken zu werden; das sei gut gegen das „Heben", d. h. als Präservativ gegen einen Bruch. Späth besitzt auch einen großen merkwürdigen Segen, genannt „Segen des heil. Tobias" mit der Aufschrift »liber artium«. Die Einleitung sagt, Tobias habe seinem Sohn diesen Segen mit auf die Reise gegeben. Darin figuriren mit Variationen die geheimnißvollen Worte: an † pra † kira † tentem † gerite † karck † thevares † esta † 20 K. 2 X.

Hans Merklein von Zellingen will vom Satan in der Scheuer das Gebet gelernt haben: „Lirum larum Besenstiehl, alte Weiber essen viel [1)]." Dieser Teufel hatte aber Hühnerfüße; habe ihm versprochen, in acht Tagen eine Bütte voll Geld zu bringen. Er sei aber inzwischen ins Gefängniß gewandert, und hier sei er ihm erschienen, und habe ihn mit Prügeln bedroht.

Eine gedruckte Vorladung vom 22. Mai 1628 liegt bei den Acten, wodurch der flüchtig gewordene fürstliche Rath Dr. Fr. Burkhardt aufgefordert wird, sich vor dem Centgrafen wegen Verdachts der Zauberei zu stellen und zu verantworten. Dieser hatte sich nach Speyer an das Reichskammergericht gewendet, welches indessen aus Competenzmangel hierin nichts that.

Eine nicht geringe Genugthuung wird den weltlichen Richtern die Gesandtschaft der Stadt Hagenau bereitet haben, welche im Januar 1631 in Würzburg erschien, geschickt vom Rathe und Bürgermeister dieser Reichsstadt, mit dem Vortrage: „Daß bei uns im Unter-Elsaß und in der R.-Stadt Hagenau das abscheuliche Laster der Zauberei oder Hexenwerkes dargestallt leider Gottes soweit eingerissen, daß man fast nicht weiß, wie solch gotteslästerlichem Unterstehen zu steuern, der hierzu gebrauchte amtliche Proceß in der peinlichen Frage bei den Maleficianten nichts mehr effectuiren noch verfangen. Nun haben wir von verschiedenen Orten her und auch von unserem Syndico rühmen hören, wie es in Ew. Fürstl. Gnaden Herzogthum Franken fast überhand genommen und dann exstirpiert worden. Darum bitten sie um gefällige Mittheilung durch die Abgesandten und Instruction über die dortige Procedur von Anfang bis Ende, über modus torquendi et executionis."

Mit dem 15. October 1631 hörte die fürstliche Regierung auf. Gustav Adolf, welcher Würzburg in diesem Tage in Besitz nahm, setzte eine schwedische Verwaltung ein, welche bis 1635 dauerte. Mit dem Ableben des Fürstbischofs Philipp Adolf erhielt der frühere Domherr

---

1) Die erste Hälfte bildet den Vordersatz von einem Volksräthsel: Lirum larum Besenstiel, wie schreibt man das? Cf. Studiosus jovialis Augsburg 1779, S. 558, No. 145.

Graf Schönborn die Würde eines Herzogs von Franken 1642. Die Hexenverfolgungen hörten nunmehr ganz auf. Als in der wetterauischen Stadt Lindheim in den Jahren 1662—68 eine abermalige grausame Hexenverfolgung in Scene gesetzt wurde, flüchtete der entwichene Müller Schüler nach Würzburg. Die Lindheimer Mühle stand im Abhängigkeits-Verhältniß zur Domdechanei daselbst. Der damalige Domdecan von Rosenbach nahm sich seines Clienten warm an. Daß Geiß, der Hexen-vogt und wüthige Herr, 1666 seines Dienstes entlassen wurde, darf man auch auf den Einfluß des Würzburger Domherrn zurückführen[1]). Als die Gesandtschaft der Stadt Schweinfurt, bestehend aus Dr. Johann Wörfeln und August Dachern im Mai 1665 nach Würzburg kam, um in dem Hexenproceß des Frh. von Steinau gegen Margaretha Rumelin über Auslieferung einer Person zu verhandeln, fanden sie beim Dom-capitel und Statthalter eine sehr kühle Aufnahme[2]). In ihrem Referate vom 16. Mai heben sie dieses besonders hervor.

Eine traurige Episode in der Geschichte Würzburgs bildet die am 21. Juni 1749 vollzogene Hinrichtung der Ordensfrau und Subpriorin Maria Renata aus Niederzell, wegen angeblicher Besessenheit. Diese Be-sessenheit hatte sich auch auf eine Anzahl von Mitschwestern erstreckt. Es kamen die sonderbarsten Plagen und Vexationen in dem Kloster vor; Zer-störungen an Utensilien und Beschädigungen aller Art, auch Angriffe auf die Frauen. Die Subpriorin galt als Urheberin dieser Teufelei. Sie war sehr jung, ohne Beruf, nur auf der Eltern Wille eingetreten, nach-dem sie in der Welt etwas frei gelebt haben mochte. Denn die Vorgabe, durch den Satan in Gestalt eines Officiers verführt worden zu sein, ist zu bedenklich, um es für bloße Einbildung anzunehmen. Es wurde eine Untersuchung eingeleitet, welche die Besessenheit constatirte; hierauf wurde Renata begrabirt und dem weltlichen Arme übergeben, welcher das Ur-theil des Todes aussprach und vollstrecken ließ. Renata starb ruhig und ergeben mit der Bitte um das Gebet für ihre arme Seele.

II.

Das würzburgische Amt Rothenfels.

Im Jahre 1616 wurde eine Frau Schultesen als Hexe eingezogen, welche im peinlichen Verhör bekannte, daß sie ein ungetauftes Kind aus dem Grabe weggenommen, zu Hause gereinigt, zerschnitten, das Fleisch gegessen und das Gehirn und Gebein zu Pulver und Schmier verwendet habe. Ihre Fahrten gingen an verschiedenen Orten in die Keller, wo

---

1) Horst, Dämonomagie II. 443. — 2) Siehe oben Schweinfurt. S. 87.

sie sich voll getrunken. Am Tage vor diesem Verhör war sie mit Selbst-
mordgedanken erfüllt gewesen. Sie wird am 11. Juli mit noch drei
anderen Gefangenen justificirt durch Schwert und Feuer. Es erschien
darauf ein bischöflicher Erlaß, demgemäß unter den Gefangenen die drei
verschrienesten Personen peinlich examinirt werden sollten. Die Geistlichen
wurden angewiesen, die Inhaftirten zu besuchen, zur Reue und zum
Empfang der heil. Sakramente zu bewegen. Die Mehrzahl der Eingezogenen waren Weibspersonen und bekannte sich unschuldig; auf der Tortur jedoch bekannten sie sich als Zauberinnen, mit Ausnahme von Zweien,
Apollonia, Eichelhan's Frau und deren Tochter Amala, welche troz aller
Grade der Tortur bei ihrer Unschuld verblieben. Die anderen bekennen
Ausfahrten zu Tänzen, Verläugnung Gottes und der Heiligen, die teuf-
liche Taufe und Unsittlichkeiten; sie geben auch andere Mitschuldigen an.
Es kommen sogar Selbstmordversuche in den Gefängnissen vor, öfters
mit Erfolg, so daß eine Verordnung den Wächtern eine größere Wach-
samkeit anbefehlen mußte. Bekenntnisse über angerichtete Schäden an
Menschen, Vieh oder Früchten kommen hierorts selten vor. Fast durch-
gehends geschehen die Bekenntnisse erst auf oder nach der Tortur. Das
Jahr 1626 beziffert die Zahl der Examinirten vom 3. August bis Ende
September auf 39 Personen, unter denen nur eine Apollonia, Schreiners Weib, entlassen wird, weil sie ungeachtet aller Tortur auf ihre Unschuld beharrte. Am 9. November erging das Rescript des Fürstbischofs an den Vorsitzenden des Gerichtes, Rath Dr. Kellermeier, den
inhaftirten Inquisiten den peinlichen Rechtstag anzusetzen. Das Urtheil
lautete auf Tod durch Feuer. Würden aber die Verurtheilten sich
zur Reue bekennen, so sollte ihnen die Gnade des Todes durch das
Schwert zu Theil werden. Die bemeldeten 39 Personen gehörten
zu den Gemeinden Erbach, Neustadt und Rothenfels. Im Jahre
1627 fand in Marktheidenfeld ein größerer Proceß gegen 16 Hexen
statt. Hier war die Strafe eine härtere als in vorbenannten
drei Orten, nämlich: Tod durch Strangulation und Einäscherung des
Körpers, bei der Mehrzahl nach vorherigem zwei- oder dreifachem Angriff
mit glühenden Zangen. Das Urtheil stüzt sich auf Art. 109 der Carolina. Ursache der Härte mag gewesen sein, weil hier die Bekenntnisse
auf Beschädigung von Menschen, Thieren und Früchten lautete[1]. Die

---

1) Oder wird die erklärende Ursache im Eingange des Urtheils enthalten
sein? „In peinlicher Rechtfertigung zwischen dem hochwürdigen Fürsten . . . und
des Grafen und Herrn zu Castel als Mit-Zehntherrn und Bevollmäch-
tigten peinlichen Anwaltes, Gewalthabers gegen 16 Unterthanen nach erfolgter Antwort, verhörter Kundschaft und Gegenrede, wie nach
allem Für- und Anbringen."

Untersuchung, welche im Jahre 1628 durch einen neuen Commissar ge=
führt wurde, scheint nur auf wenige Personen sich erstreckt zu haben.
Die Acten weisen drei Namen auf, darunter eine Anna Hufnagel, welche
nach standhaftem Abläugnen der Hexerei frei gelassen wurde [1]). Im
Ganzen sind in einem Zeitraume von 15 Jahren in dem Amte Rothen=
fels 92 Personen processirt worden, die 14 von Marktheidenfeld mit
eingerechnet. Dieselben vertheilen sich:

Bergrothenfels 4, Erbach 13, Hafenlohe 1, Karbach 12, Neu=
stadt 14, Rothen 4, Rothenfels 13, Waldzell 2, Windheim 1 und Zim=
mern 4.

Schließlich sei hier noch mitgetheilt, daß sowohl Geistliche in Rothen=
fels wie in Neustadt dem Hexenhandel entgegen traten. Der Kloster=
pater Valentin Minor zu Neustadt hat in seiner Vaterstadt Rothenfels
gegen üble Nachreden wegen Hexerei geeifert und namentlich seine eigene
darin bezüchtigte Schwester mit Nachdruck vertheidigt. In Neustadt be=
findet sich noch heute das Portrait des Abtes Georg Ehhalt, von welchem
der Volksmund sagt, daß er die Hexen verbrannt habe. Es ist eine Verwechs=
lung, da es heißen muß, unter seiner Regierung seien Hexen verbrannt
worden [2]). In Karbach vernimmt man, daß der Pfarrherr dem inhaf=
tirten Bürgermeister drei volle Stunden widmet, um ihn zu trösten und
ihm beizustehen. In Obernburg ist es der Stiftsgeistliche Pfarrer
K l ö p p e r , welcher gegen die Hexenverfolgung eifert. Pfarrer Nicolaus
G ö l l aus Eichenbühl sei hier noch erwähnt; ebenso Pfarrer Johann R e i ß =
m a n n in Großwollstadt.

Bei Durchlesung der Acten aus den katholischen Districten kann man
den Contrast zwischen der Thätigkeit des katholischen Clerus und der
protestantischen Geistlichkeit nicht verkennen. Ersterer steht den Examen
und Proceduren ganz fern. Wenn in Miltenberg vor dem zweiten Jahr=
zehnt des 17. Jahrhunderts die Geistlichkeit anfänglich zugezogen wurde,
so kann das spätere Fernbleiben von denselben nur zu ihren Gunsten
Zeugniß geben, indem sie aus eigenem Antriebe sich an diesen traurigen
Excessen nicht betheiligen wollten. Hingegen finden wir die protestantische
Geistlichkeit thätig eingreifend in den Gang der Proceduren; sie nehmen

---

1) Außer dieser genannten Anna Hufnagel sind es noch acht andere Frauen,
welche bemerkenswerth sind durch ihren Muth in der Vertheidigung ihrer Un=
schuld und in der Standhaftigkeit während der Tortur.

2) Ein gewisser Hans Ehhalt, Bürgermeister von Karbach, von dem man
nicht weiß, inwiefern er mit genanntem Abte verwandt war, soll allerdings den
Hexen eifrig nachgespürt haben. Vielleicht findet hier eine Personenverwechselung
statt.

Theil an den Verhören, wohnen nicht selten dem Act der Tortur bei und setzen ihre ganze Amtsgewalt ein, um die Inhaftirten zum Schuldbekenntnisse zu bewegen. Dafür geben Beweise die Acten von Wertheim und aus der Wetterau.

Viertes Kapitel.

Das Fürstbisthum Bamberg.

Unter den deutschen Reichsständen war der Fürstbischof Georg III. der erste, welcher eine peinliche Halsgerichtsordnung im Jahre 1510 publicirte. Als Motiv wird angegeben, daß diese Drucklegung erfolge, um der Unwissenheit der im Rechte oft nicht erfahrenen Richter zu steuern. Denn die Erfahrung hatte gezeigt, daß „durch Uebersehen und Unwissenheit viel und mancherlei Uebung, Mißbrauch und Gewohnheit eingewachsen, die dem Rechte nit gemäß und zur Hinderung des Rechtes dienen."

Der §. 131 dieser Halsgerichtsordnung besagt, nachdem in §. 130 von der Strafe der Ketzerei die Rede war: „Item, so jemand den Leuten durch Zauberey schaden oder nachteyl zufügt, sol man strafen vom Leben zum Tod und sol sölche straff gleich der Ketzerey mit dem Feuer thun. Wo aber Jemand Zauberey gebraucht und damit nyemant keinen Schaden getan hätte, sol sunst gestrafft werden nach gelegenheit der sach, darynnen die urteyler rats gebrauchen söllen, als vom ratsuchen geschrieben steet [1]."

Die Abfassung und Einführung dieses Gesetzbuches wird dem einflußreichen Juristen Johann von Schwarzenberg zugeschrieben.

Es vergingen hundert Jahre, ohne daß der §. 131 oft angewendet worden wäre „die Zauberer und Hexen zu strafen an Leib und Leben." Erst am Anfange des 17. Jahrhunderts begegnen wir solchen Processen. Die ersten fanden statt unter der Regierung von Gottfried von Aschhausen, 1609—1622.

Dann nahm das Uebel erst Ueberhand unter Georg II. Fuchs von Dornheim, 1623—1633. Das Stift litt furchtbar unter den äußeren Drangsalen des dreißigjährigen Krieges und im Innern durch die Hexenprocesse. Für letztere macht man gewöhnlich den Weihbischof Forner, Bischof von Hebron, mitverantwortlich. Es ist historisch nicht zu leugnen,

---

1) Bambergische Halsgerichts- und Rechtbuch-Ordnung im Peinlichen Sachen zu wolufern allen Stetten ꝛc. gedruckt zu Menz durch Johann Schöffer auf Laurencii 1510. S. 45. In Joh. Samuel Friedrich von Boehmers Meditationen zu Carls V. Halsgerichtsordnung, Halle 1770.

daß dieser Mann alle Kräfte zusammen raffte, um die Gegenreformation im Hochstifte durchzuführen. Er selbst glaubte aber, daß nach Ueberwindung der Haeresie der böse Feind mit dem Unkraute der Magie aufgetreten sei, um das Werk zu hindern. Ist dieser chronologische Zusammenhang richtig, so dürfte vielleicht auch ein causaler Zusammenhang zulässig sein. Denn es ist nachweisbar, daß in katholischen Territorien vorzugsweise zu der Zeit und in den Bezirken der Hexenwahn und in Folge dessen die Hexenverfolgung um sich griff, wo die Bevölkerung theilweise dem Protestantismus zugefallen war. So in Trier und Würzburg. Den Hauptantheil der Schuld tragen die Juristen und weltlichen Räthe des Bischofs, welche mit unmenschlicher Härte und Gefühllosigkeit die Verfolgung der Verdächtigen und Denuncirten in Scene setzten.

Der kurze Einblick in einen Theil der Prozeßacten ließ folgende Eigenthümlichkeiten des Bamberger Verfahrens erkennen.

Die eingezogenen Personen wurden in der Regel 13 mal examinirt und die peinliche Frage in folgenden Stufen vollzogen: Zuerst gebunden; dann Anlegung von Daumschrauben; drittens Beinschrauben; viertens der Zug auf der Leiter; fünftens Geißelung mit Ruthen. Bei schweren Verbrechen, als Kindesmord ꝛc. wurden vor der Hinrichtung noch Griffe mit glühenden Zangen decretirt. Solche Marter ertrug eine Magaretha Stümlein ohne Bekenntniß. Eine Bickin Gertrude von Lichtenfels wird mit glühenden Zangen gezwickt auf dem Gange zur Richtstätte, weil sie gegen Gottes Gebot und gegen Natur als Kindesmörderin gefrevelt hatte.

Oftmals erwirkten die Verurtheilten sogenannte „Gnadenzettel" d. h. Verwandlung der Feuerstrafe in Hinrichtung mit dem Schwerte. So erhielten unterm 10. Februar 1628 sieben justificirte Personen den Gnadenzettel.

Unter den eingestandenen Verbrechen und Uebelthaten sind die Teufelsbuhlschaft, Ausfahrt auf Tänze und Convente, Wettermachen und Beschädigungen an Menschen und Thiere die gewöhnlichsten. Dagegen kommen nicht vor: Ausgraben von Kindesleichen, um sie zu sieden und Schmier daraus zu machen. Kein Priester wohnt den Examina's bei. Auch findet man keine Kinder-Epidemie, wie in Unterfranken und an anderen Orten. Den Verurtheilten war es gestattet sich des Beistandes eines Beichtvaters zu bedienen. Gewöhnlich versahen diesen Dienst die Patres Jesuiten, welche unter dem Fürstbischofe Georg III. eingeführt worden waren. Ein sehr schwerwiegender Factor für die Hexenrichter zur absichtlichen Heranziehung von Verdächtigen ist die Habsucht gewesen. In den Katalogen der Eingezogenen ist nämlich nicht vergessen die Taxation ihres Vermögens zu registriren, ein Zeichen, wie viel Werth darauf gelegt wurde. Zwei Dritttheile des Vermögens fielen in der Regel dem Fiscus zu, ein Drittheil den Richtern. Es ist darum nicht zu verwundern, daß man unter den Verurtheilten so viele Personen vom Stand, Rang und Reichthum findet. Es war mit der Güterconfiscation so weit gekommen, daß auf vorgebrachte Beschwerden der Unterthanen hin Kaiser Ferdinand II. unterm 26. Mai 1630 ein eigenes abmahnendes Mandat an den Bischof Johann Georg erlassen mußte. Der Kaiser begehrte auch Zulassung der Defension für die Angeklagten.

Einer der beklagenswerthesten Processe ist jener gegen den Bürgermeister Johann Junius 1628. Dieser Mann war geboren zu Niedermaisich in der Wetterau. Derselbe war öfters Bürgermeister und Rathsherr der Stadt gewesen und stand in hohem Ansehen. Doch hat dieses ihn nicht geschützt vor der Anzeige, daß er ein Druttenmeister sei. In Bamberg wie in Würzburg ist der Ausdruck der gewöhnliche für Zauberer oder Hexe. Der Kerker ist Druttenhaus, der Hexenkittel Druttenkittel. Sechs Personen hatten auf den Junius ausgesagt. Im Verhöre vom 28. Juni 1628 bekannte sich Joh. Junius als unschuldig. Zwei Zeugen werden ihm vorgeführt, welche ihn der Zauberkunst beschuldigen. Am 30. Juni wird ihm ein dritter Zeuge gegenübergestellt, der ihn gleichfalls als Mitschuldigen bezeichnet. Darauf wird er zur Folter geführt. Die zwei ersten Tormenten mit Daumenstock und Beinschrauben überwindet er mit Standhaftigkeit; dann wird nach dem Teufelsmalzeichen gesucht, und er an drei Stellen des Körpers gestochen. Dann folgt der Zug auf der Leiter. Der Gefolterte gesteht nichts. Am ersten Juli gesteht er endlich aus Furcht vor neuer Pein die Buhlschaft. Allein man findet noch nicht das Gewünschte. Man sucht neue Indicien. Er tergiversirt und vergießt keine Thränen. Er wird endlich verurtheilt zum Tod durch das Schwert, und daß der Leichnam verbrannt werde.

Eines der rührendsten Actenstücke aus den Hexenprotocollen ist der Brief, welchen der Gefangene unterm 24. Juli 1628 an seine Tochter richtete um Abschied von ihr zu nehmen und seine Ehre und guten Namen in den Augen seines Kindes sicher zu stellen gegenüber dem schrecklichen Bekenntnisse, welches er gegen sich selbst abgelegt hatte. Ihn trieb das Ehrgefühl und die Liebe zu seinem Kinde diese Schmach von sich abzuwälzen, und deßhalb schrieb er in bewegten Worten, um sein Kind zu belehren, daß es an seinem Vater nicht irre werden solle, wenn es von seiner Urgicht, seinem Bekenntnisse, etwas erfahre. Der Brief ist wahrscheinlich aufgefangen worden und so zu den Acten gekommen. Er ist dreimal in die Länge und einmal in die Breite ge-

falten und trägt die Zeichen der Aechtheit sichtbar zur Schau. Dr. Leitschuh hat ihn in seiner Broschüre wortgetreu mitgetheilt. Die Leser
werden es mit Dank aufnehmen, wenn ich einige Bruchstücke aus demselben mittheile:

„Zu viel hundert tausend guter nacht hertzliebe dochter Veronica.
Unschuldig bin ich in das gefengnus kommen, unschuldig bin ich gemarttert worden, unschuldig muß ich sterben. Denn wer in das hauß
kompt, der muß ein Drudner werden oder wird so lange gemarttert, biß
das er etwas auß seinem Kopff erdachte weiß, und sich erst, daß got erbarme, of etwas bedencke. Wil dir erzehlen, wie es mir ergangen ist.
Alß ich das erste mahl bin uf die Frag gestemt worden, war Doctor
Braun, Doctor Kötzendörffer und die zween frembde Doctor da.

Da fragt mich Doctor Braun zu Abtswert: Schwager, wie kompt
ir daher. Ich antwort: durch die valsheit, unglück. Hört, Ir, sagt er,
Ir seyt ein Drutner, wolt Ir es gutwillig gestehen, wo nit, so wird
man euch Zeug herstellen und den Hencker an die seyten. Ich sagt, ich
bin kein Drutner, ich hab ein reines gewissen in der sach, wan gleich
tausent zeug weren, so besorg ich mich gar nicht, doch wil ich gern die
Zeug hören. Nun wurdt mir des Cantzlers Sohn Dr. Haan vorgestelt,
so fragt ich Ihn, Her Doctor, waß wißet Ir von mir. Ich hab die
Zeit meines lebens weder in gueten noch bössen nie noch (mit Euch) zu
thun gehabt; so gab er mir die Antwort, Herr Collega, wegen des
landtgerichts. Ich bit euch umb der Zeugen. In der hoffhaltung hab
ich euch gesehen. Ja, wie aber? Er wißt nicht. So bat ich die herrn
Commissarios, man soll ihn beyeidig und recht examiniren. Sagt Doctor
Braun, man werd es nicht mach, wie Ihr es haben wolt, es ist genug,
daß er euch gesehen hat. Gehet hin herr doctor. Ich sagt: so, herr,
was ist das für ein Zeug? Wann es also gehet, so seyt ir so wenig
sicher, alß ich oder sonsten ein ander ehrlicher man. Da war kein gehör. Darnach kommt der Cantzler, sagt wie sein sohn; hette mich auch
gesehen, hat mir aber nicht uf die Füß gesehen, waß ich war. Darnach
die hopffen Elß. Sie hette mich im haupts mohr dantzen seh. Darnach
hat man mich erst außgezogen, die hendt uf den Rücken gebunden und
uf die höhe in der fulter gezogen. Da dachte ich, himmel und erden
ging under, haben mich achtmahl auffgezogen und wieder fallen lassen,
daß ich ein unselig schmerzen empfan.

Als mir nun unser hergot geholfen, habe ich zu Ihnen gesagt:
Verzeihe euch Got, daß ir ein ehrlich man also unschuldig angreift, wollt
ihn nicht allein umb leib und seel, sondern umb hab und guet bring.
Sagt Doctor Braun, du bist ein schelm. Ich sagt, ich bin kein schelm,
noch solcher man und bin so ehrlich, als Ir alle seyt, allein weyle es

also zugehet, so wirdt kein ehrlicher man in Bamberg sicher sein, Jr so wenig als ich oder ein ander. Sagt Doctor, er wer nit vom Teuffel angefochten; ich sagt: ich auch niht, aber eure falsche Zeugen, das sen die Teuffel, eure scharffe marter. Dann ihr laßt kein hinweg und wenn er gleich alle Marter ausstehet.

Vnd dieses ist den Freytag, den 30. Junÿ geschehen, hab ich mit Gott die Marter aussteh müß. Hab mich also die gantze Zeit nit anziehn noch die hendt brauchen können ohne die andern schmerzen die ich ganz vnschuldig leiden muß. Als nun der Hender mich wieder hinwegführt in das gefengnus, sagt er zu mir: Herr, ich bit euch vmb gotteswillen, bekennt etwas, es sey gleich war oder nit. Erbenket etwas, dan ir könnt die marter nicht ausstehen, die man euch anthut, vnd wann ir sie gleich alle ausstehet, so kompt ir doch niht hinaus, wann Jr gleich ein graff weret, sondern fangt ein marter wider auf die andere an, bis ir saget, ihr seyt ein Truttner, vnd sagt, eher niht dann left man euch zufrieden, wie denn auß allen iren vrtheylen zu sehen, daß eins wie das ander gehet . . . .

Darauf ich dann den Pater prior im prediger Closter begert hab, — ihn aber niht bekomen können. Vnd dann ist dieses mein Außsag, wie folgt, aber alle erlogen.

Nun folgt, hertzliebes kindt, was ich hab außgesagt, daß ich der großen marter vnd harten tortur bin entgangen, welche mir vnmöglich lenger also auszustehen gewesen were. Itzunder volgt mein außag mit lauter lügen, die auf befragung der noch großen marter sag muß vnd darauf sterben muß.

Ich sey of mein Feldt bey dem Friedrichsprunnen gangen gantz bekummert, hab mich daselbsten niedergesetzet, do sey ein graßmeblein zu mir kommen vnd gsagt: Herr, was macht ir, wie seyt ir so trawrig. Ich darauf gesagt: Ich wißte es nicht, also hat sie sich neher zu mir gemacht. Sobalt solches geschah, ist sie zu einem geißbock worden vnd zu mir gesagt: siehe, itzunder siehstu, mit wem du zu thun hast; hat mir an die gurgel gegriffen vnd gesagt, du mußt mein sein oder ich will dich umbbring. Do hab ich gesagt, behüt mich got darfür. Also ist er verschwunden vnd balt wieder komen vnd zwey weyber vnd drey menner bracht. Ich (solle) gott verleugnen, so hett ich es gethan; Gott vnd das himmlische heer verleugnet; darauf helte er mich getaufft vnd waren die zwey weiber die tauf dotten; hetten mir ein ducaten eingebunden, were aber ein scherben gewesen.

Nun vermeint ich, ich wer gar forüber, da stellt man mir erst den Hender an die seylen, wo ich of denke gewesen, da wust ich niht, wo auß oder ein; besann mich, daß der Cantzler vnd sein sohn vnd die hopffen Elſe alte hofhaltung, rahtſtube vnd haubtsmohr genenet hetten, vnd was ich ſonſten bey den derartige vorleſen gehört hab, nennet ich ſolche ort auch.   Darnach ſoll ich ſag, was ich für leut alba geſehen hette. Ich ſage, ich hette ſie niht gekennet. — „Du alter Schelm, ich muß Dir den hencker übern hals ſchicken. Sag . . ., iſt der Cantzler niht da geweſt? So ſagt ich ja. „Wer mer?“ Ich hette niemandt gekennet. So ſagt (er): „Nehme ein gaß nach der andern; fahr erſtlich den marck heraus vnd wieder hinein.“ Da hab ich etliche perſohn müſſen nennen — darnach die lange gaſſe. Ich wuſte niemand. Hab acht perſohn daſelbſten müſſen nennen — darnach den Zinkenwert — auch ein perſohn; darnach vf die ober prucken biß zum Georgthor vf beden ſeyten. Wuſte auch niemandt. Ob ich nichts in der Burg wüſt, es ſey wer es (wolle), ſolle es ohne ſcheu ſag. Vnd ſo fortan haben ſie mich vf alle gaſſen gefragt, ſo hab ich nichts mehr ſag wollen noch können. So haben ſie mich dem hencker geben, ſoll mich auszieh, die haar abſchneid vnd vf die Tortur zieh. „Der ſchelm weiß ein vfm marck, gehet täglich mit im vmb vnd will ihn niht nennen.“ So haben ſie den Dietmeyer genennet; alſo hab ich ihn auch nennen müſſen. Dar-nach ſoll ich ſag, was ich for vebel geſtifft hab. Ich ſagt nichts.

Der Böſe het mich wohl angeſonnen, allein weyle ich es niht thun wolln, het er mich geſchlagen. „Ziehet den ſchelm auf!“ — So hab ich geſagt, ich hette mein Kinder umbbring ſollen, ſo hette ich ein pferdt dargegen vmbbracht. — Es hat niht helfen wollen. — Ich hette auch ein hoſtien genohmen vnd die eingegraben. — Wie dieſes geredt, ſo ha-ben ſie mich zufride gelaſſen. Nun, hertzliebes kindt, da haſtu all meine Ausſag vnd verlauf, darauf ich ſterben muß, vnd ſeint lautter lüg vnd erdichte ſach, ſo war mir gott helff. Dann dießes hab ich alles auß forcht der ferner angetrohenen marter vber die ſchon zuvor außgeſtandene Marter ſag müß. Denn ſie laſſen niht mit den martern nach, biß man etwas ſagt; er ſey ſo fromm als er wolle, ſo muß er ein trudener ſein. Kompt auch keiner herauß, wenn er gleich ein graf wär. Vnd wenn gott kein Mittel ſchickt, daß die ſach recht an tag kompt, ſo wirdt die ganze Schwegerſchaft verbrendt. Dan es muß ein jedes erſt laut be-kennen, was man gleich niht von einem weiß, wie das ich thun muß. Nun weiß gott im himmel, daß ich das geringſte niht kann noch weiß. Sterbe alſo vnſchuldig vnd wie ein martirer.

Hertzliebes Kindt, ich weiß, daß du ſo fromm biſt, als ich, So haſtu eben ſo wohl ſchon etliche pein vnd wann ich dir rahten ſoll, ſo ſollſtu von gelt vnd briefen, was du haſt, nehmen vnd dich etwa ein halb Jahr vf ein walfahrt begeben oder wo du dich ein zeit lang auß dem ſtifft mach kannſt, da rahte ich Dir, biß man ſiehet, wo es hinaus will. Mancher ehrlich man vnd ehrlich weib gehet zu Bamberg in die Kirchen vnd in seine andern gescheften, weiß niht böß, hat ein gut gewissen; wie ich auch bißhero wie du weißt ....

Nichts desto weniger wird er in dem Trubenhause angeben. Wenn er nur seine Stimme (?) hat, muß er fort, er sei gerecht oder niht. Es hat der Newdecker, Cantzler sein sohn, der Candelgiesser, wolff hofmeister dochter alle vf mich bekennt vnd die hopffen Else, alle vf ein mahl. Ich hab warlich hineingemüßt; also gehet es gar vilen vnd wirdt noch vielen also ergehen, wo got kein mittel schickt. — Liebes lindt, dieses schreiben halt verborgen, damit es nicht vnter die leut kompt, sonsten werde ich dermassen gemartert, daß es zu erbarmen, vnd es würden die wechter getöpffet. Also hoh ist es verboten. Herr vetter Stamer kanstu es wohl doch vertraulich ein wenig rasch lesen lassen. Bey im ist es verschwiegen. Liebes kindt, verehr diesem man 1 Reichsthaler; ..... — Ich hab etliche tag an dem schreiben geschrieben; es seint meine hendt alle lam. Ich bin halten gar übel zugericht. Ich bitte dich vmb des jüngsten gerichtes willen, halt dies schreiben in guter hut vnd bet für mich als dein vatter für ein rechten merterer nach meinem tobe ...... Doch hütt dich, daß du das schreiben nicht lautbar machest. Laß die Anna Maria auch für mich bet. Das darffst künlich für mich schwören, daß ich kein trubner, sondern ein mertirer bin vnd sterb hiemit gefaßt.

Guter nacht, denn dein vatter Johannes Junius sieht dich nimmermehr. 24. July ao. 1628."

Auf dem Rande des Briefes steht:

„Liebes Kindt, 6 haben auf einmal auf mich bekennt als: der Cantzler, sein sohn, Neudecker, Zaner, Hoffmaisters Ursel vnd Hopffen Els alle falsch, auß zwang wie sie alle gesagt, vnd mir vmb Gottes Willen eher sie gerichtet abgebetten ... Sie wissen nichts alß liebs vnd guts von mir. Sie hetten es sag müß, wie ich selbsten erfahren werde.

Kan kein Priester hab, darumb seh dich wohl für, was ich dir geschrieben hab, nimb das schreiben wohl in acht."

Mit dem Einzuge der Schweden in Bamberg 1632 und Uebertragung des Herzogthums Franken an Bernhard von Weimar werden die Processe gegen die Hexen gestört und später nach Rückkehr des Bischofs Melchior Otto Veit von Salzburg 1648 nicht wieder aufgenommen.

Die seit Hr. von Lamberg traditionelle Schilderung des Verfahrens, wie auch die Berechnung der Opfer auf 900, welcher Leitschuh beistimmt, ist doch nicht als sicher anzunehmen. Wohl mag diese Zahl mit jener der zur Untersuchung Gebrachten übereinstimmen, von denen jedoch

·viele freigegeben wurden. Und wenn jene Ziffer wirklich die Zahl der Justificirten in Bamberg richtig stellt, dann ist sie im Verhältnisse noch viel geringer, als z. B. die Zahl der Opfer in der Stadt Osnabrück, woselbst in einem Jahre 120 Hexen verbrannt wurden. Nicht weniger zahlreich waren die Opfer im Braunschweigischen, und zwar bestand hier die Todesstrafe fast einzig im Feuertod [1]).

Ein Rückblick auf die vorliegende Processe gegen Hexen in Deutschland ergeben ein zweifaches Resultat bezüglich der Confessionen. Zuerst bemerkt man, daß in katholischen Territorien diese Proceduren beginnen in Folge der Schwäche oder der Indifferenz eines Regenten, weßhalb sie auch mit dem Abgang desselben Mannes erlöschen. So in Würzburg, Trier, Bamberg, Fulda. Auf protestantischen Gebieten sind diese Processe mehr Product des Systems, oder eines Princips. Sie vergehen nicht nach kurzem Bestand, sondern sie erhalten sich fort, oft fünfzig, hundert und hunderfünfzig Jahre lang. So in Eßlingen, Schweinfurt, Wertheim, Leipzig, Calenberg zc. [2]).

Der zweite in die Augen fallende Unterschied besteht darin, daß die katholische Geistlichkeit im großen Ganzen der Verfolgung feindlich gegenüberstand, theilweise passiv, nur ein geringer Theil activ. Das umgekehrte Verhältniß findet man bei der protestantischen Geistlichkeit. Die Mehrzahl begünstigt die Hexenprocesse, ein Theil ist indifferent, wenige sind Gegner, wie Beller und Grevius, die wir im zweiten Theil kennen lernen werden.

Was hier aus den Acten als Thatsache sich ergibt, das wird im zweiten Theile das Ergebniß einer speciellen Untersuchung sein.

---

1) Solban-Heppe, Geschichte der Hexenprocesse II. 88.

2) Man kann die Sache wohl so fassen: Die Hexenverfolgungen sind auf katholischen Territorien sporadisch und periodisch; auf protestantischen Gebieten allgemein und chronisch. Hexenprocesse in Calenberg vgl. Fischer Aberglaube 1793 II. 134—175.

Drittes Buch.

Die Folter oder Tortur.

Das Institut der Folter als Beweismittel für die Wirklichkeit und Thatsächlichkeit verübter Verbrechen war schon bei Griechen und Römern in Aufnahme gekommen. Zur Zeit der Republik wurde sie in Rom ausschließlich bei Sclaven in Anwendung gebracht. Gegen freie Bürger gebrauchte man sie erst während der Kaiserzeit, besonders seit Tiberius. Vier Marterwerkzeuge waren bei den Römern gebräuchlich:

1. das Quetschbrett (tabularium),
2. das Streckpferd (equuleus) zum Auseinanderziehen der Glieder,
3. dreizackige Haken (ungulae), welche glühend gemacht und dem Delinquenten ins Fleisch gehackt wurden, z. B. in Wade, Brust und Schenkel.
4. Stricke zum Binden und Aufhängen fidiculae, flagella (die Geißel) [1]).

Durch die Römer wurden auch die Germanen mit der Folter bekannt. Sie erhielt sich bei ihnen bis ins 6. Jahrhundert, von da an wurde ihr Gebrauch seltener. Sie wurde ersetzt durch die sog. Ordalien und die sieben Eideshelfer, welch' Letztere man bei ihrer Anwendung die „Besiebung" nannte. Doch kommt auch an verschiedenen Orten während des Mittelalters die Folter noch zum Vorschein, wie dieses verschiedene Beispiele darthun, welche Seifarth [2]) gesammelt hat. Die Päpste wie auch verschiedene Concilien drängen auf Abschaffung der Ordalien. Jene begünstigen in Italien nach Gründung der Universitäten das römische Recht, während sie dessen Einführung in England und Deutschland zu verhüten suchen [3]). Man liebte es aber in Deutschland, sich Rechtslehrer von

---

1) Hrch. Boben. »de usu et abusu torturae« 1697, S. 898 bei Zanger.
2) „Peinliche Frage", in Zeitschrift für deutsche Culturgesch. Jahrg. 1859, S. 669.
3) Walther Kirchenrecht 12. Aufl. 679.

Bologna zu verschreiben, welche an deutschen Höfen in den Kanzleien verwendet wurden [1]).

Damit wurde der Einführung des römischen Rechtes der Weg bereitet, und mit ihm zugleich die Folter eingebürgert.

Das canonische Recht läßt den Gebrauch der Folter zu. Dieselbe erfuhr aber in ihrem Gebrauche wesentliche Einschränkungen durch die Gestattung der Reinigungsmittel, als Eid und Eideshelfer. Die Bedeutung der Folter für die Hexenprocesse wird dadurch ermessen, daß es ohne dieselbe keine Hexenprocesse gegeben haben würde, zum wenigsten keine permanenten [2]).

„Diese Processe, sagt Dr. Trummer, würden unter uns niemals die blutige canibalische Ausdehnung haben erlangen können, wenn von unseren Vorfahren die Strafrechtspflege besser überwacht und vor der Tortur bewahrt worden wäre [3])".

G. von Wächter erklärt, „wir würden heute noch so viele Hexen finden und verbrennen, wenn wir dasselbe Mittel anwenden würden, sie zu suchen: die Folter" [4]). Dagegen, bemerkt Trummer, hätten unsere altdeutschen Vorfahren dem römischen Rechte die erste Bekanntschaft verdankt mit diesem despotischen Mittel das erwünschte Geständniß zu erpressen [5]).

Plan und Zweck dieses Werkes erheischen eine nähere Untersuchung darüber, welche Stellung die beiden christlichen Confessionen zu diesem barbarischen Beweismittel in der Rechtspflege genommen haben.

Erstes Kapitel.
Stellung der katholischen Kirche zur Folter.

In erster Linie sind die Erklärungen des päpstlichen Stuhles von besonderem Interesse. Papst Nicolaus I. erklärt in einem Schreiben an die Bulgaren, welche ihn um Zusendung von Lehrern des römischen Rechtes gebeten hatten, sie möchten von diesem Ansinnen abstehen und ihr heimisches nationales Recht den Lehren des Christenthums anpassen. Betreffs der Folter, die bei ihnen in Gebrauch war, schreibt er dieses: „Ich weiß, daß, wenn ein Dieb ergriffen wird, ihr ihn der Folter überant-

---

1) Janssen Gesch. d. deutsch. Volkes I. 473.
2) Schindler, Aberglaube des Mittelalters 494.
3) Vorträge über Tortur, Hamburg 1844, S. 4.
4) Beiträge zur Geschichte des deutsch. Strafrechts S. 96.
5) Ueber Tortur S. 6.

wortet, bis er sein Verbrechen gesteht, aber kein göttliches oder menschliches Gesetz gestattet dieses; denn aus freien Stücken muß das Geständniß erfolgen, nicht gewaltsam ausgepreßt, sondern freiwillig gegeben werden. Ist diese Strafe einmal verhängt und ihr entdeckt dann die Unschuld des Angeklagten, erröthet ihr da nicht? Erkennt ihr da nicht die Ungerechtigkeit eures Urtheils? Und wenn ein Unglücklicher, nicht vermögend den Qualen zu widerstehen, sich für schuldig bekennt, ohne es wirklich zu sein, auf wen anders fällt die Gottlosigkeit als auf denjenigen, welcher ihn zum Bekenntniß der Lüge gezwungen? Verwerfet daher und verdammt solchen Gebrauch [1])."

Eine zweite Aeußerung im gleichen Sinne findet man in einem Schreiben Gregors VII. an Harald VII. von Dänemark, wo selbst Frauen wegen Erregung von Seuchen und Unwetter in Verfolgung gerathen waren: „Glaubet nicht, daß es euch zustehe, den nach unmenschlicher Heidensitte verurtheilten Weibern Leides zu thun, sondern lernt vielmehr durch angemessene Buße den Richterspruch einer göttlichen Vergeltung abzuwenden, als daß ihr durch gräuliches Wüthen gegen jene Unschuldigen den Zorn Gottes noch mehr über euch heraufbeschwöret [2])."

Während das canonische Recht so verfuhr und in Criminalfällen die Menschlichkeit zu schützen suchte, u. a. durch das Asylrecht [3]), war auch die Beweisführung über die verbrecherische That mehr auf Zeugen und Beweise als auf Inquisition und Folter basirt. Das änderte sich im Mittelalter zu der Zeit, als die greulichen Ketzereien eine so gewaltige Ausdehnung fanden. Das Verbrechen der Häresie, als geistiger Zustand gefaßt, hat das eigenthümliche, daß es latent sein kann und jede Zeugenschaft und Beweisführung deshalb illusorisch macht. Aus diesem Grunde und in Verbindung damit, weil das römische Recht schon mehr Geltung gefunden hatte, wurde bei dem Inquisitionsverfahren gegen die Ketzer die Folter zugelassen. Wie sehr aber die Päpste darüber wachten, daß mit der Ausführung der Ketzergesetze, wie solche z. B. durch Friedrich den Zweiten auf dem Reichstage zu Ravenna 1231 erlassen worden waren, kein Mißbrauch und keine Uebertreibung stattfinde, ergibt sich aus der Antwort Gregors IX. an die deutsche Gesandschaft 1233, welche sich gegen das strenge Verfahren des Inquisitors Conrad von Marburg beschwerte; „wir wollen nicht, daß sie länger stattfinden, sondern erklären sie ganz und gar für nichtig; solches Elend, wie ihr uns berichtet, geben wir nicht zu [4])."

---

1) Cantu, Weltgesch. Band 6, S. 926—927.
2) Brief vom 19. April 1080 bei Jaffe, Monumenta Germaniae 415.
3) Hergenröther, kath. Kirche u. christlicher Staat 537.
4) Weiß Weltgeschichte III. 360.

Bis zur Hälfte unsers Jahrhunderts verlangte es der Ton, und erforderte es die Mode, daß Jeder gebildet sein wollende sich bei dem Worte „Spanische Inquisition" bekreuzte. Doch bei Gebildeten kann jetzt von solchen Schauermären keine Rede mehr sein. Wie Bischof Hefele in seinem Werke »Cardinal Ximenes« näher nachgewiesen hat, war die Handhabung der Folter vor dem Tribunal der spanischen Inquisition eine viel mildere und menschlichere, als jene, welche durch die Carolina erlaubt und bei den deutschen Civilgerichten gebräuchlich war. Die Tortur durfte nicht wiederholt werden. Die Kerker waren nicht jene schrecklichen, finstere, kalte, von Ungeziefer wimmelnde Verließe, wie wir sie in Zeiten der Hexenprocesse kennen gelernt. Was die Dauer der Inquisition in Spanien betrifft, so ruft Hefele das Zeugniß Llorrentes an, 1756—1823, welcher berichtet: „Es ist gewiß, daß seit langer Zeit von der Inquisition nicht mehr auf die Folter erkannt worden ist, so daß man sie heutzutage als wirklich abgeschafft ansehen kann."

Schon 683 war auf einem National-Concil zu Toledo das Anathem auf jede Art von Tortur oder Erpressung von Geständnissen gesetzt worden, nach dem Zeugnisse Plant's [1]). In gleicher Weise hatten die Stände von Aragon die Tortur abgeschafft 1325.

Daß der römische Stuhl mit der spanischen Inquisition nicht immer einverstanden war, beweisen die häufigen beiderseitigen Conflicte. Paul V. und Urban VIII. haben alle Mittel in Bewegung gesetzt, den berühmten Dominikaner Thomas Campanella aus den Händen der Inquisition zu befreien, was erst letzterem gelang 1628. In gleicher Weise war 1567 der Erzbischof Carranza aus dem Gefängnisse der Inquisition befreit worden, nachdem Pius V. dem Könige Philipp von Spanien den Bann angedroht hatte. Das Nähere über Einführung, Gestaltung und Modification der Folter im canonischen Rechte ist nachzusehen bei Hergenröther, Albertus und Gams [2]). Es sei nur hier das Eine bemerkt: das canonische Recht wollte in Criminalfällen die Frauen keineswegs als zeugnißfähig gelten lassen [3]).

---

1) Gesch. der christl. Gesellschafts-Verfassung II. 380 und Albertus, Social-Politik b. K. 284.

2) Hergenröther kath. Kirche u. christl. Staat 542—616; Albertus, Social-Politik 264; Gams zur Geschichte der span. Staats-Inquisition Regensburg 1871.

3) Prosp. Forinac: de testibus quaestio 58 Nr. 21, sagt, das sei die größte Wahrheit und die verbreiteste Ansicht, daß eine Person unter 20 Jahren in Criminalsache kein Zeugniß ablegen dürfe. Pos. 204 responsum juris, Cöln 1708 S. 37.

Die Unzuverlässigkeit und Trüglichkeit auf der Folter gegebener Bekenntnisse wurde in der Mitte des 15. Jahrhunderts durch einen der berühmtesten Männer seiner Zeit erkannt und nachgewiesen: Johannes Capistranus. Er war Richter in Peruggia, zur Zeit des Königs Ladislaus von Neapel. Sein Biograph Salvator Massonius gibt eine Nachricht, welche er als Jüngling von alten Leuten erfahren haben will, die also lautet: „Nicht selten kam der Fall vor, Angeklagte torquiren zu müssen, weil sie nicht bekannten. Aber das so erzwungene Bekenntniß schien ihm nicht sicher und zweifellos zu sein. Um darüber ins Reine zu kommen, verfiel er auf folgendes Mittel. Er nahm aus dem Stalle heimlich eine Pferdedecke und verbarg sie. Darauf gab er dem Knechte den Befehl, zu satteln. Dieser jammert, daß die Decke fehle. Sein Herr fährt ihn hart an als den Dieb und nach vielen vergeblichen Drohungen verurtheilt er ihn zur Tortur. Eine Zeit lang ertrug er den Schmerz, doch bei längerer Dauer bekennt er sich als schuldig und bezeichnet den Ort des Versteckes. Da das Aufsuchen vergebens blieb, wurde er abermals torquirt. Endlich gesteht er, dieselbe einem Gewissen verkauft zu haben. Dem gefolterten Knechte wurde endlich die Sache aufgeschlossen, eine Schadloshaltung gewährt, und darauf Niemand mehr torquirt [1]).“

Es ist hervorzuheben, daß Massonius diese Erzählung allein berichtet, wodurch deren Glaubwürdigkeit vermindert erscheint; allein in der Sache selbst liegt kein Grund zum Zweifeln. Thatsache ist es aber, daß diese Biographie des Massonius 1677 in italienischer Sprache erschien, und Urban VIII. gewidmet war.

In Deutschland war es dem berühmten Domprediger Geiler von Kaisersberg vorbehalten, im Jahre 1501 dem Rath von Straßburg eine Beschwerdeschrift zu überreichen, worin unter Anderem geklagt wird, daß Inhaftirte on gnugsam anzeugungen uffgezogen werden, gemartret, an irem leib und lumbben gescheddiget, nit nach ordenung der rechten, und darnach geeydiget, daß sie nit sollend sagen, wie sie also unrechtiglich gehandelt sind worden und unbillige urfechten (Urpsehden) von inen gefordert, deshalben sie also rechtloß gestellt werden und gewaltiget; sol nit sin. Es ist llorlich gesetzt in rechten us was zeichen man vor soll rechtiglichen erkennen, ob einer uff zu ziehen sige oder nit; wissend die gelerten im keyserlichen rechten. Desglichen statut, gewohnheit und ordenung dieser Stat sollen gesetzt werden noch gotlichen, christlichen, bebstlichen und keiserlichen rechten, daß man sie meniglichen dar offnen und an die son lossen kummen, als die von Nurenberg gethon haben [2]).

Die größte Verantwortlichkeit für Tortur und Hexenproceß hat man

---

1) Bolandisten October 10. Band.

2) Dacheux, die ältesten Schriften Geilers. Freiburg 1882 S. 38—39.

auf den Hexenhammer der Inquisitoren Sprenger und Institor ge-
schoben und ihn als die Quelle nicht blos der Processe, sondern auch der
grausamen Folterqualen gemacht. Was das Letztere betrifft, so kann dies
darum keinen Grund haben, weil die bezüglichen Bestimmungen des
Hexenhammers viel milder und humaner sind, als jene der Carolina und
der daraus hervorgegangenen Praxis.

Der Hexenhammer zerfällt in drei Theile:

Der erste Theil wendet sich hauptsächlich an die Pfarrer mit der
Anleitung, wie sie über Ketzerei und Zauberei das Volk belehren sollten.
Zuweilen bleibt sich der Hexenhammer in seinen Behauptungen nicht
gleich, zum Beweis, daß er ein compilatorisches Werk ist. Eingangs stellt
er nächtliche Ausfahrten und Verwandlungen als Einbildung der Phantasie
in Abrede; später gibt er dies wieder theilweise zu.

Der zweite Theil ist ebenfalls für den Gebrauch des Clerus; denn
er enthält Anweisung Zauberei zu heben und zu heilen.

Der dritte Theil ist der eigentliche Criminalcodex, welcher in 35
Fragen die Anweisung gibt, wie der Inquisitionsproceß bei Ketzern und
Zauberern einzuleiten, durchzuführen und zu beendigen ist. Derselbe ist
nicht für weltliche, sondern geistliche Richter (Inquisitoren) und nach Art
einer Casuistik abgefaßt. Dieser Codex gestattet dem Verklagten Defension
durch einen Anwalt und Appellation, Empfang von Besuchen durch
Freunde und Anverwandte, Freilassung des Angeklagten bei Nachweis von
Todfeindschaft von Seiten des Anklägers; kein Bluturtheil ist möglich ohne
Eingeständniß, trotz Beweis der That durch Zeugen. Bei bloßer Verdächtigung der Person Entbindung von der Instanz, bei berüchtigten Personen Reinigungseide erlaubt. Ankläger und Zeugen sind überhaupt zu
beeidigen. Ferner, man soll nicht eilen, eine Angeklagte dem weltlichen
Richter auszuliefern, denn: Es ist oftmals geschehen, daß sich boshafte
und rachsüchtige Leute mit einander verbanden, jemand der Zauberei
wegen anzuklagen. Nachher aber trieb sie ihr Gewissen, ihr Zeugniß zu
widerrufen. Mit einem leugnenden Verbrecher darf man sich also nicht
übereilen, sondern wenigstens ein Jahr warten, ehe man ihn an die
Obrigkeit ausliefert. Bekennet er endlich und bereut, so muß er abschwören und sich reinigen; bekennt er, ohne zu bereuen, dann soll er der
Obrigkeit ausgeliefert werden. Die Aussage einer verbrannten
Hexe genügt nicht. Denn ihr ist nicht zu glauben, indem sie den
Glauben verloren, als sie dem Teufel zugeschworen. Kann auf einen
Denuncirten nichts gebracht werden weder durch eigenes Geständniß, noch
durch Zeugen, so muß er entlassen werden [1]).

---

1) Siehe die ausführlichen Darstellungen bei Horst, Schwager und Roskoff.
Letzterer citirt: haben alle Zureden beim Inquisiten nicht verfangen, dann mag

Der protestantische Pfarrer Schwager kann es nicht unterlassen, auf Grund dieser Wahrnehmung das Geständniß abzulegen: „Hin und wieder findet man Funken von Vernunft und Billigkeit in dem Hexenhammer, die sich aber in der nachfolgenden Praxis gänzlich verloren, wenigstens bei den Inquisitoren und den meisten protestantischen Criminalrichtern. Wir werden in der Folge sehen, daß ihnen oft die durch die Folter oder Unterredung herausgebrachte Denunciation einer Gefangenen oder bereits Verbrannten genügte, eine unschuldige Person einzuziehen und zu verdammen [1]."

Auf Grund des Hexenhammers walteten Sprenger, Institor und Krämper ihres Amtes als Inquisitoren; wie vordem Niber in der Schweiz, so diese am Oberrhein und in Tyrol. Nur in Brixen, Ravensberg und Wormserbad hatten sie einigen Erfolg. Fast überall hatten sie Clerus und Volk gegen sich. Dasselbe war auch der Fall in Köln. Die Päpste Julius II., Alexander VI., Leo X., Hadrian VI. und Clemens V. klagen insgesammt über die Schwierigkeiten einerseits, welche den Inquisitoren allenthalben bereitet, und andererseits über die Zunahme der Pest des Zauberwesens, welche immer mehr um sich greife. Der Abt von Sponheim führt 1508 Klage darüber, daß nirgends ein Inquisitor noch Richter zu finden sei gegen die abscheulichen Zauberer.

Die Bulle Innocenz VIII. und der Hexenhammer hatten den einen Zweck im Auge, dem kirchlichen und geistlichen Gerichte die Competenz wie über Häresie so auch über Magie zu sichern. Dagegen hat die Einführung der peinlichen Halsgerichts-Ordnung, der Bambergensis 1510, und der Carolina 1531, den Zweck, die Zauberei als Criminalvergehen der staatlichen Gerichtsbarkeit zu reserviren. Auf Grund dieses Strafcodex haben die weltlichen Richter die Aera der Hexenprocesse inaugirt mittelst der Folter.

Der Erste, welcher in Deutschland gegen die Mißbräuche der Folter auftrat, war außer Weyer, Cornelius Loos, 1546 zu Gouda in Holland geboren. Derselbe hatte, von Protestanten verfolgt, seine Stelle in der Heimath verloren und in der Erzdiözese Trier sich niedergelassen. Er wagte den Versuch, in Köln eine Schrift über die wahre und falsche Magie, ohne Wissen und Erlaubniß der Vorgesetzten, drucken zu lassen und wurde deßhalb auf Antrag des päpstlichen Nuntius zu Köln vor ein geistliches Gericht gestellt, unter dem Vorsitz des Weihbischofs Binsfeld. Vor diesem Tribunal mußte Loos revociren. Unter den 16 Punkten seines Widerrufes

_____

ihn der Richter »moderate« foltern lassen, doch ohne Blutvergießen, da die Folter trüglich sein kann. Denn Einige sind so weichlich, daß sie unter leichter Folter Alles, auch Unwahres eingestehen, während Andere, selbst unter schrecklichen Qualen, hartnäckig bleiben. II. 286. Fr. 22.

1) Schwager, Geschichte der Hexenprocesse.

sind die beiden ersten am wichtigsten: seine Behauptung nämlich, das
Ausfahren der Hexen sei nur Phantasie, und durch die Härte der Folter
müßten die Aermsten eingestehen, was sie nie gethan hätten. Mit grausamer Schlächterei werde unschuldiges Blut vergossen, eine neue Alchemie
oder Kunst, aus Blut Gold zu machen. Er beschuldigte deßhalb die
Obrigkeit der Tyrannei und Grausamkeit. Loos mußte also widerrufen;
später aber, als er in Brüssel weilte, kam er auf seine alten Lehren zurück. Man sieht, daß Loos einen sehr praktischen und scharfen Blick hatte,
da er seinen Angriff nicht blos auf den Hexenwahn beschränkte, sondern
auch mit Recht ihn gegen die Unmenschlichkeit des Hexenprocesses richtete.
Darin war er der Vorläufer von Friedrich von Spee.

Der gelehrteste unter den Vertheidigern des Hexenprocesses auf katholischer Seite war unstreitig Delrio. Sein berühmtes Werk „magische
Untersuchungen" gibt davon Zeugniß. Er verdient an dieser Stelle das
Lob, daß er bezüglich der Indicien und Tortur äußerst vorsichtig war [1]).
Bezüglich der „Anzeichen" schreibt er: „Um amtliche Recherchen über
ein Verbrechen anzustellen, genügen leichte Indicien; um aber den Verdächtigen in Untersuchung zu nehmen, ihn zu citiren des Deliktes wegen,
sind schwere oder gewichtige Anzeichen nöthig. Was die Verhaftung betrifft, so genügen, wenn sie nur aus Furcht vor Fluchtversuch geschieht,
während dessen die Untersuchung fortgeht, leichte Indicien. Sollte aber
die Haft erfolgen, um speciell das Verfahren einzuleiten, sind schwer-
wiegende Indicien erforderlich."

„Zur Tortur genügen nach meiner Ansicht, Anzeichen, die mehr als
schwerwiegend sind, und ich glaube, von Clarus werden als schwere bezeichnet solche, welche sonst als die schwersten angesehen werden. In der
That, nach Farinacius müssen die Anzeichen so zwingend, so sicher, so
sonnenklar sein, daß dem Richter, von der Schuld des Delinquenten überzeugt, nichts weiter fehlt, als dessen Eingeständniß der Schuld [2])." In
der Section IX. handelt Delrio über den Vollzug der Tortur. Ehe zu
ihr geschritten wird, muß dem Angeklagten eine copia der gegen ihn
vorgebrachten Indicien gegeben werden. Dann soll ihm auch genügende
Zeit zur Vertheidigung gewährt werden; ferner ist ihm die Ursache, warum er torquirt werden soll, genau mitzutheilen, im Falle er keine Appellation eingelegt hat. Hat der Richter Zweifel, ob der Angeklagte von dem
gegen ihn vorliegenden Verdacht sich genügend gereinigt habe, so muß er

---

1) Delrio unterläßt es nicht, auf Grund der Zeugnisse der Alten, z. B. des
Aristoteles, Cicero ꝛc. und der heiligen Väter, namentlich Augustins, auf das Bedenk-
liche und Trügerische der Folteraussagen hinzuweisen. Lib. V. Sect. 10.

2) Desquisitionum magicarum: libri VI in III tomos partiti. Officina
Ursullana 1606, tom. III, lib. V, sec. III, S. 24.

die Entscheidung der Appellations-Instanz vorbehalten. Die Tortur darf erst 6 bis 7 Stunden nach dem Essen vorgenommen werden, doch niemals, selbst beim schwersten Verbrecher nicht, bis zur Verstümmelung des Leibes und Beschädigung gehen. Mit Berufung auf eine Bulle Papst Paul III. soll die Tortur nie über eine Stunde ausgedehnt werden. Es dürfen auch keine neuen ungewöhnlichen Torturen angewandt werden, wie z. B. dünne Saiten, Begießen mit kaltem Wasser auf den Rücken, Anhängen von Gewichtsteinen an den Füßen, oder Auseinandersperren mit Holz u. s. w. Was die Wiederholung der Tortur betrifft, so darf bei den schwersten hinzukommenden Indicien der Angeklagte nie mehr als drei Mal torquirt werden; leugnet er standhaft, nie mehr als zwei Mal. Hat er beim ersten Male auf der Folter gestanden und nach derselben widerrufen, darf er zum zweiten Male gefoltert werden; bleibt er dann bei der Leugnung, so ist er frei zu lassen[1]).

Die gründlichste Verurtheilung der Folter wegen des Mißbrauches, um Unschuldige zur Selbstanklage zu zwingen, finden wir in der berühmten »cautio criminalis« des Friedrich von Spee. Was er hierüber im Dubium 20 bis 21 vorbringt, ist von überzeugender Kraft und hat die Veranlassung gegeben, daß der bekannte Thomasius später aus einem Saulus ein Paulus, d. h. aus einem Freunde ein Gegner der Folter geworden ist, wenn auch nicht in dem Grade, wie unser Spee. Jener bekennt: „nachdem ich Naudei Apologie derjenigen, die man fälschlich „der Zauberei beschuldigt, nebst dem Autor der cautio criminalis und „sonderlich das 20. Dubium in diesem mit Attention durchlesen hatte, fiel „mir das alte Vorurtheil (präjudicium) gleichsam als Schuppen von den „Augen meines Verstandes, während ich nach Lesung des Carpzov für die „andere Meinung mich hätte todtschlagen lassen. Auch habe ich dannen- „hero zu den anderen Juristen das Vertrauen, daß sie ebenmäßig bei „Durchlesung dieser und der gleichen Autoren der Wahrheit Platz geben „würden[2]).

Spee bringt im 20. Dubium vierzehn Bedenken vor gegen die Tortur und schickt ihrer Darlegung folgende Worte voraus: „Es hat mit der peinlichen Frage gemeiniglich eine solche Beschaffenheit, daß, wenn ich ihnen

---

1) Die Zeitschrift für deutsche Culturgeschichte Band IX. 163 anerkannt die Mäßigung Delrios bei Gestattung der Tortur. Auch widerlegt er die Behauptung Binsfelds, daß der Richter den Angeklagten durch trügerische Vorspiegelungen und Versprechen, die er nicht zu halten gedenke, zum Bekenntnisse, namentlich zur Angabe der Complicen, verleiten dürfe. Lib. V. Sect. X. S. 122. Bd. III.

2) Thomasius Vorrede zu Joh. Websters „Untersuchung der Hexerei." Halle 1719. S. 6. Großes Lob erntet Spee auch von dem Philosophen Reiche in dessen theses de crimine magiae 1651. Paragr. 4 und 5, S. 9.

nachdenke, was ich biesfalls hin und wieder gesehen, gelesen und gehört habe, ich anders nicht urtheilen kann, als daß dabei offtemals und fast insgemein, der Unschuldige mit eingeflicht und in die Gefahr Leibs und Lebens gezogen wird, und welche unser liebes Deutschland so voll Zauberer macht und dasselbig mit unerhörten Lastern erfüllet, und zwar nicht Deutschland allein, sondern auch andere Nationes und Kinder, sofern sie nur den Proceß und die Folter zur Hand nehmen und das umb nachfolgenden Ursachen willen". Hierauf folgen die 16 Gründe, welche gegen die Anwendung der Tortur sprechen und deren Gewicht schwer in die Wagschale fällt.

Der protestantische Rechtslehrer Jacob Brunnemann schreibt 1727 über den Verfasser der cautio criminalis: Es sei um die Hälfte des vorigen Jahrhunderts Einem nach dem Andern die Augen aufgegangen und hat. absonderlich ein Autor-Anonymus eine cautionem criminalem herausgegeben, in welcher er sich so bescheiden als vernünftig und gelehrt aufgeführt und die meisten Indicia, woraus man gewöhnlich eine Zauberei erzwingen wollte, als schlüpfrig, falsch und ungewiß angegeben und erwiesen. Wenn dieser Autor ein Päpstler aus dem Jesuitenorden, Namens Henricus Spee, wie aus Herrn Prof. Ludovici zu Halle notis über die peinl. Halsgerichtsordnung Carls V. zu sehen, so muß ich gestehen, daß dieser Papist alle protestantischen *Jure-Consultos* seiner Zeit damit beschämt, indem kein Einziger so verständig von diesen Kennzeichen raisonniret [1]).

Ein gleichzeitiger römischer Theologe Antonius Diana, Regularkleriker aus Palermo, hat in seinen »Resolutiones practicae«[2]) über die Tortur folgende Grundsätze gelehrt:

„35. Die Art zu foltern richte sich nach der Beschaffenheit der Person. 36. Es kann der Angeklagte von der Instanz der Tortur appelliren, und der Appellation muß Folge gegeben werden, es sei denn, sie sei frivol und verleumberisch. 37. Wenn der Angeklagte unter 25 Jahren steht, muß ihm ein Anwalt gegeben werden, und ein Bekenntniß ohne Anwalt, wenn auch gütlich und selbst beschworen, hat keine Geltung. 38. Wer sein Verbrechen eingestanden hat, darf nicht gefoltert werden seiner Mitschuldigen wegen, außer wenn ein halbgültiger Beweis vorliegt, daß er solche habe; doch muß diese Tortur leichter sein, als die wegen seinem eigenen Vergehen. 43. Ein Mitschuldiger bewirkt keinen halbgültigen Beweis oder hinreichenden Grund zur Tortur, wenn nicht andere

---

1) Brunnemann, Discurs von betrüglichen Kennzeichen der Zauberei. Halle 1727, Vorrede §. 9. Spee wünscht Abschaffung der Folter Ib. 29.

2) Antwerpen, 1651. Das Privilegium Philipps II. von Spanien, datirt Brüssel 1647.

Beweise dazu kommen. Beim Verbrechen der Zauberei jedoch genügen nicht einmal zwei Hexen, auch wenn sie eine unbescholtene Person mit eigenen Augen bei den Conventen gesehen haben will, zur Vornahme der Tortur. 45. Während der Tortur darf der Angeklagte über Einzelheiten nicht gefragt werden, denn das hieße ihn zum Lügen verleiten, weil sie alsdann unter der Wucht der Schmerzen alles Beliebige aussagen. 46. Der einmal Gefolterte aber nicht Geständige darf nicht wieder gefoltert werden, wenn nicht neue, von den früheren verschiedene und für sich selbst genügende Indicien hinzutreten. 47. Das auf der Folter abgelegte Geständniß muß außerhalb dem Folterlokal wiederholt und binnen 24 Stunden ratificirt werden. Wenn er dann revocirt, kann die Tortur wiederholt werden. Wenn er zum zweiten Mal das Nämliche thut, darf er nicht mehr torquirt werden, es sei denn, daß die Folterung eine äußerst gelinde gewesen wäre und der Beklagte in dem nachfolgenden Geständnisse ganz neue Anzeigen den früheren hinzugefügt hätte".

Wenn diese Grundsätze Dianas, des Hoftheologen Innocenz IX., überall bei der Folter zur Anwendung gekommen wären, würden hundert Tausenden das Leben und gesunde Glieder bewahrt geblieben sein, die anders unter den Folterqualen dahinsiechten und ihr Leben verlieren mußten. Ihrer Geltung in Italien, Spanien und Portugal ist es zuzuschreiben, daß dort die Greuel der Hexenprocesse weniger Eingang und Verbreitung gewannen¹). Man kann das Nämliche auch von Oestreich behaupten, wo im Großen und Ganzen sie weniger aufkamen, und wenn solche in Tyrol verzeichnet werden, so war das Verfahren dort nach der Instruction Dr. Volpert Mozels von 1643 ein viel milderes. Diese mildere Auffassung und Praxis, welche dem Einflusse der cautio criminalis bezüglich des Kurfürstenthums Mainz und Braunschweig und anderer deutschen Staaten von Thomasius zugeschrieben wird²), ist unzweifelhaft auch dem Einflusse des römischen Stuhles beizumessen. In Frankreich wurden die strengen Gesetze 1682 gemildert. Auch der in Paris 1663 zur katholischen Kirche zurückgekehrte Herzog Christian von Mecklenburg-Schwerin hat die Anwendung der Folter und die Verbrennung der Hexen verboten, so daß seine 30jährige Regierung dem Lande von großem Nutzen war³). Freilich haben diese günstigen Einflüsse sich erst später geltend gemacht, nachdem bereits die drei geistlichen Stifter Bamberg, Würzburg, Fulda,

---

1) cf. Schindler, Aberglaube des Mittelalters. S. 297. Spee Ib. XV. 15.

2) Thomasius, Vorrede zu Webster.

3) Soldan-Heppe berichtet dieses, aber ohne des Confessionswechsels zu gedenken; dasselbe gilt von der Königin Christina von Schweden, welche damals schon (1649) katholisirte, als sie die Verfügung traf.

jedoch nur auf kurze Zeit eine traurige Berühmtheit erlangt hatten. Dem Bischofe Johann Georg von Bamberg wurde durch ein Mandat Kaisers Ferdinand II. vom 26. Mai 1630 Mäßigung anempfohlen und seinen Räthen bedeutet, daß „also procedirt werde, wie es der rechten und peinlichen Halsgerichtsordnung gemäß ist und sich vermöge derselben gebühren thuet[1])".

Hundert Jahre nach dem Erscheinen der cautio criminalis Fr. v. Spees approbirte die Jesuiten-Facultät zu Dillingen die Predigten des Lic. und Pfarrer J. Ign. Klaus von Oberdorf mit wärmster Empfehlung. Dieselben wurden 1858 bei Herder in Freiburg in vier Bänden neu herausgegeben. In seiner Fastenpredigt vom Charfreitag spricht der Prediger mit Abscheu von der Folter, nennt es ein „unmenschliches" Gerichtsverfahren, an Händen gebunden und mit einem Steine an den Füßen an der Folterleiter aufgehängt zu werden[2]).

In der gefürsteten Abtei Fulda sind die Hexenprocesse mit dem Namen des habgierigen Centgrafen Balthasar Noß verknüpft. Dieser hat unter Fürstabt Balthasar von Dernbach in der Zeit von 1603—1606 250 Hexen gerichtet, nicht 700, wie Soldan fälschlich angiebt, wurde aber unter dem Fürstabte Johann Friedrich von Schwalbach auf Antrag der Beschädigten zur Verantwortung gezogen und ihm der Proceß gemacht. Noß appellirte an das Reichskammergericht in Speier und verlangte Gutachten der juristischen Facultäten zu Würzburg und Ingolstadt.

Von Würzburg lief das Urtheil 1615 ein. Darnach wurde „der Centgraf für schuldig erkannt wegen seines ungebührlichen Procedirens und angelegter scharfer übermäßiger peinlicher Frag, welche er als Centgraf an verschiedenen der Hexerei beschuldigten Personen verübt, und daneben die Erben mit übermäßigen Kosten belegt, das Stift Fulda zu verweisen und aus seinem Vermögen die Kosten der noch nicht bezahlten Processe entrichtet und den Uebernommenen Schadenersatz geleistet werden solle". Von Ingolstadt liegt kein Gutachten vor[3]). Trotz seiner Bemühungen um Freilassung ist er 1618 am 5. Dezember nach 13jähriger Gefangenschaft enthauptet worden[4]).

Wir constatiren dieses Exempel eines gerechten Verfahrens gegen einen ungerechten Hexenrichter in einem katholischen Fürstenthume in der Blüthezeit der Hexenprocesse. Neben Ingolstadt und Würzburg hat die

---

1) Beiträge zur Geschichte der Hexenperiode von Dr. Leitschuh. Bamberg 1883. S. 18.
2) Predigten von Jos. Ignaz Klaus I. Bd. 175.
3) Dr. Malkmus. Anecdotenbüchlein. S. 108—151.
4) Gangolf Hartungs Chronik von Fulda 1607—48.

Universität zu Mainz den Ruf, ihren Schwestern mit einer humaneren und milderen Behandlung und Beurtheilung der Hexenprocesse und der Procedur vorangeeilt zu sein[1]), während die juristischen Facultäten zu Marburg, Leipzig, Rinteln, Rostock, Tübingen und Helmstädt sowie Herborn noch an der strengsten Praxis festhielten. „In Helmstädt," sagt Soldan-Heppe, „verband sich der crasseste Aberglauben mit Rohheit der Gesinnung."

Einen erfolgreichen Schritt gegen die Tortur geschah durch die Instruction der apostolischen Kammer in Rom 1657[2]), welche die Anwendung derselben auf's Aeußerste beschränkte und damit dem entsetzlichen Mißbrauch der Folter ein Ziel setzte. Diese Instruction beklagt im Eingang „die ſchwerſten Irrthümer" im Proceßverfahren gegen das Hexenwesen zum Nachtheil der Gerechtigkeit und der angeklagten Frauen, und daß man in der allgemeinen Inquisition schon lange Zeit bemerkt habe, „wie kaum jemals ein Proceß der Art regelmäßig und der Rechtsform nach geführt worden."

„Es hat sich darum gar oft die Nothwendigkeit ergeben, sich gegen viele Richter tadelnd auszusprechen über die ungerechten Vexationen, Inquisitionen, Einkerkerungen, und gar mancherlei böse und unangemessene Verfahrungsweisen in der Führung der Processe; über unbefugtes Vernehmen der Beklagten und Auflegung unmenſchlicher Torturen; wodurch es denn gekommen, daß überaus viele ungerechte Todesurtheile oder Uebergaben an den weltlichen Arm erfolgt. Viele Richter haben sich so leichtfertig und leichtgläubig gezeigt, daß sie auf den leisesten Verdachtsgrund hin irgend ein Weib für eine Hexe gehalten; und nun es an nichts fehlen lassen, um einer solchen Angeklagten, auch durch unerlaubte Mittel, ein Geständniß abzupressen, das unwahrscheinlich, wandelbar und widersprechend, wie es ist, wenig oder keinen Glauben verdient. Daher, damit die Richter fortan vorsichtiger seien in der Führung solcher Processe, sollen sie das Nachfolgende immer vor Augen halten und betrachten." Nun folgen verschiedene Einzelheiten, worin sowohl die Richter als auch Exorcisten zur größten Vorsicht gemahnt und ihnen viele praktische Winke an die Hand gegeben werden, damit sie sich weder übereilen noch täuschen lassen. Den Beklagten sollen die Klagepunkte abschriftlich mitgetheilt und

---

1) Zanger, »De Exceptionibus 1730. S. 896. Dieser hat in 5 Kapiteln die Rechtsfrage über Tortur behandelt. Cap. 1. qui torquendi sunt, II de indiciis torturam admittentibus, III de probatione indiciorum, IV de tortura recte ordinanda, V de effectu confessionis in tortura.

2) Schon 1623 hatte Papst Gregor XV. in das Proceßverfahren gegen Zauberer eingegriffen, indem er ein Verbot der Todesstrafe ergehen ließ bei solchen Angeklagten, welche keinen Schaden verübt hatten.

ein Anwalt zugegeben werden. Ehe man zur Tortur schreitet, müssen die Richter den ganzen Proceß einer Anzahl Rechtsgelehrten vorlegen. „Wenn es aber den Richtern und dieser Versammlung scheinen sollte: man könne sofort bei dringenden Indicien zur Tortur vorschreiten, sollen sie nicht auf das Verbrechen im Einzelnen befragt werden, sondern vorher soll man ihnen nochmal die erhobenen Indicien vorlegen, und auf der Folter selbst werden sie nur auf die Wahrheit im Allgemeinen, in Bezug auf das Vorgelegte, befragt. Fangen sie an zu gestehen, dann darf im weiteren Verlauf ihnen nichts in den Mund gelegt werden; sondern nur die Worte ihres Zeugnisses werden niedergeschrieben, und die Wahrheit im Ganzen wird ihnen dann weiter abgefragt. Die Folter darf nicht von der zerreißenden Art seyn (Squasso), nicht mit angebrachten Gewichten oder Stöcken an den Füßen peinigen, auch nicht mit Stricken zusammenschnüren. Die Richter sollen nicht leicht die Wiederholung derselben verfügen, außer in den allerschwersten Sachen, und nach eingezogener Billigung der heil. Congregation. Die Frauen sollen nicht am Leibe geschoren, auch kein Gewicht auf angebliche Zeichen gelegt werden, wenn sie z. B. keine Thränen vergießen. Die Folter soll nie länger als eine Stunde fortgesetzt werden, und nur in den allerschwersten Fällen und den dringendsten Indicien an diese Dauer reichen, und die verhängte auch in den Acten angegeben werden. Im Falle Frauen auch die Apostasie, und ihre Anwesenheit beim Sabatth bekannt hätten, sollen die Richter Sorge tragen, daß die Geständigen, ohne alle Einbläserei, ihnen erzählen: wie sie im Anfange dazu gekommen; sie sollen über Zeit und Umstände sich unterrichten, damit man daran erkennen könne, ob ihr Bekenntniß wahrscheinlich sey. Im Falle sie der Verification fähige Thatsachen angeben, sollen die Richter allen Fleiß anwenden, diese wirklich zu verificiren; weil, würden sie falsch befunden, auch das Bekenntniß entkräftet wäre, als ein solches, das durch die Folter, ein trügliches Mittel, oder durch Suggestion von irgendwoher, oder durch Ungeduld über die Einkerkerung etwa eingegeben worden; wobei die Richter sich durchaus nicht befangen lassen dürfen durch das, was sie etwa bei den Schriftstellern über die Materie gelesen. Haben solche Weiber aber auch authentisch bekannt, und Mitschuldige genannt, so soll gegen die Genannten, auf ihre Aussage hin, niemals procedirt werden; weil Alles durch Illusion geschehen konnte, und die Gerechtigkeit nicht fordert, daß man gegen Mitschuldige, gesehen in der Illusion, vorschreite [1]).

---

1) Görres, Mystik 4. Bd. 2. Theil, S. 656. Albertus, Socialpolitik der Kirche, S. 285.

Wenn vorstehende Grundzüge bei Anwendung der Tortur allenthalben und immer befolgt worden wären, dann hätte der Giftbaum der
Hexenprocesse nicht so emporschießen können.

Doch auch in Deutschland findet man beim Beginn des 17. Jahrhunderts in dem „churfürstlichen Landrecht für Ober- und
Nieder-Bayern“ eine mildere und humanere Anweisung zum Gebrauche der Tortur. Der erste Titel der Malefiz-Proceß-Ordnung handelt von Richtern und Gerichtspersonen in peinlichen Sachen in 17
Artikeln. Der 9. Artikel gibt Anweisung, wie sich der Richter vor der
Tortur zu verhalten habe. Nur bei schweren Verbrechen sey sie zulässig,
„damit die Tortur nicht schwerer sey, als die Straf, die auf das Verbrechen gesetzt wäre.“ Die Tortur sei nur Morgens erlaubt, niemals
gegen Kinder unter 14 Jahren, nicht gegen alte Leute von 60 oder 70
Jahren noch überhaupt gegen schwache, kränkliche Leut. Nicht gesegnete
oder stillende Frauen, noch stumme noch taube. Im 10. Artikel wird
gesagt: Insgemein soll die Tortur so beschaffen sein, daß der Beschuldigte
an seinen Gliedern und Gesundheit unverletzt bleiben möge, es seyen
zwar von Rechtsgelehrten einige verschiedene Grade der Tortur, schärfere
oder schwächere, angenommen; weil aber Personen, Umstände und Uebelthaten, verschiedenartig seyen, so würde solches in die Bescheidenheit des
Richters gesetzt, der je nach Umständen schärfer oder milder zu verfahren
habe. Auch soll der Richter bei der Tortur bleiben und auf den Gefolterten fleißig Acht geben, wann und wie er seine Gestalt verändere,
leicht oder hart leide, währenddem nichts Anderes thun, auch sich nicht
entfernen. Der 12. Artikel behandelt die Frage, ob und wann auf Mitschuldige gefragt werden möge. Hat der Gefangene seine eigene Missethat
bekannt, so ist es erlaubt und in ganz Deutschland Gebrauch, nach dem
Mitschuldigen zu fragen. Doch soll man allgemein und nicht auf eine
einzelne Person fragen, was dem Recht zuwider wäre. Im 13. Artikel
wird gefragt, ob die Tortur wiederholt werden dürfe. Es wird bejaht,
doch gebühre hierin ein bescheidener Gebrauch. Würde ein Bekenntniß
nach der Tortur widerrufen mit dem Vorgeben, es sey aus Pein erfolgt,
so darf man nochmals torquiren. Bleibt er bei der Leugnung, so ist
er freizulassen. Am Freitag soll nie torquirt werden [1]).

1) Landrecht, Polizey-Gerichts- und Malefiz- und andere Ordnungen der
Fürstenthumben Obern und Nidern Bayern. München 1616. Die Vorrede bemerkt, daß die in Rede stehende „Malefiz- und Polizeiordnung“ eine
Ergänzung der Carolina sein solle, welche den peinlichen Proceß auf Grund des
Vorhandenseins eines Anklägers basirt habe, daß aber nunmehr in ganz Deutschland der Proceß von „Amtswegen“ eingebürgert sei. Um die vielen Willkür-
lichkeiten der Richter und örtliche Mißbräuche abzuschneiden, sei diese Ergänzung
der Carolina nothwendig geworden.

Von einer lobenswerthen Humanität und christlicher Milde geben die Grundsätze Zeugniß, welche der Professor des Criminalrechtes zu Freiburg im Breisgau, Thomas Metzger, in seinen Gutachten ausgesprochen hat. Bei einem 18jährigen Mädchen, der Hexerei angeklagt und geständig, wollte er weder peinliche Frage, Tortur, noch Todesstrafe verhängt wissen. Er wollte sie in eine Besserungs-Anstalt verbracht sehen, damit sie büße und sich bessere[1]).

Zweites Kapitel.

Stellung des Protestantismus zur Folter.

Luther war kein Gegner der Folter. Wie er die Juristen nicht leiden mochte, weil sie zu viel in das kirchliche Regiment hineingriffen, so hat er auch Tadel dafür, daß sie nicht streng genug in der Anwendung der Folter waren. „Magister Spallatinus zeigte Dr. Martino anno 1538 an, wie ein Mägdlein zu Altenburg bezaubert wäre, daß sie Blut weinete, und wenn die Zauberin an einem Orte wäre, und wenn sie sie gleich nicht sehe, noch von ihr wüßte, sie doch ihre Gegenwart fühlte und weinete. Darauf sprach Dr. Martinus: da sollte man mit solchen zur Strafe eilen. Die Juristen wollen zuviel Zeugnisse und Beweisungen haben, verachten diese öffentliche. Ich habe dieser Tage einen Ehhandel gehabt, da das Weib den Mann wollte mit Gift umbringen, daß er Eidechsen hat von sich gebrochen und, da man sie peinlich gefragt, hat sie nichts wollen bekennen. Denn solche Zauberinnen sind gar stumm und verachten die Pein; der Teufel läßt sie nicht reden. Solche Thaten aber geben Zeugniß genug, daß man sie billig sollte hart strafen, zum Exempel, damit Andere abgeschreckt werden von solchem teuflischen Vornehmen[2]).“ Ferner schreibt er: „Wie die Juristen fein künstlich disputiren und reden von mancherlei Art der Rebellion und Mißhandlung wider die hohe Majestät, und unter anderen zählen sie auch diese, wenn einer von seinem Herrn feldflüchtig, treulos wird und begibt sich zu den Feinden: und denenselbigen allen erkennen sie zu die peinliche Strafe an Leib und Leben. Also auch, weil Zauberei ein schändlicher, gräulicher Abfall ist, da einer sich von Gott, dem er gelobt und geschworen ist, zum Teufel, der Gottes Feind ist, begibt, so wird sie billig an Leib und Leben bestraft[3]).“

---

1) Concilia Criminalia, Freiburg 1618. S. 105—115.
2) Luthers Werke von Walch, Bd. XXII. S. 1207. n. 4.
3) Luthers Werke von Walch, Bd. XXII. S. 1208. n. 7.

Nur ein Ausspruch Luthers gegen die Folter wird aus seinem Briefe gegen Albrecht von Brandenburg, Kurfürst von Mainz, beigebracht und die Criminalisten, wie Tabor und Zieritz, als ein goldenes Axiom gepriesen[1]). „Wo man die Wahrheit anderweitig erforschen kann, darf man von Folter nicht anwenden, um Gott nicht zu versuchen."

Luther war ein entschiedener Gegner des canonischen Rechtes. Bekannt ist jenes Autodafe vor dem Elsterthore zu Wittenberg 1520, bei welchem er das canonische Recht sammt der Bulle Leos X. dem Feuer überlieferte. „Das römische Recht, so schreibt er später, ist besser und ehrlicher, denn jenes der vermeinten Christen. Es wäre gut, das geistlich Recht vom ersten Buchstaben bis zum letzten würde von Grund ausgetilgt[2])." Bluntschli hat daher Recht, wenn er sagt: sowohl die reformatorischen Theologen, als auch die Juristen mißtrauten der herkömmlichen Ueberlieferung und der bisherigen Schule; sie wollten die gereinigte Religion und das gereinigte Recht unmittelbar aus den ursprünglichen Quellen, jene in der Bibel, diese in corpus juris schöpfen[3]). Ganz anders war die Stellung der Päpste gegenüber dem römischen Rechte, welche mehr dem nationalen und kirchlichen Rechte Vorschub leisteten, wie wir bereits bei Papst Nicolaus I. erwähnt haben[4]).

Wohl die eifrigsten Beförderer des römischen Rechtes waren die protestantischen Fürsten. Wie sie auf Grund der Bibel ihre geistige Gewalt über ihre Unterthanen begründeten, so schöpften sie aus dem römischen Rechte die Fülle der Gewalt in civilen Sachen und dehnten diese aus bis zum vollendetsten Staats-Absolutismus. Niemals hat in der deutschen Nation die Staatsomnipotenz solche Erfolge errungen, als im Reformations-Zeitalter. So wurde auch die Folter in protestantischen Gebieten mit großem Eifer angewandt. Die Folter wurde von protestantischen Fürsten in Staatsprocessen ergiebig und grausam angewendet, da war weder Milde, noch Menschlichkeit, noch Gerechtigkeit. Ein Beispiel der Art finden wir in dem Schicksale des Juden Lippold, welcher dem Brandenburger Hofe in Geldgeschäften Dienste geleistet und sich ein Vermögen erworben hatte. Er wurde beschuldigt, den Kurfürsten Joachim vergiftet zu haben. Nach langer und grausamer Folter war nichts aus ihm herausgebracht worden. Endlich entdeckte man bei ihm ein Zauberbuch. Das war ein neues Indicium. Man gab vor, durch Zauberkunst habe er des Lebenden Gunst sich verschafft. Deshalb folgten neue und

---

1) Bernh. Zieritzii, Notae ad Carol. V. Const. Crim. S. 62. cap. 45. Frankfurt a. M. 1676.

2) Luthers Werke von Irmicher. LXII. 228.

3) Bluntschli, Badische Ueberschau für Gesetzgebung und Rechtswissenschaft. Bd. 6, S. 57. — 4) Janssen I. 481.

unerhörte Qualen, bis er endlich dasjenige eingestand, was man von ihm hören wollte. Es wurde das Todesurtheil an ihm vollstreckt auf die schrecklichste Weise [1]).

Ein anderes Beispiel: Herzog Johann Friedrich von Weimar und sein Kanzler Brück hatten sich in die Grumbach'schen Händel eingelassen; die Reichsacht gegen sie wurde durch den Kurfürst August von Sachsen mit Hilfe eines Reichsheeres vollzogen. Grumbach und Brück wurden gefangen genommen und furchtbaren Folterqualen ausgesetzt. Ebenso grausam verfuhr derselbe Kurfürst gegen den Kanzler Cracow wegen abweichender theologischen Ansichten, sowie gegen die Leibärzte Peutzer und Hermann und den Kirchenrath Stössel, nebst Hofprediger Schütz. Alle wurden im Gefängnisse gefoltert, zumal der Kanzler Cracow, so daß dieser den Selbstmord versuchte. Weil dies nicht gelungen, ließ man ihn im Gefängnisse verhungern. Kein Wunder, daß deßhalb die 1572 erschienene sächsische Criminal-Ordnung die Carolina Carls V. an Härte weit übertraf. Sie bestimmt den Feuertod auch gegen solche Hexen, die keinen Schaden gestiftet haben. Denn es heißt wörtlich: „So jemands in Vergessung seines christlichen Glaubens mit dem Teufel ein Verbündniß aufrichtet, umgehet oder zu schaffen hat, daß dieselbe Person, ob sie gleich mit Zauberei niemands Schaden zugefügt, mit dem Feuer vom Leben zum Tode gerichtet und gestraft werden soll [2]).

Dieses strengere Verfahren vertheidigte namentlich Carpzov, welcher der Vater des sächsischen Rechts genannt wird. Der Artikel 13 des Landrechtes im zweiten Buche heißt: „welcher Christ, Mann oder Weib, ungläubig ist oder mit Zauberei umgeht, oder mit Vergiftung und der überwunden wird, die soll man auf einer Horde brennen." Nach diesem Paragraphen urtheilte der Leipziger Schöffenstuhl mit gleicher Schärfe gegen angebliche Hexen, welche Schaden gestiftet haben sollten, wie gegen solche, die keinen gestiftet hatten, und dieses Verfahren wurde von Carpzow gebilligt [3]). Die Carolina dagegen gestattete solches nur bei nachweisbarem äußeren Schaden von Seiten angeblicher Hexen. Diese erwähnt auch nichts von Teufelsbündnissen; Carpzov dagegen will sogar diejenigen bestraft haben, welche die Wirklichkeit solcher Bündnisse leugnen.

Wenn auf diese Weise Carpzov bei dem hohen Ansehen, welches er genoß, einen unbeschränkten Gebrauch der Folter vertrat, so erscheint auch die Mittheilung nicht unbegründet, welche von ihm behauptet, daß er selbst 20,000 Todesurtheile gefällt habe [4]).

---

1) C. A. Menzel 4, 490—531. — 2) Reiche, Theses inaugurales. S. 31.
3) Qu. crim. 49 n. 8; Reiche, 30.
4) Wetzer Welte, Kirchenlexikon III, 1976—1977.

Seiffert gibt uns Nachweise von allzu häufigem Gebrauch der Tortur. „In dem kurzen Zeitraum von 29 Jahren wurden allein in dem kleinen nur 100,000 Seelen umfassenden Ansbacher Bezirke mehr als 1414 Menschen gefoltert; gegen 309 wurde Pranger und Staubbesen erkannt und 474 wurden hingerichtet [1]).

Beispiele von unglaublicher Grausamkeit berichtet auch Soldan-Heppe aus protestantischer Gegend. In Sachsen-Coburg wurde ein Weib den ganzen Tag gefoltert, während von Rechtswegen dieselbe nicht über eine Stunde dauern sollte [2]).

Ebenso grausam war die Peinigung eines Weibes in Marburg 1672 [3]). Die Unglückliche hatte in zwei Jahren alle Stufen der Folterqualen so durchlaufen, daß ihre Peiniger gestanden, sie hätte unmöglich dieses Alles ertragen können, wenn sie sich nicht durch Zauberei unempfindlich gemacht hätte. Weitere Beispiele von großer Grausamkeit bringt er bei aus Calenberg und Georgenthal [4]). Aus Hamburg wird berichtet, daß, nach Publikation des Statuts von 1605, schon die nächsten Jahre von der, man möchte fast sagen, infernalen Thätigkeit unserer Justizbehörde grauenerregende Proben gaben [5]).

Der Jurist Brunnemann zu Frankfurt a. O. hatte Grund genug, um in einer Schrift mit dem Titel: „Anleitung zur vorsichtigen Anstellung des Inquisitionsprocesses, namentlich bei Gebrauch der Tortur, gegen diese Barbarei anzukämpfen.

Durch seine unmenschliche Grausamkeit in Anwendung der Folterqualen hat König Jakob I. von England eine traurige Berühmtheit erlangt. Er selbst ersann und erfand neue Arten von Qualen und vermochte es, wie ein neuer Tiberius und Nero, sich an den Qualen der Gefolterten zu weiden. Den unglücklichen Opfern seines Aberglaubens ließ er spitze Holzteile unter die Nägel der Zehen und der Finger treiben, um die Schmerzen zu vervielfältigen. Einem der Zauberei Angeklagten riß der Henker mit eiserner Zange die sämmtlichen Nägel von den Fingern weg und steckte dann Nadeln in die offenen, wunden Stellen. Andere riß man halb verbrannt vom Scheiterhaufen, damit sie die Brandschmerzen desto länger empfänden und zuletzt warf man sie von Neuem in die Flammen [6]).

Heppe selbst gesteht, daß diese Art der Quälerei eine entsetzliche gewesen [7]).

---

1) Zeitschrift für Culturgeschichte 1859, S. 687.
2) Soldan-Heppe II, 125. — 3) Derselbe II, 210.
4) Derselbe II, 218 und 19 — 5) Dr. Trummer über Tortur. S. 135.
6) Walther Scott. — 7) Soldan-Heppe II, 150.

Aehnliche Schauberberichte hat Dr. Georg Pertsch im Anhang zu dem Werke des Pastors Johann Greve von Cleve gegen die Tortur in einem Nachtrage der Nachwelt aufbewahrt, die man ohne Schauder nicht lesen kann[1]). Der Verfasser selbst behauptet, daß von den wildesten Türken, Scythen und Tartaren schrecklichere Grausamkeiten weder erdacht noch ausgeführt worden seien.

Diese Gräuelthaten fanden statt im nördlichen Holland 1576. Der Urheber dieser Gräuel war der Stadthalter Theodor von Sonnoy. Derselbe hatte das Verbot des Landstreichens und Bettelns erlassen, damit kein Andersgläubiger aus dem katholischen Süden eindringen könne. Doch wurden einige Bettler an verschiedenen Orten ertappt und gegen 24 gefänglich eingezogen. Fünf Commissarien waren vom Statthalter ernannt zu ihrer Verurtheilung. Einige gestehen gleich einzelne ihrer Uebelthaten; sie werden dennoch zur Folter gebracht, damit sie auch einige Bauern zur Anzeige brächten, die wohl mit ihnen unter einer Decke gespielt hätten. Bald sind zwei reiche Bauern als Mitschuldige entdeckt. Sofort werden die Denuncianten ausgeforscht, ob diese ihnen nicht Geld gegeben hätten, damit sie verschiedene Orte in Brand stecken sollten, sobald die Spanier einen Einfall machen würden. Die Gefragten bejahten es aus Hoffnung auf ihre Befreiung. Die beiden reichen Bauern wurden nun auf die entsetzlichste Weise torquirt. Als die Bettler dennoch zum Scheiterhaufen geführt wurden, betheuerte einer vor Gott und allen Menschen, daß ihre Aussage gegen die beiden Bauern erlogen sei. Dieser Zeuge, Johann Triemont, war in der Weise gefoltert worden, daß er $3\frac{1}{2}$ Stunde mit rückwärts gebundenen Händen aufgezogen hing, an den Füßen beschwert mit einem Gewichte von zwei Centnern. Während dieser Zeit lasen die Commissarien ihm die Namen von Bauern vor, mit dem Bemerken, ob die ihnen nicht das Geld zu genanntem Zwecke gegeben hätten. Dann entfernten sie sich zur Erholung in einer Weinschenke. Nach $3\frac{1}{2}$ stündiger Marter kehrten sie zurück und versprachen ihm das Leben, wenn er ihnen die Bauern nenne, deren Namen sie ihm vorgehalten. Der Gemarterte beharrte bei der Weigerung und wurde, wie bemerkt, dem Holzstoße überliefert. Seine Genossen blieben nicht so starkmüthig, sondern bejahten die Schuld der auf dem Verzeichniß benannten Personen. Fast alle von den gefangenen Bettlern haben, wie der anwesende Pastor Joh. Ambros bezeugt, ihre eigene und der von ihnen denuncirten Personen Unschuld bezeugt. Trotzdem wurden die eingezogenen Bauern, wiewohl nichts gegen sie vorlag als das falsche Zeugniß der Hingerichteten, auf fürchtliche Weise torquirt. Jakob Cornil wurde mehrere Tage ununterbrochen

---

1) Tribunal reformatam etc. Joh Grevius, 1787. S. 539—560.

gefoltert, dieses in Zwischenräumen acht bis neun Mal repetirt und acht Schoppen Spiritus an ihm verbrannt, so daß der ganze Körper schwarz verbrannt und die Fußsohlen von den Flammen gänzlich verkohlt war; und trotzdem konnte er zu keiner falschen Aussage gebracht werden. Am folgenden Tage, nach einer vorausgegangenen furchtbaren Tortur, wird er vor die Commissarien geführt und fällt, nachdem er einige Worte gesprochen, todt vor ihren Augen nieder. Die Commissarien, erschreckt und erstaunt, springen auf mit der Betheuerung, seht ihr wie der Teufel ihm den Hals umgedreht und diesen Schurken zur Hölle entführt hat. Die Leiche wird auf ihren Befehl geviertheilt. Dann geht es mit gleicher Unmenschlichkeit an dessen Sohn. Er wird 23 mal gefoltert und zwar nicht auf die herkömmliche, sondern auf neue unerhörte Weise. Wespen, Hornisse und Bienen und andere stechende Thiere werden zur Folter angewandt. Sein Körper wird mit Spiritus gebrannt, unter seine Fußsohlen Kohlen gelegt, die Haut mit vielen brennenden Kerzen angebrannt, während sechs Tage keine Speise ihm verabreicht, dann mit gesalzenen Häringen gespeist, darf ihm kein Trunk verabfolgt werden zur Stillung seines brennenden Durstes. Mäuse werden in einem Gefäße ihm auf die nackte Brust gesetzt und daß Gefäß erhitzt, damit die Thiere um so wüthender nagten. Zwei weitere Qualen kann die Feder nicht niederschreiben. Der Erfolg war, daß Jakob Nanius die Qualen nicht mehr länger erdulden konnte und nun Alles bejahte, was sie ihn fragten. Als der Unglückliche zum Richtplatz geführt wird, um geviertheilt zu werden, widerruft er Alles, was er bekannt. Darob große Bewegung unter dem Volke. Der Magistrat läßt ihn ins Gefängniß zurückführen; dort wiederholt er in Gegenwart des Pastors seine Aussagen. Darauf machen ihn die Commissarien trunken mit spanischem Weine, damit er nichts mehr von seiner Unschuld aussagen könne. Und selbst der Pastor Johann Eges beginnt mit mächtiger Stimme zu schreien, damit man nichts von ihm höre. Der Henker beschleunigte seine Arbeit wie ihm befohlen. Die Commissarien aber wurden im Volke in Folge dessen nur noch die Bluträthe genannt.

Bei einem Dritten, Petrus Nanius, wurde die Tortur 25 mal angewandt, Hornissen, Mäuse und brennendes Pech zur Hülfe genommen, mit sieben Seilen Haut und Fleisch durchgerissen bis auf die Knochen. Wenn der Henker ermattete, löste ihn Bürgermeister Hornan ab. Ein neu erfundenes Folter-Werkzeug kam noch bei ihm hinzu, die laufende Winde genannt, welcher er öfters ausgesetzt wurde. Darauf bekannte er, vom Schmerz überwältigt, gegen sich und Andere.

Die Commissarien berichten, Peter Nanius habe durch Gottes Gnade endlich ohne Tortur bekannt. Die von ihm Genannten werden eingezogen. Doch war hiermit der grausamen Blutarbeit ein Ende bereitet. Hornan, ein Mitglied des Magiſtrats, trat für die Angeklagten bei dem Fürſten energiſch ein und erwirkte die Freigebung des Peter Nanius und des Peter Hieronymus[1]).

Johann Greve aus Büderich bei Cleve, welchem vorſtehenden Daten entnommen ſind, war 1604 reformirter Pfarrer in Arnheim. Weil die gräuliche Lehre Calvins von der abſoluten und zweifachen Vorherbeſtimmung der Menſchen zum Himmel oder zur Hölle ſeiner Vernunft und ſeinem Gewiſſen nicht zuſagte, wurde er abgeſetzt und des Landes verwieſen. Heimlich beſuchte er ſeine treuen Anhänger, wurde ertappt, verhaftet und ein und ein halbes Jahr im Gefängniſſe zu Amſterdam eingeſperrt. Eine ſchöne Illuſtration zur gerühmten Glaubens- und Gewiſſensfreiheit aus jenen Tagen! Er hatte die Zeit ſeiner Gefangenſchaft dazu benutzt, um ein Buch zu ſchreiben gegen das grauſame Verfahren der Richter mit der Tortur gegenüber den Unſchuldigen, welche das Schuldbekenntniß weigern. Dies Buch erſchien zuerſt 1622 unter dem Titel: »tribunal reformatum« etc., deſſen Tendenz dahin ging, Fürſten und Obrigkeiten zur Abſchaffung der Folter zu bewegen. Leider hat dieſe Schrift in dem 17. Jahrhundert wenig Beachtung und Anklang gefunden, gleich den Verſuchen Weyers und von Spees, deren Werke erſt ſpäter zur Geltung kamen. Greves Schrift wurde nach 100 Jahren neuerdings herausgegeben durch Georg Pertſch, Wolfenbüttel 1737, wie oben bemerkt.

Das Werk iſt in zwei Bücher eingetheilt; das erſte behandelt den Urſprung und Gebrauch der Folter. Der Verfaſſer ſagt, ſo oft er ſeinen Blick werfe auf dieſen unmenſchlichen Gebrauch und tiefer darüber in ſeiner Seele nachdenke, dann erfaſſe ihn Entrüſtung und Schmerz, daß dieſes Schanddenkmal und dieſer Irrthum bei den Völkern insgemein eine ſolche Auctorität und ſolches Anſehen erlangt habe. §. 3. Kapitel 1. Er weiſt namentlich darauf hin, daß Tortur ein Schandfleck für die Chriſtenheit ſei. Der Richter würde weder durch die heilige Schrift noch durch die Civilgeſetze zur Folter verpflichtet. Die Auctorität eines Ulpian, des Chriſtenhaſſers, und des Bartolus, eines Hexenrichters, ſei darin nicht maßgebend. Die Behauptung der Nothwendigkeit der Folter wird beſtritten ſelbſt für ungewiſſe und zweifelhafte Rechtsfälle. Auch exiſtire ein großes Mißverhältniß zwiſchen der Schuld und der Strafe. Die nach dem Geſetze erforderlichen Indicien werden mit achtzehn Gründen als

---

1) Joh. Ludw. Wiederholdt führt ebenfalls dieſe Schilderungen von Grevius an als Beiſpiele größter Unmenſchlichkeit in ſeinem Werke: „Betrachtungen des Menſchen und Chriſten über die Tortur." S. 59. §. 60.

unzulänglich dargethan, Kapitel 6. Im Kapitel 7 werden die Gründe der Vertheidiger der Tortur geprüft.

Im zweiten Buche werden die Gründe vorgeführt, welche gegen die Tortur sprechen, und wird der Nachweis geführt, daß sie in der Schrift keine Begründung habe. Er belobt die päpstliche Entscheidung in den Dekretalien Gregors, libr. 5. tit. 35. cap. 3, welche die ebenfalls so trügerischen Beweismittel der Ordalien, d. h. Feuer- und Wasserproben, verboten habe. Unter den Gegnern, welche die Tortur bekämpfen, führt er in erster Reihe einige katholische Schriftsteller an: Ludwig Vives[1]) und Petrus Cartonius, neben Michael de Montagne. Von protestantischen Auctoritäten: Wilhelm Zepper, Andreas Hondorf und Nicolaus Harbenkopf, Pastor in Hamburg in dessen Tractat: Schlüssel zu Gottes Speisekammer. Endlich, nach Quintus Curtius, citirt er noch Martin Luther. Von besonderer Wirkung sind die zahlreichen Beispiele, welche er zusammenstellt, um zu beweisen, wie viele Unschuldige in den Tod geschickt wurden durch die Tortur, deren Unschuld später erkannt wurde. Mit Paul Laymann, August Lerchheimer, Weyer und anderen Gegnern der Tortur will er beweisen, daß die Folter nichts sei als eine Lügen-presse, auf welcher der Schuldige läugne, um dem Tod zu entgehen, und der Unschuldige bekenne, um der Folter zu entrinnen.

Der vorgenannte August Lerchheimer ist ein Pseudonymus. Sein wahrer Name, wie neuerdings erwiesen wurde[2]), ist Hermann Willen oder auch Witelind, geboren 1522 in der Grafschaft Mark, seit 1561 Professor in Heidelberg und Rector der Lateinschule; 1563 trat er in die philosophische Fakultät als Lehrer der griechischen Sprache ein. Als er 1579 den reformirten Glauben gegen den lutherischen vertauschen sollte, verließ er die Neckarstadt und kehrte erst vier Jahre später dahin zurück. Er veröffentlichte 1585 eine Schrift unter dem Titel: „Christliches Bedenken und Erinnerung von Zauberei, woher, was und wie vielfältig sie sei, wann sie schaden könne oder nicht, wie diesem Laster zu wehren oder die damit Behafteten zu belehren oder zu strafen seien." Dieser Mann hat aus seinem wohlgemeinten Büchlein eine wahre Fundgrube von allerlei wundersamen Erzählungen, Begebenheiten, Thaten und Verrichtungen gemacht, aus welcher spätere Schriftsteller das ihnen

---

1) L. Vives war Lehrer Carls V. Er schreibt die Erfindung der Tortur dem Tarquinius Superbus zu oder einem anderen Tyrannen. Es sei ein Mittel zur Erforschung der Wahrheit, welche weder der bekennt, der sie ertragen kann, noch derjenige, der sie nicht ertragen kann. Denn auch die Unschuldigen zwingt der Schmerz zur Lüge.

2) Binz, Dr. Joh. Weyer. S. 91—103.

Passende im entgegengesetzten Sinne verwertheten. Sein Werk erlebte daher verschiedene Auflagen.

Es ist eine nicht zu läugnende Thatsache, daß aus den Reihen der Reformirten mehr Gegner der Tortur und der Hexenprocesse erscheinen, als aus jenen der Lutheraner. So sei hier noch des reformirten Schweizers Wilhelm Fabricius gedacht, welcher in einer Schrift gegen die Tortur zu Felde zog[1]).

In Teutschland begegnen wir noch dem Arzte Johann Ewich in Bremen; dieser veröffentlichte 1584 ein Büchlein von der Hexen Natur, Kunst, Macht und Thaten, welches die Tortur und Wasserprobe bekämpft. „Was ist dieses ungewöhnliche Werk anders denn eine Versuchung Gottes oder ein teuflisch Gespött und einer ärgerlichen Tragödie Anfang? Davon ein Spaßmacher gesagt, daß die Probemeister den Köchen weise nachfolgen; denn wie diese erst den Kapaunen ins Wasser tauchen und dann braten, so richten jene auch ihr Brandopfer im Wasser dem Moloch zu.“ Auch Johannes Scultetus „im Berichte über die Zauberei“ nennt die Wasserprobe heidnisch, tyrannisch, trüglich, teuflisch und aus Irrthum und Aberglauben erfunden.

Trotz dieser einzelnen Angriffe auf die Folter hielten die Richter dieses Instrument fest als das beste Ersatzmittel für den Mangel der Beweise und der Zeugen. Selbst die Prediger fanden wenig gegen die Tortur zu erinnern; Rübinger, Samson, Waldschmidt warnen vor den „Leisetretern als Patronen der Hexen-Leute“, wie vor dem raschen oder strengen Verfahren. Die 14. Predigt des letzteren handelt über die Austilgung der Hexen. Er bringt 4 Motive, um diese zu rechtfertigen; erstens das deutliche Gebot Gottes, zweitens die Schwere der Sünde, drittens die Menge der Beispiele, viertens der große Nutzen für's öffentliche und Privatwohl. Eine Auslassung Luthers über die Bedeutung des sächsischen Wappens, worin zwei Schwerter in einem schwarzen Felde sich kreuzen, dient dem Prediger zum Nachweise, daß der Richter streng und hart über dem Recht halten soll[2]).

---

1) Seine Opera omnia, Frankfurt 1646, enthalten Mittheilungen über chirurgische Betrachtungen, in denen er das Unsinnige der Folter an Beispielen nachweist. Er starb als Arzt in Bern 1634. Als die Reformirten zu Dortrecht eine Synode hielten, um zu declariren, daß die Sünde fortan nicht mehr dem Satan, sondern Gott zugeschrieben werden solle, wollte der lutherische Pastor und Satiriker Balthasar Schuppius sie dadurch verhöhnen, daß er ihnen verkündigte, er würde ihnen von Hamburg aus eine ganze Schiffsladung von Teufeln zuschicken, welche gegen ihr Vorhaben protestiren würden. Weiß, Apologie II. 405.

2) Waldschmitt, 324.

Ellinger ist viel fanatischer. „Man solle frisch mit Feuer, Holz und Strohwellen hinter den Hexen her sein und sie in Rauch in den dritten Himmel schicken. Aber was sag ich viel gegen solche Ausnahmen und Einreden, welche Magister Hämmerlein mit seinem Gaukelsack, mit der Tortur und Folter, feinartig refutiren und beantworten kann[1])?" Der Criminalist Tabor ist keine sentimentale Seele; er bedauert, daß nicht Paracelsus torquirt worden; auch Agrippa und Weyer hätten die genugsamen Indicia gehabt. Er jammert, daß diese nicht examinirt worden sind. 73. in Dissert. de tortura.

Daß solche Wünsche nicht auf unfruchtbaren Boden fielen, finden wir bestätigt durch Beispiele von ausgesuchter Grausamkeit. Ein solches Beispiel liefert der Proceß Agatha Pullmann in Schweinfurt[2]).

In Quedlinburg dauerten die Processe von 1550 bis 1663. Der 39. Proceß betraf die 77 Jahre alte Amelungs Wittwe. Trotz ihrer wahrhaften Aussagen und Betheuerungen ihrer Unschuld findet sie der Leipziger Schöffenstuhl werth, peinlich befragt zu werden. Doch bringt man sie in der Nacht vor der Tortur in einen Pferdestall, in welchem Kobolde spuken sollten, damit ihre Anwesenheit diese vertreibe. Am andern Morgen fand man, daß die Alte sich erdrosselt hatte; das Gericht dagegen bescheinigt, der Teufel habe sie erwürgt.

Der grauenhafteste Justizmord wurde an der 73 Jahre alten Margaretha Schönfeld 1644 verübt. Auf ihr entschiedenes Abläugnen aller Hexerei wird sie vier Mal nacheinander aufs grausamste gefoltert. Endlich muß sie aus Pein bekennen, daß sie eine Hexe sei, bittet um Loslassung, jedoch vergebens[3]).

Auch Reinlingk[4]) berichtet, daß auf Aussage eines eingezogenen Mädchens, welches von ihrem Vater und ihrer Stiefmutter denuncirt war, mehrere Frauen eingesetzt wurden. Man verurtheilte sie zuerst zu der Kalt-Wasserprobe, und dann wurden sie so unmenschlich gefoltert, daß sie später im Kerker als todt gefunden wurden.

Man begreift es deshalb, wenn Heinrich Boden in seiner Abhandlung über Gebrauch und Mißbrauch der Tortur es beklagt, daß auch Carpzovs Bestimmungen über die Beobachtung der verschiedenen

---

1) Hexenkoppel 34; auch der berühmte Moralist Dr. König will der Tortur das Wort reden. Trotz der vielen Unschuldigen, die durch sie den Tod erleiden, erklärt er, daß dies der Zufall bewirke; der Gebrauch der Folter könne nur heilsam sein, wenn der kluge Richter nach der Carolina sich ordnungsgemäß richte. Casus consc. 56.

2) Siehe I. Buch. Cap. 8.

3) Voigts gemeinnützige Abhandlungen. 158.

4) Responsum juris n. 498. Cf. Hexenwahn. S. 9.

Foltergrade illuforisch seien. Den unterften Grad, sagte er, verstehen die Henker mit listiger Grausamkeit durch verschiedene Zuthaten in einen höheren zu verwandeln; endlich beim höchsten und letzten Grade pflegen sie eine solche Peinigung ohne Ende, ohne Maaß zu erfinden und anzuwenden, daß es zweifelhaft bleibt, ob selbst der Teufel im Stande wäre, solches zu erfinden [1]).

Eine Probe derartiger teuflischen Grausamkeit hat Johann Reiche mitgetheilt, welche ohne Schauder nicht gelesen werden kann.

Aus N. N. Eheweibs unterthäniger Supplication sub dato 4. Juli 1631.

1. Der Scharfrichter habe ihr die Hände gebunden, und auch auf die Leiter gezogen, angefangen sie zu schrauben, und auf alle Punkta also geschraubet, daß ihr das Herz im Leibe zerbrechen mögen, und sei keine Barmherzigkeit da gewesen.

2. Und ob sie gleich bei solcher Marter nichts bekennet, habe man doch ohne rechtliche Erkenntniß die Tortur wiederholet, und der Scharfrichter ihr, da sie doch schwangeren Leibes gewesen (wie sich in Reinigung des Gefängnisses gefunden haben) die Hände gebunden, ihr die Haare abgeschnitten und auf die Leiter gesetzet, Branntwein auf den Kopf gegossen und die Kolbe folgends wollen abbrennen.

3. Ihr Schwefel-Federn unter die Arme und an den Hals gebrannt.

4. Sie hinten hinaufwärts mit den Händen an die Decke gezogen.

5. Welches inauf- und niederziehen vier ganzer Stunden gewäret, bis sie zum Morgenbrode gegangen.

6. Als sie wiedergekommen, der Meister sie mit den Händen und Füßen auffn Rücken zusammen gebunden.

7. Ihr Branntwein auffn Rücken gegossen und angezündet.

8. Darnach eben viel Gewichte ihr auffn Rücken gelegt, und in die Höhe gezogen.

9. Nach diesen sie wieder auff die Leiter geleget.

10. Ihr ein ungehöffelt Bret mit Stracheln unter den Rücken geleget, und mit den Händen bis an die Decke auffgezogen.

11. Ferner hat der Meister ihr die Füße zusammen gebunden eine Klaffter Stütze, 50 Pfund wichtig, unten an die Füße niederwarts gehangen, daß sie anders nicht gemeynet, sie würde bleiben und das Herz ersticken.

12. Bei diesen ist es nicht blieben, sondern der Meister ihr die

---

[1]) Im Cap. IV Nr. 10 u. 11 gibt Boden eine Beschreibung der gewöhnlichen Tormenten bei der Folterung, welche greulich sind.

Füße wieder auffgemacht, und die Beine geschraubet, daß ihr das Blut zu den Zehen herausgegangen.

13. Bei diesen ist es auch nicht geblieben, sondern sie ist zum andernmal auff alle Punkte wieder geschraubet worden.

14. Der von dreyßig Acker habe die dritte Marter mit ihr anfangen müssen, welcher sie erstlich auff die Bank gesetzet, als sie das Hembde angezogen, er zu ihr gesaget, ich nehme dich nicht an, auf ein oder zweyen, auf drey, auch nicht auf acht Tage, auff vier Wochen, auf ein halb oder ganz Jahr, so lange du lebest, so lange du es doch nicht getreiben kannst und wenn du meynest, daß du nicht bekennen willst, daß du sollest zu tode gemartert werden, so sollst du doch zu todt verbrannt werden.

15. Hat sie sein Aydam mit den Händen auffgezogen, daß sie nicht aufziehen können.

16. Und der von dreyßig Acker mit den Karpatschen um die Lenden gehauen.

17. Darnach sie in den Schraubstock gesetzt, darin sie sechs Stunden gesessen, und

18. mit der Karpatsche jämmerlich zerhauen worden. Bei diesem ist es den ersten Tag verblieben.

19. Den anderen Tag, als sie wieder gekommen, ist die vierte Marter mit ihr fürgenommen worden und sie auf etliche Punkta geschraubet und sechs Stunden drin gesessen.

Unter den Hansestädten hat Lübeck sich in Bezug auf den Gebrauch der Folter durch Mäßigung ausgezeichnet, während, wie schon bemerkt, Hamburg darin sich einen traurigen Ruhm erworben hat. Die ehemalige freie Reichsstadt Frankfurt ist nicht ganz von Hexenprocessen verschont geblieben[1]). Die Tortur kam auch hier in verschiedenen Graden zur Anwendung.

Der öfters citirte Pastor Schwager, welcher so energisch gegen die Bulle Innocenz VIII. zu Felde zog, und Sprenger und Institor mit „mörderischen Schandbuben" brandmarkte, hat trotz aller Gräuelthaten und Justizmorde noch 1784 für die Fortdauer der Tortur plaidirt. Er schreibt nämlich[2]): „Die Folter abschaffen und doch das eigene Geständ-

---

1) Mittheilungen des Frankfurter Vereins für Geschichte und Alterthumskunde. Band VI, 1. 1881. S. 67—78, die Folter und Hexen zu Frankfurt von Dr. Grotefend.

2) Versuch einer Geschichte der Hexenprocesse von J. M. Schwager, Pastor zu Joellenbeck in der Grafschaft Ravensburg. Berlin, 1784. Das Werk ist Joseph II. gewidmet, dessen Mutter Maria Theresia bereits die Folter abgeschafft hatte.

niß des Verbrechers zu verlangen, verträgt sich nicht zusammen. Die Folterstürmer werden es bald einsehen lernen, daß ihre Weichherzigkeit zu weit geht. Die Folter halten und sie nur im Nothfalle gebrauchen, wo unendlich viel daran gelegen ist, die Wahrheit zu erfahren, ist ein kluger Mittelweg, auf dem man am sichersten gehen wird."

Somit bestätigt Schwager, was bereits Thomasius ausgesprochen hatte, daß nämlich nach der Reformation, sonderlich bey denen Lutheranern und unter denen Juristen, sonderlich bey denen Sächsischen Rechtsgelehrten, diese einmahl eingewurzelte Meinung sich so veste gesetzet, daß man sich nicht verwundern muß, wenn dieselben auch bishero der Wahrheit am längsten widersprochen[1]).

Der cellische Prediger Sigismund Hosmann schrieb im Jahre 1718 eine Schrift gegen die eifrigen Bekämpfer der Tortur Bernhardi und Schaller, indem er sich sowohl auf die heilige Schrift, als auf die Beispiele fremder Staaten beruft[2]).

Martin Bernhardi hatte unter dem Vorsitze von Thomasius eine Dissertationsrede gehalten, worin er nachzuweisen suchte, daß die Tortur aus dem christlichen Forum verschwinden müsse. Desgleichen hatte Schaller einen Vortrag gehalten, daß die Tortur in christlichen Staaten nicht zu dulden sei. Endlich hat Augustin Nikolaus eine moralische und juristische Abhandlung verfaßt über die Frage, ob durch die Tortur die Wahrheit bei Verbrechen an das Licht gebracht würde. So mehrten sich im 18. Jahrhundert die Stimmen im Lager der Juristen, welche die Tortur verwarfen.

Eine gründliche Widerlegung aller Einwendungen für Beibehaltung der Folter wurde durch den Geheimrath und Rechtsgelehrten Joh. Ludwig Wiederhold verfaßt und publicirt zu Wetzlar, ohne Angabe der Jahreszahl, unter dem Titel: „Betrachtungen des Menschen und Christen über die bisher übliche peinliche Frage oder Tortur. Zur unpartheiischen Beurtheilung den christlichen Staaten in Europa gewidmet."

In neun Kapiteln wird der Gegenstand behandelt. Das erste bespricht die verschiedenen Gattungen der Folter. Das Bild, welches der Verfasser von den Greueln und Peinigungen bei der Folter vorführt, ist haarsträubend. Er schließt dies Kapitel mit der Versicherung, daß der eigentliche Verbrecher die Folterqualen überstehen könne, ein Unschuldiger fast nie, und darum die Folter zu verwerfen sei.

Das zweite Kapitel verbreitet sich über den Ursprung der Folter.

---

1) Johann Webster, Untersuchung der vermeinten und sogenannten Hexereyen. Vorrede S. 18.

2) Zeitschrift für deutsche Cultur. Jahrg. 1859. S. 693.

Manche führen die Einführung der Folter auf Tarquinus Superbus zurück, ein Anderer, Polydor Virgilius, auf Nimrod, und Nicolai in seinem Werk über die Tortur Kapitel 4 läßt sie mit mehreren anderen erfunden sein vom Satan, dem Vater der Lügen. Im dritten Kapitel wird untersucht, ob die Tortur in Gottes Wort begründet sei. Es wird dieses mit Berufung auf Schilter und Thomasius geleugnet. Das vierte Kapitel behandelt die Frage, ob die Folter in der Vernunft begründet sei, weil Vernunft und Schrift denselben Urheber haben, nämlich Gott. Auch dieses wird verneint, weil die Folter ihren Zweck nicht erreicht. Sehr unvernünftig sei es, die Untersuchung über ein Verbrechen in die grausamste Strafe zu verwandeln. Der genannte Augustin Nicolai ruft deshalb in der gedachten Schrift aus, was kann es unmenschlicheres, von den christlichen Sitten abweichenderes geben, als einen zweifelhaften Verbrecher auf's grausamste zu torquiren! Das fünfte Kapitel bringt die Hauptfrage, aus welchen Ursachen eine christliche Obrigkeit die Folter bei den peinlichen Gerichten gänzlich abschaffen solle. Die Gründe sind, weil sie der heiligen Schrift, der Vernunft und der christlichen Sitte schnurstracks zuwider sei. Ferner wegen der unterlaufenden Grausamkeiten und des unsicheren Erfolges, indem nämlich durch die Folter unzählige Unschuldige im Feuer umgekommen sind. So wird zum Beispiel in dem Jahre 1707, nach Professors Horn aus Wittenberg Bericht, eine Unschuldige verbrannt. Das Kapitel 6 stellt die Motive zusammen, welche man gewöhnlich gebraucht, um die Folter zu vertheidigen. Die hauptsächlichsten waren, das vorgeschriebene Recht und die Vermehrung des Verbrecherthums bei Abschaffung derselben. Im nächstfolgenden siebenten Kapitel werden diese Gründe widerlegt. Wie man die Ordalien abgeschafft habe wegen ihrer Mängel, so solle man auch die noch trügerische Folter in die Rumpelkammer werfen. Im 8. Kapitel wird die Frage erwogen, ob ein Landesherr aus eigener Machtvollkommenheit die Folter wieder abschaffen könne; sie wird mit Berufung auf anerkannte Auctoritäten bejaht. Endlich im 9. Kapitel wird die Frage untersucht, was denn zu geschehen habe, wenn ein mit schwerem Verdacht Belasteter in Güte nicht gestehen wolle und durch andere Beweise nicht überführt werden könne. Der Verfasser schlägt für diesen Fall den persönlichen Eid vor. Seien keine andere Beweismittel vorhanden, so müsse man ihn eben dem göttlichen Richter überlassen, eine Verbal- und Real-Territion könne man mit Nutzen anwenden. Als besonderes Vorkehrungsmittel zur Verhütung von Verbrechen sei eine gute Polizei-Ordnung, wie die Frankfurtische von 1577 und die des schwäbischen Kreises von 1720.

Es ist keinem Zweifel unterworfen, daß das hier in Rede stehende Buch von großem Einflusse war, zumal, da es an jenem Orte erschien,

wo der höchſte Reichsgerichtshof tagte, das Reichskammergericht. Es
wurde im Laufe dieſes Jahrhunderts in verſchiedenen Staaten die Anwendung der Folter beſchränkt, z. B. in Oeſterreich und Preußen. In
erſterem durch Maria Thereſia, in letzterem durch Friedrich Wilhelm I.
Die gänzliche Abſchaffung derſelben erfolgte erſt gegen Ende des 18. Jahrhunderts, theilweiſe erſt im 19. Jahrhundert.

Beſonderes Verdienſt um Beſeitigung derſelben aus der Rechtspflege
haben ſich erworben: Thomaſius, C. F. Hommel, Beccaria, Montesquieu
und Wiederhold. In Preußen wurde die Folter abgeſchafft 1754, in
Baden 1767, Mecklenburg 1769, in Sachſen 1770, in Baiern 1807,
in Württemberg 1809 und in Hannover 1822[1]).

Nach einer Verordnung von 1736 ſollten bei peinlicher Frag keine
unnöthige Intervalle gemacht, ſie nicht unter einer halben, nicht über eine
Stunde ausgedehnt werden.

Im März 1818 hatte die letzte Procedur zu Meinerſen ſtattgefun-
den gegen den Inquiſit Wiegmann, beſchuldigt 2 Pferde geſtohlen zu
haben. Der Inquiſit beharret auf ſeiner Unſchuld, trotz Zureden, Territion der Folterknechte, und ſelbſt der Folterqualen durch Aufziehen,
Daumſchrauben und Ruthenſtreiche. Er bleibt bei den Betheuerungen
ſeiner Unſchuld. Am anderen Tage iſt er ſehr traurig und betet. Es
wird ihm für den Abend die Wiederholung der Tortur in verſchärfter
Weiſe angedroht und alle Vorbereitungen dazu mit Anwendung von Liſt
und Betrug unter ſeinen Augen vorgenommen. Da endlich aus Furcht
gibt er ſich ſchuldig und erhält zur Strafe 4 Jahre Zuchthaus nach 2jähri-
ger Haft[2]).

---

1) Zeitſchrift für deutſche Culturgeſchichte. Neue Folge. I. Bd. 1872. S. 182.
Von Dr. J. H. Müller.

2) Geſetzlich wurde die Carolina aufgehoben 1840.

Viertes Buch.

I. Die Erklärungsversuche.

Ueber keinen Gegenstand sind mehr Untersuchungen gepflogen worden, als über die Hexenprocesse.

Außer einer generellen Behandlung dieser Frage durch Soldan-Heppe und Roskoff beschäftigen sich viele Publicationen mehr mit Local- und Territorial-Forschungen, ohne jedoch die Hauptfrage: „wie sind die Hexenprocesse entstanden," zu umgehen. Kein Forscher kann nämlich die Frage ignoriren: „Wie war es möglich, daß in einem Zeitraume von 200 Jahren Millionen von Menschen dem schaurigen Feuertode überliefert wurden auf die einzige Anklage hin, daß sie Zauberer oder Hexen seien?"

Es lassen sich in den Erklärungsversuchen vier Richtungen unterscheiden, gleichsam ebenso viele Systeme, welche aufgestellt wurden, um eine endgiltige Lösung zu finden. Mit dem geläufigeren Worte „Schule" bezeichnet, ergibt sich folgende Eintheilung:

I. Die historische Schule. Sie erklärt die Hexenprocesse als das Resultat vorausgegangener und gleichzeitiger Zustände des geistigen Lebens der Völker. Nach ihr sind diese Hexenverfolgungen die Wirkung einer mangelhaften Geistesbildung, welche aus dem Heidenthume stammt und als Aberglaube bezeichnet wird, die aber auch im Christenthume fortwuchert und namentlich in den Ketzereien des Mittelalters ihre Ausläufer fand. Hiernach zerfällt die historische Schule in 2 Gruppen:

a) Jene, welche die Hexenprocesse in Verbindung bringt mit dem altheidnischen Aberglauben und Zauberwesen, speciell mit dem altgermanischen Hexenglauben, wie z. B. Jacob Grimm, Mone, J. M. Schader, Jarke, Schreiber, Schneider, in dessen ‚Geisterglaube‘ 1882, Schindler, Simson; Horst in seiner Dämonomagie Bd. 1, Schluß.

b) Eine zweite, welche die Ketzereien des Mittelalters und deren Verfolgung durch die Inquisition als Erklärungsgrund für die Entstehung der Hexenprocesse ansehen will. So Bayle, theilweise Hauber, Carl Haas, August Villmar, und jüngst Rhamm (1882) und Dr. Friedrich Leitschuh (1883).

II. Die medicinische Schule. Diese erklärt die „Hexerei" als eine subjective, aber thatsächliche Einbildung vieler Individuen, hervorgerufen durch den Gebrauch narkotischer Mittel, welche in der Form von Getränken und Salben (Hexentrank und Hexensalbe) gebraucht wurden, wobei der Stechapfel eine große Rolle spielte. So Wuttke, K. Reuß, Dr. Meyer 1882[1]).

III. Die philosophische Schule. Sie erklärt den Hexenglauben aus Hallucinationen, visionären Zuständen, aus geistiger Ueberreizung des Gehirns in Folge imaginärer Vorstellungen oder aus thierischem Magnetismus. Vertreter dieser Schule sind: Max Pertz, von Raumer, Fischer, Dr. Sauter 1884, C. Binz 1885.

IV. Die juristische Schule. Diese leitet die Entstehung der Hexenprocesse aus dem mangelhaften Gerichtsverfahren des sogen. „Inquisitions-Processes" her, nach welchem der Schuldbeweis einzig und allein in dem Eingeständnisse des Beklagten gesucht und gefunden wurde. Die Juristen behandelten nämlich die Hexerei als ein »crimen exceptum«, bei welchem jeder Verdächtige, sofern irgend welche Indicien gegen ihn waren, sofort eingezogen und alsbald peinlich befragt, d. h. gefoltert werden konnte. Diese Schule findet ihre Vertreter in: Roßhirt, von Wächter, beide Juristen; Soldan-Heppe, Franz Boll 1882, Niehuß 1875, Paul M. Baumgarten 1883.

Auf den ersten Blick leuchtet ein, daß diese 4 Systeme weit auseinander gehen, wiewohl ein jedes ein Körnchen Wahrheit enthält. Alle diese Factoren haben bei den Hexenprocessen ihre Rolle gespielt. Allein nur das vierte System reicht hin, um die Entstehung des Hexenprocesses befriedigend zu erklären.

Die historische Schule hat jedenfalls darin Recht, daß der bis heute noch nicht erloschene Volksglaube an Hexerei sich an den heidnischen Zauberglauben anlehnt und im Grunde nur eine Fortsetzung desselben ist. Hingegen beschränkt sich die medicinische und philosophische Schule darauf, die Genesis der geistigen Verirrung darzulegen, in Folge deren viele Personen sich selbst für Zauberische, für Hexen, für mit dem Teufel Buhlende gehalten und ausgegeben haben.

---

1) Der bekannte Arzt Wierus nennt lib. de lamiis, cap. XVII. S. 224, Amsterd. Ausgabe von 1660, die verschiedenen betäubenden Salben, Oele ꝛc., welche bereitet wurden aus: Lolium, faba inversa, opium, hyoscyamus, cicuta, solanum furiosum, somnificum, mandragora, nymphea etc. — Voigt, Gemeinnützige Abhandlungen S. 151 berichtet, daß eine Marg. Bratensß den Leuten Bilsenöl auf die Schläfe schmierte, was sie von einem Doctor erlernt, der in Sulzbach bei Gera Pfarrer war. Siehe Dr. Costas Abhandlung in Zeitschrift für deutsche Cultur 1856. S. 113 „Aberglaube in Krain".

Doch befinden sich die Vertreter dieser Gruppe in großem Irrthume, wenn sie die Zahl derer, welche sich in diese fixen Ideen verstrickt hatten, für sehr bedeutend ausgeben wollen. Sie war verhältnißmäßig im Vergleich zu der großen Zahl der unschuldigen Opfer der Hexenbrände gering zu nennen. Anlaß zu der irrigen Annahme gibt die häufige Bemerkung der Protocolle: „Beklagte habe gütiglich, oder freiwillig sich als schuldig bekannt," d. h. daß sie eine Hexe sei, mit dem Satan gebuhlt habe rc. — Wenn man jedoch beherzigt, was in jener grauenvollen Zeit der Hexenprocesse unter „freiwilligem oder gütlichem Bekenntniß" verstanden wurde, dann wird man wenig Werth auf solche Bemerkungen legen. Als „freiwillig" wurde jenes Geständniß bezeichnet, welches nach hartem Kerker, nach schwerer Bedrohung mit den Folterwerkzeugen und nach Anwendung des ersten Grades der Folter, ohne das „Aufziehen", erzielt wurde. Ein solches Bekenntniß war das Werk des vollendeten Terrorismus und der brutalsten Einschüchterung. Wer klug war, bekannte sich lieber freiwillig schuldig, um den entsetzlichen Folterqualen zu entgehen. Warum sollte man dasselbe Geständniß erst abgeben wollen nach Erduldung aller Grade der Folter, warum nicht gleich? Wer wollte dem doch unabwendbaren Feuertode noch erst die Qualen der Tortur vorausgehen lassen? Dem ersteren konnte doch Niemand entrinnen, dafür sorgte die Folter, weil so lange gefoltert wurde, bis das Schuld-Geständniß eintrat. Der Folterung konnte man entrinnen durch „ein gütigliches oder freiwilliges Geständniß[1]." In ergreifenden Zügen hat der hingerichtete Bürgermeister Johann Junius aus Bamberg über diese erzwungene freiwillige Schuldbekenntnisse in dem Briefe an seine Tochter sich ausgelassen[2].

Die Zahl derer, die sich wirklich für Hexen ausgaben und bekannten, kann nicht so groß gewesen sein; viele davon waren sicherlich Irre, wie es solcher auch heute noch gibt.

Hingegen muß man der Meinung rückhaltlos beipflichten, daß die Anwendung und der Gebrauch narkotischer Mittel zur Erregung der Sinnlichkeit gedient und der Vorstellung von einer Vermischung mit dem Satan oder jener vom Fliegen durch die Luft Vorschub geleistet hat[3]. Heute noch wird durch den Genuß von Opium, von gewissen Spirituosen, durch Einsaugung von Lachgas eine sinnerreizende Wirkung, zumal bei weiblichen Personen, hervorgerufen. Im Winter 1883 wurde in einer größeren

1) Soldan-Heppe I. 380. Die sogen. „Freiwilligkeit der Geständnisse".
2) Siehe Dr. Fr. Leitschuß „Geschichte des Hexenwesens in Franken." S. 48. Dieser Brief befindet sich in den Hexenproceß-Acten auf der Stadtbibliothek zu Bamberg. Siehe Seite 154 dieses Buches.
3) Riber in seinem Formicarius lib. V. gibt ein solches Factum an.

Stadt Deutschlands vor der Strafkammer ein Fall verhandelt, der großes
Aufsehen erregte. Ein Dienstmädchen war gegen einen Zahnarzt klagbar
geworden wegen geschlechtlichen Mißbrauchs während der Narkose durch
Lachgas bei einer Zahnoperation. Der Beklagte ließ durch Experte den
Beweis führen, daß das Lachgas allerdings die subjective Vorstellung
und Empfindung von einer Copula hervorrufen könne, während dieselbe
objectiv nur eine Täuschung sei. Der Beklagte wurde freigesprochen, und
auch die Appellation des Staatsanwaltes zurückgezogen, nachdem die
Klägerin selbst ihre Anklage zurückgenommen hatte. Ebenso ist es eine
bekannte Thatsache, daß nervöse und hysterische Personen durch Träume
so lebhaft in die Vorstellung des Fliegens versetzt werden, daß sie an
die Wirklichkeit zu glauben versucht sind. Die Fortbewegung geschieht mit
den Füßen in ähnlicher Art, wie beim Schwimmen, nur mit dem Unterschiede, daß die Bewegung hier in horizontaler, dort in verticaler Lage
geschieht. Entgegenstehende Hindernisse, als Thurm, Haus, Baum ꝛc.
werden durch steigenden Aufflug überwunden, wobei ein besonders behag-
liches Gefühl die Seele durchströmt. Solche in ihrer Art sehr lebhafte
Traumvorstellungen dürften sehr häufig gewesen sein in jenen sehr aufgeregten Zeiten des 30jährigen Krieges und die Vorstellung von fliegen-
den Hexen ebenso befördert und vervielfältigt haben, wie der Gebrauch
narkotischer Mittel die imaginären Lustvorstellungen und Buhlschaften
mit dem Satan hervorgerufen hat[1].

Doch im Grunde genommen können diese drei ersten Schulen uns
die Entstehung der Hexenprocesse nicht erklären. Sie beschränken sich
darauf, entweder den Glauben an die Hexen im Allgemeinen zu constatiren (historische Schule), oder die Entstehung des Glaubens an die
eigene Zauberkunst zu erklären (medicinische und philosophische Schule),
ohne damit auch nur den geringsten Aufschluß über die Kern-
frage zu geben. Letzteren kann uns nur die juristische Schule geben.
Denn nach ihr wird ganz richtig ein wesentlicher Unterschied gemacht zwischen Hexenglaube und Hexen-Proceß. Jener
bestand vor den Hexenprocessen, wie er heute noch fortbesteht[2]. Er
ging denselben voraus und wird nach deren Aufhören noch fortdauern
bis ans Ende der Zeiten. Die drei zuerst genannten Systeme beschäftigen sich mehr mit der Darlegung und Erklärung des Hexenwahns;
das vierte allein geht auf die Cardinalfrage: „Wie entstanden die

---

1) C. Christian Voigt, Gemeinnützige Abhandlungen. Leipzig 1792. S. 28
bezeichnet als Gebrauchsmittel: Mohnsaft und Tollkirsche.

2) Ich besitze eine schöne Sammlung von Zeitungs-Ausschnitten, welche
die Beweise über Hexenglauben, zum Theil in Gerichtsverhandlungen, seit den
letzten 10 Jahren enthalten.

Hexenprocesse", und gibt die allein befriedigende Antwort. Deßhalb machen wir dieses System unter den verschiedenen Erklärungsversuchen zu den unsrigen.

Doch sei zur näheren Motivirung noch auf drei Unterschiede bezüglich des Glaubens an Hexerei hingewiesen:

1. Der historische Glaube,
2. Der objective Glaube,
3. Der subjective Glaube an die Zauberkunst.

1. Unter historischem Glauben verstehe ich die auf die Geschichte gegründete Ueberzeugung, daß es zu allen Zeiten Menschen gegeben, welche für Magier gehalten wurden, oder sich als solche ausgaben. Dieser Glaube sieht gänzlich von der Frage ab, ob solche Zauberer wirklich das vollbracht haben, was man ihnen zuschrieb. Diese Frage bleibt unberührt, ob sie mit Recht oder Unrecht sich die Macht beigelegt; ob sie Düpirte waren oder blos Betrüger, welche Andere düpirten. Es ist dieser Glaube an Zauberei im Allgemeinen als etwas Abstractes anzusehen [1]).

Diesen historischen Glauben hält die katholische Kirche fest in all ihren Verdicten über Zauberei und Magie; in den Bullen der Päpste und Entscheidungen der Concilien.

2. Der objective Glaube, resp. der Glaube an fremde Zauberei, als etwas Concretes. Unter diesem Glauben verstehe ich die Existenz von bestimmten Zauberern und Hexen. Derselbe geht bis ins grauste Alterthum zurück. Zeitlich und räumlich ist er unbegrenzt. Man findet ihn ebenso bei den Culturvölkern wie bei den Naturvölkern; bei den Völkern des Alterthums, wie bei denen der neueren Zeit. Der Inder, Perser, Egypter, die Griechen und Römer huldigten demselben Zauberglauben, wie die Scythen und Parther, die Gallier und Germanen. Die Entdecker und Eroberer Amerikas, die Columbus, Cortez, Pizzaro, begegneten bei den Indianern demselben Zauberglauben, von dem das cultivirte Europa noch nicht frei war. Es ist nicht wenig überraschend, wenn wir hören, wie die Neger der afrikanischen Binnenländer, zu denen seit einem Decennium die ersten Europäer vorgedrungen sind, dieselben Vorstellungen von Wettermachen, Saatenverderben, zauberischer Krankheit, Todesursachen hegen, wie solcher Aberglaube bei den civilisirten Völkern Europas im 16. und 17. Jahrhunderte im Schwange war. Die Belege in großer Anzahl finden sich bei Dr. Holub, Serpa Pinto, Livingstone, Stanley, Dr. Pogge, Schütz u. A. Stanley fragte einen Mgogohändler: „Glaubt ihr an Zauberei?" Dieser antwortete: „Das versteht sich von

---

1) So verurtheilt die Kirche oftmals häretische Sätze als Irrlehren, ohne zu erklären, daß dieser oder jener ein Irrlehrer sei, z. B. in dem bekannten Syllabus Pius IX.

selbst, und wir bestrafen den Mann mit dem Tode, welcher Vieh verzaubert oder den Regenfall hindert." So unser Gewährsmann[1]).

Wenn ein ungewöhnliches Unglück eine Familie trifft und diese beschwören kann, daß es die Folge der Kunst des Zauberers sei, so bildet sich alsbald ein unbarmherziges Richtercollegium, und es erwartet jene ein Schicksal, wie es die Hexen in den dunkelsten Zeiten von Neu-England erfahren haben. In diesen afrikanischen Wäldern findet sich hinreichend dürres Holz, und der Unglückliche stirbt den Flammentod[2]).

Dr. Künzinger in seinen „Bildern aus Oberegypten": „Großen Einfluß übt der böse Blick. Wenn einer Ziege die Milch stockt, dann erinnert man sich, daß es eintrat, als eine alte Frau das Haus betrat, deren Blick verdächtig schien." Das ist dieselbe Vorstellung, wie sie bei uns in Deutschland herrschte zu Zeiten des 30jährigen Krieges.

Demselben Aberglauben begegnen unsere Missionäre bei den Völkern Asiens und Polynesiens. Er ist trotz des gepriesenen Fortschrittes und der Schulbildung bei uns noch nicht ausgestorben; er herrscht in den niederen, sogar theilweise bei den gebildeteren Volksklassen. Selbst in der Metropole der Intelligenz und des Fortschritts, in Berlin, gedeiht der Aberglaube vorzüglich. Daß es heute noch Buchhandlungen gibt, welche abergläubische Schriften verlegen und verbreiten, ist ein doppelt betrübendes Symptom, einmal, weil sich noch solche Verleger, wie z. B. jüngst in Reutlingen, und zweitens, weil sich noch für derartige Dinge Abnehmer finden. Dieser Glaube an die Existenz der Zauberei, der Hexenfahrten, des Umgangs mit dem Satan, der Sachbeschädigung hat auf die Hexenprocesse insofern einen großen Einfluß ausgeübt, als er deren hartnäckige Fortdauer, trotz vielseitiger Bekämpfung, begünstigte und unterstützte. Er hat aber die Hexenprocesse ebensowenig eingeführt, als er sie beseitigt hat. Dieser Hexenglaube also bestand vor, neben und nach den Hexenverfolgungen des 16. und 17. Jahrhunderts und ist zur Stunde noch nicht verschwunden.

Auch der subjective Glaube an die eigene Hexerei, ob nun durch Genußmittel (narkotische Getränke) oder durch Reizmittel (Hexensalbe) erzeugt, kann die Hexenprocesse unmöglich hervorgerufen haben. So wenig als heute ein Dynamitverschwörer oder ein Meineidiger sich selbst denuncirt, um seine Verurtheilung zu betreiben, so wenig werden die Hexen sich selbst dem Richter gestellt haben. Blickt man freilich auf die Zustände jener in Frage stehenden Jahrhunderte, welche durch religiöse, sociale und politische Revolutionen erschüttert waren, so ist es nur zu begreiflich, daß

---

1) „Wie ich Livingstone fand" II. 167.
2) Daselbst S. 247. cf. Dr. Holub I. 419. An der Nase vertreibt der Blick des falschen Juden heute noch den Kühen die Milch.

eine starke Hinneigung des Volkes zum Glauben an übernatürliche und selbst dämonische Einwirkungen hervortrat.

Auch der gläubigste Christ, wenn er von schrecklichen Heimsuchungen überfallen wird, deren Abwendung kein Gebet, kein gutes Werk zu bewirken vermag, wird der Gefahr ausgesetzt, sich von Gott ab- und dem Satan zuzuwenden.

Wie das furchtsame Kind zur Nachtzeit Schreckgestalten sieht: schwarzen Hund, feurigen Mann, glühenden Gegenstand; wie der Fieberkranke Dinge hört und sieht, die nirgends existiren als nur in seiner Phantasie, so hat in jenen aufgeregten Zeiten, namentlich im 17. Jahrhundert, als Krieg, Pest und Hungersnoth herrschten, die Phanthasie des Volkes sich erhitzt und überall dämonische Einwirkungen gewittert. So erklärt es sich, daß gerade in der Mitte des 30jährigen Krieges der Hexenwahn seinen Höhepunkt erreichen konnte. Aehnliche Erscheinungen traten 1870 und 1871 hervor, indem die aufgeregte Volksmasse an übernatürliche Erscheinungen zu glauben geneigt war, wie z. B. in Elsaß, Marpingen, Dietrichswalde. Nur waren es keine dämonischen Einflüsse, an die man hier glaubte. Anders aber in jener Periode, in welcher unser deutsches Volk die unsäglichsten Drangsale und die schrecklichsten Plagen, wie die Hungerjahre 1626 und 1628, erleben mußte; 1626 war am Pfingstfeste Alles erfroren. Nicht vermögend, solche Prüfungen dem allgütigen Gotte zuzuschreiben, hielt man dafür, daß sie vielmehr des Teufels Werke seien, als dessen Werkzeuge die Hexenmeister und Zauberinnen angesehen wurden. Wie eine pflichtgetreue Obrigkeit es als ihre erste Aufgabe ansah, dem Treiben des allgemein schädlichen Hexenwesens entgegenzutreten, das zeigt uns das Schreiben des Magistrates zu Gelnhausen an den Rath der freien Reichsstadt Frankfurt a. M. vom 4. März 1629. Frankfurter Neujahrsblatt 1874[1]).

Es ist gar nicht zu verwundern, daß in jener Zeit geistig und leiblich demoralisirte Menschen aus Verzweiflung sich dem Satan verbinden wollten, ihm sich zu verschreiben begehrten, falls er ihnen Hilfe zu bringen bereit wäre. Die malitia hominis kann so weit gehen, und ist oftmals so weit gegangen, Hilfe beim Satan zu holen, um sich gleichsam

---

1) „Euer Weisheit werden sich zu entsinnen wissen, welchermaßen bei jetzigem hochbeschwerlichem Kriegswesen gemeine Bürgerschaft nicht allein vielfältig beschwert, sondern auch vergangen Jahr über mit einem sehr geringen Weingewächs sampt andern Baum- und Feldfrüchten seie gesegnet und begabt worden, um welches fast Jedermann zu großer Ungeduld bewogen auch in äußerste Armuth versetzt, mancher auch deßwegen in Kleinmüthigkeit, ja durch Getrieb des bösen Feindes in Verzagung fallen sollte." ꝛc. S. 36.

an Gott und der Menschheit zu rächen. Als den getreuesten Ausdruck dieser Volksstimmung, zugleich auch als ein symptomatisches Zeichen jener Zeit, halten wir die bekannte Faustsage[1]). Sie ist das ächte Kind jener Zeit, in welcher der Mensch lieber mit dem Satan pactiren, als dem dreifaltigen Gotte dienen wollte. Sie ist der richtige Typus jener Geschichts-Periode, welcher sie entstammt. So sind uns die zahlreicheren Fälle von Personen, welche an ihre eigene Zauberei resp. ihren Pact mit dem Satan glaubten, nicht überraschend. Diese Erscheinungen sind zu erklären für sich; aber den Hexenproceß erklären sie nicht, vielmehr findet sich diese Erklärung allein in der mangelhaften Gerichts-Organisation.

II. Der Hexenproceß, der legitime Sohn der Jurisprudenz.

Schon durch das Wort „Hexenprocesse" sind wir auf die Jurisprudenz hingewiesen. Männer, deren Autorität in der juristischen Welt nicht gering ist, vertheidigen und vertreten diese Ansicht.

So vor allem G. von Wächter. Er schreibt: „Wir würden in unserer Zeit noch ebensoviel Hexen finden und verbrennen können als in jenen Zeiten, wenn wir dasselbe Mittel, sie zu finden, bei uns noch anwenden wollten. Das Mittel war einfach, sicher, und schnell zum Ziele führend. Es war die unsinnigste Ausgeburt menschlicher Verwirrung, die Folter[2]).

Der Beginn der Hexenprocesse fällt so ziemlich mit der Zeit zusammen, in welcher man im Abendlande das alte heimische Gerichtsverfahren, gegründet auf Anklage, öffentliche Verhandlung und Schöffenspruch, mit dem römischen Recht vertauschte[3]).

Die Einführung dieses römischen Rechts geschah gegen Ende des XV. Jahrhunderts. Dieselbe wurde angebahnt und vorbereitet durch Zulassung römischer Rechtslehrer an den Universitäten, sowie durch Verwendung derselben in den Kanzleien der Regierungen. Unter Kaiser Maximilian waren sie schon einflußreich, und reifte bereits der Plan, eine allgemeine „Reichs-Rechtsordnung" einzuführen. Bis dahin bestand noch in allen deutschen Gauen das alte germanische Recht, ein Volksrecht, theils Stadt-, theils Gaurecht, dessen Verfahren auf Anklage, Zeugenbeweis, auf dem öffentlichen

---

1) Carl Engel, Volksschauspiel. Dr. Johann Faust Oldenburg 1874. S. 19.
2) Zur Geschichte des deutschen Strafrechts S. 96.
3) Geschichte des deutschen Volkes von Johannes Janssen. 8. Auflage. I. Bd. 473—503. Kapitel. „Die Einführung des römischen Rechtes."

und mündlichen Verfahren vor den Schöffen der Stadt des Gaues oder
Ortes beruhte. Die Urtheilssprüche basirten auf dem traditionellen Ge-
wohnheitsrechte, den Stadtrechten, oder auf dem geschriebenen Rechte des
Sachsen- und Schwabenspiegels. Obwohl auch diese Gesetze die Zauberei
unter die gemeinen Verbrechen stellten und mit dem Feuertode bestraft
wissen wollten, so ist doch die Seuche der Hexenprocesse unter ihrer Herrschaft nicht aufgekommen, zum klaren Beweise, daß das germanische Recht
die Entstehung der Hexenprocesse nicht zu verantworten hat[1]).

Ebensowenig das kanonische oder kirchliche Recht.

Auch dieses Recht verpönt die Zauberei als Sünde und Laster.
Es kann die Hexenprocesse, namentlich in Deutschland, nicht hervorgerufen
haben, indem die protestantischen Reichsstände, welche am meisten Hexen
verbrannten, dasselbe gar nicht anerkannten, und Luther dasselbe bekanntlich vor dem Elsterthore zu Wittenberg 1520 feierlich verbrannt hatte.

Seinen officiellen Einzug in's deutsche Reich hielt das römische Recht
unter Carl V. durch die Einführung der sogen. „Carolina" oder der „Peinlichen Halsgerichtsordnung" von 1532.

Schon auf dem Reichstage zu Worms 1521 war der Antrag auf
Einführung einer Reichsrechts-Ordnung angenommen worden, zumal
einzelne Territorialhoheiten bereits mit der Particular-Gesetzgebung vorgegangen waren. Es war 1510 die bambergische Criminalordnung
mit 278 Artikeln erschienen. Ihr folgte 1516 die brandenburgische
in 277 Artikeln, verfaßt durch den Juristen von Schwarzenberg, zu dem
Zwecke „der eingerissenen Unordnung und dem Mißbrauch zu steuern".
Diese brandenburgische Criminalrechts-Ordnung und die Carolina sind
als Töchter der bambergischen zu betrachten. Die Carolina hat 229 Artikel. Nach ihr erschien noch die hessische von 1535 in 153 Artikeln.
Noch später kamen hinzu: die sächsische von 1572; das kurpfälzische
Landrecht 1582; das badische Landrecht von 1588. Diese richten sich aber
in ihren Strafbestimmungen ganz nach der Carolina, oder verschärfen deren
Bestimmungen, wie die sächsische.

Die Carolina hat nun, ohne es zu beabsichtigen, die
Grundlage für die Hexenprocesse geschaffen. Das ergibt sich aus
ihrer Anlage und ihrem Inhalte. Die §§. 1—44 behandeln die

---

1) Horst, Dämonomagie II. 417, läßt die Folter mit dem „römischen Recht"
eingeführt werden. Daselbst ist die nöthige Literatur angegeben. Klagen gegen die
römischen d. h. altheidnischen Rechtsgelehrten findet man schon früher z. B. bei
Cäsarius von Heisterbach, Trimberg in seinem „Renner" 1300. K. Unkel: Berthold von Regensburg. S. 100.

Indicien für das Vorhandensein einer Frevelthat. Der §. 22 ist besonders folgenschwer.

Er lautet:

„Auf blos Anzeichen oder Argwohn, Wahrzeichen hin oder Verdacht, soll nicht zur peinlichen S t r a f, sondern zur peinlichen F r a g (Tortur) verurtheilt werden. Soll aber Jemand zur peinlichen Straf verurtheilt werden, so kann es nur auß e i g e n e m B e k e n n e n oder Bewehsung beschehen und nicht auf Vermuthung oder Anzeigung.“ Eine verhängnißvolle Bestimmung! Der §. 44 endlich bestimmt die „genügende“ Anzeigung (Indicien) „Item so Jemand sich erbeut andere Menschen Zauberei zu lernen, oder Jemand zu bezaubern bedrohet und dem Bedrohten dergleichen geschieht, auch sonderlich Gemeinschaft mit Zauberern oder Zauberinnen hat; oder mit solchen Verdächtigen Dingen, Geberden, Worten und Weisen umgeht, welche Zauberei auf sich tragen und dieselbig Person ferner auch sonst bezüchtigt ist; das gibt ein redlich Anzeigung der Zauberei und genügsame Ursach zur p e i n l i c h e n F r a g.“ Nachdem so die Natur und der Umfang der „genügenden“ Indicien festgestellt ist, handeln §§. 45—61 von der peinlichen Frag oder Tortur (Folter). Von dem „Zeugenbeweis“ sprechen §§. 61—80; von dem Urtheilsprechen die §§. 81—104; von den Strafen die §§. 105—229.

Der unter den Strafbestimmungen hier maßgebende Paragraph ist der §. 109, welcher lautet: „Item so Jemand den Leuten S c h a d e n oder Nachtheil zufügt, soll man strafen vom Leben zum Tod und man soll selbig Straf mit dem Feuer thun. So aber Jemand Zauberei gebraucht und damit Niemand Schaden gethan hat, soll sonst gestraft werden nach Gelegenheit der Sach.“ Durch die §§. 22, 44, 52 und 109 ist der ganze Apparat der Hexenprocesse in's Leben gerufen. Es fehlt nur das Indicium, das „genugsam“ Anzeichen, und dafür sorgte der Aberglaube des Volkes, die Feindschaft und Rachsucht der streitsüchtigen Nachbaren, die Habsucht und Geilheit der Richter.

Noch kam dazu, daß man die Magie als ein Crimen exceptum behandelte, nicht in der Strafe, sondern bezüglich der Procedur und der „Anzeigung“. Bezüglich des letzten Punctes war Alles ein genügender Verdachtsgrund; z. B. ob der Angeklagte fromm war oder leichtsinnig, Furcht zeigte oder keine Furcht hatte; weinte oder nicht weinte, Unschuld bejahte oder Schuld leugnete. Bezüglich der Procedur gingen die Richter weit über das Maaß der Folterung hinaus, welches die Carolina erlaubt hatte. Auch in der Fragestellung, wie sie §. 52 nach dem bekannten quis, quid, ubi festgestellt, war die größte Willkür eingerissen, namentlich mit den Suggestivfragen, durch welche den Gefolterten die gräßlichsten Dinge vorgehalten wurden, um durch den Schmerz deren Bejahung zu erzielen. Namentlich gilt dieses bezüglich der »Complices«, die Frage nach den Anderen, welche mit auf dem „Tanz", welche mit ihnen bei den Hexenfahrten gewesen ꝛc. Nicht der Glaube an Zauberei und Hexen hat die Hexenprocesse hervorgerufen, sondern das Gesetzbuch des Reiches, welches die Zauberei als ein Criminalverbrechen zu verfolgen gebot, und die Gerichtspraxis, welche, an die Stelle der Accusation und des Zeugenbeweises, die Inquisition mit der Folter bis zum erzwungenen Schuldbekenntnisse setzte. Daher der Satz bei von Wächter erklärlich: „Vor der Mitte des 15. Jahrhunderts sind am wenigsten Hexen verbrannt worden, obwohl der Hexenglaube bestand . . . . Bis zur zweiten Hälfte des XV. Jahrhunderts geschehen solche Processe nur auf Anklagen hin. Selten hatte Jemand Grund, eine Anklage wegen Hexerei zu erheben, am wenigsten wegen Buhlschaft mit dem Teufel; ohne Anklage gab es in jener Zeit kein Criminalverfahren. So erklärt es sich, daß man bis dahin selten Hexen vor Gericht zog, noch seltener sie verbrannte. In dieser Zeit war auch leicht durchzukommen, selbst bei Anklagen,

1. durch das Gottesurtheil der Wasserprobe,
2. durch das Losschwören und die Eideshelfer,
3. durch Zweikampf.

Das änderte sich aber mit dem Ende des XV. Jahrhunderts in der Art, daß man Processe gegen Verdächtige anstrengte von Amtswegen, ohne Anklage und nicht durch fremde Zeugen, sondern durch eigenes Eingeständniß sie überführte, welch' letzteres freilich durch die Folter erzwungen wurde."

So von Wächter. Wenn aber einmal irgendwo ein Proceß gegen eine Hexe eingeleitet war, dann wurde dieser Fall eine Quelle von neuen Processen, ähnlich jener Hydra des Herkules, welcher für jeden abgeschlagenen Kopf immer zwei neue anwuchsen, oder jenem Dichter-Worte: „Das eben ist der Fluch der bösen That, daß sie fortzeugend Böses muß gebären." Auch Soldan trifft das Richtige, wenn er schreibt: „Die Acten der Hexenprocesse constatiren die Thatsache, daß sich die Hexenprocesse überall, wo sie einmal Platz gegriffen hatten, aus sich selbst heraus fortsetzten und vermehrten." So war es möglich, daß dem Götzen des Hexenwahns Hecatomben auf Hecatomben von Menschenopfern dargebracht wurden. Daß diese Opfer nicht den Theologen, sondern den Juristen auf's Conto geschrieben werden müssen, gesteht derselbe Soldan ein, wenn er sagt: „Gerichte und juristische Facultäten schleppten die Opfer auf die Scheiterhaufen." Ferner ist das Ergebniß dieser Untersuchung ausgesprochen in jenem Satze, welchen 1849 von Raumer im preußischen Herrenhause ausgesprochen hat: „Nicht die Theologen, sondern die Juristen

12*

haben die Hexen verbrannt;" und Dr. Roßhirt: „Tausende
starben von der Justiz in der That gemordet[1])."

Mit vollem Herzen stimmen wir daher Soldan-Heppe bei, wenn er
die Potenzen, welche die Hexenprocesse hervorgerufen und so lange zu ihrer
Herrschaft beigetragen haben, folgendermaßen zusammenstellt: 1. „Der
herrschende Teufels- und Dämonenglaube; 2. Die Aenderung im pro-
ceßualischen Beweisverfahren, welche gegen das Ende des XV. Jahrhunderts eintrat; 3. die den Hexenmeistern gestattete und befohlene Anwendung der Tortur, sowie die ganze Einrichtung des Hexenprocesses. Das
Zusammenwirken dieser drei Dinge war es, was die
furchtbare Ausbreitung und die lange Dauer der
Hexenprocesse möglich, ja nothwendig machte[2])."

Die Nr. 2 und 3 bilden eigentlich nur einen Factor, das fehlerhafte
Gerichtsverfahren; dieses aber fällt einzig der Jurisprudenz zur Last. Den
Confessionen wird nur der Vorwurf gemacht, daß sie den „Teufels- und
Dämonenglauben" gefördert und gestützt haben. Soldan-Heppe ist in der
Anklage gegen die katholische Kirche, daß sie vorzugsweise die Schuld hier-
für trage, unverdrossen; sie zieht sich wie ein rother Faden durch sein
ganzes Werk hindurch. Grund genug, diese Behauptung näher zu prüfen und dabei nachzuforschen, welcher Antheil an der Verbreitung
und Unterhaltung des Teufels- und Dämonenglaubens
dem Protestantismus zukommt.

---

1) Soldan-Heppe I. 455. Auf gleicher Seite wird die unsinnige Berechnung
Voigt's über die Zahl der im Hexenproceß getödteten Opfer von angeblich 9,442,994
Menschen auf ein richtiges Maß zurückgeführt. Voltaire schätzte 100,000 Opfer;
Soldan gibt doch noch Millionen zu.

2) Soldan-Heppe II. 380.

Zweiter Theil.

Der Hexenwahn als „Laster" vor dem Forum der Kirche.

O Jesu, liebster Herr,
Du heiliger Wächter,
Erwach, tritt zu uns her,
Errett Dein göttlich Ehr,
Den rothen Drachen wehr,
Sein höllisch Reich zerstör,
Ausrott das Hexenheer.
Ein gutes Jahr bescher,
Abwend all Kriegsbeschwehr,
Den Frieden wiederkehr,
Daß Dich wir, Deine Kinder,
Preisen, hier und dort immer
Amen. Du frommer Herr,
Dein armes Volk erhör!

M. Johann Ellinger,
Diacon zu Arheilgen, in der Hexencoppel. 1629.

Erstes Buch.

Kampf der Kirche gegen den heidnischen Zauberwahn. 1—1000 n. Chr.

Erstes Kapitel.

Der Zauberglaube im Heidenthum.

I.

Der heil. Paulus schildert im ersten Kapitel des Römerbriefes den traurigen Geisteszustand der Menschen vor der Geburt Christi. Zu der Verirrung des Verstandes, welcher verfinstert war, so daß er den Schöpfer nicht mehr kannte, gesellte sich eine unglaubliche Verirrung des Herzens, welche sich in der Entfesselung selbst der scheußlichsten Leidenschaften kund gab. So kam es, daß die Menschen nicht blos „die Finsterniß mehr liebten als das Licht", sondern „das Licht haßten und nicht an das Licht kamen, weil ihre Werke böse waren." Joh. III, 10. Diese vollständige Verirrung des Verstandes bezeichnen wir mit dem Ausdrucke **Aberglauben** im weitesten Sinne. In ihm ist sowohl Abgötterei, als auch Zauberei oder Magie, Wahrsagerei u. s. w. einbegriffen, welche als Sünden gegen das erste Gebot Gottes in unseren Katechismen aufgezählt werden.

Wie der Unglaube eine Sünde ist per defectum, so ist der Aberglaube eine Sünde per excessum. Ist des Menschengeschlechtes Ursprung in Asien zu finden, so ist auch Asien die Wiege der Magie und Wahrsagerei. »Magi ob oriente venerunt.« Matth. II, 1. „Da kamen Magier aus dem Morgenlande nach Jerusalem." Dieser Satz ist zunächst nur im geographischen Sinne von der Reiserichtung zu verstehen, läßt sich aber auch auf den Ursprung der Magie anwenden. Die älteste Heimath der Magie ist das Chaldäa der Babylonier[1]. Hier finden wir den Cultus des Bel und der Melitta, d. h. der Sonne und des Mondes, den Sabäismus oder Sterndienst. Dieser tritt bald als Astrologie, bald als Idolatrie auf. Sterndeuterei, Traumdeuterei, Na-

---

[1] Roskoff I. 91.

tivitäts-Stellung, Beschwörungen galten als religiöse und bürgerliche Gebräuche. Es pflanzte sich dieser Cultus fort nach Syrien und Phö-
nizien, wo Bel als Bal und Melitta als Aschera verehrt wurden. Diese
als gute Gottheiten erscheinende Wesen hatten aber auch böse und zer-
störende Götter neben sich, Moloch und Astarte, welche mit grausamen
Menschenopfern geehrt wurden. Auch in Kleinasien, bei Lydiern und
Phrygiern, findet man ein ähnliches Göttersystem. Hier heißt die männ-
liche Gottheit Men, und die weibliche Cybele, welche den gleichen Cultus
genossen, wie Bal und Aschera bei den Syrern. Der Cultus der Assyrer
kam dem der Babylonier gleich.

In den fruchtbaren Ländern des Ganges und des Indus breiteten
sich in frühester Zeit circa 1300 vor Chr. die Arier aus und bildeten
mit den besiegten Eingeborenen verschiedene Staatengruppen. Die religiöse
Seite ihres Culturlebens wurzelte im Brahmanismus, später im Bud-
dhismus. Die Lehre des Brahma ist eine mehr speculativ spiritistische.
Die Götter sind dem Brahma, dem puren Geiste unterworfen, welcher
in den Priestern lebt und durch Gebet und Opfer veranlaßt wird, seine
Zaubermacht über die Götter auszuüben. Des Menschen Aufgabe dagegen ist, in Brahma ein- und in ihm aufzugehen. Daher die sinnlose
Ascese, die den menschlichen Körper peinigt und aufreibt nach Art der
Fakire. Die Vedas enthalten die Grundzüge dieser Religion, deren
System (der Brahmanismus) pantheistisch ist. Denn der Brahma reprä-
sentirt die Einheit, aus welchem die Vielheit hervorgeht und in ihm sich
wieder sammelt. Doch dieses mehr abstrakte und ascetische Religions-
system, von einer alles beherrschenden Priesterkaste getragen, wurde später
umgewandelt durch den mehr realistischen, dem Materiellen zugekehrten
Buddhismus. Manu ist zum obersten Gesetzgeber geworden; Vischnu aber
ist der große Wohlthäter aller Dinge. Auch diesen nahmen später die
Brahmanen noch neben Brahma an. Sie hatten also drei Götter,
Brahma als Schöpfer, Vischnu als Regierer und Erhalter und Ciwa als
den Gott der Zerstörung und feindlichen Macht.

In Iran bei Baktrern und Persern herrschte die Religon Zoroaster's,
des Vollenders und Reformators des Buddhismus. In seiner Zendavesta erscheint er als der Vollender des religiösen Dualismus, indem er
die beiden sich entgegenstehenden Prinzipien, Ormuzd und Ahriman, bis
fast zur vollen Gleichheit ausbildet[1]). Ihr Gegensatz wird nicht wie bei
Indern in Geist und Materie gefunden, vielmehr ist derselbe symbolisirt
in Licht und Finsterniß. Während der Brahmane die Selbstvernichtung

---

1) Roßloff I. 122. Im Gegensatz zu Döllinger, welcher eine Priorität und
Superiorität des Ormuzd annimmt.

als Pflicht ansieht, will der Diener der Zendavesta sein Leben vielmehr erhalten. Nach Zoroaster hat Ahriman alle bösen Thiere erschaffen, alle leiblichen Uebel kommen von ihm. Deshalb muß man gegen Uebel und Natur und gegen sich selbst kämpfen, alsdann hält man es mit Ormuzd. Es wird sich später zeigen, welchen Einfluß diese Lehre auf die Ketzereien des Mittelalters ausgeübt hat.

Nach den Berichten von Forschern, Reisenden und Missionären ist der Zauberglaube und Aberglaube heute noch herrschend bei Persern, Indern, Mongolen, Chinesen ꝛc. Wenn man jenen glauben darf, fehlt es auch nicht an dämonischen Erscheinungen, an Besessenheit u. dergl. Die überraschendsten Berichte vernehmen wir aus dem zuletzt erschlossenen afrikanischen Continente. Die Araber, obgleich Muhamedaner wie die Beduinen, die Neger, die Kaffern und Hottentotten huldigen einem alles beherrschenden Zauberwahne. Jedes schädliche oder ungewöhnliche Ereigniß schreibt man der Macht des Zauberers zu. So schreibt z. B. Stanley[1]): „Die Wasegehu sind wohl die blindesten Anhänger der Zauberei; dennoch fahren die Jünger dieser Kunst bei ihnen sehr schlecht. Häufig sieht man Aschenhaufen auf dem Wege und Kleidungsstücke an Baumzweigen darüber schweben. Dieses bezeichnet das Schicksal der unglücklichen „Waganku". (Medicinmänner.) „Mir sagte man nach, erzählt Stanley weiter, daß ich im Stande sei, Regen zu machen, alle Brunnen zu vergiften, alle Krieger Mirambos mit einem Arzneipräparate zu tödten. Die zu üblen Zwecken angewendete Zauberkunst wird mit dem Tode bestraft[2])." Nach Klunzinger[3]) herrscht der Zauberglaube heute noch bei den Moslimen. Man glaubt noch an Verwandlung der Menschen in Esel und Affen in Nascab. Aus Süd-Afrika berichtet Dr. Holub I, 419: „Die bösen Zauberer trachten auch die Ernte zu schädigen. Die Betschuanas behaupten, daß die Nolois (böse Zauberer) Leichen ausgraben, um ihnen gewisse Körpertheile zu entnehmen, auch daß sie Neugeborene tödten, um aus Körpertheilen derselben Zaubermittel zu bereiten; die schädlichsten Mittel gewinnen die Nolois aus Thieren, die allgemein gefürchtet sind und nur schwer in die Hand der Menschen gelangen, z. B. Boa, Krokodil." Dasselbe erzählt Holub vom Könige Sepopo im Barotse-Reiche, welchen er 1876 besuchte, daß dieser einen jungen Knaben einfangen und ihm sämmtliche Finger und Zehen abschneiden ließ, um daraus ein kräftiges Zaubermittel zu bereiten. Den so verstümmelten Knaben ließ er dann im Zambesi ersäufen.

---

1) Wie ich Livingston fand. pag. 235.
2) Daselbst T. II. S. 167.
3) Bilder aus Oberägypten. Stuttgart 1878.

Nach Schweinfurth[1]) fehlt den Bongi aller religiöser Cultus. Sie haben keine Ahnung von Unsterblichkeit, für die Gottheit gibt es keinen Begriff. Das Wort Loma bedeutet Glück und Unglück und allenfalls soviel als im Islam „Allah". Geisterspul dagegen, namentlich die Furcht vor bösen Geistern, ist allgemein verbreitet. Der Sitz derselben wird in das innerste Dunkel des Waldes verlegt. Gute Geister sind unbekannt. Als verderbenbringende Faktoren betrachtet man überhaupt Geister, Teufel, Hexen, Waldkobolde, Fledermäuse, Eulen. Dr. Schweinfurth berichtet, daß man gegen den Einfluß der bösen Geister einen Handel mit Amuleten treibe, wie in Chartum Händler mit Koransprüchen. Der Besitz gewisser Wurzeln verleiht die Fähigkeit, so glauben die Bongo, mit den Geistern in Verbindung zu treten. Regenmacher, wie bei den Bari, gibt es bei den Bongo nicht. Alte Leute, besonders Weiber, stehen in dem Verdachte, Unheil bringen zu können. Der Volksglaube behauptet von ihnen, daß, wenngleich sie in Betten liegen, sie das Waldesdunkel durchstreifen können, nach Verbindung mit bösen Geistern haschend. Hexenprocesse seien nirgends in der Welt so verbreitet wie hier. Auf die Vernichtung der Hexen wird mit allen Mitteln hingearbeitet, und bei dieser Strenge werden selbst die nächsten Verwandten nicht geschont.

Die Erscheinung, daß die heidnischen Völker Afrikas, welche Jahrtausende hindurch von allem Verkehr mit den Culturvölkern Asiens und Europas getrennt blieben, dennoch demselben Aberglauben huldigen, welchem wir hier überall begegnen, ist ein evidenter Beweis, daß dieser Wahn nicht von außen in den Menschen hineingetragen wird, sondern aus dem innersten Wesen seines Geistes herauswächst. „Er ist eben," wie Müller sagt[2]), „dasjenige, was bei dem Körper die Krankheit ist." Um die „neue Welt" nicht zu vergessen, so haben die Eingeborenen Nord- und Süd-Amerikas einem ausgebildeten Zauberglauben gehuldigt. Die Indianer von Nordamerika hatten Geisterbeschwörer, welche ihre Mittel gegen die bösen Geister in eigenen Beuteln mitnahmen. Sie schrieben die Krankheiten dem bösen Geiste zu. Die Patagonier in Süd-Amerika haben keine Priester, wohl aber Zauberer und Wahrsager. Die Spanier fanden einen schrecklichen Aberglauben bei den Bewohnern Perus und Mexikos und auf den Südseeinseln. Das ist das Ergebniß einer flüchtigen Ueberschau, daß alle Naturvölker vom Aberglauben vollständig beherrscht sind.

---

1) Die Südländer von Paulitschke. 1885. S. 264. c. f. Serpa Pinto. Wanderung durch Afrika. I. Th. S. 120. Leipzig 1881.

2) Herzog's Realencyclopädie: „Hexenprocesse."

II.

Ein keineswegs freundlicheres Bild bieten uns die sogenannten Culturvölker. Das heitere, begabte, für Poesie und Kunst gleich empfängliche Volk der Griechen hatte leider seine religiösen Vorstellungen ganz in Aberglauben aufgehen lassen. Seine Götter und Göttinnen waren im letzten Grunde nichts höheres als Zauberer und Zauberinnen, welche nach Gunst oder Mißgunst, Zuneigung oder Abneigung, Menschen in Thiere, Pflanzen oder Steine verwandeln konnten und nach Belieben zurückverwandelten. Ihre Helden, die der Götter Gunst erlangt hatten, erfreuten sich ähnlicher Gaben, wie Orpheus, Perseus, Herkules, Theseus, Achilles. Einen bedeutenden Einfluß auf die damalige Welt entfalteten die griechischen Orakel, z. B. das ältere von Dodona und das bekanntere zu Delphi, mit welchen nur dasjenige vom Jupiter Ammon in der lybischen Wüste concurriren konnte. Ueber Ursprung, Natur und Wesen der Orakel sind schon bei den Alten verschiedene Ansichten laut geworden. Stoiker und Peripatetiker verlegten ihre Ursachen in eine bis zum furor und calor gesteigerte Geistesthätigkeit des Menschen. Die Epikuräer leugneten sie und hielten sie für Gaukeleien. Plutarch dagegen, der es für angezeigt hielt, ein eigenes Werk über diesen Gegenstand zu schreiben, führte sie mehr auf natürliche Ursachen zurück, nämlich auf die Einflüsse des Klimas und des Temperamentes. Einige schrieben sie der menschlichen Verschmitztheit zu. Christlichen Erklärern schienen sie ein Werk der Dämonen zu sein, wie z. B. Georgius Möbius[1]), welcher den Satz aufstellt: „die heidnischen Orakel haben Niemanden zum Urheber außer den Satan und sind von ihm mit besonderer List und Schlauheit eingeführt worden, weil jener Gottes Affe ist.“ Auch die griechische Philosophie hat wenig dazu beigetragen, die geistige Atmosphäre von Aberglauben zu reinigen. Von den drei älteren bekannten Schulen huldigte die jonische mit Thales, die italische mit Pythagoras denselben Anschauungen. Erstere sieht in der belebten Welt eine Menge von Dämonen,

---

1) Tractatus philologico-theologicus de oraculorum ethnicorum origine, propagatione et duratione autore G. Moebio. S. S. theolog. licent. Lipsiae. 1680. Er eröffnet seinen Tractat mit der Berufung auf den berühmten Pädagogen Taubmann, welcher dem Satan die Rolle des Affen Gottes zuschreibt. Joh. Herbenstreit »Oraculum Apollinis delphicum.« Jena 1675. Der §. 1 zeigt, daß der Satan der Urheber der Orakel sei; er habe deren nirgends mehr gegründet als in Griechenland. Die im gleichen Jahre zu Cöln gedruckte Dissertation: De divinatione et oraculis von einem Anonymus ist milder in ihren Urtheil. Menschen könnten aus Conjecturen Manches voraussehen, um wie viel mehr die Dämonen! S. 2.

welche den Menschen Träume und Krankheiten bereiten. Der Neuplatoniker Plotin hält an der Meinung fest, daß die Grausamen in Wölfe und die Streitsüchtigen in Hunde u. dergl. verwandelt würden. Die späteren griechischen Philosophen verließen den Volksglauben und wandten sich mehr der Skepsis zu, wofür bereits Epicur und Democrit den Ton angegeben hatten.

Die Römer hielten mehr an dem traditionellen Götterglauben und Cultus fest, wie Cicero, Tacitus und Quintilian bezeugen. Eine Ausnahme machte der ältere Plinius, der dem Naturalismus ergeben war und die Natur Gott sein ließ. Den religiösen Glauben zu wahren und mit der Philosophie zu versöhnen, war Aufgabe der Stoiker. Sie sind es, welche die Dämonen in den Dienst zwischen Gottheit und Menschheit einstellen. Der Stoa, welche Vernunft und Glauben versöhnen wollte, schlossen sich an die Gebildeten des ersten christlichen Jahrhunderts, wie auch namentlich Kaiser Marc Aurel. Die Platoniker beflissen sich die Dämonenlehre noch zu erweiteren und auszubilden, weil sie der Phantasie einen großen Spielraum gewährte. Plutarch erwarb sich den Ruhm, die Lehre von den Dämonen in ein System gebracht zu haben. Er unterscheidet gute und böse Dämonen, welche dem Menschen freundlich oder feindlich gesinnt sind.

Zur Kaiserzeit, als Rom seine Herrschaft über drei Welttheile ausgedehnt hatte, gelang es auch fremden Götterkulten in diesem Centrum sich Eingang zu verschaffen, anfänglich zwar als fremder Aberglaube behandelt, verachtet und verboten, später als Modesache der Gebildeten in Ehren gehalten. Aus Egypten schlich sich seit Domitian ein der Serapis- und Osiris-Dienst. Ihm folgte dann der orientalische Mithras-Dienst unter den Antoninen. Plutarch war von Haus aus dem egyptischen Götterdienst zugethan, dagegen dem asiatischen abgeneigt, was aus seinem Werke über den Aberglauben genügend hervorgeht.

Und dennoch haben die „Chaldäer" in Rom einen solchen Einfluß erlangt, daß sie zeitweise aus der Stadt vertrieben wurden[1]). Die Apotheose der Kaiser und anderer berühmter Männer, wie Apollonius von Thiana, Antinous, machte es nöthig, diesen Personen mehr als menschliche Kräfte und Werke zuzuschreiben, welches, wie Origines bemerkt, unter Mitwirkung egyptischer Zauberer erfolgte. Die Christenverfolgungen begannen unter der doppelten Beschuldigung des fremden

---

[1]) Der Aedil M. Agrippa verbannte Astrologen und Magier aus Rom. U. c. 721. Nach Dio Cassius wurde dieser Senatsbeschluß oft wiederholt und unter Nero auf die „zauberischen" Christen ausgedehnt: cf. J. Diefenbach, „Christus und das Christenthum". Mainz. 1874. S. 58.

Aberglaubens und des Majestätsverbrechens, weil sie den Kaiser-Göttern nicht opfern wollten. Für dieses Verbrechen erlitten sie die Tortur, wie Plinius der jüngere in seinem Schreiben an Trajan von zwei christlichen Sclavinnen berichtet. Kein Wunder, daß die Christen in den heidnischen Göttern reale Mächte, Mächte der Finsterniß sehen.

Allgemein herrschte der Glaube in Rom an die Wahrheit verkündende Träume und Traumgesichte. Selbst der Sceptiker Plinius der Aeltere gab sie zu. Eine große Bedeutung erlangten die sogenannten Heilträume, in welchen ein besonders verehrter Gott, namentlich Aesculap, dem Kranken das Heilmittel offenbarte, zumal wenn er in seinem Tempel schlief, wofür außer dem Gaukler Alexander von Abonoteichos speciell Aristides [1]) eintrat, weil er dieses an sich selbst erfahren haben wollte. Außerdem hielt man noch fest an der Form der Weissagungen durch Haruspicien und Beschauung der Eingeweiden der Thiere. Auch Julian glaubte an die Vogelschau. Ebenso stark war der Glaube an die prodigia (Vorbedeutungen) zur Zeit der Kaiser im Volke verbreitet. Im 2. Jahrhundert spielte die Astrologie bei den Gebildeten eine große Rolle. Denn man glaubte fest an das Fatum der Nativität. Man hielt fest an der Meinung, daß mit der Geburt unter einem verhängnißvollen Sterne auch das Schicksal des Neugeborenen bestimmt sei. Der Glaube an die Unsterblichkeit der Seele von Stoikern und Platonikern vertheidigt, wie z. B. von Maximus von Tyrus, Apuleius, Plutarch, Pausanias, Cicero, Seneca, brachte es mit sich, daß man auch an Geistererscheinungen glaubte. Die Seelen der guten Menschen wurden als Laren verehrt, die der bösen als Lemuren gefürchtet. Den letztern wurden darum, um sie zu beschwichtigen, Versöhnungsopfer „Lemurien" bereitet, namentlich in den Nächten des 11., 13. und 19. Mai.

Die Nekromantie oder Todtenbeschwörung war eine Lieblingsbeschäftigung der römischen Kaiser, eines Nero, Caracala, Eliogabal, Julianus, wobei die zwei letzteren, nach Dio's Bericht, Kinder schlachten ließen. Die Beschreibung der Todtenbeschwörung macht, auch an und für sich betrachtet, nicht den Eindruck eines Phantasiegemäldes. Ihre Einzelheiten lassen sich fast Punkt für Punkt aus anderen ähnlichen Schilderungen belegen; daß der Geist nur auf Befragen Antwort gibt, aber von selbst nicht redet, ist eine für Geisterbeschwörung fast nothwendige Voraussetzung; und daß die Here eine Leiche wählt, deren Lunge unversehrt ist, weil der Todte sonst nicht sprechen kann, ist auch schwerlich

---

1) Zu welchen Mißbräuchen und Betrügereien diese Nächtigungen im Tempel zuweilen dienten, lehrt die Geschichte der Römerin Paulina bei Flavius Josephus, Alterthümer. XVIII. 4.

eine dichterische Erfindung, sondern sieht ganz wie eine Doctrin der Beschwörer aus[1]).

Dieser geistigen Macht des Aberglaubens sollte das Christenthum
entgegentreten im Namen desjenigen, welcher von sich bekannte: „Ich
bin der Weg, die Wahrheit und das Leben. Wer mir nachfolgt, wandelt nicht in Finsterniß." Mit dieser Mission betraute er seine Apostel,
welchen er die Weisung ertheilte: „Gehet hin und lehret alle Völker."

Zweites Kapitel.

Der Glaube des Christenthums.

Die Wirkungen des Erlösungswerkes sind kurz zusammengefaßt in
dem Satze: Christus vincit, Christus imperat, Christus regnat[2]), wie
er auf dem Obelisken von St. Peter urbi et orbi verkündet ist. Christus
ist Sieger, wie der heil. Paulus I Cor. XV, schreibt: „Gott sei Dank,
der uns den Sieg verliehen hat durch Jesum Christum."

Als Sieger dictirt er seine Befehle: „er befiehlt dem Winde und
dem Meere." Matth. VIII, 26; „selbst den unreinen Geistern" Marc. I.
27, „auch dem Fieber" Luc. IV, 39. Er ist Herrscher, denn „er
wird herrschen im Hause Jakob und seines Reiches wird kein Ende
sein." Luc. I, 32. Ebenso erklärt der heil. Paulus: „Er muß aber
herrschen, bis er alle seine Feinde unter seine Füße lege." I Cor. XV, 25.
An diesem Siege und an dieser Herrschaft nehmen Theil auch diejenigen,
welche an ihn glauben und ihm dienen. „Das ist der Sieg, mit dem
ihr die Welt überwindet, euer Glaube." I Joh. V, 4 u. 5. Wer auf
Gott sein Vertrauen setzt, der hat auf Felsengrund gebaut; er kann gleich
der Kirche, welche auf einem Felsen ruht, von der Höllenpforte zwar
bedrängt und bedroht, aber nie überwunden werden. »Si Deus pro
nobis, quis contra nos?« „Wenn Gott mit uns ist, wer kann da
gegen uns sein?" I Röm. VIII, 38. Das ist der Kern des Evangeliums, der frohen Botschaft Christi; das ist „der Schild des Glaubens, mit welchem ihr alle feurigen Pfeile des Bösewichtes auslöschen
könnt." Eph. VI, 16. Alle Hoffnung des Heiles gründete sich daher

---

1) Friedländer, Sittengeschichte Roms, Leipzig 1881. III. Bd. S. 710—11.
cfr. dessen L. I. S. 321 u. II. S. 497. „Wenn jene früheren Hexen denen
unseres Mittelalters gleichen, so haben diese Zauberer die deutlichste Aehnlichkeit
mit den Großkophtas des vorigen Jahrhunderts."

2) „Christus siegt, Christus herrscht, Christus regiert."

auf denjenigen, welcher erklärt hatte: „Mir ist gegeben alle Gewalt im Himmel und auf Erden." Matth. XXVIII, 18.

Diese seine Gewalt übt er aus über die Natur als ihr Schöpfer und Herr; über die Menschen als ihr König und Herrscher; aber nur über „Freiwillige". Er zwingt Niemanden: „Wer mir nachfolgen will." „Willst du zum Leben eingehen, so halte die Gebote." Sein Reich wird gebildet durch Eingeladene, welche seiner Einladung folgen oder auch sie ablehnen können. Er bietet deshalb seinen Frieden Allen denjenigen, „welche eines guten Willens sind."

Durch die freiwillige Hingabe an Christus im Glauben und in der Liebe findet der Gläubige die volle sittliche Freiheit des Willens conservirt. „Wenn euch der Sohn frei macht, so seid ihr wahrhaft frei." Nach dem heil. Augustin heißt Gott dienen soviel als herrschen. „Wir sind nicht mehr Kinder der Magd, sondern der Freien, mit welcher Freiheit uns Christus befreit hat." Gal. IV, 31. „Ihr seid zur Freiheit berufen, Brüder," jedoch nicht in reformatorischem Sinne, bis zur Zügellosigkeit des Fleisches; denn „nur daß ihr nicht die Freiheit zum Anlasse für das Fleisch gebrauchet, sondern dienet einander durch Liebe des Geistes." Gal. V, 13.

Als „Freie" leben daher die Christen, sind daher nichtsdestoweniger „Knechte Gottes". I Petr. II, 16. „Sie, die Gott anhangen, sind ein Geist mit ihm." I Cor. VI, 16. Dem Christen ist es jeden Augenblick möglich, von seiner Freiheit Gebrauch zu machen und Gott zu verlassen. Der status viae gestattet dieses, daß der Mensch seine Freiheit auch gegen Gott gebrauchen kann; er soll gleich den Stammeltern seine Prüfung bestehen können, und, je nachdem seine Entscheidung falle, Lohn oder Strafe zu gewärtigen haben. Die „Freiheit der Kinder Gottes", wie sie der heil. Paulus preist, hat daher zwei Seiten: eine negative, Freiheit von Irrthum und Sünde, und eine positive, die freie Entschließung des Willens für oder gegen Gott. Durch den heiligen Act der Taufe begibt sich der Mensch in den Dienst Christi; er entsagt zuerst dem Satan und seinen Werken und beantwortet dann die Frage: „Willst du getauft werden?" mit der Erklärung: „Ich will."

Diejenigen nun, welche die Gnade in Christo in so hohem Grade sich aneignen, daß sie vollständig sich heiligen bis zu dem Grade der Entsündigung und Gerechtigkeit, wie er den Stammeltern eigen war vor dem Falle: »in virum perfectum in mensuram aetatis plenitudinis Christi; Eph. IV, 13. „zur vollständigen Mannheit zum Maße des in Christo vollendeten Alters," diese erhalten auch öfters die ursprüngliche Herrschaft über die Natur zurück, wie sie Adam im Paradiese besaß. Denn nach Joh. XIV, 12. verspricht Christus denen, welche an ihn glauben, die Gabe Wunderwerke zu verrichten, die er wirke, ja noch größere zu wirken, als er gewirkt habe. Bei Markus XVI, 17 u. 18. werden sie dahin erklärt: „In meinem Namen werden sie Teufel austreiben, in neuen Sprachen reden, Schlangen werden sie aufheben, und wenn sie etwas Tödliches trinken, wird es ihnen nicht schaden. Kranken werden sie die Hände auflegen, und sie werden gesund werden." Hiermit sind die Wunderwerke der Heiligen vorherverkündet und a priori anerkannt.

Alle Menschen, welche der Taufe entbehren oder ihr fern bleiben aus eigener Wahl, bleiben in der Abhängigkeit von dem Satan, „diesem Herrscher der Welt in dieser Finsterniß." Der Dualismus von Licht und Finsterniß in der Natur ist das Sinnbild von dem ethischen Dualismus von Wahrheit und Lüge, Tugend und Sünde. Dem Menschen ist die Alternative gelassen, wem er unterthan sein will[1])!

Der heil. Paulus erläutert dieses Röm. VII, 16—23. „Wisset ihr nicht, daß ihr Knechte seid und dem zu gehorchen habt, welchem ihr euch als Knechte zum Gehorsam hingebet, sei es als Knechte der Sünde zum Tode oder als Knechte des Gehorsams zur Gerechtigkeit? Dank sei Gott, daß ihr Knechte der Sünde gewesen. Befreit nämlich von der Sünde, seid ihr der Gerechtigkeit dienstbar geworden . . . Denn als ihr Knechte der Sünde waret, seid ihr frei von der Gerechtigkeit gewesen. Nun aber befreit von der Sünde, Knechte Gottes geworden, habt ihr zur Frucht euere Heiligung und als Ende das ewige Leben."

Diese Alternative bestätigt Christus mit den Worten: „Wer nicht mit mir ist, ist wider mich; wer nicht mit mir sammelt, der zerstreut." Der Satan, welcher als Urheber der Sünde zugleich Urheber alles Bösen geworden ist, herrscht über seine Diener durch Entfesselung der Leidenschaften, namentlich der dreifachen Lust: Augenlust, Fleischeslust und Hoffart des Lebens, I Joh. II, 16, in welchen Einwirkungen die drei

---

[1]) In herrlichen Worten hat der heil. Ambrosius dieses Verhältniß des freien Willens dargelegt:

„Schreiben wir unser Unglück nur unserem Willen allein zu. Niemand wird zur Sünde genöthigt, es sei denn, daß er aus freier Entschließung sich ihr hingibt. Der Mensch ist freiwillig ein Soldat, der sich von Christus anwerben läßt, wie er freiwillig ein Sclave ist, der sich dem bösen Feinde verkauft. Niemand trägt das Joch der Sünde, bevor er sich nicht freiwillig seinem Tyrannen überliefert hat. Warum klagen wir die Schwachheit des Fleisches an? Können unsere Glieder Werkzeuge der Ungerechtigkeit werden, warum nicht auch Werkzeuge der Gerechtigkeit? Das Fleisch ist ein Sclave; euer Wille soll sich nur hüten, ihn zu verkaufen!"

Cf. Al. Baunard, Geschichte des heil. Ambrosius 275.

Versuchungen Christi bestanden. Matth. IV, 1—12. Diese dreifache Lust
wird auch kurzweg die „Concupiscenz“ oder Begierlichkeit genannt.
Jak. I, 14. „Ein jeder wird versucht, indem er von seiner eigenen
Lust gereizt und gelockt wird.“ Weil diese aus der Erbsünde stammt
und in der heiligen Taufe nicht ausgelöscht wird, hat der Satan noch
an ihr ein Mittel, selbst die Getauften und die Geheiligten zu versuchen.
Er kann unsichtbar den Menschen beeinflussen; er kann die Gedanken,
die Vorstellungen, das Gedächtniß, die Phantasie, das Gefühl beeinflussen;
nur den freien Willen allein kann er nicht bewegen. Die heil. Katharina von Siena stellt dieses Verhältniß dar im Bilde einer belagerten
Stadt oder Festung. Es stehe ihm zu, die Außenforts, Empfindung, Gedanken, zu besetzen durch eigene Macht; aber das Bollwerk der Seele, die
Citadelle des freien Willens, könne er nur einnehmen durch Capitulation.
In Anbetracht dieser Lage, ist es des Christen Pflicht, stets auf der Hut
zu sein. „Wachet und betet, damit ihr nicht fallet in die Versuchung;
der Geist ist zwar willig, aber das Fleisch ist schwach.“ Während die
Guten, welche Gott dienen, ihre Willensfreiheit bewahren, können Jene,
welche der Versuchung nachgeben und dem Satan dienen, ihren freien
Willen nicht behalten, sondern sie werden Sclaven der Leidenschaft und
Knechte des Satans. „Wer Sünde thut, wird der Sünde Knecht.“
Es ist das „die Macht der Finsterniß“, Lukas XXII, 53., Kol. I, 13,
welche Gott duldet bis zum Ende der Zeiten. Dann wird er sich Alles
zu Füßen legen, wenn er Alles in Allem erfüllt.

Die Dienstbarkeit des Satans offenbart sich in einem immerwähren-
den Hasse gegen Gott, daher „Geist der Bosheit“ genannt; gegen Christus,
sein Reich und seine Jünger. „Wenn die Welt euch haßt, so wisset,
daß sie mich zuerst gehaßt hat.“ Joh. XV, 18. Aber dieser Haß erzeugt auch Werke der Bosheit als Beschädigungen, Nachtheile, Ver-
folgungen.

„Der Knecht ist nicht mehr als sein Herr: haben sie mich verfolgt,
so werden sie auch euch verfolgen.“ Joh. XV, 20. Die Bösen sind in
der Hand des Satans dessen Werkzeuge, mittelst deren er die Werke der
Bosheit vollbringt. Wie es die Art des Unkrautes ist, den Weizen zu
ersticken, nicht umgekehrt, des Weizen Art das Unkraut zu ersticken, so
ist es der Charakter und die Natur der bösen Menschen, die Guten stets
zu verfolgen, und wenn möglich, zu vertilgen. Diese verhalten sich stets
passiv, jene dagegen sind aggressiv. Wenn daher die Kirche von Ver-
folgungen spricht, so wird selten die Bemerkung bezüglich des Ursprunges
fehlen, daß es geschehe suadente diabolo, d. h. auf Eingebung des
Satans.

Vor Christi Erlösungstod hatte der Satan eine größere, weil

uneingeschränkte Macht über die Menschen. Er konnte seine natürlichen Kenntnisse und seine natürlichen Kräfte, als die eines Engels höherer Ordnung, den Menschen leihen zur Ausübung von übermenschlichen Werken und zur Erzielung eines mehr als menschlichen Wissens. Das Verlangen der Menschen nach beiden, nach höherem Wissen und nach höherer Macht, ist angeboren. Dem Christen ist die Befriedigung dieses Dranges zugesichert in der Hingabe an Gott, im Glauben und in der Heiligung durch die göttliche Gnade. „Wer von diesem Wasser trinkt, wird nimmer dürsten." Joh. IV, 13. „Im Glauben werdet ihr Berge versetzen können." Matth. XVII, 19. Der Satan vermag nichts gegen ihn. „Wenn Gott mit uns ist, kann nichts wider uns sein." Röm. VIII, 31.

Das ist auch die Lehre der Väter. Unter den apostolischen Vätern finden wir im Briefe Barnabas im zweiten Theile eine Schilderung von zwei Wegen, welche der späteren Darstellung von zwei Reichen auf dieser Welt sehr ähnlich ist[1]). Dort heißt es: „Zwei Wege gibt es, der Lehre und der Gewalt; Einer des Lichtes, der andere der Finsterniß. Dem ersten sind die Engel Gottes, dem zweiten die Engel des Satans vorgesetzt[2])." In den folgenden Abschnitten 19 und 20 werden die beiden Wege weiter erklärt. In diesem Wege der Finsterniß findet man Alles, was die Seele der Menschen verdirbt: Götzendienst, Menschenmord, Bosheit, Giftmischerei, Zauberei, Habsucht. In seinem Briefe an die Magnesier preist Ignatius die Vereinigung mit Christus und dem Vater, in welcher wir, „trotz aller Macht und Gewalt des Fürsten dieser Welt" siegreich hervorgehen und zu Gott gelangen. L. c. 177. Im Pastor des Hermas, im zweiten Buche sechster Unterweisung, werden Vorschriften ertheilt über die zwei „Genien" und beiderseitigen Eingebungen. Zwei „Genien" gibt es beim Menschen, einer der Gerechtigkeit, der andere der Ungerechtigkeit. Der gute Genius ist Gott, und dieser ist zu fürchten. Der Teufel aber ist nicht zu fürchten; denn wer Gott fürchtet, herrschet über Jenen, weil er keine Macht hat. Wer aber keine Macht hat, der ist auch nicht zu fürchten[3]). Dieselbe Ermahnung kehrt in der

---

1) So beim heil. Augustinus in seiner »civitas Dei«, welcher er eine »civitas diaboli« gegenüberstellt, vorgebildet in den beiden Söhnen Adams, Kain und Abel. Dasselbe stellt der heil. Ignatius von Loyola in dem Bilde von den zwei Fahnen und zwei Herrschern dar, welche ihre Soldaten zum Kampfe unter ihre Fahnen rufen. Exercitia spiritualia de duobus vexillis IVa die hebdom. IIae: Editio Romae 1870. S. 77.

2) Hefele, Patr. apost. opera. S. 42.

3) L. c. S. 363. Hermas II mand. 7 u. 12: „Den Teufel fürchtet nicht, denn in ihm ist keine Obmacht: er kann nicht obsiegen über die Knechte Gottes, welche von ganzem Herzen auf ihn hoffen." Cf. Oswald, Angelologie. 176.

11. Unterweiſung wieder, und es erſcheint dann in der 12. Unterweiſung
die Gegenüberſtellung der zweifachen Begierlichkeit: die Luſt am Guten
und der Hang zum Böſen. Es folgt die Aufforderung, ſich Gott hin-
zugeben aus ganzem Herzen und zum vollen Gehorſam gegen ſeinen
Willen; „dann wird er eueren Seelen die Rettung verleihen, und ihr
werdet die Gewalt haben, über alle Werke des Satans zu triumphiren.
Seine Drohung habt ihr nicht zu fürchten, ſo wenig als die eines todten
Menſchen."

Die dem Satane im Reiche Chriſti noch verbliebene Macht wird
von dem heil. Irenäus, adv. haer. 5. Buch, in folgenden Worten
charakteriſirt: „Der Satan, welcher als gefallener Engel fortexiſtirt, hat
nur ſo viel Gewalt, als ihm vom Anfang eigen war: er kann verführen und das Herz des Menſchen verkehren, ſo daß dieſer die Gebote
Gottes übertritt und kann allmählich ihre Herzen verblenden."

Drittes Kapitel.

Der Kampf der Kirche gegen den gnoſtiſch-manichäiſchen Dualismus.

„Die Juden verlangen Wunderzeichen, die Heiden Wiſſenſchaft,"
ſchreibt der Apoſtel Paulus [1]). Satan hatte dem Menſchengeſchlechte
dasſelbe Gift eingeimpft, durch welches er ins Verderben gerathen war,
die Selbſtüberhebung. „Ihr werdet Gott gleich ſein." Durch die
Abwendung von Gott, ſeinem Urſprunge, findet der Menſch die Schranken, welche ſeiner Erkenntniß und ſeinem Können geſteckt ſind, unerträg-
lich. Gleich einem wildgewordenen Roſſe will er dieſe Schranken mit
Gewalt durchbrechen und ſtürzt ſich dadurch in ſein eigenes Verderben.
So iſt ſeit dem Sündenfalle der Aberglaube unter den Menſchen hei-
miſch geworden, welcher ſich in den zwei Richtungen manifeſtirte: in der
Weiſſagung und in der Zauberei. Durch erſtere ſucht der Menſch
die natürlichen Schranken der Erkenntniß zu überſchreiten; durch die
Zauberei aber vermeint er ſeine beſchränkten natürlichen Kräfte künſtlich
vermehren zu können [2]). Es kommt noch ein drittes hinzu. Der Menſch,
welcher als das Ebenbild Gottes erſchaffen war, büßte durch den Sünden-
fall das übernatürliche Ebenbild ein und behielt nur das natürliche, und
dieſes im geſchwächten Zuſtande. Das Verderbliche des Sündenfalles

---

1) 1 Cor. 1, 22.
2) Dr. Simar, der Aberglaube, S. 8, 9 u. 12.

zeigte sich nun gerade darin, daß der Mensch sich jetzt Götter schuf „nach seinem Bilde und Gleichniß". Dieses hat der heilige Paulus so meisterhaft geschildert mit den Worten: „Sie vertauschten die Herrlichkeit des unvergänglichen Gottes mit dem Gleichnisse und Bilde des vergänglichen Menschen, auch der Vögel und der vierfüßigen und kriechenden Thiere." Dieser heidnische Polytheismus ist die denkbar höchste und umfassendste Verwirklichung des Aberglaubens. Als nächste Folge dieser geistigen Verirrung ergab sich die ebenso beklagenswerthe moralische Verirrung. „Darum überließ sie Gott den Gelüsten ihres Herzens, den schändlichen Gelüsten, und wie sie die Erkenntniß Gottes verwarfen, so überließ sie Gott dem verwerflichen Sinne, zu thun, was sich nicht ziemt. Sie wurden voll jeglicher Ungerechtigkeit, Bosheit, erfinderisch im Bösen[1])." So entstand die Vielgötterei und die Idololatrie als Produkt des Abfalls der Menschen von dem einen und wahren Gotte in Verbindung mit einer grauenvollen Immoralität[2]). Sie widmeten ihren falschen Göttern jenen Kultus, der nur dem wahren Gotte allein gebührt: Anbetung und Opfer. Satan, welcher Urheber des Abfalls von Gott war, ist auch eben deshalb der Urheber der Vielgötterei und des Götzendienstes, daher schon Davids Ausspruch: „Alle Götter der Heiden sind Dämonen[3])."

Als das Christenthum nun auf der Weltbühne erschien, mußte es den Kampf mit dem heidnischen Aberglauben in seiner dreifachen Gestalt aufnehmen. Es mußte den heidnischen Opferkultus, die Magie, die Orakel und alle Arten der Divination bekämpfen, respective verbieten. Die Theilnahme am heidnischen Opferkultus wurde durch den heil. Paulus strengstens verboten[4]). „Ihr könnt nicht Antheil haben am Tische des Herrn und am Tische der Teufel." Derselbe Apostel, wie in der Apostelgeschichte berichtet wird[5]), bekämpfte den heidnischen Aberglauben zu Ephesus, woselbst jüdische Teufelsbeschwörer herumzogen und im Namen Jesu Besessene befreien wollten. Anstatt dessen wurden zwei derselben von den Besessenen überwunden und schrecklich zugerichtet. „Viele aber von denen, welche vorwitzigen Dingen nachhingen, brachten die Zauberbücher zusammen und verbrannten sie vor aller Augen; man

---

1) Römer 1, 23—30.
2) Simar, S. 32.
3) Psl. 95, 5. »Omnes dii gentium daemonia.« Die Väter lehren fast ausnahmlos, die Entstehung der Abgötterei sei ein Werk Satans. So Justin, Minutius Felix, „Octavius". Cf. Möhler, Patrologie S. 74, 241, 794, 804 u. 923.
4) 1 Cor. 10, 20, 21. Vgl. Kapitel 8, 1—6.
5) Apostelgesch. 19, 18—20.

berechnete ihren Werth auf 50,000 Denare." Das war die heilsame Wirkung jener That.

Freilich war in Griechenland sowohl der Götter-Kultus im Allgemeinen, wie auch der Glaube an Orakel zurückgegangen; indessen in Rom und Italien war nach vorübergehender Ermattung der heidnische Aberglaube, speciell die Divination und Magie, durch die Kaiser neu belebt worden. Wie sehr der Opferkultus blühte, erhellt daraus, daß bei Caligulas Regierungs-Antritt binnen drei Monaten 160,000 Opferthiere geschlachtet wurden[1]). Bei solchen Anlässen und anderen glücklichen Ereignissen wurden von Staatswegen zahllose Opfer dargebracht. Einem Senator Rufus entschlüpfte einmal zur Zeit Augusts das bezeichnende Wort: „Die Stiere und Rinder wünschen, daß der Kaiser nicht glücklich zurückkehren möge." Ein heidnischer Schriftsteller im Beginn des zweiten christlichen Jahrhunderts hebt hervor, es gebe keine Stadt, die nicht Tempel hätte, die nicht Gebet und Opfer darbrächte, um Glück und Heil zu erlangen, oder beflissen wäre, durch Opfer Mißgeschicke abzuwenden[2]). Die Magie, besonders die orientalische, wurde von den Kaisern mit Fleiß gepflegt, und hatten die „Chaldäer", wie bereits bemerkt, einen solchen Einfluß auf's öffentliche Leben errungen, daß sie wiederholt, wie die Juden, aus Rom verbannt wurden. Außer Simon Magus, welcher mit Petrus in Rom zusammen traf[3]), werden noch genannt: Antonius, Apollonius von Thyana und Aristides. Dieser Apollonius wurde von den Heiden mit Vorliebe als Wunderthäter Christus gegenüber gestellt. Ein neuerer Schriftsteller schildert ihn folgendermaßen: „Für den Wunderglauben ergibt sich ein wahrhaft typisches Beispiel für diese Zeit (Neros) in dem Wunderthäter Apollonius von Thyana. Dieser außerordentliche Mann hatte die ganze bekannte Welt durchzogen, in Indien die Weisheit der Brahmanen und in Egypten die Geheimnisse der Priester sich erschlossen und erschien unter Claudius in der griechischen Welt des Ostens, von zahlreichen Jüngern umgeben, als Wunderthäter. Eine strenge Enthaltsamkeit, Reinheit des sittlichen Wandels und ein imposantes und würdevolles Aussehen gewannen ihm rasch die Bewunderung der Massen. Er bändigte den Aufruhr, besprach (beschwor) Seuchen und Erdbeben, verkehrte mit Geistern, heilte Kranke, exorcisirte Besessene, ging durch verschlossene Thüren, wurde nach Belieben der Anwesenden unsichtbar und den Abwesenden sichtbar, entzog sich ohne Mühe

---

1) Friedländer, Sittengeschichte Roms III. Theil 561.
2) Plut. adv. col. Epic. 31.
3) Clemens romanus, in den ihm zugeschriebenen Recognitionen, welche erst zwischen 212—240 p. Ch. entstanden. Cf. Möhler S. 72 u. 74.

Ketten und Banden, verstand die Sprache aller Völker und erweckte selbst Todte wieder zum Leben. Unter Nero wurde er des Betruges und der Zauberei angeklagt, entging jedoch aus unbekannten Gründen der Strafe[1]."

Unter den Formen der Weissagung waren die Haruspicien — Opfer-, Vogel- und Eingeweideschau — die ältesten und volksthümlichsten neben dem Glauben an Vorzeichen; dagegen unter den Gebildeten der Kaiserzeit die Sterndeutung, Astrologie, die beliebteste. Aber auch die Astrologen, „Mathematici" genannt, wurden durch ihren Einfluß zuweilen unbequem, und deshalb unter Tiberius und später durch Diocletian verbannt. Gegen dieselben richteten sich die Verbote der Christen. Die apostolischen Constitutionen[2]) schließen die Astrologen von der Taufe aus. Nach dem Zeugnisse Augustins[3]) stellten sie das Schicksal der Menschen in den Einfluß der Gestirne und ließen selbst den menschlichen Körper den Himmelszeichen nachgebildet sein, so daß z. B. der Kopf den Widder, der Hals den Stier, die beiden Schultern die Zwillinge, die Brust den Krebs u. s. w. vorstellen, bis zu den Fersen, welche die Fische bedeuten. Auch die Priscillianisten glaubten an die siderischen Einflüsse, und wurden deshalb vom ersten Concil von Toledo verdammt. Nach Sozomenus war Bischof Eusebius von Emesa von diesem Aberglauben angesteckt und mußte die Flucht ergreifen. Ebenso wurde Aquila Ponticus nach Epiphanius Bericht aus der Kirche ausgeschlossen. Dasselbe berichtet Augustin von einem Zeitgenossen[4]).

Nach demselben Heiligen gab es auch schon zu jener Zeit Nativitätssteller, welche aus der Stellung der Sterne die zukünftigen Schicksale eines Neugeborenen vorherbestimmen wollten[5]). Viele alte Kirchenschriftsteller, Tertullian, Origenes, Lactantius, Eusebius und andere halten diese Arten von Weissagung für abgöttisch und schreiben sie dem Dämon zu. Alle diejenigen, welche sich auf Vogelschau und Looseziehen verlegten und an deren Wirklichkeit glaubten, wurden mit kirchlichen Strafen belegt. Sie bestand nach den apostolischen Constitutionen in dem Banne, und diese Strafe wurde auf verschiedenen Concilien bestätigt. Der Glaube an die Zukunfts-Loose blühte besonders in Gallien, weshalb auch

---

1) Hermann Schiller, Geschichte des römischen Kaiserreiches unter Nero. Berlin 1872. S. 586. Friedländer nennt die Biographie dieses Apollonius einen Tendenz-Roman des Philostratus. 3. 461. Eine eingehende Kritik der Wunder des Apollonius gab Tritheim in einem Briefe an den Bischof von Lebus Ep. fam. I. 1. ep. 49. Sielbernagel, II. Aufl. 212.

2) Lib. 8, Kap. 32. — 3) Augustin de Haeres. cap. 70.

4) Augustin zu Psalm 61.

5) Aug. de doctr. Christi lib. 2, cap. 21.

der Bann auf verschiedenen Synoden in Gallien über solche verhängt wurde. Zur Zeit Gregors von Tours fanden sich selbst Cleriker, welche diese Kunst ausübten. Gab es ja Einige, welche Augustins Bekehrung dem Loosziehen zuschreiben wollten! Die schwersten Strafen wurden christlicherseits gegen die sogenannte „Mantik" d. i. teuflische Weissagung verhängt. Diese Einwirkung Satans konnte geschehen durch eigene Wahrsager, welche pythische genannt wurden, oder vermittelst böser Geister, in diesem Falle Necromantiker genannt[1]). Zuweilen wurden solche Anzeichen durch vielgestaltige Erscheinungen und Zeichen in der Luft ꝛc. bewirkt. Schon die apostolischen Constitutionen treten dagegen mit Strafen auf[2]). Auch die Staatsgesetze der christlichen Kaiser schritten dagegen ein, z. B. Constantin und Theodosius. Die heidnischen Schriftsteller Ammianus Marcellinus, Mamertinus und Libanius melden dieses mit Bedauern.

Gegen die eigentliche Zauberei, bei welcher man gewöhnlich schädliche Einwirkungen auf Creaturen unter teuflischer Beihülfe versteht, wurden die schärfsten Verbote erlassen, und dieselbe gewöhnlich mit der Excommunikation belegt. Solches geschah durch die Concilien von Ancyra, Laodicea, Carthago u. a. Gegen die Zauberei schrieben Hermas im Pastor, Origenes, Tertullian. Auch die Staatsgesetze der christlichen Kaiser ahndeten dieses Verbrechen mit den schärfsten Strafen[3]).

Viertes Kapitel.

Der Sieg des Christenthums.

Der Kampf des Christenthums gegen heidnischen Aberglauben erlitt in dem dritten, vierten und fünften Jahrhunderte dadurch eine Verschärfung, daß nacheinander Irrlehren und Secten auftauchten, welche Lehren des Christenthums mit heidnischem Aberglauben verschmolzen. Die bedeutendsten darunter sind, die Gnostiker, Manichäer und Priscillianisten. Unter diesen waren die Manichäer unstreitig die gefährlichsten, während die vielfach gespaltenen Gnostiker keine Einheit, und die späteren Priscillianisten keine Bedeutung gewinnen konnten. Diese waren die Ausläufer, jene die Vorläufer des Manichäismus. Das

---

1) Dr. Simar, der Aberglaube S. 16, „war im heidnischen Alterthum beliebt und wurde in letzten Decennien wieder als eines der gesuchtesten Reizmittel mit leidenschaftlichem Eifer bei uns betrieben."

2) Const. Apost. lib. 8, Kap. 32.

3) Cod. Theod. lib. 9, tit. 16 (de maleficiis; leg. 6).

System der Gnostiker beschäftigte sich mehr mit der geistigen Welt und versuchte hier einen Dualismus zu construiren. Dem Sohne Gottes wurde ein Demiurg entgegen gesetzt, und den guten Engeln ganze Classen von bösen gegenüber gestellt. Von dem Demiurg stammt der Dekalog; er beherrscht den alten Bund, welcher deshalb wenig Geltung besitzen konnte. Die Menschen zerfielen in drei Classen: Spirituales (Manichäer), Animales (Katholiken), Materiales (die Bösen). Der gute Gott hat durch eine Reihe fortgesetzter Emanationen die Aeonen hervorgerufen, die verschiedenen Stufen der Geister. Einer aus ihnen wird zum Demiurg, zum Weltbildner, der aus der formlosen ewigen Masse die Geschöpfe formt und Licht und Finsterniß, Gutes und Böses, in sie vertheilt. Das Gute und Geistige sehnt sich aber nach dem Pleroma, dem Reiche der Aeonen, zurück. Endlich wird eine Rückkehr und Wiedervereinigung erreicht werden, was als Auferstehung gedeutet wird. Das Materielle wird dann in ein Nichts zurückkehren. Je nach der Entstehungsart der Aeonen und verschiedener Auffassung der Weltbildung, gab es verschiedene Richtungen unter den Gnostikern, welche nach ihren Hauptvertretern genannt wurden: Valentinianer, Basilidianer ꝛc.; oder nach ihrer Sittenlehre: Antinomisten und Eucratiten; Solche, welche das Gesetz verwarfen und Solche, welche die Ehe verboten.

Hingegen stellte der Manichäer den D u a l i s m u s auf zwischen Geist und Materie, zwischen Licht und Finsterniß, im Anschlusse an den Parsismus mit seinen zwei ewigen Principien Ormuzd und Ariman. Alles Materielle stammt von dem Letzteren, alles Geistige von Ersterem. Alle Uebel, auch die Sünde, sind Wirkungen des bösen Princips, welchen der Mensch mit Naturnothwendigkeit unterworfen ist. Nach der Lehre des Manes ist der Mensch also zweien Göttern unterworfen, die sich ewig selbst feindselig gegenüberstehen, und er dient Beiden als Spielball [1]). Gegen diese christlich-heidnischen Secten wurde von Seiten christlicher Kirchenväter und Schriftsteller ein fortdauernder, siegreicher Kampf geführt. Gegen den Gnosticismus stritten Irenäus und Tertullian; gegen den Manichäismus vor Allem der heil. Ambrosius und der heil. Augustinus. In diesem Geisteskampfe, in welchem christliche Wissenschaft, Philosophie und Theologie eine unglaubliche Förderung erfuhren, wurde naturgemäß die Lehre vom Satan und der Macht des bösen Feindes zur vollen Erkenntniß und Darstellung gebracht. Den ersten Sieg errang der heil. Ambrosius dadurch, daß er den Geistes-Riesen Augustinus,

---

1) Ausführliche Darstellung der Lehre des Manes bei Basnage Thesaurus monum. eccles. Henrici Canisii I. 40, 41. Autverpiae 1723. Zeitschrift Katholik Bd. XII. 1855.

welcher selbst dem Manichäismus huldigte, mit den Waffen der christlichen Wissenschaft überwand und ihn der Kirche zuführte. Augustinus war der Saulus im vierten christlichen Jahrhundert [1]). Von den Manichäern sprach der Bischof von Mailand voll Mitleid mit ihren geistigen Verirrungen, aber mit Abscheu wegen ihrer greulvollen Sitten [2]). Der entschiedenste Gegner des Manichäismus war der heil. Augustinus selbst. Wie Paulus ehemals seine Glaubensgenossen im Briefe an die Hebräer von der Nichtigkeit ihrer messianischen Träume überzeugte, so widerlegte der Bischof von Hippo mit hoher geistiger Ueberlegenheit die phantastischen, albernen Vorstellungen der Manichäer von ihren zwei Principien. Gegen sie sind zehn Schriften gerichtet, worunter De genesi contra manichaeos, — De libero arbitrio — de vera religione — de duabus animabus — de moribus manichaeorum — hervorzuheben sind. Auch gegen die Priscillianisten zog er zu Felde in der Schrift: Ad Orosium contra Priscillianistas et Origenitas; Contra mendacium [3]). Wiewohl nun der Manichäismus durch die christliche Wissenschaft einerseits und die christliche Staatsgewalt andererseits, letztere aus dem Selbsterhaltungstriebe, überwunden wurde, so hat diese Irrlehre es doch verstanden, sich wie Unkraut auf dem Weizenacker der Kirche festzusetzen. Von ihm gilt das Wort des Herrn: „Laßt beides wachsen bis zur Zeit der Ernte." Insofern nur existirt in der Kirche ein Dualismus, als neben dem Glauben der Aberglaube, neben der Wahrheit die Lüge, neben dem Guten das Böse, neben dem Weizen das Unkraut sich erhält. Die Vorsehung hat es im Plane der Weltregierung, worin die Leitung der Kirche die erste Stelle einnimmt, zugelassen, daß das manichäische Unkraut drei Mal üppig emporschoß und den Weizen zu ersticken drohte, ähnlich wie es dem Satan gestattet war, Christum drei Mal zu versuchen. Es sind das die drei Perioden der Kirchengeschichte, in welchem der Glaube an die Macht Satans in Zauberei, Magie und Hexenthum eine ungeahnte Verbreitung fand: 1. In der Periode des Manichäismus, 2. in der Periode des Albigenserthums und 3. in der Zeit der Reformation [4]). Im Manichäismus war der Grund gelegt worden für

---

1) Den geistigen Proceß seiner Bekehrung schildert Augustinus selbst in seinen Confessionen. In gedrängter Darstellung bei Baunard, Geschichte des heil. Ambrosius, 271 bis 281.

2) Miscent atque adjungunt sacrilegium turpidini. Epist. 4 ad Chromat.

3) Wetzer u. Welte, Kirchenlexikon S. 1675.

4) Der Nachweis wird gegeben im 6. Buche, Kap. I. Hier sei nur hingewiesen auf das Werk des protestantischen Theologen Dr. Johann Wigand: »de Manichaeismo renovato« Leipzig 1588.

den Glauben an die Allgewalt des Satans, und an ſeine Herrſchaft
über die Materie und die ſichtbare Schöpfung, über ſeine Erſcheinung
in menſchlicher Geſtalt[1]). In dieſer erſten Periode wird das Bild vom
Satan dahin vervollſtändigt, daß ihm die ſchwarze Farbe zugeeignet
wird; daß man mit ihm Bündniſſe eingehen kann, um mit ſeiner Hülfe
größere Macht zu gewinnen (die ſchwarze Magie); ferner, daß er den
Menſchen als Incubus oder Succubus verführen könne, was Auguſtinus
erwähnt, Chryſoſtomus beſtreitet[2]).

Gegen die manichäiſchen Irrlehren ſchritt das kirchliche Lehramt
ein; ſo das Concil von Illiberi in Spanien 305, die Synode von
Laodicea 443. Das berühmteſte iſt jenes von Ancyra in Galatien im
4. (?) Jahrhundert. In ſeinem berühmt gewordenen Canon »Episcopi«[3]) bricht es den Stab über den eingedrungenen Aberglauben; er
lautet: „Die Biſchöfe und ihre Beigeordneten ſollen mit allem Fleiße
dahin arbeiten, die verderblichſte, vom Teufel erfundene Magie und
Zauberkunſt in ihren Sprengeln gänzlich auszutilgen, und wenn ſie ein
Weib oder einen Mann darin finden, die dieſem Laſter ergeben ſind,
ſie austreiben. Auch das darf nicht außer Acht bleiben, daß einige
laſterhafte Weiber ſich rückwärts zum Satan wendend und, durch ſeine
Täuſchungen und Vorſpiegelungen verführt, glauben und bekennen, wie
ſie des Nachts mit der Diana, der Göttin der Heiden, oder der Hero-
bias, im Gefolge einer unzähligen Menge anderer Frauen, auf gewiſſen
Thieren reiten und in der Stille der Mitternacht weitausgedehnte Land-
ſtriche durchziehen; dem Befehle derſelben als ihrer Herrin dabei in allem
gehorchend und in beſtimmten Nächten zu ihrem Dienſte aufgerufen
werden.". Der Canon fügt noch hinzu: Viel Volls habe ſich durch die
falſche Meinung berücken laſſen, als gebe es neben dem Einen Gott
noch andere Götter, da es doch der Satan ſei, der, wenn er des Ge-
müths einer Frau ſich bemächtigt, in einen Engel des Lichts ſich um-
wandelnd, die Geſtalten verſchiedener Perſonen annehme und den Sinn,

---

1) G. Roßloff, Geſchichte des Teufels I. Bd. 283.

2) Homil. 22 in genesim.

3) Solban-Heppe, Geſch. der Hexenpr. S. 132—134. Roßloff, Geſch. des
Tfs. S. 271. Auch wird dieſer Canon dem Papſte Damaſus zugeſchrieben. Er
findet ſich im Decrete Gratians lib. X. cp. 1. Th. Rheinkingk responsum
juris qu. 1, pag. 7, nennt die Synode: Concilium Anquirense. Joh. Filesacus
theologus parisiensis, de Idolatria magica, Frkfurt. 1670 S. 12, ſpricht
von einem Concilium Agathense. Die Bezeichnung: Herodiadem ſei corrum-
pirt, wie Peter Bleſenſis cp. 85 bemerkt hat: »Here dianae,« weil die Here bei
den Deutſchen eine bekannte Göttin geweſen. J. O. Tabor in ſeinen Dissert. de
Tortura erklärt den Canon Episcopi für unterſchoben. S. 239—298.

in dem er herrscht, im Schlafe berückend und ihm bald Freudiges, bald wieder Trauriges vorführend, ihn glauben mache, alles das begebe sich nicht in der Seele, sondern am Leibe [1]." Bereits im Jahre 312 hatte ein Kirchengesetz acht Jahre Buße auf Zauberei gesetzt. Eine Synode zu Elvira um gleiche Zeit bestimmte im 6. Canon: Wenn Jemand einen Anderen durch ein Maleficium (Zauberkunst) tödte, so müsse er gestraft werden, weil ein solches Verbrechen ohne Abgötterei nicht geschehen könne. Um die zweite Hälfte des 4. Jahrhunderts verordnete die Synode zu Laodicea im 36. Canon, daß die Cleriker weder Zauberer, noch Beschwörer, noch Mathematiker oder Astrologen sein dürfen, noch auch Amulete anfertigen sollen, welche Fesseln für ihre eigene Seelen sind, bei Strafe der Excommunication. Die gleiche Strafe wurde verfügt auf der Synode zu Vienne 465 und zu Agde 506, bei ersterer gegen die Cleriker, bei zweiter gegen die Laien, welche sich zu der Forschung der Zukunft der sortes sanctorum bedienen würden. Die Synode von Orleans 511 verbot alle Wahrsagerei, Augurien und die »sortes sanctorum [2].« Die zweite Synode zu Braga in Spanien 563 sprach ihr Verdict aus über Diejenigen, welche, wie die Priscillianisten, glauben, daß der Teufel, weil er einige Dinge in der Welt bewirkt hat, auch aus eigener Macht Donner und Blitz, Gewitter und Dürre hervorbringe, und bestrafte sie mit dem Banne. Aehnliches geschah auf den Synoden zu Tours 576, zu Auxerre 578, zu Nicäa 630. Im Jahre 693 fordert eine Synode von Toledo die Bischöfe, Priester und Richter auf, den heidnischen Aberglauben, Wahrsagerei, Zauberei u. s. w. auszurotten. Die sogenannte trullanische Synode, welche 692 in Constantinopel gefeiert wurde, verbot im 61. und 62. Canon die Wahrsagerei, das Nativitätsstellen, Wolkenvertreiben, Zaubern, Verbreitung von Amuleten und allerlei anderen Reste des heidnischen Aberglaubens. Dasselbe geschah auf einer Synode zu Rom im Jahre 743.

Neben der Bekämpfung des Aberglaubens seitens der Kirche lief eine zweite nebenher, diejenige von Seiten der christlichen Kaiser. Constantin verbot den Gebrauch der Haruspicien bei Todesstrafe. Später milderte er diese Strafe und beschränkte sie auf solche, welche durch zauberische Einflüsse Anderen an Leib und Seele zu schaden suchten. Constantius, sein Sohn, ging gegen die Magie mit schärferen Gesetzen vor. Sein Verbot ging gegen Haruspicien, Auguren, Chaldäer, Magier, Todtenbeschwörer, Traumdeuter und solche, die gegen die Menschen und

---

1) Hefele, Conciliengeschichte I. 205 theilt die 25 Canonen mit, von denen nur der 24. eine fünfjährige Bußzeit über Wahrsager und Zauberer, nach Art der Heiden, verhängt.

2) Durch Bibelaufschlagen.

die Elemente freveln. Die sich an der Weissagerei betheiligten, sollten
gefoltert werden. Dergleichen Gesetze erneuerte Valentinian I. 364—375,
als Reaction gegen den Versuch Julians, das Heidenthum mit seinen
Orakeln und Göttern in's Leben zurückzurufen. Kaiser Theodosius, Honorius und Arcadius, Valentinian II. und III., Kaiser Justinian,
Kaiser Leo 887 folgen dem gegebenen Beispiele.

Ein großer Proceß zur Zeit der christlichen Kaiser war jener zu
Antiochia, welcher gegen Zauberer und Majestätsverbrecher unter Kaiser
Valens 365 angestrengt wurde. Er vernichtete eine große Anzahl von
Personen, welche nach schmerzlichen Folterqualen hingerichtet, gehängt
oder verbrannt wurden[1]. Demnach kann es nicht mehr unerklärlich erscheinen, wenn Zauberer und Magier in allen Rechtsbüchern der christlichen Völker des Abendlandes mit Strafe an Leib und Leben bedroht
sind[2]. Dasselbe Werk der Bekämpfung des Aberglaubens setzte die
Kirche auch jenseits der Alpen unter den christlich gewordenen Völkern
fort. Aus dem Leben des heiligen Bischofs Gregor von Tours † 594
wird berichtet, daß die Königin Fredegunde einige Weiber habe foltern
und hinrichten lassen unter dem Vorgeben, daß dieselben durch Zauberei
ihre Kinder getödtet hätten. Gregor von Tours bemerkt aber, daß er
an diese Zauberei nicht glauben könne. Ebenso waren ihm einige Weiber angezeigt worden, welche durch Wahrsagerei, besonders durch Entdeckung von Dieben, sich Geld verdient hätten. Der Bischof lachte über
diesen Aberglauben[3]. Uebrigens gab es in Gallien solche Menschen
genug, welche, wie Gregor berichtet, „durch derartige Zaubereien manche
arme Weiblein nach sich zogen, so sie in ihrer Schwärmerei als Heilige
priesen, und die sich für etwas Großes unter dem Volke ausgaben.
Wir selbst, sagt er, haben viele von ihnen gesehen, die wir zur Rede
stellten und aus ihrem Irrthum zu reißen suchten."

In Deutschland war es besonders der heil. Bonifacius, welcher nicht
blos mit der Axt die Donnereiche zu Geismar fällte, sondern auch mit
lebendigem Worte den Aberglauben ausrottete. Auf einer Synode zu
Leptinae 743 wurde ein Glaubensbekenntniß aufgestellt, verbunden mit
einer Absagungsformel gegenüber dem Teufel. Bonifacius wohnte dieser
Synode bei; ihm wird deshalb die bekannte Formel, welche mit den Worten

---

1) Solban-Heppe, Gesch. der Hexenprocesse, Stuttgart 1880, Bd. I, S. 102.

2) Codex Justiani, Theodosii, Liutprant, Rotharis, Lex salica, Lex usi-
petorum et ripuariorum; Capitul. Caroli magni etc.

3) Löbell, Gregor von Tours, Seite 273. Dr. Fehr, der Aberglaube x.
Seite 19.

beginnt: Forsachistu diabolae[1]) zugeschrieben. Eine andere Formel theilt F. W. von Schlegel mit: Ich entsage allen Teufels-Werken und Worten, Thor und Odine und den Versammlungen der Sachsen und allen den Unholden, die ihre Genossen sind[2]). Dasselbe Concil stellte in dreißig Punkten die noch im Volke vorhandenen abergläubischen Gebräuche zusammen. Wer solche beobachtete, dem wurden als Strafe 15 Solidi decretirt[3]).

Es war darunter verboten, Zaubereien mit Amuleten und anderen Hängsachen zum Zwecke der Heilung von Krankheiten, Wahrsagerei, Vögelschau, Ziehen der Loose, Wettermachen, leere Gebräuche und Beobachtungen. In der Erklärung, was unter der Entsagung von Teufelswerken zu verstehen sei, wie bei der Taufe gefragt wird, antwortet der heil. Bonifacius: Götzendienst, Giftmischerei, Befragen der Beschwörer und Looswerfer, an Hexen und Werwölfe glauben.

Der berühmte Erzbischof Rhabanus Maurus von Mainz verbietet in seinem Pönitentiale Aberglaube und Zauberei unter Androhung kirchlicher Strafen. Darin heißt es Capitel 30[4]): „Betreffs Solcher, welche Zauberkunst ausüben und auf Vogelflug achten und Wahrsagerei treiben, besitzen wir Verordnungen des Erzbischofs Theodorus aus England, worin es heißt: Wer den Dämonen opfert, soll bei unwichtigen Dingen ein Jahr, bei bedeutenden zehn Jahre Buße thun. Wer Körner verbrennt, wo einer gestorben ist, und das zur Gesundheit der Lebenden und des Wohnhauses thut, hat fünf Jahre zu büßen. Wenn ein Weib Beschwörungen und Wahrsagerei verübt hat, so hat sie ein Jahr oder drei Quadragenen oder 40 Tage, je nach Größe der Schuld, zu büßen. Hierüber handelt das Concil von Ancyra, Kapitel 22, worin es heißt: „Wer Augurien" 2c.[5]). Ferner im Kapitel 31, welches von Looseziehen und Vögelschau handelt; ebenso ist zu lesen in dem Concil von Agatho über Loosezieher und Vögelschauer. Nicht wollen wir vergessen, daß es der katholischen Religion sehr nachtheilig sei, wenn Einzelne, seien es Cleriker oder Laien, sich auf Augurien verlegen und unter dem Vorwande der Religion die sogenannten Sortes sanctorum als Mittel für Wahrsagung ausgeben, oder aus dem Blick in irgend welche heilige Bücher

---

1) Roskoff I. 292. Die Inhaltsangabe der Beschlüsse wörtlich bei Dr. Simar, Aberglaube S. 59—63.

2) Dr. H. Leo über Odins Verehrung in Deutschland, Erlangen 1822, S. 68: »Ec forsacho allom Diaboles wercum end wordum, thunaer ende Woden end Saxnote ende allem them unholdum, the hira genotas sint.

3) Binterim, Denkwürdigkeiten II. 2.

4) Hr. Canisii. thesaurus etc. à Jacobo Basnage II. b. 310.

5) Der bekannte Canon »Episcopi«.

Zukünftiges vorhersagen. Wer immerhin, sei er Cleriker oder Laie, hierüber Rath oder Unterricht ertheilt, sei von der Kirche ausgeschlossen." Auch in seinen Predigten kämpfte Rhabanus gegen heidnischen Aberglauben, Zeichendeuterei u. dgl. In der Beantwortung der Frage, was man zu halten habe von den Menschen, welche durch dämonische und magische Kräfte andere täuschen oder beschädigen, zählt er die verschiedenen Classen der Zauberer auf: 1. eigentliche Magier, Malefici genannt; 2. Necromantici; 3. Hydromantici u. s. w.

Ganz entschieden trat Agobard, Erzbischof von Lyon, † 841, gegen den Aberglauben im Volke auf; er beklagt, daß dieses an zauberische Entwendung des Getreides glaube, wie nicht weniger an Teufels-Verbindungen, Wettermachen, weshalb Manchen solcher Zauberkünstler Geld entrichtet werde zur Abwehr. Hingegen war der berühmte Erzbischof Hintmar von Rheims festgewurzelt in dem Glauben an Hexen, Nestelknüpfen, Wirksamkeit der Philacterien 2c. Eine Synode von Paris 829 erklärte im zweiten Canon Hexen und Zauberer für des Teufels Werkzeuge. Sie machen Hagel und Unwetter, verderben die Feldfrüchte, entziehen dem Vieh die Milch, weshalb man sie mit aller Strenge behandeln müsse[1]. Ein scharfes Verdict über die ganze Zunft der Zauberer spricht aus der deutsche Bischof Burkard von Worms, † 1025. Er schreibt: "Weissager, welche zukünftige Dinge zu wissen vorgeben, sollen gepeitscht und dann aus dem Bezirke ausgewiesen werden, und Jeden soll der Bann treffen, der Wahrsager und Zauberer zu Rathe gezogen hat; aus der Kirchengemeinschaft sollen ausgeschlossen werden Zauberer, Wettermacher oder solche, welche durch Anrufung von Dämonen die Gemüther der Menschen verändern zu können glauben; Weiber, welche solches thun und vorgeben, sie können die Gesinnung der Menschen, den Haß in Liebe, die Liebe in Haß umändern, und daß sie Nachts auf Thieren reiten, sollen aus der Pfarrei ausgewiesen werden; die Priester sollen die Gläubigen belehren, daß Zauberkünste den Menschen in einer Krankheit keine Heilung verschaffen, ebenso wenig die Thiere vor Krankheit und Tod schützen können, sondern daß sie Fallstricke und Nachstellungen des alten Feindes sind, durch welche er das gläubige Volk zu berücken strebt. Sollte sich gleichwohl Jemand ein Verbrechen hierin zu Schulden kommen lassen, so soll er, wenn er Priester ist, degradirt, wenn Laie, gebannt werden." Zugleich verordnet Bischof Burkard, daß an das Beichtkind noch besondere Fragen in Betreff des Aberglaubens gestellt werden, zum Beispiel: "Hast du geglaubt,

---

[1] Hefele's Conciliengeschichte IV. 63. Man betrachtete diesen Aberglauben als Ueberreste des Heidenthums.

was Einige vorgeben, sie könnten Gewitter erregen oder die Gemüther der Menschen umändern? Daß es Weiber gebe, die durch Zauberkunst die Gemüther der Menschen umändern, Haß in Liebe und Liebe in Haß verwandeln oder die Güter der Menschen durch ihre Zaubereien beschädigen oder stehlen können? Hast du geglaubt, was manche gottlose, vom Teufel verblendete Weiber vorgeben, daß sie zur Nachtzeit mit der angeblichen Göttin Holda und einer großen Menge von Weibern auf Thieren reiten, ihr als einer Frau gehorchen und zu ihrem Dienste in andern Nächten gerufen werden?" Für den Fall der Bejahung der Frage ist für jedes abergläubische Vergehen die entsprechende Buße verzeichnet [1]).

Zur Zeit Kaiser Lothars und König Ludwigs wurde unter dem Erzbischof Angilbert von Mailand eine Synode in Regia Ticina (Pavia) 850 gehalten [2]). Im Kapitel 25 wird bestimmt: „Weil wir gehört, wie die pestartigen Wurzeln und Ueberreste magischer Künste so sehr zugenommen haben, daß gewisse Hexen in den Herzen Anderer unerlaubte Liebe oder Haß erzeugen sollen, auch einige so zauberisch seien, daß sie nach dem Geschrei des Volkes einige getödtet haben, so sollen derartige teuflische Werkzeuge, wenn sie nach fleißiger Nachforschung entlarvt sind, mit den härtesten Bußen gezüchtigt werden und dürfen nur im Augenblicke des Todes, wenn sie vorher würdige Buße verrichtet haben, wieder aufgenommen werden." Schließlich sei noch erwähnt, daß Papst Leo IV. im Jahre 849 ein Schreiben an die englischen Bischöfe gerichtet hat, worin er den Gebrauch der Sortes [3]) als Zauberei erklärt und mit dem Banne belegt; sowie daß Nicolaus I. 866 in dem Schreiben an die Bulgaren in No. 62 den als Medicament gebrauchten sogen. Wunderstein verbietet und in No. 77 die bei den Griechen gebräuchlichen sogen. Sortes sanctorum als Aberglaube censurirt [4]). Von Seiten der weltlichen Gewalt wurden ebenfalls dergleichen Strafbestimmungen, namentlich durch Karl den Großen, festgesetzt. Schon Karlmann hatte in seinen Kapitularien Wahrsagerei, Philacterien und geheime Formeln untersagt, 742 und 743. Karl der Große läßt in

---

1) Hist. pol. Blätter 47, 911.

2) C. L. Richard, Anal. Concil. V. S. 94. Die Canones sind mitgetheilt: Henrici Canisii Thes. monum. eccl. sive lect. antiquae II. b. 366, ed. Jacob Basnage. Cf. Hefele C.-Geschichte IV. 170, Can. 23.

3) Unter den »Sortes« waren die »Sanctorum« oder »Apostolorum« am gebräuchlichsten. Darunter verstand man das Aufschlagen von Bibelstellen, in der Meinung, die erste beste sei ein Fingerzeig Gottes. Durch Alexander III. wurden sie verboten.

4) Hefele C.-Gesch. IV. 335.

seinen Kapitularien von 769 und 789 die Bischöfe auffordern, das Volk in Predigten dazu anzuhalten, von heidnischen Gebräuchen abzulassen. Das Kapitulare eccles. von 789 bestimmt: „Anlangend die Beschwörungen, Augurien und Weissagungen und die Urheber von Unwettern und Maleficien, so hat diese heilige Synode beschlossen zu verordnen, daß, wo solche immer ergriffen werden, sollen sie durch den Erzpriester der Diöcese verhaftet, verhört und belehrt werden. Wenn sie aber hartnäckig bleiben, sollen sie nicht am Leben gestraft, sondern zur Kerkerhaft verdammt und eingeschlossen bleiben bis zur Besserung." In weiteren Kapitularien, z. B. vom Jahre 798, wird das Wettermachen unter Strafe gestellt und im Kapitulare de partit. saxon. wird erklärt: „Wenn jemand vom Teufel verblendet nach Art der Heiden glaubt, daß ein Mann oder Weib eine Striga sei und einen Menschen aufzehre, und deshalb ihn oder sie verbrennt oder das Fleisch derselben zum Aufessen hingibt, der soll des Todes sterben[1]."

---

[1] Roskoff I. 296.

Zweites Buch.

Die Kirche und der häretische Aberglauben im Mittelalter 1000—1500.

Erstes Kapitel.

Der Kampf der Kirche gegen den Manichäismus der Katharer.

Im 8. und 9. Jahrhundert der christlichen Aera war der heidnische Aberglaube bei den christlichen Völkern des Abendlandes im großen Ganzen überwunden; er konnte nur noch im Verborgenen fortglimmen. Daß er bei einzelnen Menschen stets und immer gefunden werden wird, ist ebenso natürlich, als daß bei den Einzelnen stets Sünden gefunden werden. Der Unterschied gegen früher bestand nur darin, daß der Aberglaube keine öffentliche Macht mehr darstellte. Er war von der Kirche und dem christlichen Staate zugleich verbannt worden. Indessen, weil er in der sündhaften Neigung der menschlichen Natur seinen Ursprung hatte, seine Nahrung sog, und sich so fortpflanzte, so darf es nicht überraschen, wenn bei geistigen Erschütterungen und gewaltigen Erregungen des Volksgeistes diese bisher latenten Auswüchse wieder hervorbrechen. Eine solche geistige Erschütterung brachte aber die Vollendung des ersten Jahrtausend christlicher Zeitrechnung hervor.

Aus einer mißverstandenen Stelle der heiligen Schrift[1]) wollte man mit Ablauf des ersten christlichen Jahrtausends mit Gewißheit das Welt-ende voraussehen. Die Beunruhigung war allgemein und verursachte bei Wenigen nur Ernst und frommes Verhalten, bei der Mehrzahl hingegen eine frivole und leichtfertige Gesinnung, wie es in der Schrift heißt: „Lasset uns heute tanzen und singen, denn morgen werden wir nicht mehr sein." Der Chiliasmus, wie ihn einst Origenes gelehrt, war

---

1) Geheime Offenbarung Johannis, Kapitel 20, 1—3. Ich sah einen Engel niederfahren vom Himmel, der hatte den Schlüssel des Abgrundes und eine große Kette in seiner Hand; und er faßte den Drachen, die alte Schlange, welche ist der Teufel und Satan, und fesselte ihn auf 1000 Jahre; und warf ihn in den Ab-grund, und verschloß und versiegelte über ihm, daß er nicht mehr verführe die Völker bis 1000 Jahre vollendet wären: und darnach muß er losgelassen werden auf kurze Zeit.

zur herrschenden Meinung geworden. Nachdem nun die Täuschung nach Ablauf der gefürchteten Zeit eine ebenso allgemeine geworden, befestigte sich die unchristliche Gesinnung umsomehr, als man den Glauben an die Göttlichkeit der heiligen Schrift zu bezweifeln einen Grund zu haben glaubte. Zu der Verachtung gegen die heilige Schrift gesellte sich auch eine nicht geringe Mißachtung der kirchlichen Autorität und deren Vertreter: Papst, Bischöfe und Priester. Unsere gegenwärtige Zeit bietet uns ein theilweise analoges Beispiel. Nach Beendigung des großen deutsch-französischen Krieges von 1870—1871 überschwemmte der Milliardensegen das siegreiche Deutschland. Das ganze Volk war von der Meinung erfaßt und durchdrungen, daß ein wahres Füllhorn materiellen Segens über den Rhein hinüber sich ergossen habe. Dem Anscheine nach war dieses auch der Fall. Während dreier Jahre nach dem Friedensschlusse nahmen alle Zweige des öffentlichen Lebens, der Industrie, des Handels, einen ungeahnten Aufschwung; aber ebenso rasch folgte das ungeahnte Ende.

Die ebenso große und allgemeine Ernüchterung und Täuschung rief in den am meisten davon betroffenen Kreisen der Arbeiter und Handwerker eine starke Verbitterung hervor, welche sich zunächst in der offenen Unzufriedenheit mit den staatlichen Einrichtungen nicht weniger, wie mit den christlichen Anschauungen und Lehren offenbarte. Das gab den näheren Anstoß zum Hervortreten der anarchischen Partei, der s. g. Socialdemokraten.

Gegen Ende des zehnten und Anfang des elften Jahrhunderts waren an verschiedenen Punkten des Abendlandes sectirerische Meinungen bemerkt worden, welche den alten Manichäismus in verschiedener Form reproducirten[1]). Im elften christlichen Jahrhundert fanden diese Anschauungen in Folge der vorher erwähnten Geistesrichtung einen zu neueren Bildungen wohl vorbereiteten Boden. Alle Elemente, welche sich der Kirche entfremdet zeigten, suchten eine geistige Verbrüderung und Einigung herbeizuführen, gerade wie die genannte politisch-religiöse Secte von heute eine internationale Verbindung im Geheimen unterhält.

Wir begegnen daher schon im elften Jahrhunderte den Namen solcher sectirerischen Verbindungen, deren Ausgangspunkt der Orient war. Der bekannteste Name ist jener der Katharer, die Reinen, oder auch jener der Albigenser. In Italien waren sie unter dem Namen der Comisten und Patarener bekannt. Anderwärts erhielten sie den Namen Bugomilen, Bulgaren, Passaginer und andere[2]). All diesen verschiedenartigen Deno-

---

1) Die ersten Spuren zeigten sich in Orleans im Hause des Ritters Arefast. Die daselbst gegen die neuen Manichäer abgehaltene Synode fällt in's Jahr 1022. cf. Hefele C.-G. IV. 649.

2) Hurters Innocenz III. 2. Bb. 198.

minationen war eine manichäische Weltanschauung gemeinsam, daß nämlich die sichtbare Welt einem anderen Urheber zuzuschreiben sei, als die unsichtbare. Alles Körperliche ließen sie vom bösen Geiste entsprungen sein. Darum verwarfen sie, schon wegen der Schöpfungsgeschichte, das ganze Alte Testament, die Menschwerdung des Sohnes Gottes, die Sacramente, die Mönchsorden, die Lehre vom Fegfeuer, der Hölle, Auferstehung, Gebete für die Verstorbenen und die ganze sichtbare Kirche. Daher hatte jener belehrte Katharer Recht, welcher dem Erzbischofe Arnold von Köln die Antwort gab: „Alles, was die Kirche lehrt und thut, halten jene für falsch und grundlos[1].“ Nicht blos gegen die Dogmatik lehnten sie sich auf, auch die Moral wurde negirt. So z. B. wurde die Ehe als unheiliges Institut, die freie Liebe dagegen als erlaubt erklärt[2]. Mit diesem Angriffe auf die christliche Familie war die sociale Ordnung in ihrem Fundamente erschüttert; letzteres umsomehr, als sie ihre Ideen und ihre Lehre nicht blos mit dem Munde, sondern auch mit den Fäusten zu verbreiten suchten. Gewaltsame Mittel scheuten sie nicht, um Anhänger ihrer Lehren zu gewinnen. Hunderte von katholischen Kirchen wurden mit allen Kunstgegenständen zerstört, treue Priester erschlagen, Bischöfe und Mönche vertrieben.

Der damals regierende große Papst Innocenz III., 1198—1217, wollte die Sectirer auf gutem Wege durch Belehrung und Predigt zurückführen[3], er war derselben Ueberzeugung wie die großen Kirchenlehrer, daß der Mensch zum Glauben nur ermahnt, aber nicht gezwungen werden könne. Der heil. Bernhard und Erzbischof Heribert hatten ebenfalls das Verbrennen der Ketzer mißbilligt[4]. So schickte denn Innocenz bevollmächtigte Legaten, Cisterzienser und Mitglieder von dem vom heil. Dominikus gestifteten Dominikanerorden nach dem südlichen Frankreich. Der gewaltsame Widerstand, auf welchen sie stießen, die Ermordung des Legaten Peter von Castelnau, zwang sowohl den Papst wie den König von

---

1) L. c. S. 200. „Die abendländische Ketzerei hatte eine so feindliche Stellung gegen die römische Kirche angenommen, daß sie Alles bisher Erlebte zu überbieten schien. Schon der heil. Bernhard will den Unterschied darin finden, daß die früheren Ketzer von menschlichem, diese von teuflischem Ursprunge seien.“ Heppe-Soldan I. 167.

2) Versuche ähnlicher Art hat man in diesem Jahrhundert in Nordamerika beobachten können. Die beiden Extremen sind: die Mormonen mit ihrer Polygamie und die sog. Harmonisten in Oeconomie, mit allgemeinem Cölibat.

3) Der Bund der Ketzer, sagt er in einer Predigt, muß durch treue Belehrung gelöst werden; denn Gott will nicht den Tod des Sünders, sondern daß er sich belehre und lebe. Hurter, P. Innocenz III. Bd. II. S. 229.

4) Derselbe II. 230.

14*

Frankreich zu einer bewaffneten Intervention, welche mit der Unterwerfung der Hauptstütze dieser Ketzerei, des Grafen Raymund von Toulouse, endigte[1]).

Außer den Katharern und Albigensern sah das südliche Frankreich noch eine andere Secte entstehen, die Waldenser. Ihr Mittelpunkt war Lyon, wo Petrus Waldus, ihr Stifter, lebte. Die Waldenser verwarfen die ganze sichtbare oder lehrende Kirche und verlangten für einen Jeden das Recht, die heilige Schrift zu lesen, zu erklären und darüber zu predigen. Nach ihrer Vertreibung aus Lyon und der Umgegend zogen sie sich in die einsamen Thäler Savoyens und des nordwestlichen Piemonts zurück. Diese Waldenser hatten das Bibelwort wohl verstanden, „wer zum Schwerte greift, der wird durch's Schwert umkommen," und bewahrten sich deshalb vor dem Schicksale der Katharer. Diese waren nur äußerlich gebrochen und niedergeworfen; denn die teuflischen Ideen und Vorstellungen von der Macht des Satans hatten weite Verbreitung gefunden, und die Bücher solcher angefüllt, welche die Katharer bekämpften oder über sie berichteten. Zu diesen Lehren, welche man den Katharern beilegte, gehört auch der Verkehr mit dem Satan, welcher in der Gestalt eines Katers von ihnen berehrt werden sollte. Der Geschichtsschreiber Alanus von Issel will sogar ihren Namen davon ableiten, a catto; quia osculantur posteriora catti, in cujus specie apareret iis lucifer[2]).

Bald nach der Besiegung der Albigenser findet man auch in Deutschland, am Rhein, aber auch im Norden, derartige Vorstellungen; namentlich tritt dieses hervor bei den Stedingern, welche gegen das Jahr 1230 mit ihrem Erzbischofe Gerhard II. von Bremen in eine ernste Fehde geriethen. Nachdem letzterer eine schwere Niederlage erlitten, erwirkte er bei Gregor IX. 1232 eine Bulle aus, nach welcher ein Kreuzzug gegen die Stedinger gepredigt werden sollte. Die Bischöfe von Minden, Lübeck und Ratzeburg wurden angewiesen, denselben zu unterstützen. Im folgenden Jahre wiederholte der Papst diese Aufforderung an die Bischöfe von Paderborn und Münster, Hildesheim, Osnabrück, Verden und Mainz, und an den Konrad von Marburg. Entweder dieser Inquisitor, oder Erzbischof Gerhard II., selbst hatte Gregor IX. die Stedinger in einer Weise geschildert und dargestellt, daß man sich nicht genug darüber verwundern kann. Die Bulle Gregors IX. gibt den Inhalt der deutschen Berichte wieder[3]). Hienach sollten die Stedinger einen Teufelsdienst eingerichtet haben. Bei

---

1) An dergleichen Vorgänge erinnert der Bauernkrieg 1525 und die im März 1886 in Belgien ausgebrochene socialistische Erhebung.

2) Hurter Papst Innocenz III. 2. Bd. 198. Heppe-Soldan I. 168.

3) Niehus, Geschichte des Hexenglaubens ꝛc. S. 18. Soldan-Heppe. I. 162.

der Aufnahme von Novizen erscheine eine Art Frosch oder Kröte, welchen er eine schmachvolle Ehre erweisen müsse, und welches Thier dann seine Gestalt und Größe oftmals verändere. Zuweilen erscheine auch ein blasser Mann, welchen der Noviz küssen müsse.

Diesem Huldigungsacte schrieb man die Wirkung zu, daß mit ihm jede Erinnerung an den katholischen Glauben erlösche. Das heilige Abendmahl gebrauchen sie nur, um es zu verunehren. Ihr Herr sei jener Lucifer, der, mit Unrecht aus dem Himmel verstoßen, deßhalb einst wieder dahin zurückkehren würde. Es liegt auf der Hand, daß in der päpstlichen Darstellung nur dasjenige referirt wird, was ihm aus Deutschland über die Stedinger war zugetragen worden. War der Inhalt dieser Bulle falsch, so trifft die Verantwortung den Berichterstatter und nicht das Oberhaupt der Kirche, welches in historischen Fragen in Irrthum geführt werden, auch selbst sich irren kann. Die Stedinger unterlagen und mußten sich vollständig unterwerfen. Die Bedingungen, welche ihnen Papst Gregor IX. auferlegte, waren sehr milde[1]).

Die bitteren Erfahrungen, welche der päpstliche Stuhl im Anfang des 13. Jahrhunderts mit den Ketzereien der Katharer und Albigenser gemacht hatte, ließen keinen Zweifel darüber bestehen, daß man auch in der Kirche, ähnlich wie im Staate, einer Sicherheits- oder Ueberwachungs-Behörde bedürfe. Papst Innocenz III. hatte bereits in vielen Ansprachen und Briefen sich über die Lässigkeit und Sorglosigkeit einzelner Bischöfe und Priester bitter beklagt[2]).

Wie hätte auch sonst das beklagenswerthe und so schreckliche Uebel der Ketzerei eine solche Ausdehnung gewinnen können, wenn es nicht stumme Hirten gegeben hätte! Wenn heutzutage der Staat sich zur Aufrechthaltung der Ordnung und Sicherheit der Personen und des Eigenthums ein eigenes Institut geschaffen hat, die Polizei, so findet Jedermann, daß dies in Ordnung ist[3]). In ähnlicher Lage war im 13. Jahrhundert die Kirche; deshalb wurde zur Bekehrung der Abtrünnigen und zur Verhütung neuen Abfalls das Institut der Inquisition eingeführt. Es geschah dieses auf dem vierten Lateranconcil 1215 in Rom. Zunächst sollten päpstliche Legaten und Special-Gesandten, wozu Bischöfe, Mönche und Priester gewählt werden konnten, in die einzelnen Diöcesen gesandt werden, um nach dem Vorhandensein von Irrlehrern zu forschen.

---

1) Niehus, Hexenglauben 2c. 21.
2) Hurter, Innocenz III. 2. Bd. 229 u. ff.
3) Ist diese heutzutage unentbehrlich geworden für jeden civilisirten Staat, so war das geistliche Ueberwachungs-Institut der Inquisition in jenen barbarischen Zeiten gewiß nothwendiger.

Dieses Institut wurde dann 1229 zu Toulouse von den französischen Bischöfen acceptirt und in Südfrankreich eingeführt. In ihren Beschlüssen ward auch den Erzbischöfen und Bischöfen die Befugniß zuerkannt, für ihre Diöcesen eigene Inquisitoren, seien es Cleriker oder unbescholtene Laien, aufzustellen. Ketzer, welche sich belehren, sollen am Leben bleiben dürfen, alle Pfarrgenossen sollen darüber einen Eid ablegen, daß sie aller Ketzerei sich enthalten wollen. Dreimalige Communion und Beicht im Jahre galt als Zeichen der Rechtgläubigkeit.

Gregor IX. glaubte, mit einer durch die Bischöfe geübten Inquisition nicht an's Ziel kommen zu können[1]). Er beschloß deshalb, die Inquisition den Dominikanern zu übertragen, welche ihre Hauptthätigkeit in dem Predigt= amte concentrirt hatten, daher auch Predigerorden genannt. Ihr Stifter, der heil. Dominikus, war selbst zu den Albigensern gezogen und hatte ihnen das Kreuz gepredigt, nicht den Kreuzzug. Ihm war es gelungen mit Hilfe des von ihm eingeführten Rosenkranzes unzählige Irrgläubige zur Kirche zurückzuführen. Die so leichte Gebetsweise des Rosenkranzes sollte Allen als kleiner Katechismus und als kleine biblische Geschichte dienen; letzteres durch die Einflechtung der f. g. 15 Geheimnisse. Diese Erfahrung mag wesentlich dazu beigetragen haben, gerade diesen Orden mit der Inquisition zu betrauen. Die günstige Aufnahme ersieht man aus der raschen Ausdehnung, welche sie gewann in Spanien 1234, in Frankreich 1255. Kaiser Friedrich II. hatte sie bereits 1231 in seinen besonderen Schutz genommen. Das Verbrechen der Häresie wurde, wie das Münz= verbrechen, Majestätsverbrechen ꝛc., als Ausnahmsverbrechen, »crimen exceptum«, betrachtet und behandelt. Weil nämlich jenes Verbrechen interner Natur ist und vorhanden sein kann, ohne daß äußere Beweis= mittel gefunden werden, so konnte von dem üblichen Anklage=Ver= fahren (Accusations=Proceß) kein Gebrauch gemacht werden; es wurde daher das Inquisitionsverfahren beliebt, welches zum vollen Erweise der Schuld das Eingeständniß des Inquisiten begehrt. Dieses Eingeständniß konnte nicht leicht ohne Zwang erlangt werden. Deshalb gestattete man

---

1) In früherer Zeit war den Bischöfen nach Gutdünken die Bestrafung der schlechten Frauenspersonen und Hexen überlassen worden: Siehe Synode von Szaboles in Ungarn 1092 Can. 84; Hefele, Conc. Gesch. V. 183. Can. 22; sie ver= pönt den heidnischen Aberglauben „wer an Brunnen, Quellen, Bäumen ꝛc. opfert nach Art der Heiden ꝛc." Gleiche Gewalt erkannte die Synode von London 1102. Can. 26. Hefele V. 242. Die Synode zu Gran (Strigonium) 1114 can. 7. Hefele V. 289. Synode zu London 1125. stellt im Can. 16 den Aberglauben unter Excumunication; Hefele V. 349. Heidnischer Aberglaube in Bezug auf Bäume, Quellen und Todtengebeine auf der Trierer Synode 1227 verboten. Hefele V. 844.

die Anwendung der Tortur, welche in dem canonischen Rechte bislang nicht eingeführt war. Dieselbe wurde gebilligt durch Innocenz IV. — 1252, Alexander — 1253, Clemens IV. — 1265. Als Strafe für hartnäckige Ketzerei war bereits unter Papst Lucius 1183 der Tod durch's Feuer bestimmt und von Kaiser Friedrich I. als Gesetz publicirt worden. Dasselbe wiederholte Kaiser Friedrich II. — 1220, und auf dem Reichstage zu Ravenna 1231. Dieselbe Strafe ging auch in's deutsche Städte- und Provincial-Recht über, z. B. in's Hamburger und Lübecker Stadtrecht, in den Sachsen- und Schwabenspiegel. Die gleiche Strafe ward auch auf das Verbrechen der Zauberei gesetzt, weil beide Verbrechen für gleich schwer und gleichartig angesehen wurden.

Es war nämlich nach Niederwerfung der ketzerischen Bewegungen in Frankreich, Italien und Deutschland ein anderes Gift in die geistige Atmosphäre der Menschheit eingedrungen: der Aber- und Zauberglaube. Der Erklärungsgründe, wie dieses geschah, gibt es verschiedene.

1. Die Kreuzzüge. Diese hatten auf die Völker des Abendlandes eine außergewöhnliche Einwirkung erzielt; die Geister waren in eine fieberhafte Aufregung versetzt, wie bekanntlich bei allen Kriegszeiten. Die Phantasie hatte einen gewaltigen Spielraum, um Alles, was man über den Orient hörte, las, oder sich vorstellte, in lebhaften Bildern auszumalen. Die Erzählungen der Zurückgekehrten von ihren Abenteuern gaben neue Nahrung; kein Wunder, daß die Poesie davon zuerst profitirte und reiche Nahrung fand. Der Zug für's Wunderbare ist der vorherrschende in der Literatur zur Zeit der Kreuzzüge. Er spiegelt sich selbst ab in den frommen Büchern, den Legenden, z. B. der legenda aurea des Jakob de Voragine, in dem dialogus miraculorum des Cistercienermönches Cäsarius von Heisterbach, und selbst in dem Werke: Otia imperialia, welches der Hofmann Gervasius dem Kaiser Otto IV. dedicirte.

2. Der Einfluß der mohamedanischen Wissenschaft. Diese hatte ihren Ausgang genommen in Spanien, wo die Mauren es zu einer Blüthenperiode in der Kunst, Wissenschaft und Kultur gebracht hatten. Bereits 1037 war ein berühmter Gelehrter des Islam zu Grabe getragen worden, Avicenna. Er war berühmt als Philosoph und Mediciner. Seine Philosophie war eine Vermischung des Neuplatonismus mit der aristotelischen Philosophie. Man findet bei ihm die Emanationen der Neuplatoniker und den Dualismus von Aristoteles. In Spanien erblickte 1126 zu Cordoba Averroes das Licht der Welt; eine wirkliche geistige Größe, welcher auf gleichem Wege wie Avicenna wandelte und in der Philosophie Plato und Aristoteles vereinigte.

Der Ruhm jener maurischen Kultur und Wissenschaft, welche

Mathematik, Medicin, Philosophie umfaßte, lockte selbst eine nicht geringe Anzahl christlicher Jünglinge an. Wohl mochte das herrliche Leben in den blühenden und reichen Städten des südlichen Spaniens eine große Anziehungskraft auf die Nordländer ausüben. Doch auch die Magie fand bei den Mauren eine eifrige Pflege, und der Satan nimmt nach dem Koran eine wichtige Stellung in der Welt ein[1].

Auch sei hier des Gelehrten Constantin Psellus, eines berühmten Schriftstellers im 11. Jahrhundert gedacht, welcher in seiner Schrift »de operatione daemonis« den Schriftstellern späterer Zeit oftmals als Auctorität in der Lehre von der Magie gedient hat[2]. Er läßt die Dämonen mit Körpern ausgerüstet sein und gibt ihnen die Möglichkeit geschlechtlicher Verbindungen, deren Resultat jedoch nur Gewürmer seien. Auch die zwei Bücher des egyptischen Philosophen, Priesters und Königs Hermes (Mercurius) Trismegistus, dem zu Ehren die Stadt Hermopolis ihren Namen trägt, wurden vielfach verbreitet, nachdem der Florenzer Humanist und Philosoph Marsilius sie in's lateinische übersetzt und edirt hatte. Das erste Buch heißt Pimander, in Gesprächsform zwischen vier Personen durchgeführt; das zweite, Asklepius, enthält die Lehre der egyptischen Weisen über die Dämonen. Der heil. Augustinus erwähnt dieses Buch in seinem Werke »de civitate Dei«[3].

3. Auch der Einfluß der jüdischen Literatur war nicht unbedeutend. Die Lehren des Talmud[4], welcher aus dem Oriente sich einen Weg nach dem Occidente gebahnt hatte, waren voll von abergläubischen Vorstellungen über Natur, Herkunft und Wirksamkeit der Dämonen; selbst das apokryphe Buch Henoch ist auf gleichen Ideen beruhend. Es spielen im Talmud die Lilith und Seherim eine hervorragende Rolle. Jene gilt als Nachtsgespenst, gleich den Lamien und Empusen. Der Sage nach war sie die erste Gattin Adams. Sie verließ ihn und gab sich mit

---

1) A. Lerchheimer läßt Abt Tritheim die magischen Künste bei den Arabern in Spanien erlernen.

2) Z. B. Decker, Waldschmitt.

3) Marsilii Ficini philosophi platonici, medici, theologi omnium protestantissimi opera tom. II. pg. 1836. Basel 1561. cf. Dr. Haffner, Geschichte der Philosophie, 681. (Die erste Gesammtausgabe nicht 1576, sondern 1561.) Dr. Al. Knöpfler 23. Bd. Abbé Rohrbachers Universalgeschichte der kath. Kirche S. 309. Auch Trithemius kannte und benutzte ihn: Epist. fam. I. I 38, 34 cf. Sielbernagel, Joh. Trithemius 129.

4) Horst, Dämonomagie I. 89 referirt, daß nach Talmudischer Weisheit der „Nußbaum" der Lieblings-Aufenthalt der Teufel sei. Jeder Zweig habe 9 Blätter; auf jedem sitze ein Teufel, weshalb auch so viele Menschen herunterfallen. cf. II. Bd. 177.

Dämonen ab. Aus ihr entſprangen zahlloſe teufliſche Nachkommen, wodurch die Erde mit ſolchen Weſen erfüllt wurde.

Unter Seherim werden bei Jeſaias zunächſt die wilden Thiere des
Waldes verſtanden; nach Geſenius ſind darunter Böcke zu verſtehen, nach
Art der griechiſchen Satyren[1]).

Gegen Ende des Mittelalters erlangte die Kabbala, als tiefe
jüdiſche Weisheit, großes Anſehen. Sie iſt gegründet auf angebliche geheime Ueberlieferungen des Alterthums, hat Vieles, was den Lehren eines
Zoroaſters und dem Neuplatonismus verwandt iſt. Raimundus Lullus,
geb. 1235, † 1315, Giordano Bruno, † 1600, Pico von Mirandola,
geb. 1465, † 1497, haben ſie mit Vorliebe ſtudirt und ihren Inhalt für die
chriſtliche Philoſophie zu verwerthen geſucht. Der Jeſuit B. Pererius
lb. I. cap. 10 »de magia« bezeichnet dagegen die Kabbala als: ein
unwiſſenſchaftliches, läppiſches und lächerliches Lehrſyſtem und geißelt
deren Anhänger mit Spott.

Ebenſo hat Hnr. Cornelius Agrippa von Nettesheim nur eine
geringſchätzige Meinung von derſelben; ſie ſcheint ihm mehr Träumereien
und abergläubiſche Dichtungen zu enthalten, als Quellen wahrer Weisheit[2]).

Betrachtet man dieſe drei Factoren als ſecundäre Urſachen in Verbindung mit den vielnamigen, aus den manichäiſchen Irrthümern hervor-
gehenden Ketzereien, wie wir ſie im Anfang des Mittelalters entſtehen
ſahen: dann iſt für die große Verbreitung des Zauberglaubens der tiefere
Grund gefunden. Es kamen aber noch äußere Verhältniſſe hinzu, welche
nicht aus der geiſtigen Bewegung der Zeit entſprangen. Es waren dieſes
die ſchweren Calamitäten, welche in der zweiten Hälfte des Mittelalters die Menſchheit heimſuchten: der Ausſatz, der ſchwarze Tod,
der Veitstanz. Der Ausſatz war durch die Kreuzzüge nach Europa
verſchleppt worden. Bei dem mangelhaften Stande der mediciniſchen
Wiſſenſchaft, bei gänzlichem Mangel jeder Sanitätspolizei, richtete dieſe
Krankheit große Verheerungen an. Der ſchwarze Tod war eine peſtartige
Epidemie; er raffte in Europa faſt den dritten Theil der Menſchen hinweg. Eigenthümlicher Art war der ſogenannte „Veitstanz", welcher die von

---

1) Luther überſetzt Seherim mit „Feldteufel". 3 Moſes 17. 7. Jſaias
34, 14.

2) Totum hoc nihil aliud quam lusus quidam allegoriarum, quas otiosi
homines in singulis litteris et punctis et numeris occupati, quod haec lingua
et scribendi ritus facile patiuntur, pro eorum arbitrio fingunt atque refrin-
gunt; quae etsi nonnunquam magna sonent mysteria, nil tamen probare nec
evincere queunt, quin juxta verba Gregorii eadem facilitate contemnere liceat,
qua asseruntur H. Corn. de Nettesheim. »Cabbala«. »De Incertitudine et
vanitate scientiarum« 1531.

ihm Befallenen in Krämpfe und Convulsionen mit hüpfender Bewegung versetzte. Diese schrecklichen Plagen dienten bei vielen schwachgläubigen Christen dazu, sich allem frommen Glauben zu entschlagen, dafür entweder einem frivolen Unglauben, oder aber einem teuflischen Aberglauben zu huldigen. Während ersterer mehr in der ersten Hälfte des Mittelalters herrschend war, hat der letztere mehr in der zweiten Hälfte des Mittel-alters sich ausgebreitet und solche Dimensionen angenommen, daß er von der Kirche und vom Staate energisch bekämpft werden mußte. Unter Papst Alexander IV. war noch die Bestimmung getroffen, daß nur dann über Zauberei inquirirt werden solle, wenn diese offenbar mit Ketzerei ver-bunden sei [1].

In der nächstfolgenden Periode gestaltete sich die Zauberei zu einer vollständigen Ketzerei aus, indem die Abschwörung Gottes und Verleugnung des christlichen Glaubens als natürliche Vorbedingung der dämonischen Wirksamkeit erscheint [2].

In Folge dessen verfolgten die Inquisitoren auch die Zauberei als Häresie. Das Concil von Vienne schränkte die Vollmachten der Inquisitoren wieder ein und verlangte die Mitwirkung der Bischöfe 1311. Der zu Avignon residirende Papst Johann XXII. sah in jenen vom Albigenserthum und Waldenserthum (Vauderie), unterwühlten, scheinbar pacificirten Landschaften sich wie von einem Heere von Zauberern umringt, weshalb er wiederholt scharfe Verdicte über abergläubische und zauberische Künste schleuderte, 1317 und 1327 [3]. Im folgenden Jahrhundert waren es Eugen IV. und Nicolaus V., welche den Inquisitoren das Einschreiten gegen die Zauberer neuerdings einschärften. Doch blieb dieses ohne besondere Wirkung, was namentlich von Frankreich gilt, wo-selbst das Parlament die Verfolgung der Zauberei den geistlichen Richtern entzogen und an die weltlichen Richter überwiesen hatte 1390 [4]. In Deutschland waren die Inquisitoren seit dem an Conrad von Marburg und seinem Genossen verübten Todtschlage nicht mehr heimisch geworden. Auch hatten die Provincial-Synoden von Trier unter Bischof Balduin 1310, und jene berühmte zu Prag 1349 guten Einfluß geübt. Jenes hatte den Bann ausgesprochen über den Gebrauch der Loose, den Glauben

---

1) Wadding IV. 88.

2) „Ohne Abfall von Christus ist Hexerei nicht denkbar." Soldan-Heppe I. 314.

3) Horst, Dämonomagie I. 116. Eine große Rolle spielten die geweihten „Orakelbilder". Tanta *erroris caligine obnubilantur*, quod cum inferno pac-tum faciunt.«

4) Die Sorbonne folgte 1398 mit 27 Artikeln gegen Magie und Zauberei, welche alles Lob verdienten. Horst l. c. 118.

an nächtliche Ausfahrten mit der Diana und Herodias. Die Prager Synode hatte unter Vorsitz des Erzbischofs Ernst von Parbubitz erklärt, Canon 55 [1]):

„Die Pfarrer sollen ihre Pfarrkinder ermahnen, daß die Sortilegien nichts vermöchten bei Krankheiten, Hagel, Gewitter und Dürre, und ihnen daher bei Strafe der Excommunication verbieten, daß sie keinerlei Art von Sortilegien oder abergläubischen Gebräuchen ausüben, keine Weissager zu Rathe ziehen oder bei sich aufnehmen sollen." Synoden gleicher Art hatten bereits stattgefunden 1296 zu Grado in Italien und 1335 zu Salamanka in Spanien. Ferner in Deutschland 1310 eine Synode zu Mainz, welche die Excommunication verhängt über alle Wahrsager; sie solle alle Sonntage durch Prediger bekannt gemacht werden. Eine Synode zu Köln 1356 verhängt den Bann über Wahrsager, Zauberer und Weissager. Ebenso hatte die spätere Synode zu Langres 1404 mit moralischen und Disciplinar-Mitteln dieses Uebel zu bekämpfen befohlen.

Von Seiten einzelner Inquisitoren hatte man es für geboten erachtet, das einzuschlagende Verfahren gegen Häretiker, Ketzer und Zauberer methodisch darzustellen und zu publiciren. So erschien 1358 das Directorium des spanischen Dominikaners Nicolaus Eimericus, welches der römische Canonist Pegna commentirt hat. Ihm folgte 1440 J. Nider mit seinem »Dialogus formicarius«, worin er viele seltsame Vorkommnisse, welche ihm berichtet worden waren, mittheilt. Nider ist ein sonst besonnener und nichts weniger als abergläubischer Mann, was sein Biograph in einer schätzenswerthen Monographie jüngst überzeugend nachgewiesen hat [2]).

Ferner Dominicus Jaquier in seinem »Flagellum haeriticorum fascinatorum«. Dieser Inquisitor bekämpft das Ansehen des Canons Episcopi. Endlich schrieb 1460 Alphons de Spina sein »Fortalitium fidei contra Judeos, Saracenos aliosque christianae fidei inimicos«. Während er die Lehre vom Incubus festhält, erklärt er die nächtlichen Ausfahrten für Trug des Satans. Er zählt schon zu jenen

---

1) C. L. Richard Anal. Concil. Thom. 5 S. 345.

2) R. Schieler. „Magister Johannes Nider aus dem Orden der Predigerbrüder. Ein Beitrag zur Kirchengeschichte des XV. Jahrhunderts." Mainz, Kirchheim. 1885. Ein glänzendes Beispiel, wie Nider dem herrschenden Aberglauben entgegenwirkte, berichtet der Verfasser S. 245, in welchem gezeigt wird, wie ein Predigermönch eine Frau, welche an ihre Hexenfahrten glaubte, durch ein einfaches Mittel von diesem Wahne befreite. Die angebliche Hexe fiel nach Anwendung der sog. Hexensalbe in träumerisch unruhigen Schlaf und gab vor, ausgefahren zu sein, während sie nicht von der Stelle gekommen war. Praecep. div. leg. I. Cap. 9.

erleuchteten Männern, welche den volksthümlichen Aberglauben zu bekämpfen suchten.

Es sei hier noch jener Männer gedacht, welche Einsicht und Muth
genug besaßen, sich sowohl von den Verirrungen ihrer Zeitgenossen frei
zu halten, als auch denselben entgegen zu treten. Außer den bereits
Genannten zählen hierher Johann von Salisbury, Otto von Freisingen
und Abälard, Roger Bacon 1214—1294, ein Franziskaner, berühmt
durch seine Kenntnisse in der Physik und Chemie. Wiederholt als Zauberer angeklagt, wurde er von Papst Clemens VI. und Nicolaus III.
stets in Schutz genommen. Raimund Lullus, Peter von Apono, Arnold
von Villanova, Wilhelm Paris, Samuel Casini 1400, Ambrosius
Vignatius 1460, Wilhelm Ebelin. Dieser hatte gegen den Zauberglauben
geprebigt; darauf wurde er als Zauberer verklagt und hingerichtet. Gerson,
Kanzler Peter D'Ailly, Regiomontanus, Nicolaus von Kusa[1]). Die
Gegner rächten sich gewöhnlich dadurch, daß sie diese Männer der Zauberei verdächtigten, wie dieses, außer Roger Bacon, Raimund Lullus,
Albertus Magnus, auch später dem berühmten Abte Johann von Tritheim
und dem Cornelius Agrippa widerfuhr. Ja sogar Päpste blieben von
dieser Verdächtigung nicht frei. Schon auf der vom Kaiser Heinrich IV. berufenen Synode deutscher Bischöfe in Worms wurde Papst Gregor VII.
von dem excommunicirten Hugo Blankus angeklagt des Verbrechens der
Zauberei und des Bundes mit dem Satan. Bereits vor ihm war Papst
Sylvester II., 999—1003, welcher als Mönch Gerbert den großen Ruf
eines Mannes der Wissenschaft errungen, beschuldigt worden, durch
Teufelsbündniß den Stuhl Petri bestiegen zu haben[2]).

---

1) Horst, Dämonomagie I. 150 zählt noch hierher die Namen: Felix Häm-
merlin, Seb. Brand, Joh. Geiler von Kaisersberg, Thomas Murner und Jacob
Wimphling. Wir dürfen auch Dante hinzurechnen, welcher in seiner divina
comoedia die Zauberinnen in die Hölle versetzt.
    „Siehe die Elenden, die verlassend Nabel
    Und Spuhl und Webschiff, Zauberinnen wurden,
    Bosheiten übten mit Kraut und Wachsbild." XX. Gesang 121 ff.
2) „Gegen Gregor VII. und alle seine Vorgänger bis zu Sylvester II.
hinauf, ist das Geschrei der Zauberei erhoben worden." Soldan=Heppe I. Bd. 141.
Dr. med. Chr. Frommann Tract. de Fascinatione schreibt 529: papas a Syl-
vestro II ad Gregorium VII. fuisse magos, Wolfius lect. mem. tom. I. pag. 96
notat: »Magiam etiam exercuerunt Benedictus IX. Johannes XIII. Sergius IV.
Gregor VII. etc. Knoll. Si tam multi papae, capita scilicet hierarchiae ecclesiasti-
cae, fuerunt monstra magica, quid de Cardinalibus, episcopis et reliquis membris,
quae illi creabant aut fovebant, sentiendum?« acute colligit Voetius Des-
perat: caus. papat. lib. I Sec. 4. Fusius de hac re agit nobil: Tabor dissert
de tort: pag. 80 u. 251. In Ravensburg erschien 1669 eine eigene Vertheidigungs-

Unter den Anklagen, welche König Philipp der Schöne 1300 gegen Bonifacius VIII. vorbrachte, befindet sich auch diese, daß Bonifaz einen Hausteufel habe, den er in allen Dingen befrage; er verkehre mit Wahrsagern. Gleichzeitig wurde von demselben Könige Philipp der Proceß gegen die Templer angestrengt. Auch diese ließ er der Zauberei anklagen und ihnen die abgöttliche Verehrung des „schwarzen Katers" vorwerfen[1]). Nicht besser erging es dem schwachen Clemens V. und diesem grausamen Philipp dem Schönen. Von ersterem hieß es, er habe sich der abergläubischen Orakelbilder bedient zur Erforschung von Geheimnissen, während des letzteren plötzlicher Tod den Zaubermitteln des Ministers de Marigny zugeschrieben wurde, welcher dafür durch den Tod mit dem Strang büßte. Es sei noch der heldenmüthigen Johanna, der Jungfrau von Orleans, gedacht, welche durch den Haß der Engländer 1431 zu Rouen als Hexe verbrannt wird. Im Jahre 1407 war der Herzog von Orleans in Paris ermordet worden; der Franziskanermönch Petit erhob den Vorwurf, daß er ein Tyrann und Verbrecher gewesen, daß er dem Könige und seinen Kindern mit Getränken und Zaubereien, mit Gift und Dolch, nachgestellt habe, um sich die Krone zu verschaffen. Als der Hof nach Paris zurückgekehrt war, von wo er nach der That geflohen, wurde der Staatsrath berufen. Vor demselben hielt der Benedictiner Serisi eine Rede gegen die Sätze des genannten Mönches Petit: Orleans sei kein Tyrann gewesen, habe dem Könige nicht durch Zauberei nach dem Leben gestrebt; denn Zauberei sei nur eine Lüge und bringe keine Wirkung hervor[2]). Ganz anders lauteten die Klagen der Stände, 180 Jahre später, nach dem Morde der beiden Brüder Guise durch Heinrich III., auf dem Tage zu Blois 1588. „Gotteslästerung ist bei Vielen Unterhaltung, Ehebruch ihr Vergnügen; Zauberei erfüllt die Gemüther und beschäftigt die Neugier; Simonie ist gewöhnlicher Handel[3])."

schrift: Rettung der katholischen Ehr und Wahrheit auf etliche 20 Frag, darunter: ob von Sylvester II bis auf Gregor VII. alle Päpste Zauberer gewesen, durch P. a Sta. Elia, Carmel: Priorem, wider die lutherischen Prädicanten zu Ravensburg.

1) Weis Weltgeschichte III. 615.
2) Weis Weltgeschichte III. 838.
3) Derselbe Bd. IV. 812.

Zweites Kapitel.

Die Bulle Innocenz VIII. „Summis desiderantes affectibus" 1484 und der Hexenhammer 1487.

Es war lange Zeit ein stehender Vorwurf und eine beharrliche Anklage, daß die Bulle Innocenz VIII., und der Hexenhammer die ganze
Verantwortlichkeit für die Hexenprocesse zu tragen haben. Namentlich
kamen diese Beschuldigungen regelmäßig von protestantischer Seite. Der
Prediger H. C. Horst in seinem oft citirten Werke beklagt, „daß durch
dieselben der Hexenproceß als eine Sache Gottes und der Menschen
autorisirt, und daß seitdem dunkle Tage, dunkler als der düstere Dezem-
bertag, gefolgt seien [1]." Soldan-Heppe findet, daß durch dieselben der
kirchlich verpönte Glauben an die Hexerei zum Dogma erhoben, und dadurch der Fluch des heidnischen Dämonismus über die Völker des Abendlandes gebracht worden sei. „Das Elend, von welchem die Welt durch
den Sohn Gottes erlöst worden war, wurde durch das Papstthum von
Neuem über die Welt gebracht." Der Autor hat sich nicht begnügt mit
dieser historischen Folgerung. Er hat der Versuchung nicht widerstehen
können, auch etwas Theologie zu treiben; denn Band II, 345 prüft er
die Bedeutung des vaticanischen Concils und des Dogmas der Unfehlbarkeit. Seine Worte lauten: „Wenn es nämlich irgend eine päpstliche
Bulle gibt, die alle sicheren Zeichen einer päpstlichen Lehrverkündigung
an sich trägt, so ist es die Bulle Innocenz VIII. vom 5. Dezember 1484 [2]."
Die als Stützen für diese Behauptung angeführten drei Gründe mögen dem

---

1) I. 158. Im II. Bd. S. 4 rebucirt Horst, protest. Pfarrer zu Lindheim,
die Beschuldigung Innocenz VIII., als Vater der Hexenprocesse, auf die Anklage:
„Innocenz war nicht der Urheber, sondern der gesetzliche Begründer und Verbrei-
ter des Hexenprocesses in Deutschland." S. 8: „Die meisten Schriftsteller
erschöpfen sich in Verwünschungen gegen diesen Papst, nennen diese Bulle eine
Ausgeburt der Hölle, ihn selbst einen Unmenschen, Bluthund ꝛc. Wir wollen
die Sache ruhiger betrachten, um sie unbefangen zu betrachten." — Er beschuldigt
das Werk seines Amtsbruders Schwager solcher Einseitigkeit und Heftigkeit, ge-
würzt mit Wuthausbrüchen, daß dadurch eine neue Bearbeitung der Hexenprocesse
nöthig geworden sei.

2) Ueber den Charakter der Bulle als bloßer jurisdictioneller Act
des Papstes gegenüber seiner lehramtlichen Thätigkeit hätte Heppe sich Unterricht
verschaffen können bei Horst II. 25, welcher im Worte: »declaramus« eine „Verordnung" findet, aber keine Definition (= definimus). „Die Bulle Innocenz VIII., welche den damals bestehenden Hexenproceß juridisch ordnete, enthält
keine zum Glauben verpflichtende Cathedralentscheidung, sondern eine einfache
Maßnahme des kirchlichen Regiments, welche auf Grund eingelaufener Berichte
emanirte." Dr. Oswald, „Angelologie", 2. Aufl. S. 205.

Herrn Professor genügen; den Katholiken genügen sie nicht; denn wenn eine Bulle eine dogmatische Definition enthalten soll, so muß sie dieses ausdrücklich sagen, und sich nicht an den Jakob Sprenger in Köln und den Institor in Straßburg wenden, sondern an alle Patriarchen, Primate, Erzbischöfe ꝛc. des ganzen Erdkreises. In seiner Geschichte des Hexenprocesses[1]) läßt Schwager ebenfalls Innocenz VIII. Urheber der Hexenprocesse werden; „Ihm war es vorbehalten, denselben zu autorisiren, und den Verfassern des Hexenhammers, ihn in ein System zu bringen." Selbst der sonst so ausgezeichnete Historiker Cäsar Cantu, resp. sein Uebersetzer Dr. Mor. Brühl, schreibt der genannten Bulle und dem Hexenhammer die Schuld der Hexenprocesse zu[2]). Demgegenüber hat die neuere Geschichtsforschung die Schuldfrage verneint oder doch sie auf ein Minimum reducirt. Zunächst ist die Bulle des Papstes ihrem Inhalte nach nichts anderes, als eine Reproduction der aus Deutschland eingelaufenen Berichte. Waren diese falsch, so mußte auch die darauf gebaute Darlegung des Papstes falsch sein; denn darin kann der Papst getäuscht werden. Er sagt ausdrücklich: »audivimus«; „wir haben gehört", daß in Ober-Deutschland ꝛc. viele Personen beiderlei Geschlechtes vom Glauben abgefallen seien, mit dem Teufel gottlose Bündnisse eingegangen, Menschen und Vieh großen Schaden zugefügt und auch sonst großes Unheil angerichtet hätten. Er klagt 1. »de nefandis superstitionibus,« d. h. über den schändlichsten Aberglauben; 2. über Verleugnung des Glaubens; 3. über andere so zahlreiche, schändliche Excesse und Verbrechen; 4. über Cleriker und Laien, welche den Inquisitoren Sprenger u. a. die Competenz zu deren Verfolgung abgesprochen hätten. Demgegenüber ertheilt der Papst den Inquisitoren officiell diese Vollmacht, die Personen, welche sie obgedachter Verbrechen schuldig fänden, nach ihrer Schuld »corrigere, incarcerare, punire, mulctare.« Er fügt hinzu, daß in den einzelnen Pfarrkirchen dieser Provinzen dem gläubigen Volke das Wort Gottes ausgelegt und gepredigt werden solle. Bei Strafen gegen Renitenten und Impedienten sei eine Appellation unstatthaft. Wenn nöthig, soll der weltliche Arm zu Hilfe gerufen werden[3]). In dieser Bulle ist keine Rede von Folter und Feuertod, von Hexenfahrten und Teufelsbündniß, vom Wettermachen und Elbenerzeugung. Das erste

---

1) Johann Moritz Schwager, Pastor zu Jöllenbeck, Versuch einer Geschichte der Hexenprocesse, S. 37.

2) Cäsar Cantu, Weltgeschichte, Bd. X. S. 604. Anmkg.

3) Eine Todesstrafe konnte nur dieser fällen und vollziehen; die Competenz der Kirche erstreckte sich nur auf Freiheits-, Leibes- und Geldstrafen, nach den bezeichneten Worten des Textes.

Ziel im Auge des Papstes ist das Corrigere, dann erst das Punire. Das Wort »Mulctare« bedeutet im lateinischen Sprachgebrauche eine Strafe an Geld und nicht an Leib und Leben. Die Tendenz der Bulle war hauptsächlich darauf gerichtet, gegenüber dem Andringen der weltlichen Richter die Competenz der geistlichen Gerichte in Zaubersachen zu wahren[1]). Ihre Ursache fand sie in dem am Oberrhein, namentlich in der deutschen Schweiz, grassirenden Hexenwahn, wo besonders Slaf mit seinem Schüler Heppo und Stabelein als Hexenmeister berühmt geworden. Sie hatten eine ungeheure Aufregung hervorgerufen, welche sich dem Rhein entlang fortpflanzte[2]). Die Inquisitoren Sprenger und Institor konnten nun ihres Amtes ungehindert walten, während sie vorher von vielen Geistlichen und selbst Bischöfen für nicht competent gehalten worden waren; doch genügte ihnen die bloße Vollmacht nicht. Sie gingen vielmehr dazu über, ein eigenes Strafrechtsbuch für die Zauberei und Ketzerei zu entwerfen. Dieses Werk erschien zu Köln 1489 unter dem Titel »Malleus maleficarum«, bestehend aus drei Theilen. Der erste und zweite Theil behandeln theoretisch die Frage über Existenz, Natur und Wirkungen der Hexen, sowie über die Schutzmittel gegen die Gefahr zauberischer Einwirkungen. Der dritte Theil enthält den eigentlichen Straf-Codex. Im Ganzen genommen ist der Inhalt des Werkes nicht so schlimm als sein Ruf[3]); man hat von akatholischer Seite mit Vorliebe es als historisches Dogma hingestellt, als ob die furchtbare Geißel der Hexenprocesse nur dem Hexenhammer und der Bulle Innocenz VIII. zuzuschreiben seien. Hören wir noch einige Stimmen aus dem Lager der Gegner: „Die Bulle Innocenz VIII. und der darauf abgefaßte Hexenhammer haben die Veranlassung zu den Hexenprocessen gegeben[4])." Bei Erwähnung der Einwände gegen die päpstliche Infallibilität in Rom, seitens mehrerer deutschen Bischöfe 1869, schreibt Haase: „Dazu die Bullen, welche unbekannt mit den Gesetzen des Verkehrs alle Zinsen nehmen als

---

1) Joh. Paulus Ipsen, Disput. jur. can. de origine ac progressu inquisitorii contra sagas etc. Hallae 1712, pag. 48, §. 53. »Pontifex rejecit opinionem eorum, qui hactenus obstiterant inquisitoribus iisque imputaverant, quasi de facto se immiscerent jurisdictioni ad laicos pertenenti, atque potestatem Inquisitorum primus ita ampliat, ut in posterum etiam de crimine magiae tanquam de indubitata specie crimine haereseos inquirere possint.«

2) Albertus, Socialpolitik der Kirche S. 286.

3) Theod. Reinkingk, »Responsum juris« etc. beklagt, daß in ganz Hessen und Deutschland den Angeklagten kein Defensor gegeben werde und zwar: »ex officio«, auch wenn sie es nicht begehren, wie selbst der Sprenger und H. Institor im Hexenhammer »rigidissimi alias censores sagarum« verlangen. S. 63. §. 371.

4) C. A. Menzel VIII. 56.

Ketzerei verdammen, die Bullen für das grimmige Verfahren der Inquisition und für Einäscherung der Hexen im Zusammenhange mit dem Glauben an die Macht des Teufels[1]."

„Der auf der Bulle Innocenz VIII. beruhende Hexenhammer hämmerte auch den Völkern des Abendlandes den Glauben an die Hexerei, den Glauben an den Dämonismus des Heidenthums ein, welcher von dem Ende des 15. bis über den Anfang des 18. Jahrhunderts hinaus die abendländische Christenheit erfüllte[2]."

„Es galt als Pflicht einer christlichen Obrigkeit, dem Hexenwesen mit aller Gewalt zu steuern, und diese Pflicht war ihr eben von der Kirche auferlegt worden. Sie trägt daher an den Hexenprocessen die Hauptschuld[3]."

Diese Urtheile sind Phrasen, welche bei dem ersten Blicke auf die Bulle, deren Tendenz, Inhalt und ihre Veranlassung, als solche erkannt werden. Nicht die weltliche Obrigkeit war beauftragt einzuschreiten, sondern das geistliche Gericht. Kein Wort, keine Silbe enthält die Bulle Innocenz VIII. von Einäscherung der Hexen. Die Behauptung Soldan-Heppe's ist am vortrefflichsten durch ihn selbst widerlegt worden. Er schreibt: „dieses verhängnißvolle Actenstück, (die Bulle von 1484) zuweilen mit Unrecht als die Quelle des ganzen Hexenprocesses betrachtet, ist deswegen von entschiedener Wichtigkeit, weil es der Lehre von der Häresie des Zauberwesens und dem Inquisitonsverfahren gegen dasselbe eine neue päpstliche Sanction ertheilt[4]."

Bezüglich dieses Satzes schreibt ein protestantischer Forscher: „Es ist ein nichtiger Vorwurf der lutherischen Schriftsteller gegen die römische Kirche, daß sie die Gleichstellung von Ketzerei und Zauberei erfunden habe, um unter diesem Vorwande die Ketzer auszurotten. Dieses ist ein Irrthum von Soldan[5]."

Ferner: „es ist ein von Bayle, Hauber und Schwager verbreiteter Irrthum, daß der Hexenproceß durch die Bulle Innocenz VIII. und den bald darauf erschienenen Hexenhammer, ein theologisch-juristischer Tractat eines kölnischen Mönches Sprenger, eingeführt worden sei[6]." Die Bulle enthält absolut nichts Neues; die Inquisitoren werden beauftragt,

---

1) Haase, Polemik 178.

2) Soldan-Heppe I. 288.

3) Der Kritiker von Soldan-Heppe's Werk A. A. Z. 243 vom 30. Aug. 1880.

4) Soldan-Heppe I. 268.

5) Schindler, Der Aberglaube des Mittelalters S. 315. Der Verfasser fährt fort: die Identität ist schon im A. T. angebahnt und vor den Hexenprocessen schon da.

6) Derselbe S. 306.

jenes Amt der Inquisition zu vollziehen und die Personen selbst, welche sie in ketzerischen Dingen werden schuldig befunden haben, nach ihrem Verbrechen zu züchtigen, in Haft zu nehmen, an Leib und Vermögen zu strafen. Der Hexenhammer blieb zwar durch Jahrhunderte das Hauptbuch, um die Wahrheit der Hexerei zu beweisen, und die Norm, darnach juristisch zu verfahren. Im Grunde genommen ist das Gerichtsverfahren nach dem Hexenhammer gar nicht rechtswidrig, wie die spätere Praxis in Deutschland. Er beanstandet die Glaubhaftigkeit der Aussagen gefangener Hexen; er will Anwälte und Appellation zugelassen haben. „Dieses geschah selbst bei protestantischen Criminalrichtern nicht," seufzet Horst II. 116 und: „lauter Dinge, die unsere **heutigen Criminalrichter** mit Verwunderung erfüllen müssen." Nicht geringes Gewicht haben die Worte eines der angesehensten Juristen neuerer Zeit: „Zu weit geht man, wenn man, wie es häufig geschieht, jener Bulle und diesem Buche (Hexenhammer) die Einführung des Hexenprocesses in Deutschland zuschreibt, aber eine große und wichtige Rolle spielen sie doch in der Geschichte der deutschen Hexenprocesse [1])."

Reihen wir noch das Urtheil eines protestantischen Theologen an: „Der Glaube an Hexerei ist nicht erst der christlichen Periode eigen, und ebenso ist es Thatsache, daß der Hexenproceß nicht erst durch die Bulle Innocenz VIII. erfunden worden ist, da alles Material dazu schon lange vor dieser aufgehäuft vorliegt. Soldan und Andere haben strafrechtliche Vorkehrungen in dieser Beziehung vor dem 13. Jahrhundert angeführt, wonach Zauberei mit körperlicher Züchtigung, mit Vermögens- und Lebensstrafe belegt worden ist [2])."

Doch das beste Argument, daß jene Beschuldigungen irrige sind, geht daraus klar hervor, daß weder zu Rom, wo die berüchtigte Bulle des Papstes erschien, noch in Köln am Rhein, wo der Hexenhammer des Jakob Sprenger das Licht der Welt erblickte, in dem ganzen 16. Jahrhundert eine Hexe verbrannt worden ist [3]). Und doch hatte der Hexenhammer nicht blos das Privilegium des Kaiser Maximilian I., sondern auch die Approbation der Kölner theologischen Facultät erhalten.

Der vorbenannte Roßkoff läßt bezeichnender Weise auf das Kapitel vom „Hexenhammer" jenes: „weiterer Verlauf und **Abnahme der Hexen-**

---

1) Dr. C. Georg von Wächter, Beiträge zur deutschen Geschichte des Strafrechts, S. 69.

2) Roßkoff, Geschichte des Teufels II. S. 212. „Die Bulle ist mit Unrecht von einzelnen Schriftstellern als die Quelle der Hexenprocesse überhaupt betrachtet worden." Dr. Riehues, Geschichte des Hexenglaubens rc. Münster 1875. S. 27.

3) Dr. Ennen, Geschichte der Stadt Köln. III. 762.

proceſſe," folgen. Abt Trit he im klagt in ſeinem Werke, welches er 1508 im Auftrage des Markgrafen Joachim von Brandenburg als »Antipalus maleficiorum« „Schild gegen Hexerei" ſchrieb, „über die große Zahl der Hexen in jeder Provinz. Kein Ort ſei ſo klein, wo man nicht eine Hexe finde. Aber in allen iſt ein Inquiſitor und faſt nirgends kein Richter, der dieſe offenbare Beleidigungen Gottes und der Natur räche!" Ein Beweis, daß ſelbſt am Rheine eine großartige Hexen= verfolgung noch nicht exiſtirte [1]).

Unſere Gegner legen ein nicht geringes Gewicht darauf, daß in der Folgezeit ähnliche Bullen von Alexander VI., Julius II., Leo X., Ha= drian VI., Clemens VII., Sixtus V., Gregor XV. erlaſſen wurden; ſämmtlich verwerfen und verdammen ſie bei Strafe der Excommunication alle Arten des Aberglaubens, Zauberei und Wahrſagerei [2]).

Wenn man von gegneriſcher Seite von der Annahme ausgegangen iſt, daß durch die päpſtlichen Bullen der Wahnglaube an Zauberkünſte beſtätigt, ſeine Realität und Wirkſamkeit approbirt worden ſei, ſo iſt dieſes eine willkürliche Interpretation „man legt nicht aus, man legt was unter."

Zur Erweiſung des Geſagten möge eine Stimme aus dem vorigen Jahrhundert gehört werden, welche in dieſer Beziehung den vollſten Bei= fall verdient. „Alles, was wir in den angeregten Bullen finden, ſind billige Vorwürfe der abergläubiſchen Chriſten, es ſind Verdammungen der gottloſen Sünder, welche ſich erfrechen, ſolche Aberglauben zu gebrauchen, ſolche unchriſtliche Ceremonien anzuwenden, ſolche ſchändliche Werke zu beginnen, ſolche thörichte Handlungen zu verſuchen, von Gott ſich abzuwenden, und Beyſtand und Hülf bei den Feinden Gottes und des menſchlichen Geſchlechts zu ſuchen. Es ſind gerechte Beſtrafungen ſolcher Ungläubigen und einem Chriſten keineswegs geziemenden Ver= meſſenheiten. Man hat bei dem Richterſtuhl der Kirche Gottes aus gerechtem Eyfer angebracht, daß ſolche unchriſtliche Handlungen, ſolche zauberiſche Unternehmungen im Schwang gingen. Dieſer heilige Richter= ſtuhl verdammt ſolche heidniſche Thaten; er beſtraffet die Anhänger ſol= cher abergläubiſchen Frevel=Thaten. Aber ob ſie wirklich ſolche Werke üben könnten, oder ob es nur leere und unkräftige Unternehmungen ſeyen, entſcheidet der Römiſche Richter nicht. Es iſt wahr, es werden zu Zeiten die angebrachte Werke als wirkliche Wunder angeführet. Aber der Römiſche Stuhl behauptet dieſelben nicht als wahre Geſchichte, ſon= dern nach den angebrachten Klagen werden die vorgebliche Werke wieder=

---

1) Silbernagel, Joh. Tritheim, S. 143.
2) Soldan=Heppe I. 284.

holet, sie werden verworfen, verdammt, und mit gerechten Strafen beleget. Wir geben hiervon einen klaren Beweis. Die Sterndeut-Kunst und ihre Wahrsagung aus der Stellung der Sternen, aus dem Geburts-Stern u. dgl. werden in päpstlichen Bullen verworfen, verdammt und bestrafet. Folget aber nun hieraus, daß der päpstliche Richter solcher Kunst die mindeste Wirklichkeit, ja nur Wahrscheinlichkeit zueigne, eingestehe oder behaupte? Oder ist nicht aller Welt bekannt, daß sie so wenig Wahrheit und Wirklichkeit in sich begreife, als die gleichmäßig verdammte Kabbala? Es wird verboten, bestrafet und verworfen, Aberglauben in Heylung der Krankheiten, der Menschen und des Viehes anzuwenden. Also wird solchem Aberglauben eine Wirklichkeit oder Wahrheit zugestanden? Man verbietet, man verwirft, man bestraffet die Alchymisterey und dergleichen aberwitige Künsten. Also wird das Goldmachen, das Schatzgraben, das Geister-Beschwören u. dgl. als eine wahre, wirkliche und wirkende Kunst behauptet? Können die Sterndeuter wirklich wahrsagen? Die Cabbalisten das Verborgene entdecken? Die alte Weiber Fieber mit Zetteln heylen? Die Alchymisten Gold machen? Die Schatzgräber Teufel bannen? Die abergläubige Menschen, sagt Sixtus V. in seiner Bulle, werden von den Blendwerken und Betrügereien des Teufels verführet und angeführet. . . . . Wenn wir also die Absicht und den Inhalt der päpstlichen Bullen betrachten, so bestehen sie nicht in dem, daß sie die Wirklichkeit und Kraft der Zauberkunst erhärten wollen, indem hiervon niemal eine Frage oder Untersuchung angestellet worden: sondern sie wollten nur die Christen belehren, daß dergleichen Unternehmungen, Handlungen, Versuche u. dgl. einem Rechtgläubigen zu verabscheuende, und mit den gerechten Strafen zu ahndende Dinge wäre. Die in selben angebrachte Geschichte, Umstände und Werke werden angeführet, so wie sie von den Anklägern vorgebracht und von der allgemeinen Meinung selbiger Zeiten angegeben worden. Es ist also zu verwundern, daß unsere Gegner sie zum Beweise der Wirklichkeit der Zauberkunst zu mißbrauchen sich können beyfallen lassen[1]."

Ein Zweiter, Tartarotti, schreibt: „Solche päpstliche Bullen erweisen die Zauberkunst nicht: nein, sie setzen sie voraus, und entscheiden nichts, als nur in den angeblichen Bedingnissen, wenn sie sind. Es mißbrauchen also die Gegner den Sinn und das Urtheil der Kirche. Dieses sind prächtige Namen, die gewissen Menschen Sand in die Augen streuen, daß sie nicht unterscheiden können, als wenn solche Verordnungen: die

---

[1] Die Richtigkeit der Hexerei und Zauberkunst von Ardoino Ubbidente dell' Osa, Frankfurt 1766, S. 426 ff.

von den Thaten handeln, Glaubens-Aussprüche wären" [1]). Diesen Folgerungen gegenüber läßt sich kaum etwas Stichhaltiges sagen. Würde es wohl angehen, wenn man heutzutage aus den Verboten der deutschen Reichsregierung gegen die socialistischen Grundsätze, Lehren und Schriften, dieselbe Folgerung ziehen wollte? Die Reichsregierung kennt diese Lehren, theilt sie aber nicht; sie hält sie für verwerflich, was sie auch in der That sind. Müßte man aber denjenigen nicht für einen Thoren halten, welcher daraus den Schluß ziehen wollte, die Regierung theile die Ansichten der Socialisten, weil sie an deren Existenz glaube? So wenig dieses der Fall ist, so wenig darf man den Päpsten den von ihnen censurirten Zauberglauben unterstellen.

Drittes Kapitel.

Die Polemiker-Trias.

Beim Ausgang des Mittelalters fehlte es nicht an Männern, welche den herkömmlichen Hexenwahn mit Ernst bekämpft haben. Wir theilen sie in zwei Gruppen.

I. Theologen.

1. Johann Picus Mirandula, geboren 1463, gestorben 1494. Dieser Mann war Jurist, Philosoph und Theolog, und veröffentlichte verschiedene Werke. Unter Anderem schrieb er zwölf Bücher gegen die Astrologen [2]). Er bekämpfte die Träumereien der Astrologen seiner Zeit mit einem solch durchschlagenden Erfolge, daß Agrippa erklärt, Lucius Palaucius, der entschiedenste Vertheidiger der Astrologie, habe gegen Picus Ausführungen nichts Erhebliches vorbringen können [3]). Dieser pflegte einzig die natürliche, sog. weiße Magie und führte den französischen Arzt Libanius als Schüler in deren Geheimnisse ein. Letzterer wurde noch mit einem zweiten Meister dieser Kunst bekannt, mit dem Eremiten Pelagius von der Insel Mallorca, dessen Bücher ihm zufielen. Noch

---

1) Tartarotti, Del congresso notturno delle lammie libri tre. pag. 158. Es springt jedem unparteiisch Denkenden leicht in die Augen, daß die Päpste den Berichten über zauberische Handlungen und Künste nur den „historischen Glauben" entgegenbrachten. Cf. S. 173.

2) Disputationum adversus astrologos libri XII. Verzeichniß seiner Werke bei Dr. Haffner, Geschichte der Philosophie S. 682.

3) H. Agrippa von Nettersheim, De vanitate etc. §. Astrologia gegen Ende.

berühmter als sein Lehrer wurde des Libanius Schüler Tritheim, in dessen Schriften des Pelagius Bücher eine Rolle spielen[1]).

2. Thomas Campanella aus dem Dominicanerorden gehört schon mehr der neueren Zeit an; geboren 1568, starb er 1639. Unter seinen Schriften ist jene »De sensu rerum et magia« für unsern Gegenstand bedeutungsvoll. Sie liefert den Nachweis, daß jede Magie nur eine natürliche sein könne[2]).

3. Thomas Murner, geboren 1475 zu Straßburg, trat 1499 in den Franciscanerorden. Er führte ein bewegtes unstätes Leben. Als Poet wurde er 1508 zu Straßburg durch Kaiser Maximilian mit dem Lorbeer gekrönt. Nach öfterem Wechsel seines Aufenthaltsortes wurde er 1526 Professor der Theologie und Pfarrer zu Luzern. Nach drei Jahren verließ er auch diese Stadt und starb 1536. Außer seinen bekannten poetisch-didactischen Werken, „die Narrenbeschwörung"[3]) und „die Schelmenzunft", verfaßte er ein Tractat unter dem Titel: „Des Bruders Thomas Murner, der freien Künste Meister, sehr nützlicher Tractat über den Hexencontract ꝛc." Er gab ihm die Form eines Dialogs, eine Nachahmung des Tractates von Ulrich Molitor. Die redenden Personen sind: Thomas Murner, Johann Mornher und Caspar von Morsperg. Die beiden letztgenannten bringen Einwände und Bedenken über die wichtige Frage vom Ursprung des Bösen, und zwar aus dem Grunde, weil Gott selbst als die erste Ursache alles Seienden gelte. Nach Art der Scholastiker löst Murner diese Frage mit Berufung auf Aristoteles, Albertus Magnus, Duns Scotus und andere Theologen. Sie einigen sich dahin: Gott sei die Grundursache von allem Seienden. Aber neben ihm gebe es noch Secundär-Ursachen, z. B. die Sterne, mit ihrem natürlichen Einfluß auf alles Irdische[4]); ferner die allem Seienden anhaftende Defectibilität. Die Ligaturen sind Wirkungen der Intelligenz, als natürliche höhere Gewalt des Geistes über das Körperliche.

II. Juristen.

1. Ulrich Molitor aus Constanz hatte in Pavia die Rechte studirt und war in seiner Vaterstadt zum Procurator an der bischöflichen

---

1) Silbernagel, Joh. Tritheim S. 147. Unter Pelagius ist der gelehrte Ferrandus von Corduba zu verstehen.

2) Siehe Verzeichniß seiner Schriften. Haffner, Gesch. d. Philos. S. 756.

3) Auch Sebastian Brand in seinem „Narrenschiff" vertritt in dieser Frage eine vernünftigere Anschauung.

4) Hugo Grotius, »De veritate religionis christi« pag. 87 gibt gleiche Ansichten kund. Quid quaevis stellae, quovis loco, aut constitutione vel designent vel gignant, perspicuit diabolus integerrime: Moebius, oracula ethn. S. 70.

Viertes Kapitel.

Das Gelehrten-Triumvirat. Tritheim, Agrippa, Weyer.

1. Johann Tritheim, Abt von Sponheim, ist ein Name, welcher in der Profan- und Literaturgeschichte einen guten Klang hat. Er galt seiner Zeit als Träger der Wissenschaft und als eine Zierde seines Vaterlandes. Kaiser, Herzöge und Fürsten bewarben sich um seine Gunst, ebenso wie die Männer der Wissenschaft. Nur ein Flecken wird gefunden, welcher einen Schatten wirft auf die so hehre Lichtgestalt: seine Stellung zu dem Zauberglauben. Von gegnerischer Seite wurde die Schattenseite geflissentlich hervorgehoben, um die Bedeutung des Mannes zu mindern; die Gerechtigkeit verlangt deshalb umsomehr, diese Uebertreibungen auf ihr wirkliches Maaß zurückzuführen.

Abt Tritheim war geboren 1462 und starb 1516. Er war ein Freund der sog. weißen Magie, welcher die größten Geister seiner Zeit ergeben waren. Eben deshalb war er auch ein entschiedener Gegner der schwarzen Magie oder Zauberkunst. Hierüber spricht er sich aus in den Annalen von Hirschau an der Stelle, wo er den Tod des Albertus Magnus berichtet † 1280. Er betont, daß derselbe kein Zauberer gewesen, wofür man ihn fälschlich ausgegeben; wie St. Augustinus 33 Bücher gegen die Manichäer geschrieben, so habe es der gelehrte Albertus mit magischen Büchern gemacht, welche als irrig und falsch von der Kirche verdammt worden waren. Denn Viele können zwar als Ungelehrte die Astrologie verachten; ihre Thorheit aber wissenschaftlich nachweisen vermögen nur Wenige. Was seine Person betrifft, so gibt er die feierliche Versicherung: „Ich schwöre bei meiner Seele, daß ich der abergläubischen Magie nie ergeben war, daß ich weder selbst je ein Laboratorium der Alchemie betrat, noch daß einer meiner Brüder dieser Thorheit sich ergeben" [1].

Neben der Astrologie und Alchemie verwirft er die Schatzgräberei: „thöricht sind die Meinungen Vieler, welche sich abgeben mit dem Aufsuchen in der Erde verborgener Schätze." Mit seinem Tadel verschont er deßhalb auch nicht jene Bischöfe und Aebte, welche sich mit diesen thörichten Dingen befaßten, zu dem einzigen Resultate, sich oder ihre Klöster mit Schulden zu belasten, wie z. B. Abt Bernhard in Nordheim, Abt Andreas in Bamberg und Kämmerer Werner in Trier. Auch der Nekromantie konnte er keinen Glauben beimessen. Er erzählt, daß der gefangene Friedrich von Oesterreich durch seinen Bruder Leopold unter Beihilfe eines Zauberers aus seinem Gefängnisse habe befreit werden

---

1) Chron. Hirsch II. Bd. S. 41.

sollen. Friedrich aber habe, als er das Medium erkannte, sich bekreuzigt und diese Hilfe abgelehnt. Nach seiner Befreiung soll Friedrich dieses selbst erzählt haben. Tritheim fügt diesem bei: „ich halte es mehr für eine Fabel, als für eine geschichtliche Thatsache[1])."

Aehnlich wie Agrippa findet er die Quelle des damals herrschenden Aber- und Zauberglaubens in dem Ueberwuchern der gleichnamigen Literatur. „Eitle und allzu habsüchtige Zauberer versprechen viel und leisten Nichts; von sich selber getäuscht, verbreiten sie viele verschieden-artige Bücher, voll von Aberglauben unter dem Aushängeschilde eines Plato, Aristoteles oder irgend eines anderen berühmten Namens; oder aber von Anderen getäuscht, betrügen sie um des Brodes willen die Wißbegierigen. Auf solche Weise bringen es diese Taugenichtse und Dunkelmänner als Lehrer der Nekromantie fertig, den Neugierigen ihre gottlosen Grundsätze beizubringen und die von ihnen fabricirten Werke unter falschen Titeln an den Mann zu bringen." Solchen Anschauungen Tritheims begegnen wir in seiner Chronik von Hirschau, welche 1513 vollendet wurde. Dagegen finden wir in seinem Werke „Antipalus", welches 1508 erschien und dem Markgrafen Joachim von Brandenburg gewidmet war, sowie auch in der Beantwortung der sieben von Kaiser Maximilian gestellten Fragen eine größere Zuneigung zu dem im Volke lebenden Glauben an Zauberei. Er gibt noch Zauberwirkungen, nament-lich in Krankheitserscheinungen zu, welche vor dem Lichte der Vernunft und der Wissenschaft nicht Stand halten können. Dabei maß er den Weihungen und Segnungen, den sog. Sacramentalien, zur Heilung körperlicher, durch Zauberei bewirkter Krankheiten und Schäden eine übertriebene Kraft und Wirkung bei. Man kann darin einen Hyperglauben entdecken, aber der landläufige Zauberwahn, wie er unter vielen Zeitgenossen herrschte, war ihm fremd. Wenn er im zweiten Kapitel dieses Werkes 41 Arten aber-gläubischer Künste namhaft macht, welche von der Kirche verboten seien, wenn er 39 magische Bücher, ebenfalls von der Kirche verurtheilt, vor-führt, dann kann er auch sicherlich nicht als Freund des Aberglaubens bezeichnet werden.

Höchst einseitig ist daher das Verfahren von Soldan-Heppe, wenn er zur Charakterisirung des Abtes von Sponheim aus dem Antipalus verschiedene Gegenmittel gegen Zauberei hervorsucht und mittheilt, welche dem Leser die Leichtgläubigkeit unseres Autors vorführen sollen[2]). Von

---

1) Chron. Hirsch II. Bb. S. 159.
2) Soldan-Heppe I. 419 ff. Heppe will der Monographie von Silbernagel folgen, trotzdem hat er dessen wichtige Bemerkung: Tritheim habe dieses Werk so schnell und so eilig abgefaßt, daß er es vor dem Drucke nicht einmal durchgelesen habe — unterdrückt. Siehe Silbernagel S. 136.

Tritheims Ansichten über Astrologie und Alchemie meldet er kein Wort. Wenn derselbe auf Gebete, Fasten, Weihungen, gesegnetes Wasser, Wein, Salz, großes Gewicht legt, so verräth dieses einen sehr gläubigen Christen, und bezeichnet denselben Standpunkt, welchen die große hessische General-synode 1582 adoptirte, wofür ihr Heppe große Anerkennung zollt[1]).

Den Ruf eines Zauberers haben ihm trotz seines Protestes die bei-den Werke »Steganographia« und »Polygraphia« eingebracht. Er versucht sich in denselben nicht blos eine Geheimschrift zu erfinden, son-dern auch ein Geheimmittel feststellen zu können, um seine Gedanken auf weite Entfernung hin, ohne die gewöhnlichen Hilfsmittel, mitzutheilen. In diesen acht Büchern hat er mehr versprochen als erreicht. Die Kenntniß dieser Schrift erweckte ihm in dem französischen Gelehrten Bovillus einen heftigen Gegner, gegen den er leidenschaftlich polemisirt[2]). Der protestantische Professor August Lerchheimer zu Heidelberg hat in seinem Buche: „Christliches Bedenken von der Zauberei" nicht wenig dazu beigetragen, dem gelehrten Abte den Namen eines Zauberers bei-zulegen[3]).

Es sei noch bemerkt, daß sein Antipalus, diese geistige Apotheke gegen alle Zauberkrankheiten und Leibesschäden, erst im Jahre 1555 zu Ingolstadt im Drucke erschienen ist[4]).

2. Heinrich Cornelius Agrippa, geboren zu Köln 1484, gestorben zu Grenoble 1535, war ein Gelehrter ersten Ranges, der Medicin und beider Rechte Doctor, Theolog, Philosoph und Schriftsteller. Mit Tritheim war er sehr befreundet. Als 23jähriger Jüngling hat er diesem sein Erstlingswerk »De occulta philosophia« zur Durchsicht übergeben. Das Begleitschreiben wie auch Tritheims Antwort[5]) sind der Ausgabe von 1531 beigedruckt. In diesem Werke hascht der Verfasser nach geheimnißvollen Problemen, welchen verborgene Kräfte in der Natur, den Sternen, den Elementen und Zahlen zur Stütze dienen sollen. Die drei Bücher enthalten daher sehr viele Phantastereien und abergläubische Dinge, obgleich er im Vorwort versichert, daß er alle diese Dinge ausschei-den und nur die natürliche Magie pflegen wolle. Wohl zu seiner Ent-schuldigung sagt er: „Ich bemerke auch, daß ich vieles mehr zur Erzäh-

---

1) Soldan-Heppe I. 449.

2) Er verschmäht selbst nicht die Anspielung auf »bos, unde Bovillus« dictus.

3) Der eigentliche Name des Verfassers ist Wilken oder Wittekind. Er erzählt zwei Zauberstückchen, von welchen Tritheim eines vor Kaiser Maximilian vollbracht habe. Deutsche Ausgabe des Theatrum de Venef. S. 214. Nach dem Sprich-wort sei „der Teufel Abt in Sponheim", fügt Lerchheimer hinzu. Auch Papst Sylvester II. und Paul III. nebst Albertus Magnus zählt er zu den Zauberern.

4) Binz, Dr. Joh. Weyer S. 6. — 5) Vom Jahre 1510 datirt.

lung als zum Beweise aufgenommen habe." Das ihm zugeschriebene vierte Buch ist unterschoben. Die Ausgabe von 1531 ist eine vermehrte und verbesserte und enthält ein Huldigungsschreiben an seinen Gönner, den Kurfürsten Hermann von Wied zu Köln, welcher ihm zu Bonn ein stilles und vertrautes Asyl eröffnet hatte[1]).

In demselben Jahre erschien sein zweites größeres Werk unter dem Titel: »De vanitate et incertitudine scientiarum.« Die Tendenz dieses Buches ist im Titel angedeutet und in der Vorrede ausgesprochen. Er wollte die irrigen Anschauungen seiner Jugend, wie sie in seinem ersten Werke an den Tag getreten, retractiren[2]). Hatte er als junger Mann dem Glauben gelebt, Alles erforschen zu können, so war er im reiferen Alter dem sokratischen Axiome nahe gekommen: „Ich weiß, daß ich nichts weiß." In 102 Titeln geißelt er die sittlichen und geistigen Schäden der damaligen Gesellschaft; er schont weder Papst noch Bischöfe, weder Kaiser noch Könige. Die träumerischen Vorstellungen der schwarzen Magie begießt er mit sarkastischem Spotte.

Es ist sehr zu verwundern, daß Soldan-Heppe in der Besprechung Agrippas von Nettesheim sich eines zweifachen Irrthumes schuldig macht. Erstlich irrt er in der Zeitfolge des Erscheinens beider Werke. Er läßt die occulta philosophia dem Werke über die Eitelkeiten der Wissenschaften nachfolgen, während in Wirklichkeit die umgekehrte Folge die richtige ist. Sodann vindicirt er dem vermeintlichen zweiten Werke (der geheimen Philosophie) die Tendenz einer Bekämpfung des Zauberglaubens, während dasselbe in Wirklichkeit diesen Glauben begünstigt. Eine solche Tendenz kann nur in dem Buche De vanitate gefunden werden. Zum Beweise der Priorität der Schrift über die geheime Philosophie verweise ich auf eine Bemerkung in dem Buche De vanitate etc. Dort heißt es im Titel: Ueber Theurgie. „Weitläufig haben wir über diese Theurgie in unseren Büchern über die geheime Philosophie abgehandelt[3])."

3. Dr. Johann Weyer, auch Piscarius genannt, war 1515 zu Grave an der Maas geboren als Sohn eines Kaufmanns. Seinen ersten Unterricht empfing er zu Herzogenbusch. 1531 finden wir ihn als Schüler bei Agrippa in Bonn in jenem Hause, welches Kurfürst Hermann von Wied seinem Lehrer angewiesen hatte. 1534—1537 studirte er zu Paris Medicin und erwarb den Doctorgrad. Im folgenden Jahre erschienen aus seiner Feder die Erstlinge seiner Muße: Poemata

---

1) Binz, Dr. Joh. Weyer S. 20.

2) In libro nostro de vanitate etc. hunc librum de occ. phil. magna ex parte retractavi. Vorrede zu der occ. philos. S. 3.

3) Siehe Binz, Dr. Joh. Weyer S. 15.

sacra. Seine angeblichen Forschungsreisen nach Afrika und Creta sind nach seinem neuesten Biographen Binz aus Mißverständniß und Irrthum bei Auslegung einiger Stellen entstanden, bislang aber stets als That-sache behandelt worden[1]).

Im Jahre 1560 ließ er sich in der Heimath als praktischer Arzt nieder, folgte jedoch 1545 einem Rufe als Stadtarzt nach Arnheim mit einem Gehalt von 100 Gulden. Fünf Jahre später legte er diese Stelle nieder und trat als Leibarzt in den Dienst des Herzogs Wilhelm von Cleve-Jülich-Berg. Am Hofe dieses Fürsten fand er nicht bloß geistige Anregung, sondern erwarb sich auch einen entschiedenen Einfluß auf die Regierungs-Angelegenheiten des Landes. Er erfreute sich der hohen Gunst seines Fürsten, auch aus dem Grunde, weil dieser mit ihm über-einstimmte in einer freieren und vernünftigeren Beurtheilung des Hexen-glaubens und der Hexenprocesse. Weyer verdankte diese Grundsätze vor-nehmlich seinem Lehrer Agrippa. Dieser hatte im Jahre 1519—1520 als Syndicus in Metz gegen den Inquisitor Savini mit großem Erfolge eine angeklagte Hexe vertheidigt und ihre Freisprechung durch das Metzer Domkapitel durchgesetzt, wofür dem Agrippa von seinen Freunden z. B. Pater Cl. Theobald in Paris, Pfarrer Roger Brennon in Metz, große Anerkennung gezollt wurde. Auch für Weyer war der Aufenthalt in Paris eine Wohlthat, indem er in seinen humaneren Anschauungen be-stärkt wurde. Als Resultat seiner Erfahrungen, Studien und Beobach-tungen ließ Weyer im Jahre 1563 sein berühmtes Werk: De *praesti-giis* Daemonum in sechs Büchern erscheinen.

Das erste Buch handelt über Ursprung, Natur und Wesen des Teufels, über seine Gewalt über das Erschaffene, und deren Grenzen; ebenso verbreitete es sich über die Entstehung der Magie und Abgötterei. Erstere leitet er ab von Cham, dem Sohne Noas. Selbst das Orakel des Jupiter Hammon weise auf ihn als dessen Gründer zurück[2]).

---

1) E. Binz, ordentl. Professor der Medicin in Bonn: „Doctor Johann Weyer, ein rheinischer Arzt, der erste Bekämpfer des Hexenwahns." Bonn bei Markus 1885. Dieses Buch enthält vieles Interessante und einiges bisher Un-bekannte. Doch ist eine antikirchliche Gesinnung des Verfassers leicht erkennbar, was den sonst befriedigenden Eindruck etwas vermindert.

2) Moebius Tractat »de oraculorum ethnic: origine« hält Cham und Hammon für identisch. »Uunc Chamum sive Hammonem posteri ejus ut Deum instincta satanae coluere.« S. 26. Manche protestantische Gelehrten z. B. Soldan, Horst finden die ethymologischen Ableitungen des Wortes »femina« von »fide minus« und des »diabolus« von „διαβαλειν" lächerlich. Wie sehr damals diese Art Ableitung von Worten nach dem Klanglaute auf beiden Seiten üblich war, beweist unser Moebius. Wie die beiden Worte dem Malleus des Sprenger

Noa's Enkel Dodanim sei der Stifter des Orakels zu Dodona. Die Idolatrie sei dadurch entstanden, daß die Teufel sich für Götter ausgegeben hätten. Der Bel der Babylonier, der Baal der Phönecier und der Belzebub der Juden seien Bezeichnungen des Satans. Ferner sei Satan Urheber der Menschenopfer. Daß er durch Besessene weissage, sei bekannt. Er führt eine Geschichte an von einem besessenen Knaben in Brabant, welcher Zukünftiges richtig vorhergesagt habe. Nach der heiligen Schrift habe Satan auch die Mission Jesu Christi früher gewußt als die Apostel. Seine Gewalt über den menschlichen Leib ist nicht gering; er kann Krankheiten hervorrufen und allerlei harte Gegenstände, z. B. Eisen, Glas, Holzsplitter, Knochen und Steine in den Leib hinein practiciren. Auch halte er oft die Aerzte zum Besten (medicos ludificat).

Das zweite Buch behandelt die wirklichen Zauberer oder Schwarzkünstler, die mit Teufelshülfe allen möglichen Teufelsspuk, Gespenster und Schädigungen der Gesundheit hervorbringen können. Als einen solchen bezeichnet er den Dr. Faustus aus Kindlingen.

Im dritten Buche behandelt er die Hexen, welche durch die Schwäche ihres Geschlechtes den Täuschungen Satans am leichtesten unterliegen. Sie vermögen nichts, aber sie bilden sich ein, alle mögliche Zauberei ausüben zu können. Ihr Geist ist vom Teufel also getrübt und geblendet. Wiewohl unschuldig, glauben sie dennoch alles Schändliche gethan zu haben. Sie sind die Düpirten des Satans.

Die Buhlschaft mit dem Satan, incubus und succubus[1]), die Verwandlung der Menschen, Wechselkinder, sind nur leere Gebilde einer verrückten Phantasie. Als natürlichen Erklärungsgrund für manche derartige Einbildungen verweist er auf die Anwendung solcher Giftpflanzen, welche Schlaf und Träume hervorbringen. Er nennt das Atropin der Belladonna und der Tollkirsche. Diese und andere Giftpflanzen wurden am häufigsten zu Salben gebraucht, deren Anwendung, besonders beim weiblichen Geschlechte, zu heftigen Hallucinationen führte. Die bekannte Geschichte von dem Schwan und dem Schwanenritter, welche der Rheinsage angehört, damals aber geglaubt wurde, reiht er unter die Fabeln. Daß die Giftmischerei zu seiner Zeit ein nicht seltenes Verbrechen war, belegt Weyer mit vielen Beispielen aus seiner eigenen Erfahrung.

Das vierte Buch beschäftigt sich mit solchen, welche durch Hexerei sich gequält glauben. Weyer hält daran fest, daß der Teufel dem

angehören, so leitet dieser das Wort „Alchymie" von Cham her: »Alchymia = illa Chamia, scl. ars. Apud Arabes Al articulus demonstrationis est.«

1) Weyer erklärt dieses durch das sogenannte Alpdrücken.

menschlichen Leibe allerlei Beschwerden und Schäden bereiten könne. Die harten Gegenstände, die man oft aus dem Munde eines Menschen herauskommen sehe, Nägel, Messer, Tuchlappen, kämen jedoch nicht aus dem Magen, sondern nur aus dem Munde. Die Impotenz ist nur eine trügerische Vorstellung durch den Satan und oft eine natürliche Folge der damals regierenden Ausschweifung. Auch die Hysterie war zu seiner Zeit sehr häufig: doch auch hier in nicht selten eine Verblendung des Satans zu finden. Aus dem Jahre 1564 theilt er einen Fall mit, welcher im Kloster Nazareth zu Köln sich abspielte. Unter den Augustinerinnen dieses Klosters kamen ganz sonderbare, krampfartige Erscheinungen vor, mit Bewußtlosigkeit verbunden. Die Ursache jedoch war eine sehr traurige und wirft kein gutes Licht auf die sittlichen Zustände selbst mancher Klöster. Weitere Gegenstände seiner Besprechung bilden die Ligaturen, Verwandlungen in Wehrwölfe, Besessenheit, Giftbereitung u. s. w.

Die Behandlung Solcher, welche sich für behext oder besessen glauben, bilden den Inhalt des fünften Buches. Als bestes Mittel empfiehlt er hier die Frömmigkeit und einen festen christlichen Glauben. Er verwirft die vielen dazumal gebräuchlichen abergläubischen Segnungen, Amulet u. s. w. Weyer erzählt hier viele Geschichten, eigene und fremde Erlebnisse, besonders mit angeblich Besessenen. Endlich handelt das sechste Buch von den Strafen der Zauberer, Hexen und Giftmischer. Er geht die Kirchen- und Reichsgesetze durch; die Todesstrafe will er gegen die magos infames oder Schwarzkünstler zulassen, nicht aber bei reumüthigen Zauberern und den vom Teufel bethörten Hexen. Jenen Fürsten, welche diese mildere Praxis handhabten, spendet er volles Lob. Vor allem seinem fürstlichen Gönner, Herzog Wilhelm von Cleve, dem Kurfürsten Friedrich von der Pfalz, den Grafen Hermann von Neuenahr, Wilhelm von Berg und Adolf von Nassau. Gegen die Ketzerverfolgung wendet er sich mit einem gleichen Verdicte. Als Stütze seiner Ausführungen citirt er die auf Gersons Anregung von der Pariser theologischen Fakultät im Jahre 1398 declarirten Sätze über Zauberei und Teufelsbündnisse. Wie in einem Anfluge von frivoler Vermessenheit, jedoch zum Probirstein von der Festigkeit seiner Ueberzeugung, schließt er sein Werk mit einer Herausforderung, daß die Zauberer alle an ihm einmal probiren sollten, was sie könnten. Er fürchtete sich vor ihnen insgesammt nicht. Doch zieht er es vor, den wirklichen Schluß zu machen mit einer frommen Anrufung Gottes. Der Erfolg dieses Buches war verschiedenartig. Es fand vielen Beifall bei Fürsten und Gelehrten. Sechs Anerkennungsschreiben konnte er bei der zweiten Auflage veröffentlichen; darunter eines von dem Benedictiner-Abte Hovaus in Echternach[1]). Drei andere kamen von Aerzten. Doch fehlte es auch nicht an Gegnern; als solche traten auf: Paul Schalich zu Kreuzburg, der sich Fürst Della Scala nannte; dann der Franzose Leo Suavius, Johann Bodinus und Johann Brenz, Superintendent zu Stuttgart. Dieser hatte eine Hagelpredigt gehalten, in welcher er den Hexen die Gewalt, Wetter zu machen, zwar absprach, jedoch zugab, daß sie Solches zu vermögen sich einbildeten. Sie seien also wegen ihrer bösen Absicht nach dem Gesetze Moses und der Karolina mit dem Tode zu strafen. Die aus diesem Anlaß entstandene Polemik und der deßhalb geführte Briefwechsel zwischen Weyer und Brenz bilden, nebst den übrigen Schreiben, den Inhalt seiner den Gegnern gewidmeten Apologie. In derselben tritt er auch als Vertheidiger auf für Agrippa und Trithemius[2]). Weyers Buch »De praestigis« kam ebenso auf den Index, wie die Stenographie Tritheims und die Occulta philosophia Agrippas. Es scheint diese Censur unserem Autor sehr unangenehm gewesen zu sein, obwohl er am Schlusse seines Werkes sich dem besseren Urtheilsspruche der katholischen Kirche unterwerfen wollte[3]). Die Gesammt-Ausgabe seiner Werke von 1583 enthält noch drei Schriften: a) über betrügerisches Fasten, b) über die Krankheit des Zornes, d. h. des Fanatismus, c) Pseudomonarchia daemonum, dieses ist ein abergläubisches, dem Salomon zugeschriebenes Buch über den Hofstaat und Eintheilung der höllischen Monarchie. Es scheint, daß Weyer in Folge seiner literarischen Kämpfe und erlittener Angriffe sich in seiner Selbstschätzung sehr gekränkt fühlte; er hatte Größeres erwartet, sich mit seinen Schriften an den deutschen Kaiser, an alle Fürsten und Magistrate des römisch deutschen Reiches gewandt, und dennoch fand sein edles Unternehmen mehr Widerspruch als Beifall. Sein College Thomas Erastus aus Heidelberg verschonte ihn nicht mit Angriffen[4]). So scheint ein starker Mißmuth den Mann

---

1) An diesen gelehrten Mann richtete Weyer zwei Bücher über ärztliche, bisher unbekannte Beobachtungen verschiedener Krankheiten, z. B. Scorbut, Wechselfieber, Pest, Franzosenkrankheit u. s. w.

2) Tritheims Lehre über die Zauberei ist wenig unterschieden von derjenigen Weyers. Jener unterscheidet vier Classen von Zauberer, dieser drei. Jene sind: veneficii Giftmischer: artes superstitiosas exercentes: mit Zauberformeln 2c. Umgehende; necromantici, welche den Teufel bloß anrufen und endlich foederati, die mit Teufeln im Bund stehen. Weyer hat magi infames, lamiae activae, lamiae passivae: Hexen und Behexte: er nennt den Satan gerne Millartifer, Tausendkünstler.

3) »Nihil hic assertum volo, quod aequiori judicio catholicae Christi ecclesiae non omnino submittam!«

4) De lamiis et strigibus 1577.

seiner Vergangenheit entfremdet zu haben[1]). Als Zeichen dieses Bruches wird allgemein sein Uebertritt zum Protestantismus angesehen. (?) Wir haben zwar dafür keinen vollgültigen Beweis. Sein neuester Biograph Binz findet dafür nur einen indirecten in dem Vorworte zu seinem „Arzneibuche"[2]). Uebrigens scheint es, daß seine Söhne diesem Schritte ihres Vaters nicht gefolgt sind. Denn sein Sohn Heinrich war kurfürstlicher Leibarzt am Hofe zu Trier. Derselbe Biograph hat es sich natürlich zur Aufgabe gemacht, seinen Helden über Gebühr zu verherrlichen, seinen Einfluß auf Mit- und Nachwelt übermäßig zu erhöhen, auf Kosten jener Männer, die 80 Jahre später dieselbe Fahne in die Hand nahmen zur Bekämpfung des Hexenglaubens: der Jesuiten Tanner und Spee. Um Jenen zu erhöhen, ist er schwach genug, die Verdienste dieser zu schmälern. Demgegenüber wird eine unpartheiische Forschung von dem Urtheile Soldans, Roskoffs, Horst, nicht abweichen, welches dahin geht, daß Weyers Bemühungen in der Bekämpfung der Hexenverfolgungen fruchtlos blieben, wie denn thatsächlich im 17. Jahrhundert diese Greuel ihren Höhepunkt erreichten. Sein Berufsgenosse Dr. Fromann trägt sogar kein Bedenken, Weyer mit dem Anathem eines Zauberers zu belegen und ihm das Almosen des Mitleides zu spenden[3]). Die Universität Marburg ist aber noch weiter gegangen. Sie hat 1665 die Schriften Weyers dem Feuer übergeben[4]).

---

1) Wer denkt nicht an Döllinger!

2) Opera omnia, Amsterdami 1660 nach der Baseler Ausg. von 1583 edirt, S. 671. Vorrede zu dem Auszuge: »de lamiis« über die Zauberinnen. »Hoc scriptum nostrum tuae Clem. (comiti de Teclenburg) offerre volui. Eo autem tibi gratius fore mihi persuadeo, quod optime in *puriori doctrina Christi* et *vera religione* institutus, non tam facilem te diabolicis machinationibus fallaciisque vel humanis fraudibus dedas.« Weyers Werke wurden übersetzt ins Deutsche von Joh. Fuglino, Frankfurt a. M. 1586.

3) De fascinatione pag. 524: »qui (Wierus) ad magorum ordinem merito relegatus creditur.« Dieses Urtheil fällt er mit Berufung auf Tabor: diss. de tortura pag. 74. Tabor citirt die Prediger Balduin und Waldschmidt; August Lerchheimer, Bodinus.

4) Albertus, Socialpolitik der Kirche S. 290.

Fünftes Kapitel.

Die Mystiker und die Sprache der Kirche.

I.

Eine ähnliche Ausnahme von der allgemeinen Durchseuchung mit dem Zauberwahne machen die Mystiker des Mittelalters. Diese Männer bleiben durch ihre ascetische Richtung und ihre Vertiefung in das Uebersinnliche dem Materiellen mehr abgewendet, so daß sie wenig Werth auf die natürlichen Dinge setzten und sich vor zeitlichen Uebeln nicht fürchten. Ihre tiefe und große Furcht vor Gott, welche die Liebe zu ihm einschloß, wie eine Knospe die Frucht, ließ in ihnen keine Furcht vor dem Satan aufkommen. Ihre Panacee lag in den Worten: „Wenn Gott mit uns ist, was kann gegen uns sein"[1]).

Die Hauptvertreter des Mysticismus in Deutschland sind: Berthold von Regensburg 1220—1272; Tauler 1294—1361; Heinrich Suso oder Seuse 1290—1365; Thomas von Kempen 1380—1471.

1. Der Franziskanerbruder Berthold von Regensburg gilt als der größte Prediger in unserem Vaterlande. Die Zahl seiner Zuhörer wird bis zu 100,000 von Chronisten angegeben[2]). Sein Lehrmeister war David von Regensburg, ein berühmter Ascetiker und Schriftsteller jener Zeit.

In seinen Predigten eifert Berthold wie gegen alle Laster, welche zu seiner Zeit herrschten, so auch gegen Ketzerei, Aber- und Zauberglauben. Das Wort „Ketzerei" leitet er, wie Alanus von Issel, von Katze ab; doch mehr wegen der Gleichheit der Eigenschaften als aus Gründen der Ethymologie. Seine Bekämpfung der gleichzeitigen Irrlehren lassen deutlich die Waldenser und Katharer erkennen: er betont die Willensfreiheit gegen den Fatalismus; die Weltschöpfung Gottes gegenüber der angeblichen Schöpfung durch ein böses Princip; die Hochhaltung des alten Testamentes in gleicher Weise, wie des neuen. Ferner bekämpft er Sätze wie: die Ehe sei sündhaft; die Sakramente und Sakramentalien ohne Gnadenwirkung; die Lossprechung eines Priesters, der im Zustande der Todsünde lebe, ungiltig; jeder dürfe die Bibel lesen ꝛc.; es sind dieses dieselben Lehren, welche den Katharern zugeschrieben werden. Als Kennzeichen der Ketzer führt er noch an, daß sie den Sonntag nicht feiern und vorgeben, mit den Geistern zu verkehren[3]). Die Ketzerei

---

1) Römer VIII. S. 33.
2) Berthold von Regensburg von Karl Unkel. S. 18.
3) Derselbe. S. 6. Roskoff II. 127.

nennt Berthold die „große Mordart" des Teufels. Daneben führe der
Satan noch eine kleine, um die Dorfleute zu tödten; das sei der Aberglaube, welchen er als Unglaube und als eine Todsünde charakterisirte.

Er spottet über die angebliche Wirkung des Liebeszaubers, der ge-
getauften Gegenstände, sog. „Azemann", die man vergrub zur Beschädigung
Anderer. Die Teufelsanbetung straft er gewaltig und brandmarkt es als
höchste Thorheit, sich dem Satan zu verschreiben; denn der kann keinen
Pfennig geben; er sei selbst ein „armer Schlucker". Mit diesem
Epitheton wird der Satan in der ersten Hälfte des Mittelalters noch im
Volksmunde gewöhnlich bezeichnet; als „armer Teufel" wird er in Lustspielen
und Passionsvorstellungen persiflirt, zum deutlichen Beweis, daß man zu
jener Zeit von der übertriebenen Macht des Satans noch nichts wußte.
Diese Furcht ist ein Product der später ausgewachsenen Häresie, deren
Saat in der zweiten Hälfte des Mittelalters gestreut wurde[1]).

2. Tauler legte seinen Standpunkt mit folgenden Worten klar.
„Ich bin das Ebenbild Gottes; du aber (Satan) bist ein von Gott
verworfener Geist. Also ist zwischen uns keine Uebereinstimmung noch
Gemeinschaft. Drum fort mit dir. Du hast mit mir nichts zu schaffen[2])."

3. Von gleichem Geiste durchdrungen ist jenes vortreffliche Buch,
welches dem Mittelalter entstand, nach der Bibel das verbreitetste Buch
der Welt: Die Nachfolge Christi von Thomas von Kem-
pen. Gleich Tauler kennt er keine Furcht vor Satans Gewalt. Im
dritten Buch Kapitel VI. Nr. 4, heißt es „Glaube ihm ja nicht, noch
fürchte dich vor ihm, wie oft er auch seine listigen Netze dir nachschleu-
dert. Sprich: pack dich hinweg, du unreiner Geist; schäme dich, unseliger
Bösewicht, du mußt wohl voll des Unrathes sein, da du mir solchen Auswurf
in die Ohren bläsest; weiche von mir, du listiger Betrüger, du wirst
dennoch keinen Antheil an mir haben; schweige und verstumme. Ich
will nichts mehr von dir hören, auch wenn du mir noch so viel Un-
gemach zufügest." Ferner Kapitel X, No. 5: „O selige Verbindung
mit Gott, o heiliger Dienst Gottes, du machst den Menschen den Engeln
gleich, Gott wohlgefällig und den bösen Geistern furchtbar." Kapitel XII,
No. 5. „Die alte Schlange wird dich reizen und dich quälen, aber du
wirst sie durch das Gebet in die Flucht jagen, und zudem wirst du durch
eine nützliche Arbeit ihm den Zutritt zu deiner Seele versperren." Endlich viertes Buch XVIII. Kapitel: „Der böse Feind ist schuld an den
Versuchungen gegen den Glauben. Sei deshalb nicht bekümmert, halte
dich dabei nicht auf, noch antworte auf solche Einflüsterungen des Sa-

---

1) Derselbe. S. 95—97.
2) Mengering, Inform. consc. evangel. S. 291.

tans, sondern glaube dem göttlichen Worte; es ist oft sehr nützlich für einen Diener Gottes, versucht zu werden. Denn der Satan versucht nicht die Ungläubigen und Sünder, die er schon in seiner Gewalt hat; sondern die Gläubigen und die Frommen versucht und quält er auf verschiedene Weise."

II.

Dieselbe Sprache vernehmen wir in allen officiellen Gebeten und Liedern der Kirche. Der Geist Gottes, der in ihr weht und wirkt, bewahrt auch ihre Sprache, daß sie rein und lauter tönt durch alle künftige Zeiten. Das große Gebetbuch der Kirche für alle Jahrhunderte ist das Missale. Schlagen wir auf den 17. Sonntag nach Pfingsten. Da heißt es in der Collecte: „Verleihe, o Gott, auf unsere Bitten deinem Volke die teuflische Ansteckung zu vermeiden, um dir Gott allein mit reinem Herzen zu folgen." Die Secreta vom 15. Sonntage nach Pfingsten lautet: „Deine Sakramente, o Herr, mögen uns beschützen und gegen alle teuflische Anläufe für immer sicher stellen." Das Gebet zum heil. Ubaldus vom 16. Mai: „Verleihe durch die Fürbitte des heil. Ubaldus, daß gegen alle teuflischen Bosheiten du deine gnädige Hand über uns ausstreckest." Beim Gebet zum heiligen Kreuze in der Osterzeit spricht der Priester: „O Gott, du hast deinen Sohn für uns das Kreuz besteigen lassen, damit du von uns entfernest die Gewalt des bösen Feindes." Mit noch herrlicheren Worten singt der Priester in der Präfation in der heiligen Fastenzeit die Worte: „Der du das Heil der Menschen am Kreuzesstamm besiegelt hast, daß, von wo der Tod den Anfang nahm, von da das Leben wiederkehre, und der am Holze Sieger war, vom Holze herab besiegt auch würde." In einem unvergleichlichen poetischen Ergusse preist am Charsamstage die christliche Seele die Segnungen der Auferstehung. Bei der Weihe des Taufwassers: „Der heilige Geist wolle dieses zur Wiedergeburt der Menschen vorbereitete Wasser durch geheime Verbindung mit seiner Gotteskraft befruchten, damit es aus dem fleckenlosen Leibe des göttlichen Gnadenbrunnens die Heiligung empfange und eine himmlische Nachkommenschaft erzeuge, und daß die, welche körperlich durch das Geschlecht oder zeitlich durch das Alter sich unterscheiden, die Gnade, als Mutter, diese Alle zu einer Kinderschaar neu gebäre. Ferne weiche also von hier auf deinen Befehl, o Herr, jeder unreine Geist, fern fliehe die ganze Bosheit teuflischen Truges, keinen Platz finde hier die Annäherung einer feindlichen Macht, sie fliege nicht, Nachstellung bereitend, umher, nicht schleiche sie verborgen herbei, sie verderbe nichts durch ihre Ansteckung."

Der gleiche feste Glaube und die starke Zuversicht in die siegreiche Macht des Kreuzes Christi klingt auch in allen kirchlichen Hymnen wieder. Im Advente betet der Priester in dem Hymnus »Creator alme siderum«: „damit des Dämons arger List der Erdkreis nicht erliege, ist er von warmer Lieb beseelt, der kranken Welt zum Arzt geworden." Im Hymnus auf die Bekenner »Jesu corona celsior« heißt es:

„Dich, Jesu, König, Gotteslamm,
Hat er bekannt sein Leben lang;
Des Teufels Kunst hat er veracht,
Den Höllenfürsten selbst verlacht."

Im Abendgebete (complet) fleht der Priester um wirksameren Schutz gegen die Mächte der Finsterniß in dem schönen Hymnus: »Te lucis ante terminum«:

„Dich höchsten Schöpfer bitten wir,
Daß du nach deiner großen Güte
Uns nahe seiest, auch uns behüte.
Die Träume scheuch aus uns'rem Schlafe,
Und was die Phantasie erschreckt;
Den bösen Feind auch niederschlage,
Damit Nichts unseren Leib befleckt[1]).

Das ist die unvermischte reine Muttersprache, der Mutter, welche gleich einer Orante in der alten Kirche, ihre Hände Hilfe flehend erhebt für ihre Kinder, oder, gleich einer besorgten frommen Mutter unserer Zeit, ihre Hände segnend über das schlummernde Kind ausbreitet.

---

1) Delrio lib. II. qu. 27, Bd. 1. Ausgabe Oberursel 1606, Seite 628, will zwar diese Stelle im Sinne dämonischer Einflüsse verwerthen; allein es ist hier von keiner andern die Rede, als von jener, wenn wir sagen »et ne nos inducas in tentationem, sed libera nos a malo.« cf. S. 181.

Drittes Buch.

Der Kampf der Kirche gegen den Hexenwahn des Reformationszeitalters. 1500—1800.

Erstes Kapitel.

Der neue Baum der Erkenntniß des Guten und Bösen.

Ein Faktor, welcher zur Erklärung der ungemeinen Verbreitung des Hexenwahnes und des Aberglaubens am Ausgange des Mittelalters von entscheidender Wichtigkeit ist, darf nicht übersehen werden. Es ist dieses die immense Bedeutung der Erfindung der Buchdruckerkunst. Sie hat in der geistigen Welt etwa denselben Umschwung hervorgerufen, wie die Dampfmaschine den Verkehr in unserem Jahrhundert umgestaltet hat. So lange die Geistesproducte aller Völker nur gleichsam als Manuskripte bezogen werden konnten, waren sie nur das privilegirte Monopol weniger Sterblichen. Durch die Buchdruckerkunst wurde der geistige Markt der Culturvölker Allen erschlossen und zugänglich. Die Wissenschaft ist seitdem in alle Kreise der Menschen hineingedrungen, und die Geistesbildung hat durch das Lesen gedruckter Werke eine nie versiegende Quelle entdeckt. Wenn nun auch der Hauptvortheil bei der Erfindung der Buchdruckerkunst der wahren Bildung, namentlich dem Christenthume, zu Gute kam, so war es doch nicht zu hindern, daß sie auch durch Mißbrauch der falschen Bildung, dem Irrthume und dem Aberglauben, diensibar gemacht wurde. Durch die Bücher wurde unter den Culturvölkern die Möglichkeit gegeben, sich mit den klassischen Werken der Griechen und Römer bekannt zu machen. Der Fall Constantinopels fällt mit der Erfindung jener Kunst zusammen; die griechischen Gelehrten flüchten sich mit ihren literarischen Schätzen, Handschriften u. dergl. nach den Gestaden Italiens, Spaniens und den Inseln des Mittelmeeres. Bald sind durch sie die alten Autoren dem Büchermarkte zugeführt; das alte Rom hat seine Geistesmänner gleichfalls an's Licht gezogen, und in wenigen Jahren gibt der auflebende sogenannte „Humanismus" den Beweis, welch' große Veränderung das Bekanntwerden der alten Klassiker in der Denk- und Gesinnungsweise des Abendlandes erzeugt hat. Wenn in der ersten Zeit man das Alte liebgewonnen wegen der Schönheit und Vollendung der Form, so währte es nicht lange, und man liebte und überschätzte den Inhalt. Namentlich muß betont werden, daß die späteren Humanisten die alten Mythen, die Götterlehre, Sitten und Leben der Alten höher stellten, als die christlichen Gestaltungen und Schöpfungen des Mittelalters, ja höher als das Christenthum selbst. Die nächsten Früchte einer solchen Ueberschätzung heidnischer Cultur und heidnischer Wissenschaft zeigten sich in der Ueberhandnahme geheimer und zauberischer Künste, wie sie namentlich in den Kreisen der Gebildeten und Gelehrten im 16. Jahrhundert in Erscheinung traten. Die Philosophie löste sich auf in Astrologie, Nekromantie, Chiromantie und Magie. Die Theologie artete aus in Theurgie. So ist es begreiflich, daß der Glaube an Zauberei und Magie noch im 16. und 17. Jahrhundert in allen gebildeten Ständen, bei Aerzten, Juristen, Philosophen, Theologen, zahlreiche Anhänger und Vertheidiger fand [1]).

Doch auch das gemeine und niedere Volk wurde durch die neue Kunst der Büchervermehrung geistig ergriffen. Die Buchdrucker hatten bald den Geschmack der gewöhnlichen Leute gefunden und demnach ihre Waare präparirt. Zahlreich waren die Werke gegen Ausgang des 15. und beim Beginn des 16. Jahrhunderts, welche Sagen, Mährchen, Wundergeschichten, aber auch geheime Künste und Zaubereien lehrten.

Wir wollen einen Zeitgenossen hören, Heinrich Cornelius Agrippa. Er berichtet in seinem Buche „De vanitate etc.« hinsichtlich der abergläubischen Schriften und Bücher: „Aus dem Moraste der Zauberer sind hervorgekommen alle jene Bücher der Finsterniß, die der Rechtsgelehrte Ulpianus als schlechte Lektüre bezeichnet, welche durchaus zu vernichten sind. Das erste derartige Buch soll ein gewisser Zabulus ausgedacht haben, der sich mit unerlaubten Künsten abgab; dann ein gewisser Barnabas aus Cypern; und auch heute noch cursiren solche Schriften unter erdichteten Titeln und Namen, z. B. des Adam, Abel, Enoch, Abraham, Salomon, Paulus, Honorius, Cyprian, Albertus, Thomas, Hieronymus.

Ihren Träumereien sind thörichter Weise gefolgt Alphons, König von Castilien, der Engländer Robertus, Bacon und Apponus und viele andere bellagenswerthe Geister. Außerdem ließen sie nicht nur Menschen und Heilige und Patriarchen und Engel Gottes die Urheber so unseliger Lehren sein, sondern sie zeigen sogar Bücher, die von Raziol und Raphael, den Engeln des Adam und Tobias, herrühren sollen. Jedoch

---

1) Soldan-Heppe II, 364 zählt zur Erklärung des in Europa emporgeschossenen Aberglaubens in erster Linie „die römische Literatur". Richtiger wäre wohl die „heidnische" oder sog. „klassische" Literatur.

jedem, der diese Bücher näher ansieht in Bezug auf die Reihenfolge, den
Gebrauch und die Uebung der Vorschriften, die Rede- und Schreibweise,
die Construktion und geschmacklose Wendung, verrathen sich dieselben als
leere Träume und Erdichtungen, die aus einer späteren Zeit stammen
und von Leuten, die, der alten Magie unkundig, Erfinder der verderb-
lichsten Irrthümer sind." Etwa 100 Jahre später berichtet A. Prätorius [1]):
„Es sind solcher Schriften in deutscher und lateinischer Sprache viele und
mancherlei, eigentliche Teufelsbücher, zu nennen. Heimlich werden umge-
tragen etliche Bücher mit erdichteten Namen, und werden in hohem
Werth wie Heiligthum gehalten wegen ihres Alters und der theuren
Männer, die sie gemacht haben sollen. Dann sie geben für (doch mit
Unwahrheit) Adam, Abel, Enoch, Abraham, Salomon und Raziol, den
sie Adams Engel nennen, und der Engel Raphael, der Tobiam die
Geister vertreiben lehrte, und Uriel, der Esram verborgene hohe Geheim-
nisse lehrte, habe sie geschrieben. Oeffentlich bietet man feil in lateinischer
Sprache drei Wunderbücher »Hermetis«, etliche Bücher des Johann
Trithemi, drei Zauberbücher des Heinr. Cornel. Agrippa rc.; in deutscher
Sprache sind überall bekannt etliche schändliche Zauberbücher; dazu noch
Sybillenbücher, Traumbücher, Planetenbücher und Andere dergleichen.
Dieser Schriften etliche lehren gründlich zaubern. Dadurch denn dem
Schwarzmeister Thür und Fenster aufgethan, freier Zugang bereitet, ja
wohl selbst dazu gelockt und gerufen wird."

Ueber die Ursachen der Verbreitung des Zauberglaubens bei dem
geringen Volke geben uns noch Kunde die späteren Bekämpfer desselben.
So nennt Abt Trithheim 39 abergläubische und 37 magische Bücher,
welche er aufführt als eine sehr gefährliche Lectüre. Johannes Reiche [2])
klagt die Bücher als Ursachen des Zauberglaubens an, in welchen der
Teufel bildlich dargestellt werde. Dieses erzeuge ein Vorurtheil, indem z. B. die Lutheraner den Teufel als Versucher Christi in der Gestalt eines Mönches zu geben beliebten; er nennt diesen Gebrauch einen
päpstlichen Aberglauben, in lutherische Kinder eingeimpft durch cateche-
tische und biblische Bilder, welche das ganze Leben beherrschten.
Gleiche Sprache führt auch Thomasius [3]). „Am allerwenigsten aber konnte
ich mich damals befahren, daß eine theologische Facultät dasjenige für
einen Glaubens-Artikel ausgeben würde, wenn in denen gemeinen

---

1) Bericht von den Zauberern rc. Seite 166.
2) Theses inaugurales de Crimine Magiae, Hallae 1701, Seite 22, Paragraph 30.
3) Thomasius, Vorrede Johann Websters, Med. pract. zur Untersuchung
über Hexerei.

Evangelien-Bildern gemahlet wird, als wenn der Teufel den Herrn Christum durch die Lufft auf die Thurmspitze eines Tempels führet, der etwa wie unser rother Thurm in Halle gebaut ist, zumal wir schon damahls wußten, daß die Zinne des Tempels mehr einem Altane als einer Thurmspitze zu vergleichen sei, auch man auf einer ordentlichen Treppe hinaufzusteigen pflegte." Hiernach wird auch unser Urtheil begründet erscheinen, wenn wir annehmen, daß durch vollständige Uebersetzung der heiligen Schrift und deren Verwendung als Volksbuch, insbesondere durch Verbreitung von Bilderbibeln, man seitens der Protestanten unfreiwillig dem Zauberglauben Vorschub geleistet hat. Denn die in den Köpfen schwärmenden Ideen, welche man aus abergläubischen Büchern gesogen hatte, schienen durch viele Stellen und Erzählungen der heiligen Schrift über Zauberei ihre Bestätigung zu finden.

Daß Saul eine Zauberin befragte, welche den Geist Samuels heraufbeschwor, wurde eine Stütze für den Hexenglauben im Volke. Das Gebot, II Buch Moses XXII, 48 „Die Zauberin sollst du nicht leben lassen," wurde eine Ermunterung für den Richter, für die bibelgläubigen Juristen, die Hexen ohne Erbarmen zu verbrennen.

Man kann deßhalb die Behauptung wagen, daß Luther mit seiner Uebersetzung des alten Testamentes und durch dessen Verbreitung als Volksbuch, wenn auch unabsichtlich, dem Hexenwahne großen Vorschub geleistet hat.

Andere Factoren, welche fast gleichzeitig noch mitwirkten, sind kurz zu erwähnen.

1. Das Erscheinen der herumziehenden Zigeunerbanden, welches aus der zweiten Hälfte des 15. Jahrhunderts datirt.

Heutzutage noch sind die Zigeuner die Träger eines grassen Aberglaubens, und fürchtet sich das Landvolk vor ihnen als Zauberern. Wo eine braune Gestalt sich in der Nähe einer Hütte blicken läßt, eilt jedes alte Mütterchen, die Thüre wohl zu verschließen[1]).

2. Auch das Institut der „fahrenden Schüler" hatte theilweise seine Existenz auf den Erwerb durch abergläubische Händel gegründet. Sie mußten dem Frauengeschlechte sich interessant zu machen und Sympathien zu erwecken durch Mittheilung von geheimen Heilmitteln und von Schutzmitteln gegen den Bösen[2]).

3. Entstanden am Anfange des 16. Jahrhunderts die Hochschulen des Aberglaubens und Hexenwahns in den sog. „Heimgarten" oder Spinnstuben, wie sie in unserer Zeit genannt werden. Hier wurden während des Winters bei dunkler Nacht die abenteuerlichsten Erzählungen

---

1) Dr. Fromann de fascin. S. 524 u. ff.
2) Karl Unkel Berthold von Regensburg, 96.

ausgekramt, dabei kein Gegenstand mehr traktirt, als die Zauber- und Hexen-Geschichten. Wer darin das Gruselichste leisten konnte, galt als der Held des Abends [1]).

So ergoß sich gleich der Sündfluth der Hexenwahn über Dorf und Stadt, über Thal und Gebirg. Wohin das Zauber-Buch nicht gelangte, dahin drang die Erzählung am Winterabend, bis selbst in den ärmsten Familienkreis.

Gegenüber dieser Sündfluth des Aberglaubens und Hexenwahns war die katholische Kirche die einzige Arche, in welche das Licht der Vernunft und des Glaubens sich gerettet hatte.

Zwar schlugen die Sturzwellen des Teufelsglaubens über ihr Verdeck, sie vermochten aber nicht ins Innere einzudringen. Sie liefen vielmehr schadlos wieder ab.

Zweites Kapitel.
Das Concil von Trient 1545—1563.

Wie eine herrlich grüne Insel in den Fluthen und dem Wogengedränge des weiten Weltmeeres dem furchtsamen Schiffer freundlich zuwinkt und zum Besuche einladet, so ragt im Sturme des 16. Jahrhunderts, aus dem tobenden Kampfe der Geister, gleich einem friedlichen Eilande, das Concil von Trient hervor. Hier brachen sich die wild erregten Geister, aufgewühlt durch die Stürme der Reformation, hier wurde nichts vermerkt von dem grausigen Schrecken der Zaubermächte und von der Furcht vor des Teufels Allgewalt. Während ganz Deutschland vor Hexenfurcht zitterte, und selbst in den stillen Thälern der Alpen dem Hexenwahne Menschenopfer gebracht wurden, verspürte man zu Trient nur das Wehen des heiligen Geistes, des Geistes der Wahrheit, des Trostes und der Stärke. Es konnte nicht fehlen, daß die Väter des Concils veranlaßt wurden, auch über des Teufels Bosheit und Gewalt sich auszusprechen. Dies geschah in der fünften Sitzung vom 17. Juni 1546. Es handelte sich darum, das Wesen der Erbsünde festzustellen; ferner den neueren Irrlehren, welche in der Zeit so große Verwirrungen hervorgerufen und gerade über die Erbsünde neue Irrthümer aufgestellt hatten, die alte offenbarte und ungetrübte Wahrheit entgegen zu stellen. Es wird deshalb im ersten Canon erklärt, daß der im Banne sei, welcher läugnet, daß Adam im Paradiese gesündigt und zugleich die Gerechtigkeit und Heiligkeit verloren habe, in der er lebte, und in Folge dieser Sün-

---

1) Derselbe, 94.

denschuld in den Zorn und die Ungnade Gottes und auch in den ihm von Gott angedrohten Tod gerathen sei und mit dem Tode in die Gefangenschaft Desjenigen, der von da an den Tod in seiner Macht hatte, d. h. des Teufels. Ferner, daß der ganze Adam durch jene Uebertretung und Sünde an Leib und Seele verdorben worden sei.

Die zweite Veranlassung von des Teufels Gewalt zu sprechen, ergab sich bei der Behandlung der letzten Oelung in der 14. Sitzung vom 25. November 1551. Es heißt dort im Capitel 9: Die heilige Synode erklärt und lehrt daher bezüglich ihrer Einsetzung, daß unser gnadenvoller Erlöser, der seinen Dienern zu jeder Zeit wollte Heilmittel anbieten gegen alle Pfeile ihrer Feinde, wie er solche Heilmittel besonders in den Sakramenten bereit gestellt hat, damit die Christen während ihres Lebens sich durch sie vor jedem größeren Nachtheile des Feindes schützen könnten. So hat er durch das Sakrament der letzten Oelung das Lebensende wie mit einem besondern starken Schutzwalle umgeben. Denn wiewohl unser Widersacher durchs ganze Leben hindurch nach Gelegenheiten forscht und sie ergreift, damit er auf alle mögliche Weise unsere Seelen verschlingen könne, so gibt es doch keinen Zeitpunkt, in welchem er alle Kräfte seiner Verschlagenheit zu unserem Verderben anspannt und uns, wenn er könnte, von dem Vertrauen auf die göttliche Barmherzigkeit loszureißen vermöchte, als in jenem, wo er das Ende unseres Lebens herannahen sieht. Mit diesen Erklärungen hat sich die heilige Synode begnügt und damit auch vollständig ihre Aufgabe erfüllt. Sie hat das erklärt, was vom Anfange an überall als christliche Lehre war gelehrt und verkündet worden. Es ist dieses die reine Muttersprache, welche durch keinen Dialekt noch durch einen Provinzialismus entstellt oder schwer verständlich gemacht ist. Wie in der Sprache man viele Mundarten kennt, und wer die Muttersprache redet, deshalb nicht alle Mundarten und Dialekte versteht; so finden wir im Laufe der Jahrhunderte und in den verschiedenen Ländern über des Teufels Gewalt und Macht verschiedene Mundarten oder Dialekte, deren Richtigkeit oder Falschheit geprüft wird durch den Canon der reinen Muttersprache, und letzterer begegnet man in den heiligen Synoden, den Concilien und in den Cathedral-Entscheidungen der Päpste.

Die heilsamen Wirkungen des Trienter Concils setzten sich fort in den Einrichtungen, welche beschlossen und demnächst ausgeführt wurden. Dazu gehört die Einführung eines allgemeinen Katechismus und die Gründung der Index-Congregation.

»Catechismus romanus ex decreto concilii Tridentini« lautet der Titel des gemäß des Beschlusses zu Trient abgefaßten Katechismus. Derselbe erschien auf Befehl des Papstes Pius V. und Clemens XIII. und dient als Grundlage für alle Diözesan-Katechismen. In demselben begegnen wir am Schlusse einer Behandlung unseres Themas. Es geschieht dieses in der Erklärung der 6. und 7. Bitte des Vater unser, oder im 15. und 16. Hauptstücke des vierten Theiles. Im 15. Hauptstück erklärt er die Bitte: führe uns nicht in Versuchung. Hier wird geredet von der Macht und Bosheit des höllischen Feindes auf Grund der heiligen Schrift. Seine Macht wird bezeichnet durch die Ausdrücke: „Fürst der Welt", „die Mächte", „die Beherrscher", „Fürst der Finsterniß". Ihre Bosheit wird dargethan durch die Bezeichnung „Geist der Bosheit", durch den Vergleich mit dem „brüllenden Löwen". Darauf wird die Frage erörtert, warum die Schlechten von dem Teufel weniger, die Frommen aber mehr angefochten werden. Es wird erklärt, daß die Versuchungen des Satans denen gelten, die er nicht in seiner Gewalt hat, den Frommen und Gerechten; den Sündern gegenüber, die er in seiner Gewalt hat, sind die Versuchungen überflüssig. Es folgt dann die Tröstung, daß der Satan die Menschen nicht so lang und so viel versuchen kann, als er will, „denn der Teufel kann bei all seiner Macht und Hartnäckigkeit, bei dem tödtlichen Hasse gegen unser Geschlecht, uns doch nicht versuchen oder quälen, so viel und so lange es ihm beliebt, sondern all' seine Macht wird durch Gottes Wink und Zulassung regiert." Die Macht der Teufel ist also dergestalt gebunden, daß sie nicht einmal in die Schweine, von welchen die Evangelisten schreiben, ohne Gottes Erlaubniß hätten einfahren können. Es wird auch untersucht die Frage, wie der Teufel den Menschen versuchen kann, nachdem vorher die Rede war, in welchem Sinne man sagen könne, daß uns Gott versuche, d. h. im guten Sinne. Die Antwort lautet: „Im bösen Sinne werden die Menschen versucht, wenn sie zur Sünde oder zum Verderben angetrieben werden, was das eigentliche Geschäft des Teufels ist. Denn dieser versucht die Menschen in der Absicht, um sie zu täuschen und jählings hinabzustürzen. Daher wird er in der heiligen Schrift „Versucher" genannt. Bei diesen Versuchungen erregt er aber bald die innern Neigungen und Regungen der Seele als Gehilfinnen, bald reizt er uns von Außen und bedient sich äußerer Dinge, entweder des Glückes, um uns zu erheben, oder des Unglückes, um uns zu beugen; bisweilen hat er zu seinen Sendlingen und Läufern verworfene Menschen und vor Allen die Ketzer, welche, auf dem Lehrstuhle der Pestilenz sitzend, die tobtbringenden Samen der schlechten Lehren aussäen, um diejenigen Menschen, welche keine Wahl und keinen Unterschied kennen zwischen Tugend und Lastern und schon an sich zum Bösen geneigt sind, wankend zu machen und zu stürzen."

Der Sinn der 6. Bitte wird mit diesen Worten nach Römer XVI, 20 dahin zusammengefaßt „Gott möge den Satan zermalmen unter

unseren Füßen." Die Bürgschaft für die Erfüllung dieser Bitte findet der
Gläubige in dem Bewußtsein, daß er Jenen zum Führer in den Versuchungen habe, der selbst den Satan besiegt hat, nämlich Jesum
Christum. Dieser ist „jener Stärkere, der über den bewaffneten Starken
gekommen ist, ihn besiegt und seiner Waffen beraubt hat, und dieser
Sieger ermahnt die Seinigen bei Johannes: Vertrauet also, ich habe
die Welt überwunden. Jenem „brüllenden Löwen", wie Petrus den
Satan bezeichnet, gegenüber weist die Apokalypse hin auf einen „siegen-
den" Löwen, der ausgegangen ist, um als Sieger zu siegen und der
durch seinen Sieg auch seinen Anhängern die Macht verlieh, zu siegen."
Alsdann wird noch aufmerksam gemacht auf die Art und Weise, wie
man den Teufel überwinden kann. „Nicht durch Müßiggang, Schlaf,
Wein, Gelage und Wollust [1]), sondern durch Gebet, Arbeit, Wachen, Enthaltsamkeit, Mäßigkeit, Keuschheit. Niemand erhebe sich übermüthig, daß
er sich zutraue, aus eigenen Kräften die feindlichen Versuchungen und
Angriffe der Teufel aushalten zu können. Denn das ist nicht Sache unserer
Natur, nicht der menschlichen Schwäche, sondern nur der göttlichen Macht."

Im 16. Kapitel kommen die Uebel zur Sprache, welche die Menschen auf Erden heimsuchen. Es wird darauf hingewiesen, daß die
sechste Bitte gerichtet sei auf Vermeidung der Schuld, in der siebenten
auf Befreiung von der Strafe. Es gibt sich hier die Gelegenheit, auf
den Unterschied hinzuweisen, mit welchem der Gläubige und der Un-
gläubige um Erlösung von dem Uebel betet. Hier heißt es: „Die Ungläubigen bitten Gott inständig, daß sie von den Krankheiten und Wunden genesen können, daß sie den bedrängenden oder drohenden Uebeln
entgehen können; aber sie setzen doch ihre vorzügliche Hoffnung der Befreiung auf Mittel, die von der Natur oder durch menschliche Kunst
bereitet werden; ja, sie wenden sogar die von Jedwedem ihnen dargebotene
Arznei, mag sie auch durch Zauberei, Hexerei, durch Hilfe der Teufel
bereitet sein, ohne jede Bedenklichkeit an, wenn nur irgend eine Hoffnung auf Gesundheit sich zeigt. Weit anders ist die Weise der Christen,
die in Krankheiten und in allem Unglücke als höchste Zuflucht und Hort
des Heiles Gott haben, jenen einzigen Urheber alles Guten, und ihn als
ihren Erlöser erkennen und verehren; was aber die den Heilmitteln inne-
wohnende Kraft betrifft, es für sicher halten, daß sie von Gott hinein-
gelegt sei und dafür halten, sie bringe den Kranken nur so viel Nutzen,
als Gott wolle. Es ist nämlich die Arznei dem Menschengeschlechte von
Gott gegeben, um die Krankheiten damit zu heilen. Es werden aber in
der Schrift Jene getadelt, welche im Vertrauen auf die Arznei keine
Hülfe bei Gott suchen. Die Frommen aber enthalten sich aller

[1]) Vgl. S. 297 Nr. 3.

Heilmittel, von denen sie wissen, daß sie von Gott zur Heilung nicht verordnet sind. Und sollten sie auch durch den Gebrauch dieser Heilmittel auf die Erlangung der Gesundheit rechnen können, so verzichten sie dennoch auf solche, als wenn sie Zaubereien oder Teufelskünste seien. Dazu müssen also die Gläubigen ermahnt werden, daß sie ihr Vertrauen auf Gott setzen." Noch einmal wird von dem Teufel gesprochen, insofern er unter dem Uebel (a malo) verstanden werden kann; denn er ist ebenso Urheber des Uebels der Schuld, wie Vollstrecker des Uebels der Strafe. Der Böse oder das Uebel wird aber auch nach der Meinung des heil. Basilius des Großen, Chrysostomus und Augustinus mit Vorzug der Teufel genannt, weil er der Anstifter der Schuld des Menschen, d. h. des Lasters und der Sünde war; und Gott gebraucht ihn als Diener auch zur Bestrafung der Lasterhaften und Missethäter; denn Gott ist es, welcher die Menschen mit allem Uebel, welches sie der Sünde wegen leiden, belegt. In diesem Sinne spricht die göttliche Schrift mit jenen Worten: „Ist wohl ein Uebel in der Stadt, das der Herr nicht gemacht hat?" Desgleichen: „Ich bin der Herr, und kein Anderer, der das Licht bildet und die Finsterniß schafft, den Frieden macht und das Uebel schafft." Der Böse heißt er auch aus dem Grunde, weil er, wenn wir ihn auch in Nichts beleidigt haben, doch beständig uns bekriegt und mit tödtlichem Hasse verfolgt. Wenn er uns auch, sofern wir mit dem Glauben bewaffnet und durch Unschuld geschützt sind, Nichts schaden kann, so hört er doch nie auf, uns mit äußeren Uebeln zu versuchen und uns auf alle mögliche Weise zu quälen. Daher bitten wir Gott, daß er uns von dem Bösen erlösen wolle.

In einem Schreiben des Herzogs Albrecht von Bayern von 1570, welches der Ausgabe des römischen Katechismus von Andreas Fabricius vorgedruckt ist, wird die verderbliche Seuche der schlechten Bücher beklagt, mit welcher die Menschheit zu der Zeit heimgesucht war. Kein Wunder, die in ihrem Jugendalter stehende Buchdruckerkunst übte die ganze Anziehungskraft und den Zauber auf die Menge aus, welcher allen neuen Erfindungen eigen ist. Die beiden Zwillingsschwestern, Wißbegierde und Neugierde, sind bei allen Menschenkindern vereint. Aber gerade in jenem Jahrhundert glaubte man in den Büchern das Mittel zur Erforschung aller Geheimnisse, zur Gewinnung aller Kenntnisse und zum Besitz aller geheimen Künste zu finden. Diese Schwäche des Jahrhunderts wurde ausgebeutet von zahlreichen Schriftstellern und Verlegern. Es war dies eine eigene Gold- oder Geldmacher-Kunst. Agrippa, Trithem, Weyer, Ellinger und Andere mehr klagen laut über die massenhafte Verbreitung schlechter und abergläubischer Bücher. In diese Klage stimmt der genannte Herzog Albrecht ein.

Um dieses Uebel zu bekämpfen, beschloß das Concil von Trient als Repressiv=Maßregel eine Büchercensur einzuführen durch Einführung des sog. »*Index librorum prohibitorum*«. Schon in der vierten Sitzung wurde diese Frage angeregt und zunächst auf die Herausgabe und den Gebrauch der heiligen Schrift angewendet. In der 18. Sitzung wurde der Sache näher getreten. Das 1559 von Paul IV. publicirte Verzeichniß wurde angenommen, die Regeln des Index festgesetzt und dem Papste zur Genehmigung und Veröffentlichung überwiesen. Letztere erfolgte durch Pius IV. in der Bulle Dominici gregis custodiae. Pius V. errichtete eine eigene Congregation des Index, welche die Geschäfte der Büchercensur wahrnahm. In den Verzeichnissen verbotener Bücher bis zum Ende des 17. Jahrhunderts befinden sich alle Werke und Schriften über Zauberei[1]).

Es werden aber namentlich angeführt die Werke von Weyer, theilweise von Agrippa, Trithemius, Erasmus, Remigius, Ellinger, J. Bobinus, Paracelsus u. A. m. Ein Jahrhundert lang wurden alle diese Schriften auf den Index gesetzt, ausgenommen Delrios Zauberhandbuch[2]). Aber nicht blos die Bücher, welche Zauberei lehrten, wurden verboten, sondern auch alle, welche der Verbreitung des Aberglaubens dienten. Als solche werden aufgeführt zehn Bücher von den Ringen, vier Bücher von den Spiegeln, das Bild des Tobias, das Bild des Ptolemäus, der Schlüssel Salomons.

Drittes Kapitel.
Die Provinzial- und Diöcesan-Synoden.

Ein weiteres segensreiches Institut, welches vom Trienter Concil beschlossen worden war, bestand in der Anordnung von sogen. Provinzial=Synoden, welche alle drei Jahre, und Diözesan=Synoden, welche alljährlich gehalten werden sollten, 24. Sitzung, Kap. 2. Diese Einrichtung sollte dazu dienen, die Beschlüsse von Trient allenthalben zur Ausführung zu bringen. Die Abhaltungen solcher Synoden

---

1) Novus index librorum prohibitorum a sancta Sede Apostolica publicatus Romae 4. Febr. 1627 auctor Col. Agrip. 1665. S. 110. »Necromantiae opera et scripta omnia.«

2) Siehe Dr. Hr. Reusch: „Der Index der verbotenen Bücher" I. Bd. S. 447. 1883. Delrio ist wohl aus dem Grunde ausgenommen, weil dieser unter allen Schriftstellern, welche diese Materie tractirt haben, der gelehrteste und zugleich besonnenste war.

wurden deshalb nach Abschluß des Concils sehr zahlreich. Unter den Gegenständen, welche auf diesen Synoden verhandelt und beschlossen wurden, finden wir auch fast regelmäßig Vorkehrungen und Verbote von Zauberei und Aberglauben. Diese Versammlungen traten damit in die Fußstapfen ihrer Vorgängerinnen der vergangenen Jahrhunderte ein.

Schon im Jahre 1528 erließ das Conc. Biturense das Gebot, es sei Pflicht der Pfarrer, unter Ankündigung einer beliebigen Strafe, beim Bischof oder seinem Generalvicar diejenigen der Pfarrkinder zur Anzeige zu bringen, von denen sie wissen, daß sie von den Irrthümern Luthers angesteckt, oder den Zauberkünsten, Weissagungen, Gaukeleien oder anderen abergläubischen Dingen ergeben seien.

Auch in Cöln war eine Synode vorausgegangen 1536; hier war ebenfalls ein Verbot aller abergläubischen Dinge für nöthig erachtet worden. „Wir verbieten alle Mißbräuche und allen Aberglauben, sowie Alles, worin das Volk seine Hoffnung mehr auf äußerliche Dinge setzt, als auf Gott. Hierzu gehören die Einweihung von Heiligenbildern mit Ablässen, das Auflegen zweifelhafter Reliquien, ferner der Mißbrauch, den Manche treiben, indem sie Salz, Wachs und geweihte Kräuter bei kranken Thieren in abergläubiger Weise gebrauchen." Diese und ähnliche Dinge waren bereits schon 1514 in der 9. Sitzung des 4. Lateran-Concils verboten worden. Die Väter bestimmten, daß in Anbetracht der weltlichen und kirchlichen Gesetze Zauberei mit Anrufung der Dämonen, Beschwörungen und Weissagungen, sowie die abergläubigen Dinge mit Strafen zu belegen seien, daß die Cleriker, sobald sie in diesen Dingen als schuldig befunden würden, nach dem Urtheile der Vorgesetzten mit der Infamie bestraft werden sollen. Bei Unverbesserlichkeit soll Absetzung erfolgen, und sie in ein Kloster zeitweise nach Gutdünken des Bischofs eingesperrt werden mit Verlust ihrer Benefizien. Hingegen sollen Laien beiderlei Geschlechtes mit dem Banne und anderen, sowohl staatlichen als kirchlichen, Strafen belegt werden.

In Folge des vorerwähnten Beschlusses des allgemeinen Concils von Trient wurden die Provinzial-Synoden zahlreicher als je. Italien zeichnete sich darin besonders aus. Bereits 1568 eröffnete der Erzbischof von Ravenna ein Provinzial-Concil. Nach Ablegung des Glaubensbekenntnisses wurden mit Anerkennung der Decrete von Trient spezielle Vorschriften erlassen über Häresie, Bücherverbot, Predigtamt, Bilder und Reliquien der Heiligen, Wunder, Fest- und Fasttage, Zauberei und Aberglauben sowie Gotteslästerungen. Im folgenden Jahre 1569 findet zu Urbino eine Provincial-Synode statt in derselben Form und Weise und mit denselben Gegenständen, wie die vorerwähnte. In demselben Jahre decretirte das Provinzial-Concil zu Capua c. 14: „Cleriker,

welche der Zauberei, der Wahrsagerei und ähnlichen Dingen sich hin=
geben, werden degradirt und eingesperrt." In Florenz wurde auf Grund
der Beschlüsse von Trient 1573 eine Provinzial=Synode gefeiert, welche
das Verbot schlechter Bücher einschärfte, sowie das Lesen derselben ohne
Erlaubniß mit Strafen belegte. Die Beschlüsse 4., 5. und 6. sind gegen
den Aberglauben und die Magie gerichtet, „die Magier, Wahrsager, Be=
schwörer werden für infam erklärt, zu den Galleeren, zu Gefängniß oder
zur Verbannung verurtheilt."

Caraffa, Erzbischof von Neapel, hielt eine Provinzial=Synode 1576
ab, auf welcher 57 Statuten festgestellt wurden von gleichem Inhalte,
wie die vorhergehenden. Dasselbe geschah auf jener von Consenza 1579.
Auf dem Provinzial=Concil zu Salerno 1596 werden die Beschlüsse des
Concils von Trient feierlich anerkannt und dessen Glaubensbekenntniß
abgelegt, die Bücher=Censur wird dem Bischof übertragen; ihm soll jeder
einen Catalog von seinen Büchern einhändigen. Die Darstellung des
Leidens Christi darf an keinem Orte gestattet werden, der Mißbräuche
wegen, welche sich dabei eingeschlichen haben. Der 7. Canon beschäftigt
sich mit dem Sittenverderbniß und verlangt die Beseitigung jeden Aber=
glaubens. Den gleichen Zwecken und gleichen Gegenständen begegnen wir
auf der Synode von Severinna in Calabrien 1597.

Am bedeutendsten und berühmtesten sind jedoch die sechs Synoden
geworden, welche der heil. Karl Borromäus in Mailand veran=
staltet hat.

Dieser große und heilige Mann zeichnete sich ganz besonders aus
durch den Eifer, mit welchem er seine Kirche nach dem Geiste der Tri=
dentiner Beschlüsse zu reformiren suchte. Seiner thätigen Mitwirkung
verdanken wir die baldige Abfassung und Herausgabe des Katechismus
Romanus. Dann suchte er durch Abhaltung von Provinzial= und Diö=
zesan=Synoden die Reformations=Decrete des Concils von Trient zur
Ausführung zu bringen. Die erste Synode berief er schon 1565 nach
Mailand, welcher er selbst präsidirte[1]). Bereits im ersten Theile der
Beschlüsse wird die Zauber= und Wahrsagekunst verdammt. Es sollen
die Bischöfe die Magier, Zauberer und Hexenmeister strenge strafen und
zwar mit dem Banne. Auch sollen sie gegen Alle einschreiten, welche bei
ihnen Raths holen, ihnen beistehen, sie beschützen und ihnen Glauben
beimessen. Desgleichen Jene, welche auf gewisse Zeiten, Tage und Mo=
mente oder auf der Vögel Flug und Gesang achten, um danach eine
Reise oder ein Geschäft zu unternehmen. Die zweite Synode folgte

---

1) Es waren anwesend 41 Bischöfe; 5 waren durch Procuratoren vertreten.
C. L. Richard, Anales conciliorum II. 642.

1569 und wiederholte zumeist die Beschlüsse der ersten. Darauf folgte 1573 die dritte, welche in 21 Titeln verschiedene Vorschriften über Cultus, Liturgie und den Ordensstand behandelt. Das vierte, ein Provinzial-Concil, wurde gefeiert 1576. Im §. 4. I. Thl. wird bezüglich des Aberglaubens ausgesprochen: „Die Pfarrer sollen schriftlich an die Synode berichten, was für Aberglaube in ihren Pfarreien vorkomme, und es sollen die Beichtväter sich angelegen sein lassen, daß sie die Gläubigen* davon abhalten." Es wird befohlen, alle 3 Jahre ein Provinzial- und jedes Jahr ein Diözesan-Concil zu halten. Demgemäß war das von 1579 eine Provinzial-Synode, wie auch jene von 1582. Die behandelten Gegenstände waren so ziemlich dieselben. Schon war für 1585 die siebente angesagt, als der große Bischof 1584 dem Leben entrissen wurde.

Auch außerhalb Italien finden wir die Veranstaltung von Provinzial-Synoden zur Ausführung der Bestimmungen von Trient.

Die französischen Bischöfe vereinigte eine Synode zu Melobunum 1579. Diese erklärte nach dem Geiste der Concilien, daß Giftmischer, Zauberer, Weissager, Giromanten und Hydromanten beseitigt werden müßten. In Spanien fand die Synode von Tolosa statt 1590. Im Kapitel 12 heißt es, diejenigen, welche Zauberer gewesen sind, sowohl Cleriker als Laien, sollen nach den heiligen Canonen streng gestraft und den Geistlichen angezeigt werden. Oft aber müßte das Volk ermahnt werden, sich dieser Dinge nicht zu bedienen, keine Hilfe davon zu erwarten, noch auch die trügerischen Aussagen der Wahrsager zu gebrauchen.

Bücher, welche zukünftige Dinge, die von Gott und dem freien Willen der Menschen abhängen, voraussagen wollen, gewöhnlich mit einem arabischen Ausdrucke Almanache genannt, sind gänzlich zu verbieten, wenn nicht diese Weissagungen entfernt werden, nur die dürfen zurückbleiben, welche ein Prognostikon von Regen und Sturm, Dürre und Fruchtbarkeit, Mondwechsel und ähnliche Dinge enthalten.

In Portugal wurde 1583 auch ein Concil abgehalten. Unter Titel 7 wird bestimmt:

Die Priester sollen sehr oft daran erinnern, daß die ein gräuliches Verbrechen begehen, von der heiligen Communion auszuschließen seien, welche zauberische Künste und Wahrsagerei treiben oder ein solches glauben. Ebenso sollen Jene getadelt werden, die einen Unterschied machen zwischen glücklichen und unglücklichen Tagen, bei Beginn oder Schluß von Geschäften auf Zeiten und Momente Acht geben, oder wegen Begegnung gewisser Thiere oder mit Menschen von ihren begonnenen Werken ablassen. Nicht weniger Schuld laden Jene auf sich, welche, wie die Chaldäer, aus den Sternen mehr erträumen als vorhersagen, und mit

Hülfe der Astrologie auf sacrilegische Weise die Willensfreiheit des Menschen und die göttliche Vorsehung läugnen. Bücher und Zeitschriften, welche derartiges enthalten, sind zu behandeln, wie die verbotenen Bücher, gemäß den Verboten, sie weder zu lesen, zu behalten, noch ihnen zu glauben. Dazu gehören nach der Ansicht des heil. Augustinus die Ligaturen verwerflicher Heilmittel, welche die Arzneiwissenschaft nicht empfiehlt, oder die in Beschwörungen und gewissen Zeichen bestehen, die man Charaktere nennt, oder auch in gewissen Dingen bestehen, die man anlegt. In all' diesen Dingen findet man Aberglauben und Teufelskunst, entsprungen aus einer Verbindung zwischen Menschen und bösen Geistern, weshalb alle diese Dinge einem Christen untersagt sind.

Das Concil von Biturice, welches 1588 versammelt war, bestimmte unter Titel 40: Diese Synode verdammt alle Zauberer, Beschwörer und Weissager und besonders jene, welche für diese abergläubige Dinge den Namen Gottes und heilige Dinge mißbrauchen. Die eines so großen Verbrechens überführt werden, sind, wenn Geistliche, ihrer Würde zu entkleiden und dem weltlichen Arme zu übergeben; wenn Laien, zu excommuniciren und dem Richter zu überliefern. Und weil in unserer Zeit ein des christlichen Namens unwürdiger Irrthum sich verbreitet hat, daß man die Ehe durch Zaubersprüche, Bindungen und Nestelknüpfen hindern könne, so verbietet die Synode unter Androhung des Bannes jede Anwendung von solchen abergläubigen Gebräuchen und ermahnt die Gläubigen, solchen Lügen nicht Glauben zu schenken, sondern ihr Vertrauen auf Gott zu setzen.

In Mecheln wurde eine Synode gefeiert 1607. Niemand soll bei Krankheiten, Wunden bei Menschen oder Thieren, sich abergläubischer Mittel bedienen, noch bei verlorenen Sachen oder um zukünftige Dinge oder gewisse Geheimnisse bei solchen, die sich für Hellseher ausgeben, Rath suchen. Wer aber derartiges thut und nach geschehener Mahnung nicht abläßt, der soll dem Bischof oder dem Official angezeigt werden gemäß der Bulle Sixtus VI. 5, gegen die Astrologen, welche beginnt mit den Worten: coeli et terrae creator. Im Kapitel II wird gesagt: Diese Synode befiehlt allen kirchlichen Richtern, daß sie verbannen oder ins Exil schicken sollen Alle, welche über zukünftige Ereignisse oder Geheimnisse Auskunft geben und, die solche um Rath fragen, strenge strafen. Und noch viel schärfer vorgehen sollen sie gegen Zauberer und Wahrsager und alle, welche Egyptier genannt werden.

Die Synode fährt fort: Und weil das ungelehrte Volk aus Unkenntniß sich mit dem Aberglauben befleckt, so sollen die Pfarrer mit Fleiß ihre Untergebenen darüber unterweisen, z. B. daß es Aberglaube sei, irgend einen Erfolg von irgend einer Sache zu erwarten, welchen jene Sache weder aus göttlicher Anordnung, noch aus Anleitung oder Billigung der Kirche haben kann.

Selbst die neue Welt blieb hinter der alten nicht zurück. Auch in Mexiko wurde 1585 eine Synode abgehalten. Im Titel VI Buch 5 wird erklärt: Eine große Sünde wird gegen den wahren Gott begangen, den allmächtigen, barmherzigen und allweisen, wenn Zauberer, Magier und Weissager befragt, und zukünftige Ereignisse bei ihnen erforscht werden. Dinge, welche in der heiligen Schrift gerügt und durchs göttliche Gesetz verboten werden. Deshalb verbietet diese Synode den Gebrauch von Loosen, Zirkeln und Beschwörungen, um zukünftige Dinge zu erforschen. Ebenso die Anwendung von Liebes- oder Gifttränken, um Liebe oder Haß zu erwecken. Die hiergegen fehlen, sollen mit Ruthen gestrichen, und soll ihr Kopf mit einer Mütze bedeckt werden, als Zeichen der öffentlichen Schande. Niemand darf auch zu den Kartenlegern, Zauberern und Weissagern gehen, um ihre Zaubermittel zu gebrauchen, ansonsten soll er am Festtage öffentliche Buße thun während des Hauptgottesdienstes in seiner Pfarrei. Daselbst soll er baarhäuptig, ohne Mantel, barfuß, mit Stricken umgeben, mit einer Kerze in der Hand, dastehen, und die über ihn verhängte Strafe öffentlich verkündet werden. Auf diese Weise sehen wir die katholische Kirche mit allen Disciplinarmitteln den Aber- und Zauberglauben bekämpfen.

Aus dem 17. Jahrhundert ist eine Diözesansynode zu Köln bemerkenswerth, im Jahre 1662. Im Titel 4 des ersten Theils der Statuten wird gehandelt von den verschiedenen Arten der Zauberei und Wahrsagerei. Die Pfarrer, Prediger und Beichtväter werden angewiesen das Volk dahin zu belehren: Es sei abergläubisch, mit Sicherheit irgend eine Wirkung von irgend einer Sache zu erwarten, welche diese weder durch ihre Natur, noch kraft der Anordnung und Gutheißung Gottes oder der heiligen Kirche hervorzubringen im Stande sei. Die Ursache des Fortwucherns abergläubiger Gebräuche im christlichen Volke findet die Synode in der Unwissenheit bei den Einen, in der Neugierde oder Willensverkehrtheit bei den Anderen[1].

Mehr Klarheit und eine größere Sicherheit in der Beurtheilung übernatürlicher Vorkommnisse verdanken wir Benedict XIV. in seiner Schrift „über die Seligsprechung der Diener Gottes". Es handelte sich darum, Grundsätze aufzustellen, welche ebensosehr den Anforderungen der Vernunft entsprechen, wie jenen des Glaubens genügen, wenn es sich darum handelt, die Thatsächlichkeit von Wunder oder übernatürlicher Handlungen festzustellen. „Es kann Personen von lebhafter Einbildungskraft leicht

---

1) Simar, Der Aberglaube. 65.

begegnen, daß sie das zu sehen glauben, was nicht existirt, und sich einbilden, als ob ihnen Dinge erschienen, welche wirklich nicht erscheinen und von denen sie trotzdem fest behaupten, sie seien ihnen erschienen. Die Einbildungskraft kann die Ursache vieler Wandlungen und Störungen in einem fremden wie im eigenen Körper sein[1]." Die Congregation der heiligen römischen Inquisition hat abmahnende Decrete gegen die Mißbräuche des Magnetismus erlassen im Jahre 1847 und 1854.

Viertes Kapitel.
Die Diöcesan-Katechismen.

Einen großen Einfluß auf die religiösen Anschauungen des Volkes üben die in der Volkssprache abgefaßten Katechismen. Luther hatte seinen Erfolg den deutschen Volksschriften, den Postillen und Katechismen zu verdanken. Auch die Kirche hatte es ihrerseits nicht versäumt, des neu erfundenen Mittels der Bücher-Verbreitung sich zu bedienen. Sie that dies nicht erst in Folge der Reformation. Kaum war die Buchdruckerkunst in's Leben getreten, als schon für religiöse Lehrbücher in Form von Katechismen gesorgt wurde. Die ersten derartigen Druckwerke waren die sog. „Bichtebücher" oder Beichtbüchlein, von welchen vor der Reformation schon 46 Ausgaben existirten[2]. Diese entsprachen ganz dem praktischen Bedürfnisse der Gläubigen. Ein solches Beichtbüchlein wurde 1478 von Kaplan Wolf an St. Peter in Frankfurt verfaßt und herausgegeben. In der Gewissenserforschung über die Sünden gegen den Glauben sind zwölf Zeilen dem Aberglauben gewidmet.

Im gleichen Jahre erschien auch das Magdeburger Büchlein. Bei Erforschung über die zehn Gebote Gottes liest man: auch habe ich dadurch gesündigt gegen die zehn Gebote Gottes unseres Herrn, daß ich meinen Glauben gefälscht und an Zauberey geglaubt hab, an Vorausfehung in die Zukunft oder Wahrsagerei, an Lügen und nicht an die Wahrheit Christi. Daß ich in Nöthen meines Leibes und in Krankheit mehr Rath und Hülfe gesucht habe in den Geschöpfen, als in Gott dem Herrn, meinem Schöpfer.

Neben diesem Magdeburger Beichtbüchlein war noch ein Buch vom sterbenden Menschen erschienen, welches den Zweck verfolgte, den Kranken

---

1) Bei demselben. 55.

2) Dr. Franz Falk, Die Buchdruckerkunst im Dienste der Kirche, zunächst in Deutschland bis zum Jahre 1520. Falk zählt 46 Ausgaben auf, zu denen die zwei hier zu erwähnenden hinzugezählt, die Zahl 48 ausmachen.

alle Furcht vor den satanischen Anfällen und Versuchungen zu nehmen. Denn, so heißt es: Der Kranke soll allen Listen, Anfechtungen und Versuchungen des Teufels widerstehen und nicht nachgeben. Und die bei ihm (dem Kranken) sind, sollen oft ihm lesen diesen Psalm des Glaubens, so flieht der Teufel, weil er das nicht hören mag. Das ist der Psalm quicunque vult salvus esse etc. wer immer will selig werden, der bewahre vor allem den katholischen Glauben. Wenn der Teufel den Menschen nicht überwinden kann im Glauben, in der Hoffnung und in der Liebe, so versucht er ihn mit der geistigen Hoffart. Aber der Meister von Paris sagt, bei all diesen Versuchungen vermag weder, noch kann der Teufel Jemanden zwingen, noch Gewalt anthun, daß er einwillige gegen seinen Willen[1]). Es währte nicht lange, und es erschienen die eigentlichen Katechismen. Bruder Dederich von Münster, † 1515, ist Verfasser eines Katechismus. Darin heißt es: „Gegen das erste Gebot sündigen, welche ihren Glauben setzen in falsche Prophezien, in Träume und Visionen, d. h. in betrügliche Offenbarungen, in Wahrsagen, in Segnungen, in Zaubereien, in Wichteleien, in die schwarze Kunst. Die einige Briefe bei sich tragen, auf daß sie Böses und Unglück verhüten wollen, darin oftmal teuflische Namen und auch göttliche Namen genannt werden. Die da zaubern in dem Wasser, in der Luft, in dem Feuer, in der Erde 2c., die Glauben setzen in der Vögel Sang oder in dasjenige, was ihnen Morgens zuerst begegnet oder daß ihnen zuerst geschieht im Jahr oder in verworfenen Tagen und Stunden. Die sich nach den Planeten und Sternen ganz mit einander regieren, und dem Mond oder den Sternen zuschreiben, was sie gut oder böß thun. Die Gott versuchen mit Fechten im Kampf, oder mit Tragen von glühenden Eisen. Die ihren Glauben setzen in die weisen Frauen, Träume u. dgl.[2]).“

Ferner lehrt Joh. Dietenberger in seinem im Jahre 1537 erschienenen Katechismus: „Wenn man nun, M. L. C., euch fraget, was meynet ihr, wenn ihr saget: Ich glaub in Gott, sollt ihr antworten: „Ich bekenne dadurch, daß ich den einzigen waren, lebendigen Gott alleyn für meinen Gott halte, ihm allein glaub und vertraue, und von ihm alles guts erwarte, auf den ich mich gantz verlaß, den ich am höchsten liebe, ehr und förchte, nach deß willen ich all mein leben richt, ohne deß willen mir keyne Creatur, es sei Engel, teuffel, himel, helle, sterne, Zau-

---

1) Geistlicher Rath Münzenberger. Das Frankfurter und Magdeburger Beichtbüchlein und das Buch vom sterbenden Menschen. Mainz. 1882.

2) Bruder Dederich von Münster. „Ein fruchtbarer Spiegel.“ Kathol. Katechismen des 16. Jahrh. von Dr. Christoph Moufang. Mainz. 1881. S. 11.

berer, fründ, feinde, und wie sie mag genannt werden, noch guts, noch böses thun kann. Also, meine L. C., sollt ihr euch dieser bekanntnus hüten, daß ihr keynen wahrsager, schwarzkünstler oder zauberer glaubet und keyne hylff bei ihnen suchet, darzu keynen umb heymliche oder zukünftige Dinge fraget [1])."

In gleicher Weise verurtheilt Dietenberger an einer andern Stelle den Aberglauben. Es versündigt sich gegen den Glauben, schreibt er, „wer Gott nit vertrauet in allen seinen nöthen, sonder in seiner krankheyt oder widerwertigkeyt außerhalb Gott hilff sucht, als mit zauberey, schwarzkunst, wahrsagerey, und anderer teufelshilffs. Wer brieff, zeichen, kreutter, wörter, segen und deßgleichen, in falschem glauben gebraucht. Wer wünschruten, schatzbeschwerung, cristallensehen, mantel fahren, milch stelen, dieb verraten und deßgleichen übet. Wer sein unglück alleyn dem teuffel oder bösen menschen, oder dem gestirn des himels zuschreibt, und nit mit liebe und lob alles böß und gut von Gott alleyn aufnimpt, und ihm wider tregt mit danksagung und williger gelassenheyt [2])."

Wicelius schreibt in seiner Erklärung der 10 Gebote:

„Zu alle diesem wird uns allhie verboten allerley Aberglaube, Mißglaube, Fabeley, Träume, Zauberische kunst, Teuffels hilff, Warsagerey, Vogelgeschrey und furcht für Wandergeister [3])."

Der eigentliche Vater der deutschen Katechismen ist der Jesuitenpater Peter Canisius. Die beiden ersten Katechismen waren in lateinischer Sprache abgefaßt, und zwar erschien sein Religionsbuch — Summa doctrinae christianae — zu Wien 1554. Außer diesem größeren Katechismus erschien 1558 der Katechismus parvus, d. h. der kleine Katechismus. Der größere war für höhere Schulen, für Gymnasien, der kleinere für Volksschulen bestimmt. Aus dem Katechismus Parvus wurde abermals ein kleiner Auszug epitome angefertigt. Erst im Jahre 1556 und 1557 erschienen die ersten deutschen Katechismen unter dem Titel: Frag und Antwort christlicher Lehr. 1556. Wien. Im Jahre 1569 erschien in Köln die erste deutsche Uebersetzung von der Summa: „Katholischer Katechismus oder Summarium christlicher Lehr."

Diese bereits genannten deutschen Ausgaben waren nach dem latei-

---

1) Dr. Joh. Dietenberger. „Evangelischer Bericht und christliche unterweisung der fürnemlichst stücke des waren heyligen christlichen Glaubens." Katholische Katechismen des 16. Jahrh. von Dr. Chr. Moufang. Mainz. 1881. S. 9.

2) L. c. S. 40.

3) Wicelius, newer Katechismus. Katholische Katechismen von Dr. Chr. Moufang. Mainz 1881. S. 489.

nischen Texte bearbeitet. Es erschienen aber endlich auch zwei ursprüng-
lich nur in deutscher Sprache ausgearbeitete, und zwar 1. der größere
Katechismus: Kurze Erklärung der fürnehmsten Stück des wahren katholischen Glaubens. 1563; 2. Der kleine Katechismus für kleine Leute,
Laien und Jugend. Dillingen 1575 [1]).

Diese verschiedenen Ausgaben behandeln die zehn Gebote Gottes
und registriren alle Sünden, welche der Christ gegen dieselben begehen
kann. Unter den Sünden gegen das erste Gebot Gottes werden hervorgehoben: Götzendienst, thörichte und abergläubische Gebräuche und Wahrsagerei [2]).

Stellen wir nun diesen Auslegungen katholischer Katecheten die
Auslegung gegenüber, welche Luther in seinem großen Katechismus dem
ersten Gebote gibt [3]).

„1 Gepot Gottes. Du solst kein andere Götter haben neben mir.
Dahin gehören auch die, die es zu grob treiben und mit dem Teuffel
einen Bund machen, das er yhn Gelt gnug gebe odder zur Buhlschaft
helfe; yhr Viech bewahre, verloren Gut widderschafft rc. Als die Zauberer und schwartzkünstige; denn diese alle setzen yhr Herz und Vertrauen
anderswo denn auf den wahrhaftigen Gott, versehen sich kein gut's zu
yhm, suchen's auch nicht bei yhm.“

Fünftes Kapitel.

Die Prediger.

Das Concil von Trient, wie auch sämmtliche Provinzial-Synoden
schärfen dem Clerus die Pflicht ein, gegen den Aberglauben und die
Magie zu predigen. Wir können überzeugt sein, daß diese Vorschrift
Beachtung fand; denn es liegen Beweise vor, daß dieses schon vorher
geschah, ehe diese Aufforderung ergangen war. Der bekannte und berühmte Domprediger Geiler von Kaisersberg hat in seinen Predigten im
Münster zu Straßburg nicht versäumt, seine Zuhörer aufzuklären über
den Hexenwahn. Am Mittwoch nach Reminiscere, zweiten Fastensonn-
tag, kam er in der Predigt zu der Frage: „Nun, fragst du, was sagst
du uns aber von den Weibern, die zur Nachtzeit fahren und so sie zu-

---

1) Die Mainzer Katechismen von Erfindung der Buchdruckerkunst bis zum
Ende des 18. Jahrhunderts von Dr. Moufang, 1877, S. 70—80.

2) Summa Cöln 1612, S. 82.

3) Deutscher Katechismus. Mart. Luth., 1529. Gedruckt zu Wittenberg bei
G. Rhen. S. 7.

sammen kommen; du fragst, ob etwas dran sei, wann sie fahren in Frau Venusberg? Fahren sie oder bleiben sie, oder ist es ein Gespenst? Ich gebe die Antwort, zum ersten, daß sie hin- und her fahren, bleiben doch an einer Stelle. Aber sie meinen, daß sie fahren. Denn der Teufel kann ihnen also einen Schein in den Kopf machen und also eine Phantasie, daß sie nicht anders meinen, dann sie fahren allenthalben und meinen, sie gehen bei einander und bei anderen Frauen und sie tanzen und springen [1]).

Auch in den übrigen Fastenpredigten kommt Geiler auf dieses Thema zurück. Dr. Weyer hat einzelne Bruchstücke aus derselben mitgetheilt und zwar aus 11 Predigten. Geiler glaubt wohl an die sog. Blendwerke des Satans, welche man irrthümlich den Hexen zuschreibe. Die Predigt vom Sonntag Lätare ist gerichtet gegen abergläubische Heilmittel. Die Gegenmittel dürfen nichts an sich haben, was in den sieben Stück gesagt wird:

Non prohibitum, nicht verboten,

non scandalosum, nicht ärgerlich,

non diabolicum, nicht teuflich,

non inordinatum, nicht gegen Gottes Ordnung,

non falsum, nicht erlogen,

non vanum, nicht üppig,

non exspectatum, nicht von den Eltern gehört.

Außer diesen Erfordernissen in Bezug auf den Gegenstand sind noch sieben Vorschriften bezüglich der Art und Weise des Gebrauchs. Der Mann darf nicht hoffen:

In modum, auf die Weise,

in numerum, auf die Zahl,

in materiam, auf die Materie,

in tempus, auf die Zeit,

in locum, auf den Ort,

in situm, auf die Lage,

in locum, auf die Richtung.

Diese Kriterien werden im einzelnen erläutert und ausgeführt. Zum letzten Punkte sagt er: „Zum siebenden, so muß man beten gegen Mitternacht (Norden) ansonst so sollte es nicht (helfen). Darumb so sage ich: daß ihr nirgends hin hoffen sollt, dann in das Unser Vater und in den Glauben ꝛc. — Derohalben fehlen die, so Briefe bei sich tragen, die gegen Stechen und Hauen sollen sein. Laß schon sein, daß die Briefe Kraft haben und helfen dafür, so bist du doch des Teufels, der es bei

---

1) Responsum juris quaestio I, 18.

sich trägt und das glaubt. Du sollst nichts laffen sprechen über dich als das „Vater Unser", „den Glauben" und andere chriftliche Gebete [1]."

In seinem: „Dreieckigen Spiegel" bekämpft er den volksthümlichen Aberglauben feiner Zeit in folgender Weise:

„Sunderlich aber tun wider dies Gebot, die in Kranlheit oder in Nöten Rat suchen bei Zauberern und Wahrsagern; auch die da brauchen geschriebene Aepfel, oder Brieflein an den Hals henlen oder Charactersegen brauchen oder anderen Aberglauben, gleich als ob Gott nit genug gut, mächtig und weise allenthalben wäre ihnen zu Hilfe zu kommen, soviel als es zu ihrer Notturft nutz ist. Darumb der Mensch, der in Nöten befangen ist, thu, soviel er vermag — gebrauch sich Arzenei und hilf — nach natürlicher Klugheit und versuch nit den Herrn, welche Versuchung eine schwere Sünd ist. Wart auch nit nach Begehr neuer Wunderzeichen, funder das übrige, das da übertrifft die Macht der Natur, empfehle er Gott mit ganzem Vertrauen. Und so wird ohn Zweifel Gott, der alle Ding bekennt (erkennt), der auch der beft ist, dem Menschen verleien, was das beft und allernützet ist. Wenn Kranlheit, Armut oder einig ander Anfechtung ist dick (oft) dem Menschen nützer denn viel Glücks, das er sich leichterlichen mißbraucht. Wann der Vater weiß, was dem Sun nütze ist, der Meifter, was dienlich ist dem Jungen, und der Arzt lann baß dem Siechen gebührliche Arzenei versehen [2]."

Unter den latholischen Predigern, welche zu Gunften der Hexenverfolgung gepredigt haben, ift nur Einer zu verzeichnen, Weihbischof Friedrich Forner von Bamberg. Dieser latholische Theologe ftand mit an der Spitze des Collegiums, welches unter dem Fürftbischof Johann Chriftoph die Verfolgung der Zauberer im Bambergischen leitete. In der Vorrede führt er als Motiv seiner Stellung zu dieser Frage an, daß er bereits über 30 Jahre als Prediger thätig gewesen und im Auftrage des Bischofs Johann Gotefried dieses Amt verwaltet habe, und deßhalb, fo viel als in seinen Kräften geftanden, nicht allein in einigen Predigten (solum in non concionibus aliquot), sondern auch durch Wachfamkeit und Abwehr dieser teuflischen Peft zur Rettung der noch Unverführten beigetragen. Dem genannten Bischofe ertheilt er das Lob, quod contra superstitionum, incantationum, auguriorum et veneficiorum cul-

---

1) Dr. Johann Weyer hat diese Bruchftücke ausgezogen und in den späteren Ausgaben feinem Werke »de praestigiis« und »de lamiis« beigefügt. Sie ftehen in der deutschen Ueberfetzung des Johann Fuglino, Frankfurt a. M. 1586. S. 555 u. f.

2) Herbftblumen von P. Vincenz Hasal. Regensburg 1885, 95—96.

tores igne ferroque mansueta severitate et rigorosa lenitate animadvertebat. Er hebt klagend hervor, obwohl viele gelehrten Männer, wie Remigius, Binsfeld, Thyräus, Delrio, über diesen Gegenstand Ausgezeichnetes geschrieben hätten, doch kein Prediger derart ihm bekannt geworden, trotzdem dieser teuflische Aussatz in diesem verpesteten Jahrhundert sich weit und breit Zugang verschafft habe. Er gibt sich deshalb der Hoffnung hin, daß Niemand sein Unternehmen als Fehler ausgeben oder ihn mit dem Vorwurfe der Verwegenheit in üblen Ruf bringen werde, aus dem Grund, weil noch kein Verkündiger des göttlichen Wortes v o r i h m diesen Gegenstand vor dem Volke behandelt habe. Man sieht aus dieser Vorrede, daß der Verfasser der „35 Predigten gegen allen Aberglauben, Weissagung, Beschwörung, Teufelsdienst" 2c. [1]), sich in viel ungünstiger Lage fand, als die Amtsbrüder der Gegenseite. Für letztere war dieses Thema ein o f f i c i e l l e s, welches sie von Amtswegen auf die Kanzel brachten; den Ersteren war es durch Sitte und Herkommen verwehrt, den Gegenstand auf heiliger Stätte zu behandeln.

In der Predigt 1—14 behandelt er die verschiedenen species der Magie als Zauberei, Wahrsagerei, abergläubische Gebräuche, widerlegt die landläufigen Entschuldigungen und behandelt des näheren die Frage, warum Gott solche Künste zulasse. Die Gründe will er finden in der Gottlosigkeit, wie solche unter seinen Zeitgenossen herrschte. Diese offenbare sich 1. Die Auflehnung gegen Eltern und Obrigkeit, 2. Haß und Neid gegen den Nächsten, 3. die Unzucht, 4. die Anfeindungen und tödtliche Verfolgung der Frommen und Guten, 5. die Bekämpfung der anerkannten Wahrheit, 6. die Blasphemie (conc. XII.), 7. falsche Eidschwüre, 8. Anrufung des Teufels, 9. Wucher, 10. Grausamkeit gegen die Armen, 11. Verspottung von heiligen Gegenständen, 12. unwürdige Kommunionen, 13. der Aberglaube, 14. Entheiligung der Festtage.

Die Predigten 14—35 enthalten mit Hinweis auf Eph. 6. »induite vos armaturam Dei, ut positis stare adversus insidias Diaboli« Anweisungen und Belehrungen, wie man sich gegen den Teufel und seine Umtriebe schützen kann. Unter den vielen von ihm angegebenen Mitteln heben wir hervor, ein fester und unerschütterlicher Glaube, ein reines, gottergebenes Leben, Abtödtung, die Beicht, die heilige Communion, überhaupt der Empfang der heiligen Sakramente, Anrufung des Namen Jesus, das heilige Kreuzzeichen, 2c.

---

1) Panoplia armaturae Dei adversus omnem superstitionem, divinationem, excantationem, daemonolotriam, et universas magorum, veneficorum, et sagarum, et ipsiusmet satanae insidias, praestigias et infestationes, Ingolstadt 1625.

Um nun näher auf den Inhalt seiner Predigten einzugehen, so finden wir gleich in seiner ersten Predigt, daß der Verfasser, fast wie alle seine Zeitgenossen dem Glauben an Zauberei und Hexerei vollständig ergeben ist. Als Grund aller Magie stellt er den Pakt mit dem Teufel hin. Die Vertheidiger des Hexenwesens wie Raimundus, Agrippa, Weyer, sind nach ihm Zauberer. Daher ist es Pflicht der Obrigkeit, dieses teuflische Unwesen, wodurch so viele Menschen an Leib und Seele Schaden erleiden, mit Feuer und Schwert auszurotten. Während er so einerseits an der Existenz der Zauberer und Hexen nicht zweifelt, sucht er andrerseits zu beweisen, wie gottlos und wie thöricht es sei, sich des Teufels oder seiner Werkzeuge in irgend einer schwierigen Lage zu bedienen oder sie anzurufen. Denn die Hexen müßten nach ihrem dem Satan geleisteten Schwur nur den Menschen zu schaden suchen; ferner könnten sie ihre Mitmenschen nur von solchen Unglücksfällen befreien, die sie mit Hülfe des Teufels verhängt hätten. Gegen den Gebrauch von Amuleten, Ligaturen zieht er sehr stark zu Felde und erklärt denselben für eine schwere Sünde. Die Segnungen und Beschwörungen der Magier, verbunden mit Gebet und Anrufungen Gottes, sind eitel Betrug, um unter diesem Deckmantel den Menschen in die Gewalt des Satans zu bringen.

In einer Hinsicht ist Forner [1] wahrhaft klassisch in der Geißelung des hundertköpfigen Aberglaubens bei seinen Zeitgenossen, wie dieses aus der siebenten Predigt deutlich erhellt. Darin verspottet er sechs Arten desselben, welche sich an den Cultus, siebenzehn Arten, welche sich an die Beobachtung gewisser Tage und Zeiten knüpfen; eine dritte Art, welche bestimmte Wirkungen erhofft von Fasten und Gebeten und ähnlichen Werken, wie „die Rosenkreuzer" zu thun pflegen. Gegen diese geheime Gesellschaft, welche dazumal großes Aufsehen machte, mehr wohl, als sie verdiente, hat Forner in einem andern Werke entschieden Front gemacht. In „der Palme des Triumphes" [2] widmet er der Bekämpfung der der Gesellschaft Rosenkreuzer ganze Kapitel (45—50) lib. I. p. 435—464. Mit einer herrlichen rhetorischen Redewendung nimmt er Abschied von der Rosenkreuzerei und apostrophirt „die Germania" wie folgt:

»Tecum habita, o misera Germania, et vide quibusnam falsitatum larvis et haereticarum opinionum spectris tibi cacodaemon illudat:

---

1) Ueber die Bedeutung Forners als Prediger, Schriftsteller und Reformator des Bisthums Bamberg, cf. Histor. polit. Blätter. Bd. 86. S. 565.

2) Palma triumphalis miraculorum ecclesiae catholicae et imprimis gloriosissmae Dei genetricis virginis Mariae etc. Ingolstadt 1620. Mit einer Dedication an Kaiser Ferdinand II.

Eia age, avitam indue generositatem, extermina falsitatem, amplectere et e tenebris erue jam pridem in oculis tuis foede inumbratam, ne dicam turpiter obscuratam, veritatem: hic ferro et laminis candentibus, eximii catholicae et veteris, quam a primis Apostolis tuis accepisti, religionis zeli opus est, ut Hydra ista, non septiceps, sed milleceps extinguatur.«

Die vierte Art des Aberglaubens knüpft sich an Träume und Vögelflug. Er zählt drei Unterarten auf. Die fünfte Klasse findet er in den Beschwörungen von Krankheiten. Er zählt hier neun Unterarten dieses Aberglaubens auf und widerlegt sie. Die sechste Klasse registrirt abermals dreizehn verschiedene Weisen, Krankheiten zu vertreiben durch abergläubische Mittel. Die siebente Klasse begreift die abergläubischen Künste, Metalle und Schätze aufzufinden — mit der Wünschelruthe und Alraun-Wurzel. Im achten Paragraph empfiehlt er die erlaubten Mittel zum Schutz gegen Krankheit und sonstige Unglücksfälle, Beicht, Communion u. s. w. und warnt schließlich, seine Zuflucht zu den Zauberern und Ligaturen zu nehmen, indem man lieber tausendmal den Tod erleiden, als ein Zaubermittel gebrauchen dürfe. Anfang und Schluß bilden die schönen Worte des Psalm 4:

»Filii hominum usquequo gravi corde? Ut quid diligitis vanitatem et quaeritis mendacium?«

„O Menschenkinder, warum liebet ihr die Thorheit und laufet der Lüge nach?"

Forner stand nach Allem unter dem Banne des Zeitgeistes, aber trotzdem stand er nicht so tief in demselben als viele seiner Zeitgenossen. Inniger Glaube, hohes und volles Gottvertrauen treten noch mehr bei ihm hervor als Teufelsfurcht und Aberglaube. Daß er unter dem Vorwande der Zauberei den Protestantismus habe ausrotten wollen, ist eine grundlose Annahme. Denn Forner beklagt, daß nach Austilgung der Häresie der Satan die Magie unter die Christen gebracht habe. Was er hier der Zeitfolge nach registrirt, steht auch in einem Causalnexus. Der vorausgegangene Protestantismus hatte die Köpfe zu sehr erfüllt mit dem Teufels- und Zauberglauben. Dieser war übrig geblieben, als jener verschwunden war.

Ein katholischer Pfarrer, Franz Agricola, von Sittard im Jülich'schen wird noch erwähnt, weil er 1627 zu Würzburg ein Buch im Druck erscheinen ließ unter dem Titel: „Gründlicher Bericht, ob Zauberei die ärgste und gräulichste Sünd auf Erden sei; zum anderen, ob die Zauberer noch Buß thun und seelig werden mögen; zum dritten, ob die hohe Obrigkeit die Zauberer und Hexen an Leib und Leben zu strafen schuldig."

Soldan Heppe behauptet[1]), daß Agricola in der Beantwortung dieser Fragen sich ganz dem Begriffe des Hexenhammers von der Hexe anbequemt habe. Demnach könnte er diese drei Fragen nur im bejahenden Sinne entschieden haben. Aber Heppe erklärt: „Der Verfasser habe alle drei auf dem Titel angegebenen Fragen natürlich(!) aufs entschiedenste verneint." Daß aber dieser Satz irrig und falsch ist, gibt der Titel der Schrift selbst an, wenn es da heißt: „Mit Ableugnung allerlei Einreden."

Sechstes Kapitel.

Die Lehre der Kirche.

Der Leser würde ohne Befriedigung dieses Buch aus der Hand legen, wenn er nicht erführe, was denn eigentlich in dieser schwierigen und mystischen Materie, welche die Macht des Satans betrifft, von der katholischen Kirche als Lehre festgehalten und geglaubt werde. Die Grundzüge dieser Lehre habe ich bereits im Kapitel „Der Glaube des Christenthums" behandelt[2]).

Vor allem ist hier daran zu erinnern, daß weder in der Offenbarung Gottes, in der heiligen Schrift, noch von der Kirche bestimmte Dogmen ausgesprochen sind. Alles, was wir über die Natur, die Geschichte und die Gewalt des Satans und seiner gefallenen Engel wissen, beschränkt sich auf historische Thatsachen, welche die Bibel enthält und die theils auf die Beschaffenheit der bösen Engel Bezug nehmen, theils auf ihre Wirksamkeit und Gewalt schließen lassen. Ebendeshalb ist auch der spekulativen Theologie, namentlich der Dogmatik, hier ein freier Spielraum gelassen, während sich die Moral an bestimmte, von der Kirche durch Jahrhunderte hindurch festgehaltene Grundsätze gebunden sieht. Ich will hier nach zwei Dogmatikern die allgemein recipirten Lehren über Natur und Wirksamkeit des Satans wiedergeben:

1. „Da die Engel durch ihren Fall ihre natürliche Macht nicht verloren haben, so besitzen sie auch an sich die Möglichkeit, nach dem Maße und in der Weise ihres natürlichen Vermögens auf die übrigen Geschöpfe, insbesondere auf die Natur und die Menschen einzuwirken.

---

1) Soldan Heppe II. 208. Wieder ein Beweis, wie Heppe so unzuverlässig ist in seinen Urtheilen!

2) Siehe II. Thl. 1. Buch. 2. Kapitel. S. 190.

Ebenso evident ist es, daß sie es nur unter der Bedingung und insoweit vermögen, als es Gott zuläßt. Daß aber Gott wirklich dämonische Einwirkungen zuläßt, ist in der heiligen Schrift mit solcher Klarheit enthalten, daß Niemand, der die heilige Schrift als Wort Gottes und Christus als Sohn Gottes anerkennt, es leugnen kann. Nicht minder klar und unzweifelhaft ist die Ueberlieferung und die ausdrückliche Lehre der Kirche [1])."

2. Diese Einwirkungen können zweifacher Art sein: innerliche und äußere auf die Seele. Diese bilden die gewöhnlichen Versuchungen und sind sollicitirender Art, d. h. Reizungen zum Bösen. Sodann gibt es auch gewaltsame innere und äußere Einwirkungen auf die niederen Seelenkräfte und den Leib, welchen Zustand man den der **dämonischen Besessenheit** nennt. Nimmermehr aber kann der Satan, trotz seiner reizenden und gewaltsamen Einwirkung auf den Menschen, den **freien Willen** desselben zwingen oder nöthigen [2]). Dieser Gewalt des Dämons steht in der Kirche die Gewalt des Exorcismus gegenüber, welcher er sich fügen muß [3]). Die Wirklichkeit der Besessenheit haben auch Aerzte oftmals constatirt; selbst ein Meyer bestreitet sie nicht. Sie sind aber oftmals mit körperlichen Krankheiten und Defecten verbunden, wie z. B. in der heiligen Schrift, der Taubstumme.

3. Es ist nicht zu leugnen, daß es eine dämonische Magie gegeben hat und noch geben kann. „Doch sind Werke dämonischer Magie nichts anderes als von Dämonen bewirkte Pseudo-Wunder und Weissagungen," sagt unser Gewährsmann. Solche wurden von Christus vorhergesagt und namentlich der Zeit des Antichristes vorbehalten. Ebenso ist daran festzuhalten, daß sich der Satan zu diesen Werken auch der Menschen als seinen Werkzeugen bedienen kann. Insbesondere kann dieses geschehen, wenn diese Menschen dieses selbst begehren und wünschen. Derartiges zu erstreben, bildete von jeher die Aufgabe der sogenannten schwarzen Magie. Daß es Menschen gegeben hat und solche noch geben kann, welche mit der Darangabe ihrer Seelen dem Teufel dienen und dafür sich alles irdische Glück zu verschaffen suchen und zu erreichen wünschen, es auch hoffen, unterliegt keinem Zweifel. „Der Glaube, der Teufel vermöge durch seine Werkzeuge Andern zu schaden, ist nicht abzuweisen [4])." Deshalb ist auch die Annahme eines Pactes von Seiten

---

1) Dr. Heinrich, Dogmatische Theologie V. 797.
2) Derselbe. V. 809.
3) Tertullian Apologie 23 erklärt die Teufels-Austreibung durch die Christen als etwas alltägliches, und wird dieses von Porphyrius und Julian anerkannt, welche es freilich als Zauberei darstellen.
4) Oswald, Angelologie 206.

eines Menschen zur Hingabe seiner Seele gegen Hilfe des Satans, um an andern Menschen Schaden zu stiften, denkbar und statthaft.

„Insofern kann sich zwischen Mensch und Satan ein engeres freigewolltes Band knüpfen. Allein ebenso gewiß ist es, daß ein solcher „Vertrag", weil durchaus unsittlich und unerlaubt, keinen Rechtsbestand haben kann und in jedem Moment von dem Menschen durch wahre Belehrung gelöst werden kann [1]).

Es ist deßhalb ein abergläubischer, jeder Wahrheit entbehrender Wahn, daß es Mittel, die sog. Kunst der (schwarzen) Magie gebe, wodurch der Mensch im Stande wäre, nach seinem Willen Geister zu citiren und zu bannen, oder dämonische Kräfte sich dienstbar zu machen . . . Indem die Kirche daher alles Wahrsager- und Zauberwesen als gottlosen Aberglauben verwirft und verbietet, ist sie weit entfernt, diesem Aberglauben selbst, wie man behauptet hat, eine Bestätigung und einen Vorschub zu leisten, vielmehr bietet sie alles auf, denselben aus den Seelen der Menschen durch wahres Christenthum auszurotten."

Als Regel zur Beurtheilung stellt die Kirche den Satz auf: bei derartigen auffallenden Erscheinungen: »ne quis facile credat«, „daß man ja nicht leichtgläubig sein soll; im allgemeinen aber ist daran festzuhalten: »negari non potest,« eine vollständige Leugnung der Möglichkeit ist unerlaubt [2])."

Auch der sonst so vorsichtige Suarez [3]), einer der gelehrtesten Theologen seiner Zeit, behauptet, „die Magie vollständig leugnen zu wollen, sei sündhaft oder häretisch."

Ein neuer Moralist aus dem Jesuitenorden [4]) theilt die „abergläubischen Gebräuche" in drei Kategorien ein: 1. Der eigentliche Aberglaube: die Anwendung ungeeigneter Mittel zur Erreichung irgend eines Effects, den diese Mittel natürlicher Weise nicht bewirken. 2. Weissagung: zukünftige Ereignisse mit ungeeigneten Mitteln vorherzubestimmen. 3. Die Magie, welche, wenn es die wahre Magie sein soll, darin besteht, daß der Mensch eine Wirkung erzielen will, welche die Grenze der natürlichen Kräfte überschreitet, aber nicht mit göttlicher Hülfe, sondern unter dämonischer Mitwirkung. Die Magie wird zu einem Maleficium, wenn sie zur Beschädigung der Menschen gebraucht wird; d. h. zur Zauberei oder Hexerei im eigentlichen Sinne.

---

1) Oswald, Angelologie 203.

2) Dr. Heinrich, Dogmatische Theologie V. 819. cf. S. 227.

3) »Haec assertio (existere magiam) est tam certa ut sine errore in fide negari non possit.«

4) Lehmkuhl, theologia moralis I 222.

In der protestantischen Theologie ist natürlich die Speculation bis zur vollen Negation eines persönlichen Teufels fortgeschritten, seitdem namentlich Schleiermacher dies als seine Aufgabe betrachtet hatte. Ein neuerer Dogmatiker, Oberconsistorialrath Dr. J. A. Dorner zu Berlin, hat dessen Existenz wieder zu behaupten gesucht; allein Gläubige findet er auf seiner Seite wenige.

Die Katholiken können mit einem befriedigenden Bewußtsein auf dieses vorgeführte traurige Geschichtsbild zurückblicken. Einzelne haben sich befleckt mit dem Irrwahne ihrer Zeit. Die Kirche dagegen hat sich makellos erhalten. Im eigentlichen Mittelalter kam solch ein Greuel nicht auf, am wenigsten in Rom. Die Kirche konnte dagegen einschreiten mit ihrer Auctorität; der Protestantismus konnte und kann es nicht: denn hier ist Alles subjectiv [1]).

1) Oswald, Angelologie. l. c.

Viertes Buch.

Die Stellung der Jesuiten zum Herenwahne.

Die Gründung des Jesuitenordens durch Ignatius von Loyola 1540 fällt in die Zeit der Reformation und in die Periode der beginnenden Hexenprocesse. Als Männer von ebenso tiefer Frömmigkeit als hoher Gelehrsamkeit konnten und durften die Jesuiten die damals brennende Frage über Zauberwesen und Hexerei nicht ignoriren. Bestand doch ihre Aufgabe vielmehr gerade darin, an den geistigen Bewegungen der Völker in jenen Tagen Antheil zu nehmen, und mit den Waffen der Wissenschaft den Kampf der Wahrheit gegen den Irrthum fortzuführen. So mußten sie auch unbedingt ihre Stellung in der damals die Geister beherrschenden Frage über das Hexenwesen nehmen. Ein sprechender Beweis für die Freiheit wissenschaftlicher Forschung, wie sie dem angeblich geknechteten und im blinden Gehorsam lebenden Jesuiten gegönnt war, ist der Umstand, daß sich im Schooße des Jesuitenordens eine bedeutende Anzahl und zwar gelehrter Mitglieder fanden, welche zu dieser Kapitalfrage entgegengesetzte Meinungen vertraten. Man findet Priester der Gesellschaft, welche gegen, und solche, welche für den Zauberglauben ihrer Zeit in die Schranken traten.

Erstes Kapitel.
Jesuiten als Gegner des Hexenwahns.

1. **Ignatius von Loyola.** Der Gründer des Jesuitenordens hat keinerlei directe Erklärungen für oder gegen die Zauberei veröffentlicht. Indessen gibt er indirect über die entscheidende Frage bezüglich der Macht des Satans in seinem berühmten Büchlein »Exercitia spiritualia« seine Ansicht kund. In der bekannten Betrachtung »de duobus vexillis« „von den zwei Fahnen" stellt er Christus als Heerführer der Guten dem Satan als dem Haupte der Bösen gegenüber. Ignatius versäumt nicht hervorzuheben, daß sein Gemälde über die zwei Heerschaaren, welche getrennt sich um je eine Fahne, unter je einem Heerführer sich versammeln,

die eine zu Jerusalem, die andere zu Babylon, eine Imagination sei (imaginari coram oculis meis). Er läßt auch keinen Zweifel darüber auskommen, daß es sich hier um einen rein geistigen Kampf handelt. Lucifer ermuntert und treibt seine Anhänger an, daß sie die Menschen zur Habsucht, Ehr- und Selbstsucht oder zum Stolz verführen sollen. Eine zweite Stelle, in welcher Ignatius über die Macht des Satans, auf die menschliche Seele einzuwirken, ausführlicher handelt, führt die Aufschrift: »Regulae aliquot ad spiritus agnoscendos, ut boni solum admittantur et mali pellantur[1]).«

Die Zahl dieser Regeln beläuft sich auf vierzehn. In der zwölften vergleicht er den Satan mit einem zanksüchtigen Weibe. Wenn der Mann ihr furchtlos und muthig (erecto et constanti vultu) entgegentritt, wendet sie sich zur Flucht; wenn er dagegen beim ersten Auftritt scheu und voll Furcht sich geberdet, dann steigert sich ihre Wuth, und sie geht mit Wucht auf ihn los. So mache es der Satan mit einem Menschen, der ihm gegenüber sich furchtsam oder furchtlos zeige. Die letzte Regel vergleicht den Satan mit einem Feldherrn, welcher eine Burg belagert, um sie zu plündern. Dieser erforscht genau die Stärke des Platzes, um ihn an der schwächsten Seite anzugreifen. Dieselbe Strategie beobachtet auch der Satan, welcher uns zu bezwingen hofft, wenn er eine Seite unserer Seele weniger beschützt und bewacht findet, als die andere.

Diese Darstellung über die Macht des Satans weicht nicht ein Jota von derjenigen der heiligen Schrift ab. Indem der heil. Petrus in seinem ersten Briefe Capl. 5, 8 von dem Satan sagt: „Euer Widersacher, der Teufel, geht umher wie ein brüllender Löwe und sucht, wen er verschlingen könne," fügt er die Worte hinzu „dem widersteht standhaft im Glauben." Trotz dieser ganz christlichen und correcten Lehre über den Satan, hat auch der heil. Ignatius dem Schicksal nicht entrinnen können, von seinen Glaubensgegnern den Zauberern und Magiern beigesellt zu werden[2]).

---

1) Exercitia spiritualia S. P. Ignatii de Loyola Ed. VII. Romae 1870, S. 153.

2) De Ignatio Loyola, Hasenmüller in historia scribit: se audisse ex Turriano Jesuita celebri, ipsius comitem assiduum, usque ad missae aram, fuisse daemonem, a quo etiam saepe ita fuerit agitatus, ut in magna copia frigidissimum mortis sudorem fuderit, et postquam cum tremore obierit, mortuum nigerrimo vultu conspectum esse. Cum anno 1554 corpus Loyolae ad templum ab Alexandro Farnesio exstructum transferre vellent Jesuitae, ossa cadaveris non sunt inventa, fingentibus ipsis, ea per Angelos forsan esse translata, id quod, si de Angelis malis intelligatur, lubentissime a nobis conceditur, dicimus cum Meisnero l. c. p. 825. Frommann, de fasc. mag. p. 524. Gleiche Mittheilung findet sich bei Balduin, Neber, Waldschmidt

18*

Der Professor und Prediger am Münster in Straßburg, Johann Konrad Dannhawer beehrt Ignatius mit einem spiritus familiaris. „Ignatius ist vom Satan oftmahl zum Verstand hoher Geheimnussen erleuchtet worden ohne leibhafte Besitzung. So ist ihm auch eine leichte Kunst gewesen, Leuten dergleichen Gedanken und Phantasien beizubringen, ohne bemelde Besitzung durch Anhauchen, Einbilden, enthusiastische Verzückung, durch Wasser, Glas, Chrystall, Siebschawen und andere Schwarzkünstelei [1]." Die beste Widerlegung gegenüber solch läppischen Erfindungen liegt in dem herrlichen Bittgebete des heil. Ignatius, welches aus zwölf Bitten besteht und mit den Worten beginnt: »Anima Christi sanctifica me.« Hierin lautet die achte Bitte »ab hoste maligno defende me,« „vor dem bösen Feinde beschütze mich," ähnlich der siebenten Bitte des Vaterunsers.

2. Adam Tanner, geboren zu Innsbrud 1572, Mitglied des Jesuitenordens 1590, Professor der Theologie zu München, Ingolstadt und in Wien. Ferdinand II. ernannte ihn zum Kanzler der Universität Prag. Da er das Klima nicht vertragen konnte, ging er weg und starb unterwegs am 25. Mai 1632. Sein Hauptwerk, betitelt »Universa theologia scholastica, speculativa, practica, ad methodum sancti Thomae« 4 tomi Ingolstadt 1626, bespricht im ersten Bande disp. V. die Lehre von den Engeln und Dämonen. Hier bestreitet er die Wirklichkeit der Hexenfahrten, welche er für bloße Phantastereien ausgibt [2]. Im Bande III Disp. IV qu. 5, spricht er sich entschieden gegen die Art und Weise der Führung der Hexenprocesse aus. Er hält es für ein großes Unrecht, daß die Richter jeden Verdächtigen schon als Schuldigen betrachten. Wie schon die sog. freiwilligen Geständnisse, so seien die auf der Tortur erpreßten noch mehr zu verwerfen, namentlich wenn letztere in Angabe von Mitschuldigen bestehen. Zur Klarstellung der Gefährlichkeit, wenn man den Geständnissen auf der Folter Glauben schenken wolle, bedient er sich folgenden Dilemmas: Entweder sind die Angeklagten Hexen oder nicht. Sind sie keine Zauberer, so können sie auch keine Mitschuldigen haben, oder sie sind wirkliche Zauberer, dann sind sie boshafte, feindselige Menschen, deren Aussagen man keine Glaubwürdigkeit beimessen

und anderen. Es gab überhaupt nichts so Abgeschmacktes und Gemeines, was diese Männer nicht den Jesuiten zugeschrieben hätten. Was z. B. Fromann p. 827 von den Jesuiten sagt betreffs des Beichtstuhles, das zu referiren, sträubt sich die Feder.

1) Scheib- und Absag-Brief, Straßburg 1654. S. 183.
2) Die gegentheilige Angabe von Dr. C. Binz in seinem „Dr. Johann Weyer" S. 117 ist irrig. Cfr. Soldan-Heppe II, S. 283.

dürfe. Zur Ausrottung der Zauberei seien überhaupt weniger weltliche
Mittel geeignet, als vielmehr geistige. Unter letzteren hebt er hervor die
christliche Erziehung der Jugend durch Unterricht, bei Erwachsenen durch
frommen, christlichen Wandel. Den Reumüthigen soll man bloß Kirchen-
buße auferlegen, und diese auch selbst bei Verurtheilten genügen lassen.
Auch der Mißbrauch der Folterqualen erfährt durch Tanner eine entschiedene Verurtheilung. Man sieht hieraus, daß Tanner der erste Theologe war, welcher mit vortrefflichen Gründen den Unfug der Hexenrichter
brandmarkte. Großes Lob spendet ihm daher sein gleichgesinnter Mit-
bruder Friedrich von Spee.

„Als zwei Inquisitoren den gelehrten und scharfsinnigen Traktat des
sehr vornehmlichen Jesuiten Tanner gelesen, haben sie sagen dörfen, daß
wann sie den Scribenten haben dörften, sie sich kein Gewissen machen
wollten, ihn auf die Folter zu spannen. Hat also dieses, daß dieser vor-
nehme Theologus hochvernünftig und mit stattlichen Fundamenten erwiesen, daß man bei diesem Hexenwerke vorsichtig verfahren müsse, diesen
beiden unverständigen Inquisitoren ein genugsames Indicium zur peinlichen Frag sein müssen [1])."

Gegenüber Delrios Behauptung, daß drei Folterungen gestattet seien,
erklärt Tanner nur eine einzige für erlaubt, auch wenn der Inquisit
seine Aussage zurücknehme. Ohne vorausgehende hinreichende Indicien,
seien selbst die auf der Folter erpreßten Aussagen ungiltig. Deshalb
darf man auch mit der Folter nicht beginnen, selbst bei den schwersten
Vergehen, ohne hinreichende Indicien. Auch seien die Aussagen einer
und mehrerer Hexen nicht genügend, um eine sonst achtbare und unbescholtene Person verdächtig zu machen.

Tanner richtet daher, in gleicher Weise wie Spee, seine Hauptan-
griffe gegen das ungerechte Verfahren der Richter, namentlich wegen der
Willkür bei der Folterung der Denuncirten. Es ist so wohl begreiflich,
daß sein Nachfolger, Friedrich von Spee, ihm alles Lob spendet und ihn
so oft citirt.

3. Paul Laymann, 1575 ebenfalls zu Innsbruck geboren, gestorben
zu Constanz 1635 an der Pest. Derselbe war Professor der Theologie
und des canonischen Rechtes zu München und Dillingen. In seiner
»Theologia moralis« verlangt er ein viel vorsichtigeres Prozeßverfahren,
als es damals üblich war, indem er sichere Indicien, aber keine zweifelhaften verlangte. Ferner erschien von ihm zu Cöln im Jahre 1629 ein

---

1) Cautio criminalis. Verdeutscht durch Hermann Schmidt. Frankfurt
1649. S. 19.

Tractat unter dem Titel »Processus juridicus contra sagas et vene-
ficos«. Er schickt statt der Vorrede „eine Erinnerung" voraus, in
welcher er die Richter auffordert, in dieser Sache solches Maß und Ordnung anzustellen und zu haben, welches den göttlichen und natürlichen
Rechten gemäß ist und sowohl von Gemeinen- als Particular-Rechten den
Länder- und Orts-Rechten vorgeschrieben ist. Diese Schrift wendet sich
also direct an die Richter zu dem Zwecke, ihre Gewissen zu schärfen, daß
sie nicht willkürlich und unmenschlich verfahren sollten. Was Laymann
mit mehr schüchternen Worten gegen die damalige juridische Praxis
einzuwenden hatte, das fand einen heroischen und gewaltigen Vertreter in

4. dem Jesuitenpater Friedrich von Spee, geboren 1591 zu
Kaiserswerth, gestorben zu Trier 1635. Er wurde, wie Laymann, ein
Opfer bei Ausübung der Nächstenliebe. Derselbe trat 1610 in den
Jesuitenorden als Novize ein, kam dann nach Köln, wo er von 1621
bis 1624 als Professor der Philosophie und Moral angestellt war. Im
Jahre 1624 wurde er nach Paderborn versetzt. Endlich wurde er 1627
nach Bamberg und Würzburg berufen, um dort das traurige Amt eines
Beichtvaters bei den zum Tod verurtheilten Hexen auszuüben. Hier
lernte er während mehrerer Jahre das schreckliche und scheußliche Verfahren der Hexenrichter aus eigener Anschauung kennen. Je länger er
das Amt eines Beichtvaters bei den unglücklichen Opfern jenes unheil-
vollen Wahnes verwaltete, desto mehr überzeugte er sich, daß das übliche
Verfahren nur dazu angethan sei, mehr und mehr unschuldige Menschen
in den schrecklichen Tod hineinzustürzen. Schon hatte er gegen 200 Personen seinen Beistand auf dem schmerzlichen Gange zur Richtstätte geliehen,
von denen er die sichere Ueberzeugung in der Brust trug, daß wohl
90 Procent unschuldig waren; qu. 29. Wie das edle Herz dieses
braven Mannes unter solcher Erkenntniß blutete, beweisen seine eigenen
Worte:

„Die christliche Liebe hat mich entzündet und brennet mich in meinem
Herze, daß ichs nicht lassen kan mich nach meinem Vermögen ins Mittel
zu legen, damit nicht dieses Feuer durch unruhige Leute weiter aufge-
blasen und auch auf die unschuldige getrieben werde." Als eine Frucht
dieses Entschlusses erschien zu Rinteln 1631 sein berühmtes Buch:
»Cautio criminalis seu de processibus contra sagas liber ad
magistratus Germaniae hoc tempore necessarius: tum autem con-
siliariis et confessariis principum, inquisitoribus, judicibus, ad-
vocatis, confessariis reorum, concionatoribus, ceterisque lectu
utilissimus. Auctore incerto Theologo orthodoxo. Rintelii, typis
exscripsit Petrus Lucius typogr. et cod. MDCXXXI.« Im folgen-

den Jahre erschienen neue Auflagen zu Cöln und Frankfurt a. M. Die Anonymität, unter der dieses Werk in die Oeffentlichkeit trat, ist vielfach commentirt worden. Der natürlichste Grund liegt in dem Eingeständnisse Spee's, daß die Wirksamkeit der Jesuiten als Beichtväter bei den Inquisitoren ungern gesehen, ja sogar verdächtigt wurde. Er würde sowohl sein als seiner Mitbrüder Stellung und selbst das Leben riskirt haben, wenn er dieses Werk unter seinem Namen herausgegeben hätte. Merkwürdig war die Auffassung von Thomasius, daß ein protestantischer Jurist unter diesem orthodoxen Theologen sich verborgen habe, wiewohl es jedem Leser sofort einleuchtet, daß der Verfasser nur ein katholischer Priester sein kann[1]). Der andere Punkt, welcher Beachtung verdient, ist die Adresse des Buches, »ad magistratus Germaniae liber necessarius.« Der Verfasser bekennt, daß sein Werk für die deutschen Magistrate nothwendig, für Räthe, Beichtväter u. s. w. nützlich sein müsse. Hiermit gibt dieser scharfe Beobachter und vortreffliche Kenner seiner Zeitverhältnisse zu erkennen, daß die Hauptverantwortung für die Hexenprocesse auf die weltliche Obrigkeit zurückfalle und nicht auf den Clerus. Die erste deutsche Uebersetzung erschien zu Frankfurt 1649 von dem Pfarrer Hermann Schmidt zu Siegen. Veranlaßt wurde dieser protestantische Geistliche zur Uebertragung in seine Muttersprache durch den Grafen Johann Moritz von Katzenelenbogen. Pfarrer Schmidt läßt sich über Entstehung der vielen Processe also vernehmen: „Viele vom gemeinen Volk also geartet sind, daß wann sie etwan vernehmen, daß einer oder der ander, diese oder jene von einem andern dann auß Leichtfertigkeit, dann auß Zorn, ja bißweilen auch wohl auß unzeitiger Kurtzweil, oder Trunkenheit, vor einen Zauberer oder Here gescholten oder genähmet wird, sie dasselbe also bald vor eine Wahrheit aufnehmen, und vor ein Evangelium bey andern von sich predigen." Ferner über die Art des Verfahrens: „Man hat zu Zeiten und an etlichen Orten die Inquisitores und Hexen Commissarios und ihre Trabanten oder Spürhunde, die Ankläger und Treiber, ja bißweilen auch wohl die Meister oder Scharpff=Richter selbst mit ihnen das placebo spielen lassen müssen, daher dann vor nun fast 20 Jahren an vielen Orten Teutsches Landes, ein solches Sengen, Brennen, Braten und Metzgen der Menschen entstanden, daß der Rauch und Gestank der ertödteten Cörper ultra montes et maria geflogen, und (wie auch der Author dieses tractats darüber klagt) das liebe Teutschland bey andern Nationen nicht umb ein geringes stinkend worden ist." Eine zweite Uebertragung ins Deutsche

---

1) C. A. Menzel, Geschichte der Deutschen. B. IX, S. 571.

geschah durch Joh. Seiffert unter dem Titel: „Gewissensbuch von Processen gegen die Hexen". Sprache und Darstellung unterscheiden sich vortheilhaft von allen anderen Schriftwerken ähnlicher Art in jenem Jahrhundert. Denn Friedrich von Spee war nicht blos human, tief christlich und von edlem Character, sondern er erfreute sich auch einer dichterischen Begabung, von der er in seiner bekannten „Trutz-Nachtigall" einen glänzenden Beweis gab. Demgemäß ist auch seine Darstellung lebendig, warm, oft packend, dann wieder hinreißend. Er spricht im Tone eines Johannes des Vorläufers, wenn er zu den Fürsten spricht, des Evangelisten, wenn er an seine Mitbrüder sich wendet, des heil. Paulus, wenn er den Richtern ihr grausames Spiel mit den unglücklichen Opfern vor Augen hält. Seine qu. 20 hat Thomasius belehrt. In der qu. 31 tritt er ein für die niedergetretene und entweihte Ehre des Frauengeschlechtes mit einem Feuer und einem heiligen Zorne, wie dieser den Propheten bei den Strafpredigten im alten Bunde eigen ist. Deßhalb sind auch über die Verdienste dieses seltenen Menschenfreundes Freund und Feind einig. Katholische wie protestantische Schriftsteller wetteifern darin, ihm eine Stelle einzuräumen unter den edelsten Söhnen der deutschen Nation [1]).

5. Benedict Pererius, geboren 1535, trat noch jung in die Gesellschaft Jesu ein 1552, wurde Professor der Rhetorik, Philosophie und Theologie in Rom. Er starb 1610. Sein verdienstvolles Werk gegen den Aberglauben und Magie ist betitelt: »adversus fallaces et superstitiosas artes, id est de Magia et observatione somniorum et de divinatione astrologica, tres libri.« Ausgaben erschienen Ingolstadt 1591, Lyon 1592, Köln 1598, 1603, 1612; auch englische Ausgaben 1661 und 1684. Der Titel an sich allein gibt schon den Inhalt des Werkes genügend an. Es war ein Angriff auf das ganze Gebiet des Aberglaubens, wie dieser damals herrschend war.

6. Roberti, Jean, geboren 1596 zu St. Hubert, gestorben zu Namür 1651. Dieser gelehrte Jesuit ist bekannt als Polemiker in seinem Streite gegen die beiden Mediziner Rudolf Goklenius in Marburg und von Helmont zu Brüssel. Er lebte in Trier, woselbst er seine »dissertatio de superstitione« 1614 herausgab. Fruchtbarer war er in seinem schriftstellerischen Duell mit Goklenius. Dieser hatte ein Traktat veröffentlicht: »De magnetica curatione vulneris citra ullam et

---

1) Carbanus, Friedrich von Spee. Frankfurt a. M. 1882. Ferner: Die Hexenprocesse in Deutschland und ihre Bekämpfer von Alexander Baldi, Würzburg 1874. Ausführlicher: J. B. M. Diel, S. J., Friedrich von Spee, eine biographische und litterar-historische Skizze.

superstitionem et dolorem et remedii applicationem, orationis forma conscripta etc.« Gollenius war nämlich ein eifriger Schüler des Paracelſus, welcher ein ſogenanntes »Unguentum sympatheticum et armorium« in der Medizin eingeführt hatte. Gegen dieſen Gollenius erſchienen folgende Streitſchriften:

a) Anatome *magici libelli* Rudolphi Goclenii de curatione magnetica per unguentum armorium. Trier 1615.

b) Goclenius Heantontimorumenos, id est, curationis magneticae et ung. arm. ruina. Luxemburg 1616.

c) Metamorphosis magnetica Calvino‑Gocleniana 1618. Leodii.

d) Goclenius magus serio delirans. Bonavi 1619.

Gegen van Helmont erſchien die Schrift »curationis magneticae et ung. arm. magica impostura clara demonstrata.« Luxenburg 1621. Van Helmont war ein medicus pyrotechnicus. Er antwortete Roberti in der Schrift »de magnetica vulnerum curatione«. Wegen des Inhaltes wurde der Verfaſſer von den meiſten theologiſchen Facultäten cenſurirt und ihm von dem erzbiſchöflichen Stuhle zu Mecheln der Proceß gemacht.

7. Cauſin, geboren 1583 zu Trohes, geſtorben 1651. Er war Profeſſor der Rhetorik und lebte am Hofe Ludwigs XIII., deſſen Beichtvater er war. Er hatte am Hofe einen ſehr großen Einfluß, wurde aber ſpäter verbannt, weil er der Tugend das Wort redete. Er ſchrieb: »Angelus pacis ad principes christianos,« Paris 1650, um unter den chriſtlichen Fürſten einen dauernden Frieden herzuſtellen. Am Schluſſe iſt noch ein Traktat beigefügt »Observationes astrologiae«, in welchem er die Aſtrologie bekämpft. Außerdem ſchrieb er noch: »Une lettre à une personne illustre sur la curiosité des horoscopes.« Paris 1649.

8. Violet Pierre lebte in der zweiten Hälfte des 17. Jahrhunderts. Dieſer veröffentlichte eine Schrift gegen den Gebrauch der ſogenannten Wünſchelruthe, welche damals in hohem Anſehen ſtand. Der Titel lautet: »Traité contre la nouvelle chabdonance ou la nouvelle manière de diviner avec la baguette fourchoué, dans laquelle on réfute tout ce qu'on a écrit pour en justifier l'usage«. Lyon 1612.

9. Maunoir, geboren 1606 in der Bretagne; geſtorben 1683. Von ihm exiſtirt eine Schrift, betitelt: »Extrait d'un manuscrit touchant les sorciers et les magiciens avec une methode pour les prêcher et confesser.«

10. Renaud André, gestorben 1702 zu Lyon. Im südlichen Frankreich fand der Glaube an die Wirksamkeit der Wünschelruthe selbst unter gebildeten Laien gläubige Vertreter. Drei Aerzte hatten für diesen abergläubigen Wahn gewirkt durch Publikationen. Gegen diese tritt Renaud in die Schranken, indem er ihre öffentlichen Briefe scharf kritisirt. »Critique sincère de plusieurs écrits sur la fameuse Baguette, contenant la décision de ce qu'il en faut croire, avec la regle pour justifier, ou pour condamner de magie mille effets, qui sont surprenants.« Lyon 1693.

11. Athanasius Kircher, geboren 1602 zu Gaysa bei Fulda; gestorben 1680 zu Rom. Er war Physiker, Mathematiker, Linguist und besonders Orientalist. Er schrieb außer dem Werke »De magnetica arte« ein größeres Werk unter dem Titel »Domus dei, in qua de mirabilibus coeli totaque astrologia et vita coelesti lucullenter et copiose disseritur.« Im Anhange befindet sich noch ein Traktat »Ephemeris astrologica et historica cum observationibus adversus supersitiosa de astris iudicia.« Paris 1650. Cöln 1652.

12. Pinamonti, geboren 1632, gestorben 1709. Von ihm haben wir das Werk: Le legge dell' Impossibile ovvero le regole dell' Astrologia rintracciar l'avenire, eposte alla luce per desinganno de creduli.« Firenze 1700.

13. Busaeus, Johann, geboren 1547, gestorben zu Mainz 1611, wo er zwanzig Jahre lang Theologie docirt hatte. Er gab zu Mainz 1604 und 1605 des Trithemius Antipalus neu heraus. In dieser Ausgabe beseitigte er alle jene Geheimmittel, welche Trithemius gegen die durch Zauberei bewirkten Krankheiten empfiehlt, indem er sie für abergläubisch erklärt [1]).

---

1) Silbernagel, Johann Trithemius. S. 156.

Zweites Kapitel.

Mitglieder des Jesuitenordens als Vertheidiger des Hexenglaubens.

1. Delrio, geboren zu Antwerpen 1551, gestorben 1608 zu Löwen, war einer der begabtesten und gelehrtesten Väter des Jesuitenordens im 16. Jahrhundert. Zuerst widmete er sich der Jurisprudenz und trat in den Staatsdienst ein. Er brachte es bis zum Generalstaatsprocurator. Plötzlich verließ er 1580 sein Vaterland und begab sich nach Spanien, wo er zu Valladolid in die Gesellschaft Jesu eintrat. Er ist Verfasser verschiedener gelehrten Werke. Durch keines jedoch ist sein Name so berühmt und bekannt geworden, als durch sein dreibändiges Werk: »Disquisitionum magicarum libri sex.« Mainz 1593, 1600, 1606, 1624. Löwen 1599, 1601. Köln 1633, 1657. Oberursel 1606.

Justus Lipsius war so entzückt von der Gelehrsamkeit dieses Mannes, daß er Delrio „das Wunder des Jahrhunderts" nennt. »Hic enim pura et liquida omnia, hic lux venena, nulla, quae timeas, opinionum.« Dieses Urtheil ist wohlverdient, aber eben dadurch hat dieses Werk einen bedeutenden Einfluß auf den Glauben von Magie und auf den Fortgang der Hexenprocesse ausgeübt.

In vielen Punkten plaidirt der Verfasser für eine milde Praxis in der Proceßführung [1]) und wird er von Spee deshalb auch unter die milden Autoren gerechnet. Delrio will, wie Tanner und Spee, den Angeklagten und Denuncirten eine Defension zugestanden haben, wie desgleichen die Universitäten Ingolstadt, Pavia, Freiburg stets begehrten. In Deutschland war im 17. Jahrhundert von einem Advokaten der Angeklagten keine Rede mehr. Bezüglich der Indicien verlangte er gründliche Prüfung derselben; die Anklagepunkte müssen dem Inculpaten mitgetheilt werden, sowie dem berufenen Defensor; Fama, d. h. das Geschrei unter dem Volke, ist genau zu untersuchen (exacte probare, quam necessarium, tam rarum est in iudiciis. lib. V. sent. III.) In den Denunciationen macht er einen wesentlichen Unterschied zwischen Aussagen unbescholtener und bescholtener Leute. Zu letzteren rechnet er auch die Complices. Er sagt in lib. V, sent. V. N. 4: „Wie sehr auch die Aussagen bescholtener Personen unter Complicen sich vervielfältigen sollten, so darf doch der Richter auf diese allein hin niemals zur Verurtheilung schreiten. Es resultire daraus kein sicherer Beweis, nur eine Vermuthung [2])." In Fällen, wo das

---

1) Qu. 15. n. 22. S. 43; ferner qu. 20. d. 15. n. 34. S. 72.
2) Totum illud nihil fundamenti habet, nisi praesumptionem.

Verbrechen nicht bewiesen werden kann, aber der Verdacht und die böse Fama bestehen bleibt, sind die kirchlichen Reiniger zulässig. Auch die Handhabung der Tortur unterwirft er verschiedenen Cautelen. Zur Tortur sind mehr als schwere Indicien nothwendig, so daß der Richter gleichsam die Gewißheit des Thatbestandes besitze und ihm nur das Eingeständniß des Inculpirten fehle [1]). Auch will er die Tortur weder öfters wiederholt, noch verlängert wissen. Wenn ein Inquisit auf der Folter 3 mal bekannt und nachher 3 mal widerrufen hat, so sei er sogleich zu entlassen. Seine entschiedene Verwerfung der weißen Magie, sowie die abergläubischen Vorstellungen von der Wirksamkeit der Charaktere, Bilder, Sigille und Ringe, auch wenn sie die seltensten Namen führen, als Rafael, Salomo, verdienen volle Anerkennung. Selbst Soldan-Heppe versagt ihm diese Anerkennung nicht: „Stellenweise zeigt Delrio eine gewisse Aufklärung, Liberalität und Billigkeit, verschiedene Arten abergläubischer Heilungen werden von ihm gründlich bekämpft!"

Auch im Processe weiß Delrio sich das Ansehen von Besonnenheit zu geben, indem er unwesentliche Einzelheiten, die gleichwohl großen Anstoß gegeben hatten, wie das Hexenbad und die Nadelprobe mißbilligt, auch mit schönen Worten zum Maaßhalten in der Tortur räth; dabei bleibt ihm aber, wie allen übrigen, die Zauberei ein crimen exceptum, wo alles vom Ermessen des Richters abhängt, und aus dem den Inquisiten von ihm umgeworfenen Netze ist kein Entkommen mehr. Völlige Losprechung, obgleich rechtlich denkbar, widerräth er; der Richter soll nur von der Instanz entbinden." II. S. 30. Horst bemerkt über ihn: „Er macht anscheinlich darin den Unbefangenen, Unparteiischen, ja bisweilen den Zweifelnden; aber eben dadurch wurde sein Buch gefährlich." II. S. 208. Delrio wurde bald nach dem Erscheinen seiner Diquisitiones von einem Dominikaner Thomas Malvenda getadelt, indem dieser derselben Meinung war „sein Werk möchte bei Kindern gefährlich wirken, und während es dem Scheine das Schädliche verbanne, möchten die Leser eher das Gift, als das Gegengift genießen." Diesem Tadel gegenüber fügt er in der Mainzer Ausgabe 1626 eine »Epistola apologetica« hinzu gegen den genannten Dominikaner Malvenda, gerichtet an die General-Inquisition zu Rom. Er tröstet sich mit dem Gedanken, daß Gleiches Bellarmin, Maldonat, Molina, Suarez, Vasquez begegnet sei. Ferner sei ein in lateinischer Sprache geschriebenes Werk kein Volksbuch.

2. Schott, Caspar, geboren zu Königshofen 1608, gestorben 1666, war Physiker und Mathematiker. Er ist Erfinder der Stenographie.

---

1) Cfr. denselben Autor in dem Capitel „über die Tortur".

Von ihm erschien 1665 ein Buch zu Würzburg »Schola stenographica in 8 Classes distributa.« Größeres Aufsehen machten die folgenden Werke:

I. »Magia universalis naturae et artis« in 4 Theilen. Der 1. Theil enthält die optische, der 2. die akustische, der 3. die mathematische, der 4. die physikalische Kunst. Frankfurt bei Schönwetter. 1657. Im letzten Bande spricht der Verfasser über Sympathie und Antipathie, welche man bemerkt unter leblosen Körpern, über die ärztliche Magie, um Kranke zu heilen und über verschiedene Arten der Divination.

II. Physica curiosa sive mirabilis naturae vel artis libri XII, quibus, quae de angelis, daemonibus, hominibus, spectris etc. rara arcana circum feruntur, expediuntur. Würzburg 1662 und 1667. Letztere besser als die erstere.

III. Technica curiosa sive mirabilia artis. libri XII. Expert menta et technismata pneumatica, authomatica, cabalistica. Würzburg 1664.

IV. Joco-seriorum naturae et artis sive magiae naturalis centuriae tres. Accessit diatribe de prodigiosis crucibus. Würzburg 1666.

An der Fruchtbarkeit dieses Schriftstellers erkennt man wohl seine Gelehrsamkeit. Doch wird letztere etwas in Schatten gestellt, da der sonst so gelehrte Mann nicht frei von Aberglauben war. Wie die Astronomie jener Zeit mehr zur Astrologie, so wird die Physik mehr zur Magie verkehrt.

3. Thyräus, geboren 1546 zu Neuß, gestorben 1601 zu Würzburg. Er war Professor der Theologie zu Trier und Mainz. Unter seinem Vorsitze wurden viele Dissertationen gehalten, z. B. Mainz 1582. De apparitione spirituum, Würzburg 1591 de prodigiosis vivorum hominum apparitionibus, dann über Besessenheit, Cöln 1589.

Sein Hauptwerk führt den Titel »De variis apparitionibus, Dei, Christi, angelorum pariter bonorum atque malorum.« Unser Autor ist sehr leichtgläubig; er läßt den bösen Geistern einen großen Spielraum in der sichtbaren Welt. Sie haben besondere Gewalt über Nichtgetaufte und Ketzer. Er empfiehlt als Schutzmittel die Reliquien der Heiligen und Agnus Dei. Er schrieb auch 3 Bücher über Gespenster- und Geistererscheinungen.

4. Stengel, Georg. Sein hier hauptsächlich in Betracht kommendes Werk führt den Titel »De monstris et monstrosis, quam mirabilis bonus et iustus in mundo administrando sit Deus monstrantibus.« Ingolstadt 1647. Dasselbe ist voll von wunderbaren Historien aus der heidnischen, heiligen und profanen Geschichte. Es enthält 17 Capitel und umfaßt 636 Seiten. Im ersten Capitel zeigt er

die Monstra am Himmel, in der Luft, im Wasser, Feuer, auf der Erde, bei Erdbeben, Metallen, Pflanzen, Thieren und von Menschen geborene Monstra. Im letzten Paragraphen erscheinen redende Kinder und abergläubische Vorstellungen mancher Menschen bezüglich der heiligen Nacht[1]). Vom ähnlichen Inhalte ist auch ein zweites Werk, betitelt Mundus theoreticus divinorum iudiciorum. 4 partes divinum mundi gubernaculum monstrosis coeli, hominum, daemonum ac jumentorum monstris. Augsburg 1686.

5. Scherer, Georg, geboren 1558 in Tyrol, gestorben 1605; er war ein berühmter Prediger zu Wien und Linz. Doch ist sein Ruhm geschmälert durch die Schrift, welche 1583 erschien „Christliche Erinnerung bei den Historien von jüngst beschehener Erledigung einer Jungfrau, die mit 12,652 Teufel besessen gewesen[2]).

6. Gaar, geboren 1702 zu Niederolm. Er hat seinen Namen verewigt durch die Leichenrede, welche er bei Hinrichtung der besessenen Nonne Maria Renata zu Würzburg 21. Juni 1749 gehalten hat. Die Veröffentlichung dieser Predigt gab den Anstoß zu einer umfangreichen Controverse. Maffei wurde veranlaßt seine 3 Bücher von der Nichtigkeit der Zauberkunst erscheinen zu lassen (Arte magica annihilata)[3]).

7. Baltus, Johann Franz, geboren zu Metz 1667, gestorben zu Rheims 1743, Lehrer der schönen Künste zu Dijon, Straßburg und Rom. Er gerieth in eine Controverse mit dem Mitgliede der Academie Fontenelle, welcher sich den Ansichten des van Dale bezüglich der Dämonen zuneigte. Er schrieb deßhalb:

a) Réponse à l'histoire des oracles de Mr. de Fontenelle de l'Academie.

b) Eine Widerlegung des Systems van Dale über den Ursprung der heidnischen Orakel, über Ursache und Zeitpunkt ihres Aufhörens, mit Angabe der Meinung der Kirchenväter über diesen Gegenstand. Straßburg, 2 B. 1707, 1709.

c) Fortsetzung von Nr. 1 der Antwort auf die Geschichte der Orakel. 1708.

d) Dictionaire der geheimen Wissenschaften, oder gesammtes Re-

---

1) In manchen Gegenden z. B. besteht der Glaube, um Mitternacht des 25. Decembers würde Wasser zu Wein.

2) Nach Joh. Conr. Dannhauer „Scheide- und Absagebrief" Straßburg 1654. S. 244, wurde diese Predigt am 14. August gehalten. Dem Prediger gefiel es „eine Legion Teufel" mit dieser Zahl zu berechnen, während man sonst die Ziffer 6666 anzunehmen pflegte. Hier ist nur Besessenheit im Spiel. Vgl. S. 5.

3) Signor Marches. Maffei schrieb 2 Bücher: 1. Arte magica dileguata. 2. Arte magica annichilata. lib. 3. Veron. 1754.

pertorium der Wesen, Personen, Thatsachen und Dinge, welche auf Erscheinungen Bezug haben. Mit einem Anhange: Geschichtliche Abhandlung über die heidnischen Götter und Dämonen von Binet, und der
Antwort auf die Geschichte der Orakel von Baltus, veröffentlicht von
Abbé Migne 1848 [1]).

Nach vorstehender Uebersicht über die Stellung der PP. Jesuiten
in der großen zeitbewegenden Frage des Hexenwahns muß es jedem
Leser klar sein, daß unter den vielen Verdiensten des Jesuitenordens dies
nicht das geringste ist, zu den Bekämpfungen jenes traurigen Wahnes ein
starkes Contingent auserlesener Streiter gestellt zu haben. Mejers Behauptung, daß die Jesuiten meist die eifrigsten Verfolger und Richter
der Hexen geworden, ist nach Vorstehendem eine Dichtung [2]). Ebenso
ist die Ansicht von Carl Binz, daß Spee's Verdienst um die Menschheit
keinen thätigen Nachfolger innerhalb der Gesellschaft Jesu geschaffen habe,
eine irrige [3]).

---

1) Die hauptsächlichsten Daten in diesem Kapitel sind entnommen der
Bibliographie Augustin de Baker: »Bibliothèque des écrivains de la Com-
pagnie de Jésus«. Lyon et Louvain 1876. 3 B. folio.

2) Dr. L. Mejer. Die Periode der Hexenprocesse. 1882. Hannover. S. 54.

3) Dr. Johann Mejer. S. 122.

Fünftes Buch.

Der Protestantismus und der Herenwahn.

Erstes Kapitel.

Die Lehre der Reformatoren.

1. Luther und die übrigen Reformatoren haben den Hexenwahn durch das volle Gewicht ihres Ansehens und ihrer Ueberzeugungen gekräftigt[1]). Dieses Urtheil eines Protestanten ist unantastbar. Schon das „theologische System" Luthers wich darin von der alten Kirche ab, daß er in der Lehre von der Erbsünde eine solche Verschlechterung der menschlichen Natur behauptete, daß der freie Wille aufgehoben wurde, und das sittlich Böse im Menschen als Natur-Nothwendigkeit erschien. Während die katholische Lehre den gefallenen Menschen nur als »vulneratus«, in seinen natürlichen Kräften geschwächt, erklärt, läßt ihn Luthers Theorie ganz verderbt erscheinen. Nach katholischer Lehre ist das sittlich Böse in dem Menschen nichts Substantielles, nichts Materielles[2]), sondern nur ein Defect des Guten (defectus boni). Nach Luthers Auffassung bewirkt die Erbsünde die Incarnation des Bösen. Die Sünde ist etwas Substantielles, von des Menschen Natur Unzertrennliches. Der Satan, als das Princip des Bösen, hält ihn fest in der Hand und beherrscht ihn, wie ein Reiter sein Pferd, und der Töpfer sein Gefäß[3]). Zum Beweise mögen nur einzelne Stellen aus Luthers Schriften folgen. „Gott hat aber Niemand einen eigenen Willen gegeben, der eigene Wille kommt vom Teufel[4])." „Es ist dahin gekommen, daß Niemand itzt versteht, weder was Dienstbarkeit ist, weder Freiheit, sogar hat einge

---

1) Karl Adolf Menzel, Gesch. der Deutschen. Bd. VIII, S. 55.

2) Natura mala, non malum. St. Augustin. Natura bonum, sed inest ei malum. Derselbe.

3) Die näheren Nachweise für diese Darstellung aus Luthers Schriften siehe Möhlers Symbolik, Döllingers Geschichte der Reformation, Janssen, Geschichte des deutschen Volkes. Bd. 2.

4) Luther's Auslg. des Vater unser; Alffel, I, 17.

riſſen die erdichtete Fabel vom freien Willen." „Vertrauen haben in die Werke des Geſetzes und freien Willen, iſt nichts anders gethan, denn Chriſtum erwürgen, Gnade und Wahrheit verwerfen und ſich ſelbſt für einen Abgott aufwerfen." „Die Sünde höret nicht ganz auf, dieweil dieſer Leib lebet, der ſo ganz in Sünden empfangen, daß Sünde ſeine Natur iſt. Es iſt wohl wahr, ein Menſch, ſo er aus der Taufe kömpt, iſt rein, ganz unſchuldig, ohne Sünde. Die verſtehen es aber nicht recht, die meynen, es ſei gar keine Sünde mehr da, denn man ſoll wiſſen, daß unſer Leib, dieweil er hier lebet, natür- lich böſe und ſündhaft iſt. Gott hat nun einen Rath erdacht, es ganz neu anders zu ſchaffen, aber es gelingt ihm beim erſten Mal nicht ganz; da macht er es wie ein Töpfer, wenn ein Topf mißrathen, er zerſtößt den Topf, knetet ihn mit dem ganzen Haufen und bildet einen neuen Topf; ſo auch, da wir in der erſten Bildung (Taufe) nicht ganz ge- rathen und ohne Sünde ſind[1])." Große Klarheit gibt folgende Stelle über Luthers Glauben vom freien Willen zu erkennen: „Ich verwerfe und verdamme als eitel Irrthum alle Lehre, ſo unſern freien Willen preiſet, als die ſtracks wider die Hilfe und Gnade unſeres Heilands Jeſu Chriſti ſtrebet. Denn weil außer Chriſto der Tod und die Sünde unſere Herren, und der Teufel unſer Gott und Fürſt iſt, kann da keine Macht noch Kraft, kein Witz und Verſtand ſeyn, damit wir zur Gerechtigkeit uns können ſchicken oder trachten; ſondern müſſen verblendet und gefangen des Teufels und der Sünde eigen ſeyn, zu thun und zu denken, was ihnen gefällt und Gott mit ſeinen Geboten zuwider iſt[2])." Conſequenter Weiſe verfährt Luther, wenn er nicht in dem halbtodten Reiſenden von Jericho das Bild des gefallenen Menſchen ſieht, wie die katholiſche Kirche, ſondern in dem Beſeſſe- nen bei Lukas XI, der blind und taubſtumm iſt: „Derſelbe bedeutet alle Adamskinder, welche durch das Fleiſch mit dem Satan beſeſſen werden durch die Erbſünde, daß ſie ſein Eigen ſeien und ſeinen Willen thun[3])." So hat dieſer Mann, der den Menſchen ſeiner Seele nach ganz in die Macht des Satans gab, denſelben auch leiblich ihm ganz überantwortet, ſo daß alle phyſiſchen Uebel, welche den Menſchen heim- ſuchen, vom Teufel kommen. „Wir ſind alle mit Leib und Gut dem Teufel unterworfen und Frembling in der Welt, deſſen Fürſten und Gott er iſt. So das Brod, welches wir eſſen, den Trunk, den wir

---

1) Riffels Kirchengeſchichte, Bd. I., S. 14 ff.

2) Dr. Luthers äußerſt merkwürdige Weiſſagungen. Ch. Ludw. Knapp, Stuttgart 1876, S. 133.

3) Vgl. A. Minusculus, Erklärung über den 12. Sonnt. n. Trinit. 1572.

Diefenbach, Der Hexenwahn.   19

nehmen, die Kleider, die wir gebrauchen, ja die Luft und alles, wovon wir leben, ist in seiner Herrschaft[1])." Ferner schreibt er in einem Briefe aus von Frankfurt 1521 an Spalatin: „Wir sind endlich hier ange-kommen, ob mich wohl der Satan durch mehr als eine Krankheit zu verhindern gesucht; denn den ganzen Weg von Eisenach bis hierher, bin ich immer schwach gewesen und bin es noch, auf solche Art, die ich früher nicht erfahren. Wir wollen in Worms kommen allen Pforten der Hölle und Fürsten der Luft zum Trutz[2])." Nach Wiederherstellung seiner Gesundheit brach er nach Worms auf, indem er erklärte: „Wenn so viel Teufel zu Worms wären, als Ziegel auf den Dächern, noch wollen wir hinein." Als er in Erfurt in der Augustinerkirche predigte, am 6. April 1521, und ein Geräusch entsteht durch das furchtbare Gedränge, beruhigte er die Menge mit dem Zurufe: „Stille, stille, es ist nur ein Teufelsspuck[3]). Im Jahre 1524 am 6. Juli schrieb er an Lange, als Nesenus in der Elbe ertrunken war: „Beinahe hätte auch der Satan unseren Prior hinweggerafft, wenn er nicht durch ein besonderes Wunder errettet worden wäre[4])." Bekannt ist der Vers des Liedes: „Eine feste Burg ist unser Gott:"

> „Wenn die Welt voll Teufel wär,
> „Und wollten uns gar verschlingen,
> „So fürchten wir uns nitt so sehr,
> „Es soll uns doch gelingen."

Es sei noch darauf hingewiesen, daß, als man den Prediger Oeco-lampadius eines Morgens todt im Bette fand, die Leute sagten, er sei an der Pest gestorben. „Was?" ruft Luther, „nein, am Teufel ist er gestorben, der hat ihm den Hals umgedreht," und singt ein Lob- und Dankeslied. Zwingli stirbt bei Cappel; die Lanze eines katholischen Soldaten brachte dem Sacramentirer auf dem Schlachtfelde den Tod, sagt die Chronik. Luther versichert aber, die Chronik lüge, der Teufel habe den verdammten Ketzer auf dem Schlachtfelde gesucht, um die Erde von ihm zu befreien, und er fügte noch hinzu: „Ich oder der Zwingli muß des Teufels sein, da ist kein Mittelding. Er hat ein eingeteufeltes, durchteufeltes und überteufeltes Herz." Ferner bemerkt er bezüglich teuflicher Einwirkung auf Gesundheit wie folgt:

---

1) Delrio, p. II, S. 84. Erkl. Luthers zu Gal. III.

2) Neujahrsblatt des Frankfurter Geschichts- und Alterthumsverein. 1861. S. 40.

3) Janssen, Bd. II, S. 159, 7. Auflage: „Er bedräuete den Teufel und es ward ganz still."

4) Archiv, Frankfurter Geschichte 1877, S. 148.

„Der Kirche Gebet thut große Miracula. Es hat zu unserer Zeit zu drey von den Todten auferweckt, Mich, der ich offt bin krank, meine Hausfrau Katha, die auch todt krank gelegen und M. Philippum Melanchthonem, welcher Anno 1540 zu Weimar todt krank lag. Der Teufel wurde dann überwunden, und der Teufel ließ seine Beute zurück[1].“ Zu dergleichen Einwirkungen bediene sich der Satan auch seiner Werkzeuge, der Hexen.

1. Luther erklärt zum ersten Gebot des Dekalogs: „Es können die Hexen anderen Butter, Milch, Käse stehlen, d. h. aus einer Thürpfoste, Hellenbarde oder Handgeräthen melken[2].“ Auch zweifelt er nicht an der fruchtbaren Vermischung des Satans mit dem Menschen, wie er mehrfach in den Tischreden erklärt und sagt: „Es ist wahrlich ein greulich, ein schrecklich plagen, daß er auch Kinder zeuget;“ er erklärte, daß man die Freßbuben und Wechselbälge auch taufen solle, da man im Anfange es dem Kinde nicht ansehe, ob es ein Wechselbalg sei oder nicht[3]. In seinen Tischreden Bd. XXII, 1169 gibt er zu, daß Vermischung mit Satan und Kindererzeugung möglich sei; doch so, es müßten das gestohlene Kinder sein, wie denn der Teufel wohl Kinder stehlen kann und sich selbst an des Kindes statt in die Wiege legen, wie man dann biß-weilen in den Sechswochen verlieret; oder müssen »supposiditii« sein: „Wechselkinder,“ welche die Sachsen nennen Kielkröpfe, wie ich denn, sagt Lutherus, „gehöret, daß ein solches Kind in Sachsen gewesen sein soll, dem 5 Weiber nicht genug haben können zu seugen geben.“ An einer anderen Stelle schreibt er: „Denn der Teufel vermag gottlosen Menschen ein Geplärr vor die Augen zu machen, daß sie eine Jungfrau vor sich zu sehen vermeinen, wenn der Teufel im Bette ist.“

In Kap. XXIV, S. 38: „Die Zauberei ist des Teufels eigen Werk, damit er den Leuten nicht allein Schaden thut, sondern sie auch ganz und gar erwürget und umbringet. Er ist ein so listiger und geschwinder Geist, daß er alle menschlichen Sinne betrügen und äffen kann[4].“ Man könnte derartige Stellen leicht vervielfältigen; wir wollen nur noch zwei anfügen, welche ich zwei protestantischen Gelehrten abborge. Die erste entnehmen wir Prof. Dr. Hase[5]: „Gott und Satan kämpfen um einen Menschen, welcher zwischen beide gestellt ist, wie um ein Reit-thier. Wenn Gott sich auf ihn setzt, will er und geht er, wohin Gott

1) Luthers Tischreden, S. 616. Cf. Rütjes Werk: „Der Teufel“ ꝛc. S. 85.
2) Delrio, p. II. S. 322 citirt die Stelle aus den Tischreden.
3) Schindler, Geschichte des Aberglaubens, S. 29.
4) Cfr. Rhamm, Hexenglaube und Processe, S. 53.
5) Prof. Dr. Hase, Polemik, S. 263.

will; wenn der Satan ihn reitet, wohin der Satan will, stracks in die Hölle." Die andere Stelle, welche des Teufels Einfluß auf die leiblichen Uebel charakterisirt, entnehmen wir Schindler[1]): „Hier verliert einer ein Auge, dort eine Hand; dieser fällt in's Feuer und verbrennt sich zu Tode, jener in's Wasser und ersäuft; ein anderer steigt auf die Leiter und stürzet den Hals ab; ein anderer fällt auf ebener Erde und bricht ein Bein, ein anderer kommt vom Boden herab, daß er selbst nicht weiß, wie ihm geschehen ist und was solcher unvorhergesehener Fälle mehr sind, denen sich dann täglich, wie man siehet, viel zutragen. Das sind eitel Teufels Würf und Schläge, da mit er immerdar nach uns wirft und sticht, nur daß er uns Allen Unglück zufügen möge."

Diese ganze Auffassung Luthers über Macht und Wirksamkeit des Satans in der Welt einerseits und die Ohnmacht des Menschen anderseits, ist nur allzu verwandt mit der alten Lehre der Parsen, mit den zwei Principien Ormuzd und Ahriman; ferner mit der gnostisch-manichäischen Lehre vom Sitz des Bösen in allem Materiellen und den Irrlehren des 12. und 13. Jahrhunderts im südlichen Frankreich. In dieser Beziehung ist das Zeugniß eines protestantischen Professors der Theologie nicht zu verwerfen, welcher sagt: „Die Vorstellung Luthers vom Teufel steht mit seiner Lehre von der Sündhaftigkeit der menschlichen Natur im engsten Zusammenhange, und er erblickte in der Herrschaft des Teufels über das Innere des Sünders ihren höchsten Gipfelpunkt. Wir werden hierbei unwillkürlich an den parsischen Reformator Zarathustra erinnert, welcher den Kampf zwischen Ahriman und Ormuzd um den Menschen auch in diesen verlegt[2])." Ferner derselbe Gewährsmann[3]): „Luthers Auffassung von Gott als der reinen Liebe scheint mitunter sogar zu führen bis zu einem Dualismus zwischen Gott, aus dem alles Gute und lauter Gutes für unser inneres und äußeres Leben fließe, und zwischen dem Teufel, von welchem alle äußern und innern Lebenshemmungen ausgehen." Wie Brunnemann berichtet[4]), hat Dr. Jonas in seiner Leichenrede bei Luthers Begräbniß darauf hingewiesen, „daß er herrliche Offenbarungen beim Anfange seiner Lehre gehabt, aber keinem entdecket." Trotzdem hat 30 Jahre nach seinem Tode 1576 sein Verehrer Johannes Lapäus kein Bedenken getragen, zum mindesten „die Weissagungen" Luthers herauszugeben. So prophezeit er denn „der

---

1) Schindler, Aberglaube, S. 6.

2) Roskoff II. S. 372. Den Vorwurf des Manichäismus schleudert selbst Becker „in seiner bezauberten Welt" gegen die Lehre Luthers. Soldan Heppe II. S. 284. In neuerer Zeit Albertus, Socialpolitik der Kirche, S. 289.

3) Derselbe, S. 370.

4) Brunnemann, Discurs der Zauberei, S. 90.

Teufel wird fortfahren und mehr Artikel angreifen, wie er schon funkelt mit den Augen, daß die Taufe, Erbsünde, Christus nichts sei[1])." Ferner: „Wenn ich noch hundert Jahre sollte leben, und hätte nicht allein die vorigen und jetzigen Rotten und Sturmwinde durch Gottes Gnade gelegt, sondern könnte auch alle künftigen also legen, so sehe ich doch wohl, daß damit unsern Nachkommen keine Ruhe geschafft wäre, weil der Teufel lebet und regieret.   Darum ich auch bitte um ein gnädiges Stündlein und begehre des Wesens nicht mehr. Ihr, unsere Nachkommen, betet auch mit Ernst und treibet Gottes Wort fleißig.   Erhaltet das neue Windlicht Gottes; seyd gewarnt und gerüstet als die da alle Stunden warten müssen, wo euch der Teufel etwa eine Scheibe oder Fenster ausstoße, Thür oder Dach aufreiße, das Licht auszulöschen[2])."

Luther war darum mit gleichem Zorn gegen den Teufel, wie gegen dessen angebliche Werkzeuge, die Hexen, erfüllt.   Er war bereit, „letztere mit eigener Hand zu verbrennen[3])."

Bekannt ist auch sein verzehrender Zorn und Haß gegen den Papst, die Bischöfe, die Mönche und Nonnen, sowie alle von ihm abweichenden Reformatoren.   Ihre Opposition und ihre Gegenwehr gegen sein Evangelium war ihm nichts anders als pures Teufelswerk und Teufelskram. Es genügte ihm nicht in dem Papste den Antichrist und in Rom das Babylon und in der Kirche die babyl. H . . . der Apokalypse zu entdecken; nein, seine letzte Geistesthat war die Abfassung der Schrift: „Das Papstthum vom Teufel gestiftet," worin er Luzifer als den Beherrscher und Stifter der katholischen Kirche zu erweisen sucht, in Folge dessen alle Papisten des Teufels seien.

Ueber die sogenannte schwarze Magie äußert sich Luther mit diesen Worten: „Allein darnach (weiße Magie) sind drein gefallen die Säu und groben Köpfe, wie in allen Künsten und Lehren geschieht, haben zuweit aus der Straßen gefahren und dieselbige edle Kunst vermischt mit Gaukeln und Zaubern, haben derselbigen Kunst wollen nachfolgen und gleich werden.   Und da sie es nicht vermocht, haben sie die rechte Kunst fahren lassen und sind Gaukler und Zauberer daraus geworden, die durch des Teufels Werk weissagen und wundern, doch zuweilen durch Natur; denn der Teufel hat solcher Kunst viel behalten und brauchet ihr zuweilen in der Magie, daß jetzt Magus ein schimpflicher Name

---

1) Luthers Weissagung durch Lapäus von Chr. Ludw. Knapp, S. 182.

2) Derselbe, S. 192. Cfr. Nicol. Hemming, Vermahnung von dem Aberglauben, Wittenberg 1586. Frg. 5.

3) Anton Lauterbach, Tagebuch auf 1538, herausgegeben von Seidemann. Dresden 1872, S. 12.

worden ist und nicht mehr heißet, denn die also durch den bösen Geist weissagen und wundern; also doch, daß sie zuweilen treffen und helfen, darum, daß die Natur (die nicht lügen mag:) mit untermischt wird, welches der böse Geist wohl kann[1]." Es ist somit die Zauberei und Hexerei nichts anderes, als der Mißbrauch der natürlichen Magie mittelst Unterstützung des Teufels[2]).

Ferner von den Zauberinnen schreibt er: „Die Hexen sind die bösen Teufelshuren, die da Milch stehlen, Wetter machen, auf Böcken und Besen reiten, auf Mänteln fahren, die Leute schießen, lähmen, verdorren, die Kinder in der Wiege martern, die ehelichen Gliedmaßen bezaubern und dergleichen. Beschwörer sind, die da Vieh und Leute segnen, die Schlangen bezaubern, Stahl und Eisen versprechen, und viel sehen und saufen und Zeichen können; Wahrsager, die den Teufel hinter den Ohren haben und den Leuten sagen können, was verloren ist, und was sie thun oder thun werden, wie die Tartern und Zigeuner pflegen; Zauberei treiben, die da Dinge können eine andere Gestalt geben, daß eine Kuh oder Ochse scheinet, das in Wahrheit ein Mensch ist, und die Leute zur Liebe und Buhlschaft zwingen und des Teufelsdinges viel[3])." Er glaubte auch an Teufelsbündnisse, denn „zum ersten können sie die Leute durch Zauberei blind, krumm, lahm und ungesund machen, verderben ihnen die Beine, verbannen sie durch Blendwerk, und tödten sie gar, oder machen, daß sie durch lange und unheilbare Krankheit sich abzehren müssen. Zum Andern machen sie Donner und Ungewitter, verderben die Früchte auf dem Felde, und tödten das Vieh. Item, sie stehlen den Leuten Butter, Käse und Milch, melken das Vieh über einer Thürschwelle, Beil oder Handtuch[4])."

---

1) Luthers Werke von Walch, Band XI, S. 413, Nr. 10.

2) Das. Nr. 11, vgl. S. 2807, Nr. 2, 3.

3) Band XI. S. 441 f. In Franken wird diese Vorstellung persiflirt durch eine anmuthige Anekdote. Ein Klosterbruder geht mit einem Beglei=ter auf's Land zum Terminiren. Unterwegs kommen sie an einem Acker vorüber, woselbst ein Bauer mit 2 Ochsen hält. Der Bauer liegt am Boden und schläft. Hurtig spannt der Bruder den besten Ochsen ab, gibt ihm seinem Begleiter und legt sich hin an seine Stelle. Als der Bauer erwacht, sieht er den Bruder. Dieser dankt Gott, daß er endlich wieder Mensch sei, nachdem er 3 Jahre in einen Ochsen verwandelt gewesen. Der Bauer verdutzt über diese Entdeckung, läßt ihn gehen. Nach einiger Zeit sieht der Bauer auf dem Markte seinen verwunschenen Ochsen wieder stehen. Er geht zu ihm hin und sagt ihm leise in's Ohr: „Jetzt aber kaufe ich Dich nicht, da du schon wieder zum Ochsen geworden bist."

4) Band III. S. 1714, Nr. 36 u. 37.

Als Exempel verweiſt er auf ſeine eigene Mutter, von der er erzählt, daß ſie ſehr geplagt worden ſei von ihrer Nachbarin, einer Zauberin, ſo daß ſie auf's allerfreundlichſte und herrlichſte hat ſie müſſen
halten und verſöhnen. Denn die Zauberin ſchoß ihr die Kinder, daß
ſie ſich zu Tod ſchrieen. Und, ein Prediger ſtrafte ſie nur insgemein;
da bezauberte ſie ihn, daß er mußte ſterben. Danach wurde Luther gefragt, ob die gottesfürchtigen und rechten Chriſten auch könnten bezaubert
werden, ſprach er ja; denn unſere Seele iſt der Lüge unterworfen, aber
dieſelbe wird erlöſet. Doch muß der Leib des Teufels Mordſtichen ge-
wärtig ſein. Und ich glaube, daß meine Krankheiten nicht allerwege
natürlich ſeien — daß Junker Satan ſeinen Muthwillen an mir aus-
übet durch Zauberei[1]).

Aus alledem geht hervor, daß Luthers Dämonologie bei ihm perſönlich zu einer „Dämonomanie oder Teufelsſucht" wurde. Dieſes
erhellt noch mehr, wenn wir

2. ſeine abergläubige Geſpenſterſucht in's Auge faſſen. Die
zahlreichen Nachfolger, welche das Kapitel der Geſpenſter behandelt haben,
wie Lavater, M. J. H. Deder, Joh. von Münſter, Scherer-
zius u. a. ſtützen ihre Ausführungen meiſtens mit der Auctorität
Luthers.

Dieſer hat die Erſcheinungen von Engeln und von Seelen der
Verſtorbenen bezweifelt, um ſo mehr aber die Erſcheinungen der Dämonen
unter allerlei Formen und Weiſen geglaubt und gelehrt. Weltbekannt
ſind ſeine Berichte über den Teufelsſpuck auf der Wartburg, auf ſeinem
Patmos. Sollte ihn vielleicht große Eitelkeit dazu verleitet haben, ſich
mit Chriſtus in der Wüſte in Parallele zu ſetzen? Wie hier der Satan
als Verſucher auftritt, durfte er, „der Heilige Gottes und Evangeliſt zu
Wittenberg", in ſeiner Einſamkeit und am Vorabend ſeines öffentlichen
Auftretens, ſich gleicher Aufmerkſamkeit von Seiten des Höllenfürſten
werth erachtet haben? Doch der Erfolg iſt ein ungleicher geweſen. Dort
wich der Verſucher auf immer, und hier verließ er ihn nimmer. Sein
ganzes Leben iſt beunruhiget und geplagt mit Teufelsſpuck und Larven.
Einzelne Stellen, worin er ſeinen Glauben an die Geſpenſter kund gibt,
mögen hier folgen:

---

1) Tiſchreden, Eisl. Ausg. 307. G. Chr. Voigt, Gem. Abhandlungen S. 31,
jammert, da er die Wirkungen des Aberglaubens ſchildert: „Selbſt Luther lehrte
es ja noch im 16. Jahrhundert; was darf es eines weiteren Beweiſes!" ....
„Er nahm die ganze heidniſche, vernunft- und ſchriftwidrige Lehre von der
körperlichen Macht des Satans treuherzig in ſein Credo auf. Man weiß von
ihm viele Geſpenſtergeſchichten, die ſeinem Verſtande nicht viel Ehre machen
.... Heute ſind wir nicht viel weiter, als vor 200 Jahren."

„Geister, so den Menschen erscheinen, sind nicht Seelen der Menschen, sondern nur Teufelslarven[1].“ „Zum dritten werfen sie uns die große Menge der Exempel vor, daß viel Geister auch heiligen Männern erschienen sind und geboten haben, daß man ihnen mit Messen wollte zu Hilfe kommen und sie damit erlösen. Hier mag ich frei sagen, daß es gewißlich des Teufels Getrieb ist, was auch vor Geister umgehen, die poltern, schreien, klagen oder Hilfe suchen, damit er uns Christen das heil. Sakrament nehme und entfremden und zu seiner Büberei, Hohn und Spott gebrauchen möchte ... Darum, daß wir Christen sind, sollen wir forthin des Teufels Gedanken eigentlich wissen und glauben, daß die Poltergeister eitel Teufel und nicht Menschenseelen sind[2].“

Consequenter Weise erklärte darum Luther die Erscheinung der Seele des verstorbenen Propheten Samuel vor der Zauberin zu Endor und dem Könige Saul I., Samuel XXVIII. 3, für eine Täuschung; das sei nur der Satan gewesen, welcher sich als Larve für die Seele des Samuel ausgegeben habe. Fast sämmtliche protestantische Exegeten und zahlreiche Autoren, welche über Zauberei geschrieben, adoptirten diese Meinung. Ueber die verschiedenartigen Larven, deren sich der Teufel bei seiner Erscheinung bedient, schreibt Luther in seiner Hauspostille, Pfingstdienstag: „Der Teuffel zeucht zuweilen eine Larve an, wie ich selbstem gesehen habe, daß er sich sehen läßet, als wäre er eine Sau, ein brennender Strohwisch und dergleichen.“

Fromann erzählt[3]) mit Berufung auf Luthers Schriften: „Als dieser während der Augsburger Reichstags-Verhandlungen auf der Burg zu Coburg sich aufhielt, sah er eines Abends in dem Schlafgemach drei brennende Fackeln einher schweben, war auf's Heftigste erschreckt. Nachdem er sich gefaßt, sagte er zu seiner Umgebung, wir wollen ein Lied singen, dem Teufel zum Trotz.“

Nach all diesem kann es nicht mehr überraschen, wenn selbst Delrio, der extreme Vertheidiger des Zauberglaubens katholischer Seits, noch Gelegenheit findet, sich über Luthers Aberglauben zu moquiren.

Luther schreibt: „Ich trage keinen Zweifel, daß der Tanz der Ziegen, der Flug der Drachen und ähnliches die Spiegelfechtereien böser Geister sei, um entweder die Leute zu erschrecken oder zu betrügen. Das Schiffsvolk meint, das an den Masten sichtbare Feuer sei Castor und Pollux. Bisweilen sogar erscheint Licht über den Ohren der Pferde.

---

1) Walch, Luthers Werke, Band XIII. S. 1168. Dieses widerspricht der S. 6 mitgetheilten Theorie Pf. Blumhardts vollständig.

2) Band XIX. S. 1391.

3) Fascinatio Magica, Nürnberg 1675, S. 288.

Es ist gewiß, daß dies alles Zauberwerk der Dämonen ist[1])." Mit Recht spottet hier Delrio über die Leichtgläubigkeit Luthers, der bekannte Naturerscheinungen für teuflische Afferei hielt.

3. Es möge hier noch auf die Mittel hingewiesen werden, deren sich Luther selbst bediente, dabei auch Anderen zur Nachahmung empfahl, um sich des höllischen Teufelsgespenstes zu erwehren. Seinem Freunde Hieronymus zum Beispiel schreibt er:

„Geliebtester Hieronymus, Du mußt annehmen, daß diese Deine Versuchungen vom Teufel kommen, und daß er es sei, der Dich so quält, weil Du an Christus glaubst. Denn Du siehst, wie sicher und froh er die größten Feinde des Evangeliums sein läßt, den Eck, Zwingli und andere. So oft Dich aber der Teufel plagen will, mein lieber Hieronymus, suche auf der Stelle ein Gespräch mit Menschen zu führen, oder trinke stärker, scherze, mache Possen oder verschaffe Dir andere Lustbarkeiten. Wir sollen immer mehr trinken, spielen, Possen machen, ja sogar sündigen, aus Haß und Verachtung gegen den Teufel, um ihn nicht aufkommen zu lassen, daß er uns über die geringfügigsten Dinge Gewissensbisse mache, sonst werden wir überwunden, wenn wir allzu ängstlich sorgen, daß wir nicht sündigen möchten[2])."

Ein anderes Mal empfiehlt er ein practisches aber keineswegs sauberes Hausmittelchen seines Freundes Bugenhagen, einen häßlichen Gewaltstreich, dessen ganzes Gewicht darin besteht, daß man Nichts verächtlicheres thun kann, um dem Teufel seine Verachtung zu bezeugen. Er hebt hervor, daß Dr. Pomeranus dieses Mittel·mit bestem Erfolge angewendet habe; doch die Feder sträubt sich es hier kund zu machen. Diese Vorstellung Luthers vom Teufel, Zauberei, Gespenstern zc. wurden dadurch Gemeingut des Volkes, daß er sie durch seine Hauspostille und seinen größeren Katechismus in's Volk selbst hinein trug. Dazu gesellte sich noch, wie vorauszusehen, der bedeutungsvolle Umstand, daß die ganze Schaar protestantischer Prediger dieselben Ideen sich aneigneten und durch Wort und Schrift vertheidigten, wie wir bald sehen werden. Es sei hier noch bemerkt, daß die übrigen Reformatoren, Calvin und Zwingli, ganz in demselben Wahne, wie Luther, befangen waren. Von dem Reformator Genfs, Calvin, ist es bekannt, daß er in seinem Systeme noch abergläubischer und verfolgungssüchtiger war, als Luther. In seiner Prädestinationslehre hatte das Dämonenthum eine specielle Berechtigung. Auf der anderen

---

1) Delrio p. II. S. 822. Aus Luth. Comm. über Kap. 9 der Genesis. 146.
2) cf. Rütjes S. 82; Briefe aus Hamburg, Berlin 1883 S. 190, 191. Weiß, Apologie II. 405. Das heißt doch nichts anderes, was Luther hier empfiehlt, als: der Zweck heiligt die Mittel. De Wette, Luthers Briefe IV. 188.

Seite war seine theokratische Auffassung des Staates nach Analogie des alten Testamentes für ihn eine Nöthigung, mit Feuer und Schwert gegen die Feinde Gottes einzuschreiten. Deshalb lehrte er, daß die Staatsregierung alle Zauberer zu Ehren Gottes ausrotten müsse. Nach ihm mußte daher Gotteslästerung, Zauberei und Unzucht ebenso bestraft werden, wie Raub, Mord und Brandstiftung. Das „Brennen" ging los 1542, als die Pest in Genf sich einstellte. Man glaubte an einen Bund von „Pestbereitern" oder „Zauberern", welche dieses Unglück veranlaßt hätten. Schreckliche Kerkerhaft, Folter, Scheiterhaufen, Schaffot, wurden in Anwendung gebracht. Das Verfahren selbst war das grausamste von der Welt. Man zwickte die Beschuldigten mit glühenden Zangen, mauerte sie ein, ließ sie verschmachten oder durch Schwebe- oder Schnellballen in die Lüfte schleudern, so daß manche sich lieber selbst den Tod gaben, ehe sie diese Qualen erdulden wollten. Vom 17. Februar bis 15. Mai 1545 hatte der Scharfrichter auf diese Weise 34 Personen in den Tod geschickt, darunter seine eigene Mutter. Oft wurden vor dem Tode noch grausame Verstümmelungen des Körpers vorgenommen. Die bekannte Hinrichtung Servets steht auch damit in Verbindung. Im Ganzen wurden nach dem Stadtregister in einem Zeitraume von 60 Jahren in Genf 150 Personen verbrannt. Selbst Beza, welcher als der „milde" Melanchthon der Reformirten ausgegeben wird, glühte vor Blutdurst gegen die armen Hexen. Er machte daraus dem französischen Parlamente einen großen Vorwurf, daß es in der Verfolgung der Hexen zu lässig sei. Die Fortdauer dieser bezeichneten Lehren der Reformatoren wurde dann auch dadurch für die Zukunft garantirt, daß sie ihre Aufnahme in die sogenannten Confessionen oder Glaubensbekenntnisse fanden. So in der Augsburger Confession, Art. XX. 18, 85. Concordienformel I. 641 und 648. II. 662 und 667; Apologie VIII. 220; in den Schmalkaldeschen Artikeln II. II, 308. IV. 315. Von Seiten der Reformirten in die helvetische Confession II. Cap. 7, Niederländische Confession Capitel 12 [1]). Unter den Reformirten galt Lambert D a n ä u s, geboren 1530, Prediger zu Genf, Leyden und Gent, als eine ihrer ersten Größen. Nichts destoweniger stellt dieser in seinem Dialoge: »De veneficiis« den Hexen-Sabath und die Teufels-Buhlschaft als volle Wirklichkeit dar. Johann Brenz wollte auch den bloßen Willen der Buhlschaft als That angesehen und bestraft haben. Prediger Meigerius in seinem Buche, »Panurgia Lamiarum« 1587, verlangt, daß die Obrigkeit die sogenannten Hexenberge fleißig durchsuchen und abstreifen lassen solle, ob sich nicht etwa verdächtige Spuren fänden. Chyträus, ein Rostocker Theologe, welcher an der Con-

---

1) cf. Rosloff, Gesch. des T. II. 377.

corbienformel mitgearbeitet hatte, versieht Meigerius Buch mit einer Vorrede und läßt unzweideutig erkennen, daß er den Hexen - Sabath nicht
anzweifelt[1]). Am scheußlichsten aber hat der Hexenwahn sich geberdet in
der reformirten Kirche Schottlands und Englands. Nach der unpartheiischen Darstellung Walter Scotts, Band 11 und 12, war in König
Jacob dem Ersten ein zweiter Nero entstanden. — „Die Priester stellten
den Grundsatz auf, daß die Katholiken als ihre Hauptfeinde mit einander
dem Teufel, der Messe und den Hexen zugethan wären, welche ihrer
Meinung nach alle drei zum Unheilstiften vergesellschaftet und natürliche
Verbündete sein müßten. Aus diesen Ursachen fielen die Hinrichtungen
von Hexen überaus häufig in Schottland vor, wo der König in gewissem
Maaße selbst Partei in der Sache nahm, und wo die Geistlichkeit
sich ein amtliches Geschäft dabei gleichsam zur Pflicht machte[2]).“

In Dänemark ist es ebenfalls ein hervorragender Geistlicher und Würden-
träger der lutherischen Kirche, welcher sich durch seinen Fanatismus gegen
angebliche Hexen auszeichnet. Es war dieses der erste protest. Bischof
von Dänemark, Namens Peter Palladius. Er lehrte in seinem Visi-
tationsbuch: „Die kath. Hebammen stehen mit dem Teufel im Bund,
sie sind einfach Hexen. Wenn eine Hebamme mit Segnungen, Beschwörungen und anderen Hexereien und Zaubereien sich befaßt, oder wer
es sonst thut, der soll — sonst ist der Hehler ebenso schlecht wie der
Stehler, — der Obrigkeit angezeigt werden, damit diese Hexe hundert
Fuder Holz unter den . . . . . . bekomme und lebendig verbrannt
werde.“

Dieser Bischof billigte nicht bloß die Hexenverbrennungen, er zieht
in ganz Seeland herum und stöbert die Hexen auf und
auch solche Personen, welche sich noch katholischer Segnungen und Gebete,
mitunter zu Ehren der Heiligen, bedienen. Er lehrt einen eigenen Trug-
kniff; Leute vom Hof, als Bauern verkleidet, sollen mit einer Binde um's
Bein gebunden zu solchen Verdächtigen kommen, um durch ihre Segnungen
geheilt zu werden. Da ertappe man diese Hexen auf frischer That und
solle sie alsbald mit Haut und Haar verbrennen. (Der Zweck heiligt die
Mittel.) Unter die Zaubermittel wird das Weihwasser, geweihtes Licht,
Chrisma, papistisches Oel und papistische Salbung gerechnet, also unsere
Sakramentalien. Die auf diese alten Sachen halten, werden Teufels-
apostel genannt. Ueberhaupt figurirt der Teufel überall[3]).

Nach all dem bisher Gesagten können wir nicht umhin, uns dem

---

1) cf. Hexenglaube ꝛc. von A. Rhamm, Amtsrichter, S. 56.
2) Walter Scott, Briefe über Hexerei II. Theil 165.
3) Hist. polit. Blätter Band 81, S. 17 u. 435.

Urtheile anzuschließen, welches ein anonymer Kritiker in der Augsb. Allg. Ztg. Nr. 268 vom Jahre 1880 bei Besprechung des Soldan'schen Werkes ausgesprochen hat. Trotz seiner Voreingenommenheit der katholischen Kirche gegenüber und trotz des Liebäugelns mit dem Werke der Reformation leitet er den Art. IV. über „Kirche und Aberglaube" mit folgenden Sätzen ein: „Es ist eine von der protestantischen Orthodoxie allzu sehr ignorirte Thatsache, daß der Teufelsglaube und die Hexenprocesse durch die Reformation nicht nur nicht in Abnahme kamen, sondern selbst in den durch das Evangelium, wie es von den Reformatoren verstanden ward, erleuchteten Ländern ungestörten Fortgang hatte, ja theilweise noch zunahm. Hoppe weist in seiner verdienstvollen Bearbeitung „der Geschichte der Hexenprocesse" von Soldan nach, daß gerade im Reformationszeitalter die Hexenprocesse erst recht epidemisch geworden sind. Einer Seuche gleich griffen sie um sich, sprangen von einem Land in das andere über, erreichten Höhepunkte, um zeitweise wieder abzunehmen, und erwachten dann mit neuer Heftigkeit." Und doch ist das Werk von Soldan-Heppe oder, Soldans Geschichte der Hexenprocesse von Dr. Heinrich Heppe 1880, durchaus einseitig und tendenziös gefärbt, wie wir des weiteren noch sehen werden [1]).

Er hat seine Untersuchungen vorzugsweise auf die Gebiete der Territorialherren in Mittel- und Süddeutschland gerichtet und den am meisten betheiligten Norden Deutschlands weniger berücksichtigt [2]).

Noch ist mit dem Obigen die Vorliebe Luthers für abergläubische Meinungen nicht erschöpft. Welche hohe Bedeutung er der Astrologie einräumte, auf die auch Melanchthon große Stücke hielt, sowie über Luthers Glauben an »portenta et monstra«, vorbedeutende „Zeichen", ist ausführlicher dargestellt worden durch Dr. Joh. Friedrich [3]).

---

1) „So geschah denn leider nach Luthers Tod und Wirksamkeit, daß der Teufel auch in der protestantischen Kirche eine erneuerte schreckliche Gewalt erhielt, so, daß man das 17. Jahrhundert mit Recht als das eigentliche Jahrhundert des Teufels und des Hexenprocesses nennen kann." Horst, Dämonomagie I. 172. Ferner citirt Horst einen Ausspruch Herders aus: Religion, Lehrmeinungen u. s. w. S. 200, wie folgt: „Ohne Zweifel freut sich das böse Princip, daß es seit den Zeiten der Gnostiker und des Mannes am Ende des aufgeklärten Jahrhunderts auf einmal wieder zu so hohen Ehren kommt: — wozu Horst ergänzend bemerkt: setzen wir hinzu: „des vierzehnten und siebenzehnten Jahrhunderts." I. 260.

2) A. Rhamm Hexenglaube und Hexenprocesse S. 63 Anmerkung.

3) Astrologie und Reformation, oder die Astrologen als Prediger der Reformation und Urheber des Bauernkrieges. München 1864. S. 106: Luthers Verhältniß zur Astrologie.

Zweites Kapitel.

Die Prediger oder der Hexenwahn auf der Kanzel.

Es ist eine mehr als auffallende Erscheinung, daß man bei der Erörterung der Ursachen, welche die Verbreitung des Hexenwahnes in dem Herzen des christlichen Volkes herbeigeführt haben, der Thätigkeit der protestantischen Prediger zu wenig Aufmerksamkeit geschenkt hat. Und doch war dieselbe von einer unberechenbaren Tragweite, indem sie nicht blos auf der Kanzel, sondern auch am Schreibtische zur Verbreitung des Zauberwahnes im deutschen Volke beigetragen haben. Der erste Geschicht-schreiber unserer Hexenprocesse, Soldan-Heppe, widmet diesem Factor nur einen Satz, worin er dessen Bedeutung anerkennt[1]). In der An-merkung kennt er nur einen Prediger, welcher seine Predigten dem Drucke übergab, Samson in Riga, während er einen zweiten mit fälschlichem Namen angibt. Die Leser werden sich überzeugen, von welcher Wichtig-keit die Predigtliteratur über Zaubersachen war, und welchen Einfluß sie ausgeübt hat. Freilich wandelten sie dabei Alle in den Fußstapfen der Reformatoren.

Des Teufels Schaubühne.

Im Jahre 1569 ließen 21 Pastoren und lutherische Theologen bei Sigm. Feyerabend zu Frankfurt am Main eine Art „Encyklopädie des Satanismus" erscheinen unter dem Titel: »*Theatrum Diabolorum*«, das ist „Ein sehr nützliches und verständiges Buch, daraus ein jeder Christ, sonderlich und fleißig zu lernen, wie daß wir in dieser Welt, nicht mit Kaysern, oder andern Potentaten, sondern mit dem allermech-tigsten Fürsten dieser Welt, dem Teufel zu kempfen und zu streiten haben 2c. 2c." Dieses Buch, in Groß-Folio und höchst umfangreich, ent-hält 21 Vorträge über zwanzig verschiedene Species von Teufeln. Z. B. Saufteufel, Faulteufel, Hoffartsteufel, Hurenteufel u. s. w.[2]). Hier sollen nur die erste und fünfte Abhandlung in's Auge gefaßt werden.

„Der Teuffel selbst" durch Hrn. Jodocum Hockerum Osnabur-gensem und Hermannum Hamelmannum Licentiatum[3]). Diesel-

---

1) Soldan-Heppe II. 208. „Es war nichts Unerhörtes, wenn ein evange-lischer Prediger im Gottesdienste von der Kanzel herab seine Gemeindemitglieder vor dem greulichen Verbrechen der Hexerei warnte." Dem »Theatrum diabolo-rum« schenkt er keine Beachtung, während Roskoff es in den Vordergrund stellt. II. 378—424.

2) Weiß, Apologetik II. Theil, S. 406.

3) Separatausgabe in Octav unter dem Titel: Hockerii, Der Teufel selbsten, Frankfurt 1627.

Urtheile anzu..... welches ein .... Kritiker in der Augsb. A.
Ztg. Nr. 268 vom Jahre 1880 bei B...... des Soldan'schen W..
les .... hat. Trotz seiner Voreingenommenheit der katholi..
Kirche gegenüber und trotz des Liebäugelns mit dem Werke der Re-
..mation leitet er den Art. IV. über „Kirche und Aberglaube" mit folgen..
Sätzen ein: „Es ist eine von der protestantischen Orthodoxie allzu
ignorirte Thatsache, daß der Teufelsglaube und die Hexenpr..
durch die Reformation nicht nur nicht in Abnahme kamen, sondern
in den durch das Evangelium, wie es von den Reformatoren ve..
ward, erleuchteten Ländern ungestörten Fortgang hatte, ja theil..
zunahm. Heppe weist in seiner verdienstvollen Bearbeitung
schichte der Hexenprocesse" von Soldan nach, daß gerade im ...
zeitalter die Hexenprocesse erst recht epidemisch geworden ...
Seuche gleich griffen sie um sich, sprangen von einem ...
andere über, erreichten Höhepunkte, um zeitweise wie...
und erwachten dann mit neuer Heftigkeit." Und doch ...
Soldan-Heppe oder, Soldans Geschichte der Hexenprocesse
Heppe 1880, durchaus einseitig und tendenziös gefärbt.
ren noch sehen werden [1]).

Er hat seine Untersuchungen vorzugsweise auf d..
torialherren in Mittel- und Süddeutschland gerichtet
betheiligten Norden Deutschlands weniger berücksicht..

Noch ist mit dem Obigen die Vorliebe Lut..
Meinungen nicht erschöpft. Welche hohe Bedeu..
einräumte, auf die auch Melanchthon große Stücke ...
Glauben an »portenta et monstra«, vorbedeutend
licher dargestellt worden durch Dr. Joh. Friedrich

---

1) „So geschah denn leider nach Luthers Tod un..
sel auch in der protestantischen Kirche eine er..
erhielt, so, daß man das 17. Jahrhundert mit Re..
hundert des Teufels und des Hexenprocesse..
monomagie I. 172. Ferner citirt Horst einen Auf..
Lehrmeinungen u. s. w. S. 200, wie folgt: „Ohne
Princip, daß es seit den Zeiten der Gnostiker
aufgeklärten Jahrhunderts auf einmal wie...
Horst ergänzend bemerkt: setzen wir hin...
zehnten Jahrhunderts." I. 260.

2) A. Rhamm Hexenglaube und ...

3) Astrologie und Reform...
mation und Urheber des ...
Verhältniß zur Astrolog...

...übung der Zauberkunst,
...aupt, oder der Schaden, den
...n gehören Abwendung von
...am Spiel, sich Unsichtbar-
...a heilen u. s. w. u. s. w.
...und Uebel an Menschen,
...ständen als Nägeln, Na-
...- und Eierstehlen u. s. w.
...g, doch seien seine Wunder-
...kliche Wunder kann er nur
...Zukunft kann er aus eigener
...e Verwandlungen der Menschen
...ungen; die Luftfahrten zweifel-
...Bündnisse mit den Hexen seien
...l. Möglichkeit der Incuben sowie
...n. Dann durchzählt Milichius alle
...st ihre größere oder geringere Ab-
...Resultate, daß die Obrigkeit nach
..., Alle am Leben zu strafen, welche
..., als Zauberer, Schwarzkünstler, Be-
...w. Ein besonderes Auge soll die Obrig-
...e zauberischen Spieler und solche, welche
...aß es nach ihrem Gefallen treffen oder
...merkt, daß er im vorletzten Kapitel sich
...die Zauberkunst auf die Kanzel bringen
...n. Er tadelt einige nasewelse Prädicanten, die
...e es für nöthig, die Leute darüber aufzu-
...g die Zauberei sei und welch' ein großes
...se namentlich das Volk vor dem Glauben
...vor allem Aberglauben überhaupt, jedoch sei
...von Nöthen. Somit hat Milichius keinen
...uevflogenheit seitens der Prädicanten, diesen
...von Amtswegen auf die Kanzel zu verlegen.
...en aus dem Volke auszurotten, haben sie ihn
...Leichtgläubigkeit bei ihren Zuhörern unterhal-

...von Minusculus handelt über das Thema: „Von
...ht und Gewalt in diesen letzten Tagen." Sie ist den
...lt nach gleich. Sämmtliche Predigten waren auch
...neisten begehrt waren: der Saufteufel, der Eheteufel

ben behandeln in 48 Kapiteln Existenz, Namen, Ursprung, Zahl, Bosheit, Macht und Wirksamkeit und Eigenschaften, Aufenthaltsort der Teufel. Die erste Autorität ist für sie Martin Luther. Zum Beweis seiner Existenz wird neben der heiligen Schrift auch die tägliche Erfahrung angezogen, welche beweisen, daß die Teufel allerlei Unglück in der Welt anrichten, als Krieg, Theuerung, Pestilenz, Arm- und Beinbrüche u. s. w. Von Gelehrten-Zeugen werden citirt Luther, Bucer, Wolfgang Musculus. Als Curiosum muß erscheinen die Berechnung der Anzahl der Teufel. Hocker berechnet ihre Anzahl auf 2,665,866,746,664. Was die Wirkung des Satans anlangt, so könne er die Luft verpesten, Vieh tödten, Glieder verderben mit Berufung auf Luther, welcher in einer Predigt von Engeln sagt: „Ich fühle den Teufel sehr wohl, kann es aber dannoch nicht so machen, wie ich gerne wollte. Ich wollt gern heftiger, hitziger und ernster in meinem Thun sein, aber ich kann für dem Teufel nicht, der immer zurück ziehet. Wenn er nun die Seele also gefasset hat, so greifet er nach dem Leibe auch, da schickt er Pestilenz, Hunger und Kummer, Krieg und Mordt rc. Den Jammer richtet der Teufel alle an. Das nun einer ein Bein bricht, der andere ersauft, der dritte ein Mord thut, wer richtet solches alles an? Niemand denn der Teufel. Das sehen wir für Augen und fühlen es, dennoch sind wir sicher und meinen, er sei nit da[1]). Daß der Teufel auch die Frommen plagen könne, sei sicher, wenn Gott es zulasse. Mit Berufung auf J. Calvinus cap. 6, Institut nr. 41; H. Bullinger, Decar. 4; Sermonum Sermo 9. Als Aufenthalt der Teufel wird nach Martin Luther Kirchenpostille 3. Sonntag nach Trinitatis die Luft angegeben, weil er noch nicht in der Hölle sei, wobei auch bemerkt werden mag, daß Luther dessen endliche Seligwerdung behauptet, was auch Calvin und Bullinger annehmen. Kapitel 23. Der Teufel kann Wunder verrichten mit Zulassung Gottes; auch kann er weissagen, auch Leiber annehmen, auch sich in Katzen, Hunde, Schwein verwandeln. Die Ansicht Luthers über die Wirklichkeit der Succuben und Incuben theilt der Verfasser nicht. Die Teufel können Hagelstürme und Gewitter nur machen mit Zulassung Gottes, dagegen bezweifelt er, ob dasselbe den Zauberern möglich sei. Das sei mehr Einbildung auf Seiten der Letzteren.

Eine specielle Untersuchung jedoch über diesen Gegenstand veranstaltet Ludowicus Milichius in seinem „Zauberteufel", von Zauberei, Wahrsagung, Beschwören, Segen, Aberglauben, Hexerei und mancherlei Werken des Teufels u. s. w. Er behandelt diesen Gegenstand in 39 Kapiteln. Derselbe setzt das „Teufelsbündniß" als selbstverständlich

---

1) Roskoff II. Theil, S. 382.

voraus und unterscheidet zwei Motive für Ausübung der Zauberkunst, entweder der Nutzen, welchen der Zauberer sucht, oder der Schaden, den er stiften will. Zu den nützlichen Zauberwerken gehören Abwendung von Unwetter, Dämpfen des Feuers, Vortheile beim Spiel, sich Unsichtbar-Schuß- und Stichfestmachen, Krankheiten zu heilen u. f. w. u. f. w. Die schädliche Zauberei bewirke Krankheiten und Uebel an Menschen, Thieren, Früchten 2c., Einzaubern von Gegenständen als Nägeln, Na-beln 2c. in den menschlichen Leib, das Milch- und Eierstehlen u. f. w. Der Teufel als Affe Gottes ahme Alles nach, doch seien seine Wunder-werke oft Blend- und Spukwerke, und wirkliche Wunder kann er nur verrichten auf Zulassung Gottes. Die Zukunft kann er aus eigener Kraft vorhersehen, jedoch nicht Alles. Die Verwandlungen der Menschen im Thiere und andere Dinge sind Täuschungen; die Luftfahrten zweifel-haft. Aber die Zusammenkünfte und Bündnisse mit den Hexen seien Thatsachen, auch gibt der Verfasser die Möglichkeit der Incuben sowie der Succuben und der Wechselkinder zu. Dann durchzählt Milichius alle Arten und Species der Zauberei, weist ihre größere oder geringere Ab-scheulichkeit nach und kommt zu dem Resultate, daß die Obrigkeit nach der heiligen Schrift die Pflicht habe, Alle am Leben zu strafen, welche einen Pakt mit dem Satan haben, als Zauberer, Schwarzkünstler, Be-schwörer, Hexen, Wahrsager u. f. w. Ein besonderes Auge soll die Obrig-keit haben auf die Hebammen, die zauberischen Spieler und solche, welche die Feuerwaffen bezaubern, so, daß es nach ihrem Gefallen treffen oder nicht treffen möge. Noch sei bemerkt, daß er im vorletzten Kapitel sich darüber ausläßt, ob man auch die Zauberkunst auf die Kanzel bringen und darüber predigen solle. Er tadelt einige naseweise Prädicanten, die dieses verneinen; denn er halte es für nöthig, die Leute darüber aufzu-klären, was und wievielgestaltig die Zauberei sei und welch' ein großes Laster sie darstelle. Man müsse namentlich das Volk vor dem Glauben an Weissagung warnen und vor allem Aberglauben überhaupt, jedoch sei dabei eine gewisse Vorsicht von Nöthen. Somit hat Milichius keinen geringen Antheil an der Gepflogenheit seitens der Prädicanten, diesen Zauber- und Hexenglauben von Amtswegen auf die Kanzel zu verlegen. Weit entfernt, diesen Glauben aus dem Volke auszurotten, haben sie ihn vielmehr durch ihre eigene Leichtgläubigkeit bei ihren Zuhörern unterhal-ten und vermehrt[1]).

---

1) Die zweite Predigt von Minusculus handelt über das Thema: „Von des Teufels Thrannei, Macht und Gewalt in diesen letzten Tagen." Sie ist den beiden skizzirten dem Inhalt nach gleich. Sämmtliche Predigten waren auch einzeln zu haben. Am meisten begehrt waren: der Saufteufel, der Eheteufel

Es seien nunmehr jene Prediger den Lesern vorgeführt, welche ihre Predigten später dem Drucke übergeben und diese dadurch uns zugänglich gemacht haben.

1. M e d e r u s , 8 Hexenpredigten von des Teufels Mordlindern, den Hexen, Unholden, zauberisch ꝛc. erschrecklichem Abfalle, Lastern und Uebelthaten, Leipzig 1605 [1]). In der Vorrede zeigt der Verfasser an, obwohl vor und zu jener Zeit Gelehrte aller Facultäten gegen das Laster der Hexerei geschrieben und nachgewiesen haben, was für merklicher Schaden dadurch in der Christenheit gestiftet werde, so erachte er es doch als besondere Aufgabe der Prediger, besonders solcher, die auf der Kanzel stehen von Berufswegen, wie alle anderen Sünden, so besonders das verfluchte teuflische Hexenwerk öfters anzutasten, zu strafen und davor zu warnen. Als er noch Generalschulinspector der Grafschaft Hohenlohe und Prediger gewesen, sind daselbst in verschiedenen Orten der Grafschaft und den angrenzenden Herrschaften Leute beiderlei Geschlechtes verbrannt worden. Hierüber waren viele Leute ungehalten, weßhalb er begonnen, öffentlich davon zu predigen, damit die christliche Obrigkeit, so wider des Teufels Mordreich eifern, keiner Crudelität, noch Ungerechtigkeit beschuldiget, auch den Schöffen, wann sie zu Tod verurtheilen, ihr Gewissen nicht beschweret würde. (!) Solche Predigten sahen bei ihm etliche gute Leute aus Naumburg, welche ihn baten, sie dem Drucke zu übergeben, weil über diese hochschädlichen Hexen-, Zauber- und Drachenleute männiglich Klagen führe, als durch welche Thiere und Menschen verletzt würden. In der ersten Predigt bringt er den Beweis von dem Dasein der Hexen; in der zweiten wird die Obrigkeit aufgefordert, sie eifrig aufzusuchen und zu richten; denn alle Hexen ohne Ausnahme richten Schaden an. Darum feuert er die Richter an, sich nicht von ihnen bestechen zu lassen. In der dritten spricht er über die Ursachen, warum die Menschen sich der Hexerei ergeben. Hierbei erlaubt er sich zu versichern, daß päpstliche Mönche als geheime Schwarzkünstler im Beichtstuhle alten Weibern Unterricht in der Zauberei gäben. In der vierten Predigt spricht er von den Sünden und Lastern der Hexen und wiederholt eine scharfe Aufforderung an die Prediger und die Obrigkeit dagegen einzuschreiten. In der fünften Predigt wird dargethan, daß der Teufel erst 1000 Jahre gebunden gewesen, nunmehr wieder losgelassen sei [2]). Dieses sei erwiesen durch das Teufelsheer der Hexen und Unholden, die er verführet habe. Die Hexenwerke seien des

---

und Hofteufel. Siehe Meß-Memorial des Frankfurter Buchhändlers M. Harder von Dr. Kelchner. 1873. S. VIII. „Die meisten „Teufel" gingen nach Leipzig und Magdeburg."

1) Ausgaben erschienen noch 1616 und 1646.

2) Vielleicht, wie ein Schalk meinte, weil die Hölle getüncht würde.

Teufels Verrichtungen, als da sind: Luftfahrten, die Ausfahrten, fleischliche Vermischung mit dem Satan ohne Nachkommenschaft; was man
dafür halte, seien Wechselkinder, Kielkröpfe u. s. w., wie dieses etwa
geschehen sein möge mit jener eingeschlossenen Klosterfrau in England,
von welcher im Jahre 1440 der berühmte Zauberer Merlin geboren worden sei; das Wettermachen, die Bezauberung an Menschen durch Pulver,
das sie in den Weg streuen, durch Eingrabung etlicher Stücke unter die
Schwellen, oder durch Schüsse, damit sie auch abwesende Menschen beschädigen können, oder durch bezauberte Wachsbilder, womit sie Abwesende
blind und lahm machen oder durch Nestelknüpfen und Schloßwerfen,
wodurch sie die Eheleute verderben oder durch anderweitiges, womit den
Menschen in den Leib Eisen, Bein, Holz, Haare u. s. w. hineingezaubert werden.   Er selbst bringt 2 Exempel dieser Abgänge von einem Kinde und einem
Edelknaben in Erinnerung. Die Thierverwandlungen sind eitele Betrügereien des Satans; indessen das Herbeischaffen des fremden Eigenthums
ist Thatsache. In der sechsten Predigt behandelt er die Ursache, weßhalb
Gott die Hexenplage zulasse. Dieses geschehe a) um seinetwillen; b) der
Auserwählten; c) der sündigen Menschen; d) des Satans und e) der
Hexen willen. Die siebente Predigt befaßt sich mit den Schutzmitteln
gegen Zauberschaden und den Befreiungsmitteln nach geschehener Beschädigung. Die letzte Predigt wendet sich mit dem Texte „die Zauberin
sollst du nicht leben lassen" II Mos. 22. an die weltliche Obrigkeit, um
sie aufzufordern mit gebührendem Ernste an die Ausrottung der Hexenlaster zu Werke zu gehen. Deßhalb vier Punkte zu erwägen:

a) Die Pflicht nach Hexen und Unholden fleißig zu forschen.

b) Auf was Anzeigung und Beweis sie achten sollen, damit kein
Unrecht geschehe und nur der Schuldige bestraft würde.

c) Daß jeder christliche Schöffe und Gerichtsbeisitzer den Schuldigen
mit gutem, fröhlichen Gewissen könne zum Tode verdammen helfen,
welches auch die Ankläger thun können.

d) Wie die Hexen sollen gestraft werden.

Letzteres geschehe billig mit dem Feuertode nach kaiserlichem Rechte,
kann aber auch bei Reumüthigen gemildert werden zur Ausweisung u. s. w.
Bezüglich der Tortur mahnte er zur Vorsicht, da sie oft so streng und
unbarmherzig gebraucht würde, daß die armen Leute bekennen müssen,
was sie hernach widerrufen. Doch will er die Tortur nicht verworfen
haben, aber auch nicht für genügend halten. Meder ist also ganz in die
abergläubischen Vorstellungen seiner Zeit verstrickt; er glaubt an die ungeheure Verbreitung der Zauberer, an des Teufels ungebührliche Macht,
als deren Werkzeuge die Hexen sich darstellen, weßhalb er nichts Besseres
zur Abhilfe weiß als an das obrigkeitliche Schwert zu appelliren.

2. M. Bernhard Albrecht, Pfarrer zum heil. Kreuz und Senior des evangelischen Ministerii zu Augsburg, veröffentlichte im Jahre 1628 seine gehaltenen Hexenpredigten unter dem Titel: „*Magia*«, das ist: Christlicher Bericht von der Zauberey und Hexerey insgemein, und dero zwölferley Sorten und Arten insonderheit: Was es für ein Gräuel vor Gott sey: und wie schwerlich beyde, die Zauberer selber, und dann diejenige sich versündigen, welche bei ihnen Rath und Hilfe suchen. Item: Daß eine Christliche Obrigkeit recht daran thue, wann sie die Hexen und Zauberer am Leben strafet.' Dieses angekündigte Thema wird in zwölf Kapiteln abgehandelt. Das erste Kapitel behandelt die Frage, ob Zauberer und Hexenleut unter den Christen zu finden seyn? Im letzten Kapitel stellt er die Frage, ob die weltliche Obrigkeit recht daran thue, wann sie die Hexen und Zauberer am Leben straffet? Auf beide Fragen folgt eine bejahende Antwort. Sein mitleidiges Herz hat ihm diese Schrift eingegeben: „Wer sieht nicht stündlich vor Augen, was der große Hauff, unter denen, so sich Cristen nennen, für ein leichtfertiges, gottloses, bübisches und unbußfertiges Leben führet und dadurch dem h. Evangelio einen großen Schandflecken anhänget; wieviel sind deren, die Gott im Himmel verleugnen und sich dem Teufel in der Hölle ergeben durch Zauberey und Hexerey? Mit Weinen und Klagen ist da nichts geholfen. Dannenhero hab ich vor einem Jahre in meinen Ordinari Wochenpredigten bei Erklärung des 28. und 31. Kapitels im ersten Buche Samuelis Anlaß genommen, diese Materiam von der Magia, Antophonia und Melancholia, das ist von der Zauberey und Hexerey, zu tractiren und in achtzehn unterschiedlichen Predigten einfältig zu erklären und zwar zu keinem anderen Ende, denn daß solche allein den anwesenden Zuhörern zu treuherziger Warnung, Bericht, Trost und Vermahnung dienen sollen."

Von verschiedenen Personen und von einem fürnehmen Ort aufgefordert, umb Publicirung derselben, hat er sein Concept zur Hand genommen und aus den achtzehn Predigten einen dreifachen Bericht gemacht, wie er vor fünf Jahren auch mit seinem Donner- und Wetterbüchlein gethan. Den ersten Bericht betitelt er von der Magia oder Zauberey und datirt ihn im Jahre 1626 den 31. Mai, an welchem Tage, wie er hinzufügt, vor 38 Jahren in der Ullrichskirche zu Halle in Sachsen er die erste Predigt gehalten habe. In dem Vorworte an den christlichen Leser bekämpft er die möglichen Einreden gegen seine Schrift, daß sie unnütz, unnöthig oder zu einfältig seie. Wenn man nicht, um zarte Ohren zu schonen, von der Zauberkunst predigen dürfe, dann dürfe man auch nicht von Unzucht, Trunkenheit und anderen abscheulichen Lastern predigen. Der alten Bücher seien wenige mehr vorhanden. Er seinerseits halte sich gerne an das, was er von seinen lieben

Herren Präceptoren zu Wittenberg und Jena gehört habe. Nach damaliger Sitte, wird der Verfasser von sechs Amtsbrüdern in Epigrammen beglückwünscht und gefeiert. Von J. Conrad Köbel, Pastor und Senior des evangelischen Ministerii, von M. David Schön, von Wolfgang Christmann, Elias Ehinger und in einer fünf Seiten umfassenden Elegie des M. Johann Wegelin zu Augsburg. Auch der Sohn M. Georg Albert, Diacon, preist seinen „besten Vater" und wünscht: daß das Buch vom Leser aufgenommen werde mit derselben Wärme, mit welcher es von der Kanzel im Worte erklungen. Im dritten Kapitel handelt er über die mancherlei Sorten oder ‚Zünften' der Zauberer. a) Zauberer. Sie sind des Teufels Diener. b) Beschwörer. Hier citirt der Verfasser verschiedene Teufels-Austreibungen aus Matth. Mayrhofers Spiegel, Martin Eisentrein und aus Dr. Johann Marbach „Mirakeln und Wunderzeichen"; sie dienen dazu, den Exorcismus der Kirche lächerlich zu machen; hingegen weiß er gar große Dinge von Predigern und namentlich von Dr. Martin Luther zu erzählen. „Also hat Dr. Luther Anno 1538 einen jungen Studenten, desgleichen 1545 eine junge Tochter vom Teuffel erlediget. Jetzo anderer Exempel zu verschweigen. Es treiben zwar die Päbstischen Lehrer viel Maulbeerens dawider, und haben sonderlich ihrer zween, als der abtrünnige Fridericus Staphylus und Laurentius Surius, Carthäuser-Mönch, sich nicht geschäuet, in ihren öffentlichen Schriften die Historien, wie Dr. Luther den Teuffel von einem besessenen Mägdlin außtreiben wollen, ganz fälschlich zu erzehlen, daß nemlich Anno 1545 ein besessen Mägdlin aus Meißen gen Wittenberg zum Luther, als den zu Elia, geschickt worden, sie vom Teuffel zu erlösen, und als er diese in der Sakristey der Pfarrkirche daselbst gefordert, hat er den Teuffel beschwore nach lutherischer art, aber der Teuffel hab seiner nur gespottet, darbey sei dem Luther angst worden, und hatte sich gern getrollet und ein Ausflucht genommen, aber der Teuffel hab die Thür berannt, daß er nit heraus konnte, darüber er sich auch beflissen, ob er zum Fenster hinaus fliehen möchte, aber um des Eysern Gütters wüllen hab er nicht können entweichen, und haben etliche durch die eiserne Gütter ihm eine Axt reichen müssen, damit er die Thür geöffnet und davon gelauffen.

Mit dieser Legenda haben sich die Papisten bisher sehr erlustiget, aber man hat einen dritten Augenzeugen M. Sebastian Tröschel, damalen Diaconus zu Wittenberg, der mit dabei gewesen, da die Historia mit der Austreibung des Teuffels aus der Jungfrau begeben. Der schreibet viel anders von der Sache in e i n e r P r e d i g t v o m T e u f f e l, die Anno 1563 im Druck ausgegangen.

„Es kam bei Leben Dr. Martini Lutherii ein Jungfräulein gen Wittenberg, aus dem Land zu Meißen gebürtig, welche von einem Teuffel

oft und vielmals vexiret und gequälet ward. Und ward an Dr. Mar-
tinum S. geschrieben, er wolle ein solches Jungfräulein, welches bey
18 Jahren war, von dem bösen Feind erlösen. Als nun dieselbige
Jungfrau zu Dr. Martino bracht ward, fraget er sie zur stund, ob sie
ihren Glauben könnte hersagen, bei dem Wort: und an Jesum Christum,
kann sie nicht mehr reden, der böse Geist hebt an, sie zu reißen und zu
quälen. Da spricht Dr. Luther, Ich kenne dich wohl du Teuffel, du
wolltest gern, daß man ein großes Gepränge mit dir mache und dich sehr
feiere, du wirst das bei mir nicht finden. Man befahl, sie nächsten
Tags zu seiner Predigt in die Kirche zu bringen und danach in die
Sakristey. Die Jungfrau ist gehorsam und kömpt zur Predigt des
Doctors, aber da man sie hernach in die Sakristey führen wollte, da
fällt sie darnieder, und schlagt und reißet um sich, daß sie etliche Studenten in die Sakristey tragen mußten, und legten sie Dr. Martino S.
für seine Füße und schließen die Thür an der Sakristey zu und alle
Kirchendiener mit etlichen Studenten blieben drinn. Da fahet Dr. Martinus an, und thut diese kurze Vermahnung zu den Kirchendienern, die
allen Predigern zu merken ist, um sich darnach zu richten.

α. Hebet er an und spricht, man soll die Teuffel jetzt zu unser Zeit
nicht austreiben, wie in Ecclesia primitiva, wie zur Apostelzeit und
kurz hernach, da von nöthen gewesen ist, daß man Wunderwerk und
Zeichen hat thun müssen des Evangelii willen, dasselbige als eine neue
Lehr zu bestetigen, welches jetzt nicht von nöthen ist, weil das Evangelium
keine neue Lehr ist, sondern genugsam confirmiret und bestätiget.

β. Soll man die Teuffel auch nicht austreiben conjurationibus,
durch Beschwören, wie Etliche im Papstthum thun, und Etliche aus den
unsrigen, sondern man soll sie austreiben orationibus et contemptu,
mit dem Gebet und Verachtung. Denn der Teuffel ist ein stolzer Geist,
er kann das Gebet und die Verachtung nicht leiden, sondern hat Lust
am Gepränge, darum soll man kein Gepränge mit ihm machen, sondern
aufs höchste ihn verachten.

γ. Soll man den Teuffel mit und durch das Gebet austreiben, daß
man dem Herrn Cristo kein Regel, kein modum und weise, kein zeit
oder stät fürschreibe, wann und wie er die Teufel austreiben solle, denn
das hieß Gott versuchen, sondern wir sollen so lang mit dem Gebet anhalten,
so lang klopfen und pochen, bis daß Gott unser Gebet erhört. Matth. 7.

δ. Leget Dr. Luther seine rechte Hand auf der Jungfrauen Haupt,
gleich wie mans legt auff die, so zum Predigtampt ordinirt und geweyhet
werden und befahl den Dienern des Evangelii, daß sie dergleichen thun
sollten und befahl weiter, daß sie ihm sollten nachsprechen, erstlich das
Symbol. Aopstol. darnach das Vater unser, zum dritten sprach der

Dr. Luther diese wort Joh. am 16. allein: Wahrlich, wahrlich, ich sage euch, so ihr den Vater etwas bitten werdet zc. und Joh. am 14.: Wahrlich, wahrlich, ich sage euch, wer an mich glaubt, der wird die Werck auch thun, die ich thue zc. Nach diesen Worten hat Dr. Luther heftig Gott angeruffen und gebeten, Er wolle das arme Jungfräulein vom bösen Geist (so er in ihr were) erlösen und erretten umb Christi willen und derselbige dadurch gelobet, geehrt und gepreiset werde. Nach diesem Gebet und Vermahnung ist er vom Mägdlin hinweggegangen und hat dasselbige mit seinem Fuß gestoßen und des Satans gespottet und gesagt, du stolzer Teuffel, du sehest gern, daß ich ein Gepränge mit dir anrichtet, du sollst nichts erfahren, ich thue es nicht, du magst dich stellen wie du willst, so geb ich nichts drauff. Nach diesem Proceß haben sie das Jungfräulein den 2. tag wieder heim geführet und hernach etliche mal an Dr. Luther und andere geschrieben und entboten, daß der böse Geist hernach das Mägdlin nicht mehr hab gequelet wie zuvor."

c) Segensprecher. Da bringt er einen Viehsegen, welcher lautet: Ob das sey, daß die heilig Jungfraw Maria das Kind Jesum gebar, So komme diesem Thier das Blatt ab. Im Namen Gottes, des Vaters zc.

Ein Wundsegen: Christus ward geboren, Christus ward verloren, Christus ward gefunden, der gesegnet diese Wunden. Im Namen des Vaters u. s. w.

Er erwähnt noch Waffensegen, Andreas-, Fieber- und Weibersegen.

d) Zeichendeuter. Darunter die Astrologen, welche das Geschick der Menschen weissagen aus den zwölf Häusern des Himmels.

e) Die Vogelgeschreideuter.

f) Die Tagwähler.

g) Die Weissager, wobei er der Oratel gedenket.

h) Die Wahrsager.

i) So ihre Söhne und Töchter durch's Feuer gehen lassen, wobei des schändlichen Molochsdienst gedacht wird und der schrecklichen Kinderopfer.

Heutzutage bezaubert er etlicher Eltern Sinne, daß sie ihre Söhne und Töchter in die Klöster geben, daß sie Mönche, Nonnen werden und Tag und Nacht Gott dienen können, wie sie beredet sind. Diese Söhne und Töchter sind zwar nicht leiblich verbrannt und den Gözen geopfert, davon wie oben gesagt, werden aber durch ihre Eltern mit den Klostergelübben durch's Feuer der Unkeuschheit geführt und an ihren Seelen jämmerlich ermordet.

Ob die weltliche Obrigkeit Recht daran thue, Hexen und Zauberer am Leben zu strafen, wird im zwölften und letzten Kapitel behandelt und natürlich bejaht. Von der peinlichen Frag erklärt er, daß sie oft gefährlich, jedoch erlaubt sei. Die Todesstrafe jedoch treffe die Zauberer nach göttlichen und weltlichen Rechten. „Und so soll es bei allen Kur- und Fürstenthumen, Graffschafften, Herrschafften und Reichsstädten gehalten werden, und wo man sich umb den gemeinen Nutzen wol verdienen wil, daß man die schädliche Leut, Zauberer, Hexen, und andere ihres gleichen, ernstlich straffe und aus dem Mittel reume¹).“ Der Verfasser warnt noch am Schlusse Richter und Advocaten, ja nicht um Geldes oder eigenen Genusses willen die Angeklagten lebig zu lassen, sonst würde Gott als Rächer ihrer Unterlassungssünde sich erweisen. Der Schluß lautet: „Hilf nun, du getrewer Gott, daß dieser einfeltige Bericht männlich diene zur Lehre, zur Straff, zur Besserung, zur Züchtigung in der Gerechtigkeit. Stewre und wehre dem bösen Feind von allen seinen listigen Anläuffen: Bewahre alle Christgläubigen, daß ihnen von seinen, des Teuffels, Werkzeugen, kein Schaden an Leib und Seel, an Haab und Gut widerfahre, durch Jesum Christum 2c. Amen.“

3. Im Jahre 1630 läßt der Pfarrer und Poet Laur. Joh. Rübinger zu Ober-Oppurg bei Joh. Reifenberg zu Jena zwei Serien von gründlichen Hexenpredigten erscheinen unter dem Titel: »De Magia illicita Decas Concionum« Nr. 1 und 2 auf zusammen 850 Seiten. Den ersten Theil widmet er drei Beamten; den zweiten Theil dem Präsidenten und den Assessoren des fürstlichen Altenburgischen Consistorii. Er glaubt in seiner Vorrede hervorheben zu sollen, „daß er nicht wenige Motive gefunden, die solche meine Predigten in offenem Druck gleichsam genöthiget.“ Er behandelt in der ersten Decade den bekannten Spruch der Moralisten: Quis, quid, ubi etc. und findet in jedem Worte den Anhaltspunkt zu einer Hexenpredigt. In der zweiten Predigt durchgeht er die acht Arten der Weissagung: Ex christalis, speculis, annullis, aquis, in vitro et pelvi, securi et cribris (Beil und Sieb), gallis, astris, manibus. Dann geht er über auf die »Magia operatrix«, die wirksame Zauberei, und beruft sich auf geschichtliche Personen, z. B. Albertus Magnus, Johannes Faustus, von welchem er sagt, „er habe einem Bawren, der nicht wollte aus dem Wege weichen, die Pferde mit dem Wagen gefressen. Und ein anderer, so einem gute fette Schwein verkauffte, welche, als sie der Käuffer heim treiben wollte, und sie auf dem Wege durch ein Bach trieb, verlor er die Schwein und sahe nur Strohwisch dahinfließen, woraus noch etwas ungewöhnliches entstehet. Denn er gehet zurück zur Herberge den Verkäufer, den Bösewicht, zu suchen, der lag hinterm Ofen und schnarchte, als wenn er schlief mit der Wirthin Einverständniß.

---

1) Bernhard Albrecht Magie, das ist christlicher Bericht von der Zauberei und Hexerei insgemein 2c. S. 310.

Gehet der Käufer zornig hin und spricht: Hör, du Betrüger, und zieht ihn dabei mit dem Beine, welches ganz nachgibt, als wenn er dasselbe vom Leibe abrisse. Darüber stand der arme Tropf ganz erschrocken; der andere schreit um sein Bein und den erlittenen Schaden, endlich wird die Sach gütlich beigelegt, das Bein wieder an seinen Ort gerichtet und angemacht." Dergleichen wundersame Histörchen und Wunderdinge ist das Buch voll und überreich. Der zweite Theil erschien 1635 unter gleichem Titel mit dem Beisatze: „Zehen gründliche Predigten von so viel sonderbaren Arten der verbotenen Heydnisch-Papistischer Grewel" ꝛc. In der Vorrede klagt er: Sonderlich aber höret, sehet und empfindet man allenthalben in allen Ständen, daß das grewliche und abscheuliche Laster, die Zauberey und Hexerei gar gemein ist, nicht allein bei den Abgöttischen Völkern, den Türken und Papisten (!), sondern auch bei denen, so dem wahren Gott angehören wollen und in der Tauf einen Bund gemacht haben. Diese thun ihr Taufbündniß vergessen und dagegen sich dem Teufel entweder offentlich oder insgeheim durch Verbündniß ergeben und durch dessen Hülfe an Menschen, Vieh und anderen Creaturen mit ihrer Zauberei und Gaukelei vergreifen. Sodann ich v o r e i n e m J a h r e insgemein von Zauber- und Hexenwerk habe etliche Wochenpredigten gehalten und versprochen, so mir Gott das Leben fristen werde, so wollte ich auch davon insonderheit ü b e r ' s J a h r handeln.

In der ersten Predigt bespricht er die Menschenopfer, welche Heiden und Juden den Göttern, letztere dem Moloch, dargebracht hätten. Auch die Papisten hätten aufs Neue Götter und Abgötterei eingeführt. Z. B. Die Heiden hatten den Neptun als Gott des Meeres eingesetzt, die Papisten den St. Christoph und St. Nikolaus; Mars war Kriegsgott der Heiden; St. Georg ist der Kriegsgott der Papisten. Auch Menschenopfer sind letzteren eigen. Es werden nämlich etliche Eltern unter den Christen gefunden, welche ihre Kinder nicht nur leiblicher Weise bei etwaiger Krankheit durch die Feuerflammen ziehen oder über dem Feuer räuchern, sondern auch geistiger Weise dem Moloch opfern. Und solches geschieht, wenn sie ihre Kinder heutigen Tages ins Papstthum abfertigen um solche den Jesuiten in ihre Schulen zu schicken. Denn der Moloch und das ihm von den Amorritern gebrachte Kinderopfer ist ein sonderbares Vorbild der Jesuiten und der ihnen zum lehren aus diesen Landen zugeschickter Kinder. Und zwar solches:

a) Respectu principii, wegen des Ursprungs. Denn wie der Moloch aus des Teuffels Eingeben durch die Amorriter ist aufgebracht worden, also ist der Jesuiten Orden und Schul durch des Teuffels Eingaben im Traum von den an Händen und Füßen fast verlähmten

Gottlosen Hispanischen Kriegs-Soldaten gestiftet und aufgerichtet, darvon in folgendem mit mehreren.

b) Proprii, wegen der Eigenschaft. Denn wie der Moloch war der Amorriter Abgott: Also sind der römischen Amorriter, der Päpste, bishero gewesen Abgötter, die Jesuiten, erfunden worden. Wie der Moloch ist aus festem, glattem, glänzendem Erz gewesen, also sind nicht nur der Jesuiten Collegia und Häuser feste und wohlverwahrte Orte, auch sie selbst sind unverschlagene unbarmherzige Gleißner. Es sind die Jesuiten 1. mißtrauische Leute und solches bezeuget ihre nahe bei sich habende Kriegsrüstung und Kriegsmunition, welches sie zu ihrer Beschützung bei sich haben. Und dieses weil sie in steter Furcht leben; 2. hartnäckige unbarmherzige Leute und solches bezeugt ihr Habit, Wort und die unter ihrem Tempel und Kirchen übliche Mörderische Werkzeuge. Denn Camilhorn schreibet, daß die Jesuiten aus sonderlichem Bedenken nicht allein ihre Kriegswaffen viel lieber und nahe bei sich haben, als anderswo. „.... Besonders haben sie unter sich Schleifflöcher und Höhlen, darinn findet man eine treffliche, herrliche, schöne Liberey von allerhand Seilen, Henkersstöcken, Folterstricken, Schwerten, Beilen, Zangen, Pfähle, an welche man die Uebelthäter spießet, Leitern und dergleichen Instrumente, daran sie diejenigen, so in ihre Händ gelangen, binden und also jämmerlicher Weise hinrichten. Sie hätten auch derartige Henkerskleider und Hüte, zerstochen, zerhackt und zerschnitten, also daß einer von dem Anschauen erzittern und erbeben muß. So einer von ihnen möchte entweichen, um ihre Heimlichkeit an die helle Sonne zu bringen, demselben legen sie hiermit die ärgste Qual, Marter und Tod an. Wie solches mit vielen Exempeln, wenn es von Nöthen wäre, sonderlich mit einem vom Adel aus Graz, Jacob Klusser und einem Milbergischen, welchen die Fuldaischen Jesuiten tyrannischer, mörderischer Weise zugesetzet, deren genannter Camilhorn gedenket, kann bewiesen werden. Aus diesem und mehr Gründen folgt des Predigers Warnung an die Eltern, bezüglich des Kinderschickens in die Jesuitenschulen, das ist 1. ein verbotenes, 2. ein teuflisches, 3. ein abscheuliches, 4. ein schändliches Werk. Letzteres am Gemüth, Leib und Leben; denn wie dem feurigen Moloch in die Arme gelegten Kinder verbrannten, also werden die Kinder, wenn solche von den Jesuiten wegen sodomitischer Stücklein und scharfer Disciplin wollen ausspringen, durch spanischen Suplin und sonst beigebrachten Gift, dem Leib allgemach schwächer, das Leben verkürzen und, ehe man es vermeinet, plötzlich hinwegnimmt. 5. Ein abergläubisches, und 6. ein scandaloses Werk. In dieser Weise geht es fort unter beständigen Lügen und Verläumdungen.

Die zweite Predigt der zweiten Decade handelt von der Ariolatio

(Weiſſagung) und behandelt den Text Joſua 13, 22, „Bileam, den Sohn
Beor, den Weiſſager, erwürgten die Kinder Iſraels mit dem Schwert.“
Auch dieſer Text muß wieder dazu dienen, die Jeſuiten als Zauberer und
Menſchenmörder darzuſtellen. In erſterer Linie genießen ſie noch die
Auszeichnung, mit Bileam ſelbſt verglichen zu werden, und zwar:

α. ratione nominis, rückſichtlich ſeines Namens. Bileam heißt
nämlich Auffreſſer und Verderber. So ſind auch die Jeſuiten des Landes und der Leute Verderber, beſonders der lieben Jugend.

β. Generis rückſichtlich ſeines Geſchlechtes. Er war ein Sohn
Beors, d. h. eines Brenners und Sengers, alſo gaben die Jeſuiten Rath
und That zum Sengen und zum Brennen.

γ. Operis seu professionis in Anſehung ſeiner Verrichtung. Bileam
war ein zauberiſcher Weiſſager, alſo iſt bei den Jeſuiten nichts Gemeineres
noch ihnen Kundigeres als Zaubern und durch des Teufels Hülfe
weiſſagen. Solches könnte, wenn es nöthig wäre, mit vielen Exempeln
aus ihren Büchern und durch ihre Thaten bewieſen werden. Z. B.
Maldonat, Franz Xaver, welcher einen Würfel alſo könne bezaubern,
daß ein Landsknecht 600 Gulden, die er zuvor verloren, mit einem
Pfennig hat wieder gewinnen können.

δ. Animalis in Anſehung ſeines Thieres, eines Eſels, darauf er ritt.
Es iſt aber der Eſel animal: a) clamosum, ein Schreihals, b) gulosum,
ein Leckermaul, c) libidinosum ein unkeuſches Thier, d) vertiginosum
ein zum Schwindel geneigtes Thier, e) negociosum ein geſchäftiges Thier,
f) suistudiosum ſeines Gleichen liebendes Thier und alſo können ſie um an-
geregter und anderer Umſtände willen mit Biliams Eſel füglich verglichen
werden.

ε. Sortis in Anſehung ſeines Looſes. Von Balak zwar hochgeehrt, wurde er mit dem Schwerte zuletzt erwürget. Alſo werden die
naſeweiſen Jeſuiten vom Papſte hochgeehrt, aber wie die faſt täglichen
Exempel bezeugen, mancher mit Johann Chatel vom Leben zum Tode
gerichtet [1].“

Das ſind Proben, wie man an heiliger Stätte das Wort Gottes in
jenen Tagen verſtanden und gepredigt hat.

Daß Aberglaube und Geſpenſterei ebenfalls gepredigt wurde, beweiſen
folgende Stellen:

„Wer kann anders ſagen, denn daß der Pfeifer ſo in menſchlicher
Geſtalt durch die Gaſſen der Stadt Hameln [2] im 1084. Jahr des

1) Rüdinger II. Th. 20—90.
2) Die Sage von der Kinderentführung aus der Stadt Hameln durch den
Teufel in der Geſtalt eines Pfeifers wird in's Jahr 1284 verſetzt. Weyer in
ſeinem Werke »do praestigiis daemonum« erwähnt dieſes teufliſche Zauberwerk

26. Juni gegangen, die Kinder versammelt und hinweg geführet hat, daß man auf heutigen Tag noch nicht weiß, wo sie sind hin kommen, ein Teuffel gewesen sey?

So war auch der Mönch, welcher nach Luthero zu Wittenberg offtmals fragte, mit ihme auf seiner Stuben von etlichen Papistischen Irrthumen redete und von ihme an den Händen so den Vogelkrähen nicht ungleich waren, — endlich erkannt wurde, niemand anders als ein Teuffel. Derowegen können, aus Zulassung Gottes, nochmals wohl Geister in einer angenommenen leiblichen Gestalt den Menschen erscheinen [1]."

Wenn derartige Predigten und deren Publicationen möglich waren, kann dann die Verbreitung des Zauberglaubens in allen Schichten noch überraschen? Aber unsere Serie ist noch nicht erschöpft.

4. Der Frankfurter Prediger M. Bernh. Waldschmidt[2] fand sich bemüßigt, im Jahre 1660 achtundzwanzig Hexen- und Gespenster-Predigten herauszugeben, „welche er gehalten in der Kirchen zum Barfüßern in Frankfurt und nun mit nützlichen Anmerkungen vermehret auf Begehren umb dieser letzten Zeiten willen zum Druck übergeben." Die Zahl der Gespensterpredigten beträgt zwölf, die der Hexenpredigten 16. Das Werk, ein ansehnlicher Quartband, ist drei hochberühmten Medicinae Doctoribus, seinen lieben Schwägern und und Freunden J. Schrödern, J. W. Hochstatt und J. L. Witzeln gewidmet.

Zum Motto hat er gewählt eine Stelle aus Dr. Königs Hextas Cas. Consc. pag. 61. „Die Prediger sollen bei passender Gelegenheit sowohl öffentlich als privatim gegen ein so schreckliches Verbrechen mit frommem Eifer zu Felde ziehen, sollen seine Schwere beschreiben, die Größe der Beleidigung Gottes erklären, die Gefahr Leibes und der Seele darstellen und die zeitlichen und ewigen Strafen vor die Augen führen." Die Nothwendigkeit, sein Buch an den Tag zu geben, belegt er in der Vorrede mit einer Stelle aus Luthers Schriften. Tom. 5. Jen. p. m. 334: „Etliche," sagt Lutherus, „glauben wohl, daß Teuffel sind, aber das glauben sie nicht, daß sie so nahend sind, sondern wann sie vom Teuffel hören reden, meynen sie, er sey etlich hundert Meil von uns hinweg. Aber ein Christ soll das wissen, daß er mitten unter den

---

zuerst 1577. Im Jahre 1654 gab Samuel Erich, „Diener am Wort Gottes zu Wallensee" seinen »Exodus Hamelensis« heraus, worin er nachzuweisen suchte, daß der Inhalt dieser Erzählung kein Gedicht, sondern wahrhafte Geschichte sei.

[1) Rübinger II. 372.

2) Solban-Heppe hat irrthümlich ihn als Dr. Wagner bezeichnet II. 208. Von Waldschmidt erschienen auch 1648 acht Juden-Predigten.

Teuffeln sitze, und daß ihm der Teuffel näher sey, dann sein Rock oder Hembd, ja näher, dann sein eigene Haut, daß er rings umb uns her sey und wir also stets mit ihm zu Haar ligen und uns mit ihm schlagen müssen." Die Ueberschrift des Werkes lautet: »*Pythonissa endoria*«. Das Werk ist dadurch ausgezeichnet, daß der Autor die ganze einschlägige Literatur angibt, welche sich auf circa 400 Namen beläuft. Natürlich ist Luther seine erste Auctorität, den er in den Hexenpredigten 20 Mal, in den Gespensterpredigten 14 Mal citirt. Außer diesem noch besonders Gerhard Rübinger, König und Balduin. Der Geist des Buches spiegelt sich am besten in den Thematen seiner Predigten ab.

I. Theil von der Zauberei.

1. Predigt. Ob Zauberei und Hexerei, wie auch Zauberer und Hexen seien?

2. Was die Zauberey und Hexerey sey in Ansehung des Teufflichen Bundes?

3. Betrachtung der Bundesgenossen, was anlangt Kinder und junge Leut.

4. Der Teuffelische Zauberbund.

5. Das Teuffelische Zauberwerk.

6. Die Weissagung, die von den Vögeln wird hergenommen.

7. Die abergläubische Tagwehlerey.

8. Die abergläubische Zeichendeuterey.

9. Die würkliche und thätliche Zauberey.

10. Das Wettermachen.

11. Die Schaden-Zufügung an Menschen und Thieren.

12. Die Ursachen, die bei der Zauberei zusammenkommen.

13. Der rechte Gebrauch der Gegenmittel gegen die Zauberey.

14. Ausrottung und Abstrafung der Zauberer und Hexen.

15. Ob sie auch bekehrt und selig werden können.

16. Die schwere und schreckliche Sünd, Zauberer, Hexen und Unholde zu fragen und Raths bei ihnen zu holen.

Der II. Theil von den Gespenstern.

1. Predigt. Von Erscheinungen der Todten.

2. Von den Dienstgeistern, deren sich manche Menschen bedienen.

3. Ob's Gespenster gibt.

4. Was die Gespenster eigentlich sind.

5. Wie viel und mancherlei die Gespenster sind.

6. Woher die Gespenster kommen.

7. Art und Weise, wie man mit den Gespenstern handeln und was man gegen sie vornehmen soll, und zwar: erstens die verbotene und gefährliche Weise.

8. Die unerlaubte und abergläubische Weise.

9. Die rechte, gottgefällige Weise.

10. Das zauberische Mittel, wodurch das Gespenst Samuels aus der Erde hervorgebracht wurde.

11. Wie der Teuffel den König Saul belogen und

12. Wie der Teuffel dem König Saul die Wahrheit geredet.

Wir können uns nicht versagen, aus der neunten Gespensterpredigt folgendenden Passus mitzutheilen:

„Herr Lutherus erzählt ein schönes Exempel, daß ein Doctor der Arzney gewesen sey, der hab in der Kirch zugesehen, wie man ein Kindlein getaufft hat, und die Worte der Einsetzung mit Fleiß hören sprechen, und daraus einen starken Glauben geschöpfft, daß er mit großer Freudigkeit gesagt: Wann ich wüßte, daß ich mit diesen Worten, gleich als dies Kindlein, getaufft wäre, so wollt ich den Teuffel nicht mehr fürchten. Als nun des Kinds Gevattern und die andern, so sonst umb den Taufstein gestanden, zu ihm gesagt, daß er eben also getaufft wäre, und man diese Worte über seiner Tauff auch gesprochen; da hat er, der Doctor, noch einen größeren Muth und Geist gewonnen, daß er weder den Teuffel noch kein Unglück fürchten wollt. Darauff sichs zugetragen, daß der Teuffel diesem Doctor erschienen, in Gestalt eines zottigen Bocks, mit langen Hörnern, und hat sich an der Wand lassen sehen, welches der Doctor, daß es der Teuffel wäre, hat gemerkt, deßwegen ein Herz gefaßt, den Bock bei den Hörnern erwischt, ihn von der Wand gerissen, auff den Tisch geschlagen, daß ihm die Hörner in der Hand geblieben, und der Leib verschwunden. Dieses hat ein anderer gesehen und gedacht, Ey hat diß der Doctor gethan, ich wills auch nachthun; bin ich doch so wol getaufft als er: und da ihm auch der Teuffel in eines Bockes Gestalt begegnet, ist er ihm aus Vermessenheit an die Hörner gefahren, aber der Teuffel hat ihm den Hals umgedrehet, und ihn erwürget[1].“

Ueber Tortur und Bestrafung neigt Waldschmidt mehr der strengeren Praxis zu. Dieses erhellt schon daraus, daß kleine Kinder, welche, wiewohl unwissend und unmündig zu diesem Laster verführt, mit dem Tode zu strafen seien, jedoch nicht mit dem Feuertode. Wenn sie aber Reue und Leid offenbaren und gewisse Hoffnung auf ihre Belehrung und Beständigkeit von sich geben, so können sie mit Ruthen, gezüchtigt und von frommen Leuten zur Unterweisung übergeben werden und am Leben bleiben. Nam, quem peccasse poenitet, paene innocens est, sagt Seneca[2].

---

[1] Waldschmidt pag. 615.

[2] Waldschmidt ist der Ansicht, daß nicht blos die Hebammen viele kleine Kinder tödten, wie z. B. in Straßburg und Basel, wo eine Hebamme 40, eine

Schließlich sei erwähnt, daß Waldschmidt ein entschiedener Antisemit war. Mit einer sehr heftigen Sprache verbietet er den Christen, und zwar „unter einer schweren Sünde," in Nöthen und Krankheiten die Judenärzte um Hülf zu ersuchen und sich Rathes bei ihnen zu befragen." Dann sagt er, „die Juden sind des Teufels Werkzeuge und haben Gott nicht." „Haben sie aber keinen Gott, so können Niemand anders haben, als den Teufel." „Haben nun aber die Juden nicht Gott, sondern den Teufel, so mache du selbst den Schluß, zu wem du dich wendest, wenn du in deiner Krankheit Hülfe und Rath bei einem Judenarzt suchest. Gewiß nicht bei Gott, den er nicht hat, sondern zum Teufel, den er hat." Er beruft sich dabei auf die Auctorität von Wittenberger Theologen, welche nach Dr. Müllers „Judaismus" ein Bedenken erhoben: „ob ein Christ mit gutem Gewissen in seiner Krankheit einen Judenarzt gebrauchen könne." Eine andere Auctorität findet er bei den Augsburger Theologen in Folgendem: „Wann du siehest oder denkest an einen Juden, so sprich bei dir selbst also: Siehe, das Maul, das ich sehe, hat alle Sonnabend meinen lieben Herrn Jesum Christum, der mich mit seinem theuren Blut erlöst hat, verflucht, vermaledeiet und verspeyet, darzu gebetet und geflucht für Gott, daß ich mein Weib und Kind und alle Christen erstochen und aufs jämmerlichst untergangen wären, wollt selbst gern thun, wo er könnte, daß er unsere Güter besitzen möchte; hat auch vielleicht dieses Tages viermal auf die Erden gespeyet über den Namen Jesu, wie sie pflegen, daß ihm der Speichel noch im Maul und Bart hänget, wo er Raum hätte zu speyen, und ich sollte mit solchem verteufelten Maul essen, trinken oder reden, so möchte ich aus der Schüssel oder Kannen mich voller Teufel fressen und saufen, als der ich mich gewiß theihaftig machte aller Teufel so in dem Juden wohnen. Das sind Luthers Worte[1]) bei denen genannten Theologen die Bemerkung zufügen, wann diese geistreichen Worte Lutheri von allen Lutheranern recht betrachtet würden, so ist kein Zweifel, Jedermann würde nicht allein der Juden-Arznei sich gänzlich enthalten, sondern auch im Uebrigen ihre Conversation und Gemeinschaft

---

andere unzählige Kinder getödtet hatte, sondern daß auch mehrere Pfarrer Kinder in des Teufels Namen tauften und Eltern ihre Kinder dem Teufel verschenkten. Wie aus einem Tractat „von der verführten Kinderzauberei" erhelle, wonach ein Vater seine zwei kleine Kinder in einer Wanne getragen und dem Teufel übergeben habe. Waldschmidt S. 92 und 228.

1) Luthers Stimmung gegen die Juden spricht sich in den Worten aus: „Man soll ihre Synagogen niederreißen, ihnen die Gebetbücher, besonders den Talmud abnehmen und sie zwingen von ihrer Hände Arbeit sich zu ernähren. Vgl. J. Albertus, Socialpolitik der Kirche. S. 265.

müſſig gehen. Bedenke, was für eine ſchwere Sünde du damit begeheſt, einmal wider Gott, den du hierdurch gleichſam von ſeinem Throne ſtürzeſt und den Teufel und ſein Werkzeug hinauf ſetzeſt und zu Gott macheſt, zu dem du das Vertrauen haſt, er würde dir helfen. So dann ſchwere Sünde wider Chriſtum, indem du es mit ſeinem abgeſagten Feind, dem Juden, hältſt. Auch wider den heiligen Geiſt, wider die heiligen Engel, wider deinen Nächſten, den du dadurch ärgerſt und deshalb den Mühlſtein an den Hals verdienteſt, auch wider deinen Seelſorger und Prediger, denn wann ſie zu dir in deiner Krankheit kommen, dich mit dem heiligen Abendmahle verſehen und dann ſehen und auch hören müßteſt, daß du einen verfluchten Judenarzt brauchteſt, thuſt du dann nichts anderes, als du deine Seele durch Chriſtum und deinen Leib durch den Teufel oder ſein Werkzeug willſt geſund machen laſſen und endlich noch wider dich ſelbſt [1].“

5. Unter den Werken proteſtantiſcher Prediger über Hexenweſen und Hexenverfolgung zeichnet ſich durch Härte und ungewöhnliche Strenge eine Schrift aus, welche Johann Ellinger, Diacon zu Ahrheiligen, im Jahre 1629 in die Welt ausſandte. Schon der Titel läßt die Tendenz erkennen, er lautet: Hexen=Coppel, das iſt Uhralte Ankunft und große Zunfft der Unholdſeligen, Unholden oder Hexen, welche in einer Coppel von einem ganzen Dutzend auf die Schau und Muſterung geführet ꝛc. Allen Unpaſſionirten, Unaffectionirten und Unintereſſirten Patriotis durch M. Johannem Ellingerum Diaconum Arheilgenſem. Gedruckt im Verlag Unkels, Buchhändler zu Frankfurt a. M. In der Vorrede erinnert der Autor Ellinger daran, „daß es gar gefährlich, ſorglich und verdrüßlich ſey, bey jetziger Beſchaffenheit der argen Welt, die ganz in Sünden liegt, viel von der Hexerei oder Zauberey zu ſagen, predigen oder ſchreiben. Einer-ſeits gerathe der gemeine Pöbel und Herr »omnes« in Harniſch, wenn Jemand der Zauberey halber in Verdacht geſetzt, und wollen ſolche ſofort mit Schuh und Strümpf, Hoſen und Wams, Rock und Mantel im Feuer verbrennt haben. Andere aber und das nicht geringe einfältige Leute haben gar enge Herzen und Gewiſſen, ſorgen, der Himmel falle ein, man thue zuviel, es geſchehe Unrecht und es ſey nur ein verblendeter Handel und lauter Gaukelwerk. Nach des Verfaſſers Anſicht ſündigen die erſteren in excessu und die zweiten in defectu. Soll man da ſchweigen,

---

1) Waldſchmidt, S. 397—406. Wie würde Waldſchmidt fahren, wenn er heutzutage noch lebte, wo es in Frankfurt keine Judengaſſe mehr gibt, wohl aber Dutzende von Judenärzten? Im Jahr 1657 war officiell eine „Erinnerung des lutheriſchen Miniſterii gegen die Judenärzte“ erfolgt. Zeitſchr. für d. Culturgeſch. 1857. S. 116.

frage ich. „Nein, ganz und gar nicht." Nach dem Wort Gottes befiehlt Gott der lieben Obrigkeit als seinen Amtsleuten und Statthaltern, daß sie die Hexen vertilgen, ausrotten, steinigen und also nicht leben lassen sollen. Zu diesem Zwecke will er in seinem Tractätlein die Unholden in Gestalt einer Coppel von zwölf Rotten auf die Schau und allgemeinen Marktplatz Deutschlands ziehen und führen, es seien aber keine Coppeln von wohlgezierten, freudigen und köstlichen Rossen, sondern von alten abgerittenen, garstigen, unfläthigen, grindigen und schäbigen Hexengäulen. Durch 24 Kapitel läßt er seine zwölf Rotten aufmarschiren. In dem 20. Kapitel beglaubigt er die Lehre von den Incuben und Succuben. Im 21. Kapitel die Gewalt des Satans durch Ungewitter und andere Uebel Schaden anzurichten. Im 23. Kapitel fordert er die Obrigkeit auf, die Zauberer auszurotten und zu vertilgen. Nur mit wenigen Ausnahmen läßt er im Kapitel 24 den Zauberern das Himmelreich verschlossen sein.

6. Der Prediger Hermann Samsonius, Superintendent zu Riga, ließ im Jahre 1628 Hexenpredigten erscheinen[1]). Dieser macht sich auch an die Lösung der Frage, warum gerade im Lichte des neuen Evangeliums soviele Zauberer und Hexen gefunden würden. Er weist auf das gerechte Gericht Gottes hin, welcher nicht als Vater, sondern als zürnender Richter wegen des Ungehorsams und der Verachtung des göttlichen Wortes strafe, und die Menschen ihrem verworfenen Sinn überlassen, so daß sie der Lüge Glauben schenken.

7. Zehner, 1566—1612, ließ ebenfalls Hexenpredigten erscheinen, worin er den Teufelsbund bestätigt und mit vielen Erzählungen ausschmückt. Der Titel lautet: „Fünff Predigten von den Hexen, ihren Anfang, Mittel und End in sich haltend und erklärend. Aus heiliger, göttlicher Schrift und vornehmster alten Kirchenlehrer zusammengestellt und von dessen gehalten in der Pfarrkirchen zu Schleusingen durch Joachinum Zehner, Pfarrer daselbsten und Hennebergischen Generalsuperintendent, Leipzig 1613[2]).

8. Mengering, Prediger, gab heraus ein Informatorium consc. evangelicum[3]). Auch dessen Predigten sind voll unglaublicher Zauber-

---

1) Roskoff II. Th. 310. Der Titel lautet: Neue auserlesene und wohlbegründete Hexenpredigten.

2) Die Pfarrherren von Schweinfurt hatten in ihrem Gutachten sich auf diese Predigten berufen und selbige citirt. S. 85.

3) Der vollständige Titel lautet: Informatorium conscientiae evangelicum. Evangelisches Gewissens-Recht, Rath und Unterricht, wie man bei den ordentlichen Sonntags-Evangelien sein Gewissen in Acht nehmen und bewahren lernen, darinnen fast in 700 Gewissensscrupeln und Zweifelsfragen ventiliret und erörtert werden durch Arnold Mengering, Superintendent zu Halle in Sachsen. Gedruckt Altenburg bei Otto Meichaelen 1644.

geschichten. Hören wir zwei Beispiele: Anno 1580 hat sich diese wahrhafte Historie zugetragen. „Nahe bei Breslau hat ein Edelmann gewohnt,
der seine Unterthanen im Sommer zur Frohne arbeiten, heuen und
Grummet machen ließ. Unter diesen war auch eine Kindbetterin gewesen,
so kaum von acht Tagen im Kindbett gelegen. Als die nun auch hat
kommen müssen, nimmt sie ihr Kind hinaus, legt es auf ein Häuflein
Gras und geht an's Heumachen. Da sie nun eine gute Weil gearbeitet
und zu ihrem Kinde gehen will, um es zu stillen, so sieht sie das Kind
an, schreiet heftig, schlägt die Hände über den Kopf zusammen und
klaget laut, daß sei nicht ihr Kind, weil es so geizig ihr die Milch ent-
ziehe, so unmenschlich heule, was sie an ihrem Kinde nicht gewohnt sei.
Trotzdem behält sie es etliche Tage. Da zeigte es sich so ungebührlich,
daß die gute Frau beinahe verderbt wäre. Solches klagt sie dem Junker; dieser sagt zu ihr: Frau, wenn euch bedünkt, daß dieses nicht euer
Kind sei, so thut Eines und tragt es auf die Wiesen, wo ihr das
vorige Kind hingelegt habet und streicht es mit Ruthen heftig, dann
werdet ihr Wunder sehen. Die Frau that es, ging hinaus, strich das
Kind mit Ruthen, daß es sehr geschrieen. Da brachte der Teufel das
gestohlene Kind wieder und sprach: „da hast's" und mit dem nahm er
auch entgegen sein Kind." Concio in feria III paschali S. 277.

Das andere Beispiel, wie folgt: „Man soll dem Teufel nicht ein
Haar breit weichen, noch aus dem Wege gehen, wie jener Pfarrer in der
Mark, der zu einer besessenen Person war gerufen worden. Und wie er
mit seinem Sohne, den er an der Hand führte, wieder nach Hause ging,
unterwegs ein Spectrum wie ein Wagen mit vier Pferden hinter ihm
her gerennt kam, dem er aber im geringsten nicht gewichen, sondern
Schritt für Schritt seinen Weg gegangen. Als es nun an ihn heran-
gekommen, ist es beiseits mit großem Geräusch ausgefahren und über die
hohen Gipfel der Bäume des Waldes, so nicht weit davon gelegen, dahin
gerasselt. Ueber eine kurze Weile kommt es ihm wieder in den Weg
mit großer Furie entgegen gerannt. Er ist ihm aber wieder im geringsten nicht ausgewichen, sondern hat seinen Weg nur unvermerkt fort-
genommen, so es dann wieder zur Seite abgewankt und hinweg gerannt.
Endlich ist eine rechte Kutsche gekommen, der er zuerst, weil er vermeint,
der Teufel sei zum dritten Male gekommen, nicht hat weichen wollen.
Da ist der Insasse, welcher vom Adel war und ihn kannte, ausgestiegen,
welchen er auch um Verzeihung gebeten und ihm berichtet, wie es ihm
mit dem Teufel ergangen. Er hat aber das Einsteigen abgelehnt und
ist des Weges gegangen mit seinem Sohne bis in sein Haus[1]).

---

1) Gäbe eine Parallele zu Goethe's Erlkönig, ohne dessen tragisches Finale.

Mengering behandelt den Teufel als Urheber der Zauberkunst von S. 160—201; den wichtigen Gegenstand über „Gespenster", speciell S. 255—288. Er hält fest an den Blocksbergfahrten, Bockreiten, Drachenschwänzen, welche Korn und Mehl bringen. Seine zahlreichen Historien, die er theilweise aus dem Schatze seiner Erfahrungen hernimmt, laufen noch jenen des leichtgläubigen Cäsarius von Heisterbach den Rang ab.

9. Brenz, Superintendent zu Stuttgart predigte über die Hexen und Zauberer[1]). Seine „Hagel=Predigt" ist abgedruckt bei Johann Weyer[2]).

10. Magister Scriver, Prediger in Magdeburg, hielt und ver= öffentlichte drei Predigten über die Zauberei. Er war Pastor an St. Jakob, von großer Frömmigkeit, dessen Schriften noch bis in die Neuzeit beliebt waren. Er versah sein Büchlein mit einem Titelbilde, welches den Satan als Cavalier darstellt, welcher mit einem Menschen einen Vertrag abschließt. Letzterer sollte den früher teuflisch verstrickten, nunmehr aber durch Scriver belehrten Peter Ott vorstellen, welcher das früher geschlossene Bündniß mit dem Satan glücklich wieder gelöst hatte. Das Büchlein sollte allen Christen zum Exempel dienen und zum Nutzen gereichen[3]).

11. M. Jakob Graeter publicirte zwei Predigten, worin an= gezeigt wird, „was in diesen allgemeinen Landklagen über Hexen und Unholden von selbigen wahrhaft und gottselig zu halten." Tübingen 1559, 1589 u. 1592 in 4° u. 8°. Graeter war Decan zu schwäbisch Hall. Die erste Predigt verbreitet sich über Existenz, Entstehung der Un= holden und über die Schwere der Sünde, welche sie begehen. Man muß darüber predigen. Sich selbst wollen die Hexen Freude bereiten und Genüsse, anderen Menschen Schmerz und Schaden. Sie machen Wetter, Hagel und Krankheiten. In der zweiten Predigt gratulirt er sich, daß die „Teufelsbräute" ihm seine Kirche so sehr gefüllt haben. Er zeigt noch= mals, was der Satan und seine Hexenbräute können, wie weit sich ihre Macht erstreckt, und wie stark sie sind. Die Obrigkeit hat die Pflicht gegen sie einzuschreiten.

12. Hermann Hamelmann, Herausgeber einer Predigt wider die Wicker, Beschwörer, Christallgucker sampt Zauberer, 1570 gehalten, auf Betreiben von vier Superintendenten und vielen Pastoren 1572

---

1) Solban=Heppe II. 13. Hexenwahn, S. 240.
2) Weyer, Apologie, deut. Ausgabe. Frankfurt 1586. S. 485.
3) Der eigentliche Titel lautet: „Das verlorene und wiedergefundene, oder den Klauen des bösen Feindes entrissene Schäflein ꝛc." Horst, Däm. II. 173.

herausgegeben, zum Nutzen für den gemeinen Mann, und zum Spiegel für die Pastoren, „damit sie die gräuliche Superstition wehren können." Er hat bereits ein dreitheiliges Opus im Theatro edirt, gegen die „Wider-Rüchel- und Segenteufel" [1]). Als Text wählt er Exod. XXII und Lev. XX, welche Stellen die Strafen gegen Zauberer festsetzen. Der Satan ist Lügner, Gaukler, voller Bubenstücke, die er seit 6000 Jahre erlernt. Mit ihm lassen sich Menschen ein durch Bündnisse zu ihrem Verderben. Als Anhang bringt er noch: „Interrogatoria, mit der armen Sün-derin anzustellen über zehn Gebote und Vaterunser."

13. Nicolaus Hemingius ist Verfasser der: „Vermahnung von dem schwarzkünstlerischen Glauben, Aberglauben" 2c. Wittenberg, zuerst lateinisch 1575, deutsch 1586 in 8°. Der Standpunkt des Verfassers ist der gewöhnliche Zauberwahn; er warnt vor der schrecklichen Sünde der Zauberei und fordert die Obrigkeit auf zum Einschreiten.

14. Christian Otto läßt 1661 eine Predigt über die Zauberei erscheinen auf 80 Seiten in 4°. Er steckt ganz in dem Hexenwahn, und sein Buch ist voll von Historien aus der Zauberwelt.

15. Schaller ist Herausgeber von acht Predigten über Zauber-händel, welche 1611 in Magdeburg erschienen.

16. Joh. Jac. Faber (?) gilt als Verfasser des: »Specimen Zeli justi theologici contra maleficos,« „Meister eines theologischen Eifers wider die Zauberer", bestehend in Predigten, Hauptacten und Ge-beten. Tübingen 1666 in 4°.

17. Joh. Knopf gab zu Frankfurt a. M. 1673 heraus ein Buch: „Höllischer Schauplatz und Blutpredigten [2])."

18. Georg Zäemann, Superintendent zu Stralsund, läßt 1625 seinen „Wunderspiegel" erscheinen mit zehn Wunder-Predigten. Die zweite Predigt behandelt auf S. 33—71 die Macht des Teufels in seiner Person und in seinen Anhängern, den Zauberern. Er stützt den vulgären Zauberwahn, indem er den Aberglauben der Katholiken be-kämpfen will. Die beiden Jesuiten Graf und Grether machen ihm den Vorwurf der Förderung des Hexenwahns, auf welchen Vorwurf er in seiner Apologie mit mehr Heftigkeit als Geschick erwiedert.

---

1) S. Seite 301.

2) In jener Periode wurden die sonderbarsten Themata auf der Kanzel be-handelt statt des reinen Wortes Gottes. B. Walbschmidt veröffentlicht außer seinen Zauber- und Gespenster-Predigten 1656 „Sonderbare Predigten"; Ananias Weber, „Hagel- und Donner-Predigten"; Bernh. Wilcerius, von allerhand Wunder-zeichen; Lampert Alardi in Hamburg „Zeichen- und Wunder-Predigten"; Plessen zu Leipzig 1637, „Blut-Predigten"; der oben erwähnte Zehner 1609 in Leipzig: „Schifflein Petri, des Salomo, die allerliebste Hirschkuh und das allerliebste Böcklein."

Es ist nicht möglich, alle derartige Producte der Predigtliteratur zu verzeichnen; es wären sonst noch Namen, wie Reinhard Bach, Martin Bohemus, Hoë von Hohenegg, 1580—1646, welcher an Teufelsbuhlschaft glaubte, Christ. Gueinzelius mit seinem Werke: »Divitiae evangel. dominicales,« Jac. Breitinger in Zürich, 1575—1645, welcher eine Strafpredigt hielt gegen die Seiltänzerei, weil auch dieses eine Teufelskunst sei; Christ. Brandis von Schmalkalden, berühmt durch seine Kometen-Predigt 1664, voll von astronomisch-theosophischen Träumereien, auf 14 Bogen gedruckt in 4°. Bis in's 18. Jahrhundert hinein wurde alljährlich zu Huntingdon in England eine Hexenpredigt gehalten, zum Andenken an die große Hexenbrennerei zu Warbois unter Königin Elisabeth [1]).

Drittes Kapitel.

Die Moralisten.

Unter den protestantischen Moralisten des 17. Jahrhunderts sind drei zu verzeichnen, von denen zwei vielfach als Auctoritäten citirt zu werden pflegen: Dr. König, M. Christian Eichsfeld und vorzüglich Balduin.

1. Dr. König, Professor der Theologie zu Altdorf. Sein Heptas casuum conscientiae miscellorum erschien nach seinem Tode Nürnberg 1655 durch die Hand seiner Wittwe Helena. Von den sechs behandelten Gewissensfragen beziehen sich die vier ersten auf Gegenstände des Zauberglaubens. Sie lauten:

a) Ob ein Diener am Wort, wenn er von einem Hausherr oder sonst Jemanden gerufen wird, dessen Haus von Gespenstern molestirt wird, diesem willfahren und mit gutem Gewissen sich dieser Aufgabe unterziehen kann?

b) Ob man gegen die Hexen mit der Todesstrafe vorgehen könne und müsse?

c) Ob ein Christ sich des Rathes oder Beistandes von Zauberern in was immer für einer Sache bedienen dürfe?

d) Ob ein Christ einen Hausgeist mit gutem Gewissen sich verschaffen und ihn zu Rathe ziehen dürfe?

Bezüglich des Casus I wird nachgewiesen aus der Schrift, der Kirchen- und Profangeschichte, daß es Gespenster gebe. Als Auctoritäten werden vorgeführt: Claus Magnus für Schweden und Island; Crome-

---

1) Horst, Dämonomagie II. 455. A. Althamers: Eyn Predigt vom Teuffel 1532.

rus für Polen; Zeillerus für Gallien; Rinerus für Deutschland, Schererzius: „Von den Gespenstern" für die See. Er empfiehlt noch besonders die zwei Bücher des Macrobius (Henning) über „Gespenster und Gespenster-Erscheinungen", welche 1597 in Eisleben edirt wurden.

Nachdem so die Vorfrage im affirmativen Sinne erledigt ist, wird die Hauptfrage, ob der Diener am Wort im Falle des Hilfegesuchs einschreiten solle und dürfe, ebenfalls bejaht, jedoch unter Beobachtung des modus procedendi. Nicht aus Vermessenheit; denn sonst könne es ihm ergehen, wie dem Burgsoldaten in Böhmen, welcher nach Sigismund Schererzius Bericht, trotz Abmahnung seiner Collegen, das Gespenst auf einem Schlosse angriff und von diesem erwürgt wurde. (S. 16.) Er muß es angreifen 1. mit Gottes Wort, 2. festem Glauben, 3. mit Gebet und Fasten, 4. mit Musik und Gesang, welches dem Satan sehr widerwärtig ist. Er schlägt sechs Kirchenlieder vor, darunter: „Eine feste Burg ist unser Gott."

Im zweiten Casus handelt er zuerst über die Existenz der Hexen mit Widerlegung der landläufigen Zweifel. Als Kennzeichen stellt er hin a. den Satansdienst, b. gänzlichen Abfall von Gott, c. Bund mit dem Satan und d. ihre schändlichen Zauberwerke. Solche werden näher bezeichnet mit: Teufelsbündniß, Teufelsbuhlschaften, Hexenfahrten, Wettermachen. Die Gegner, die solches läugnen, sucht er mit allen ihm zu Gebote stehenden Mitteln zu widerlegen. Besonders stützt er seine Behauptungen durch zahlreiche Citate von Luther, Damhouderius, Camerarius, Scultetus, Pulnerius, Hoffmann, Heurius. Von Letzterem nimmt er die Distinction von natürlichen und teuflischen Incubus an. Diese wurden nach Plinius und Ovidius Faunen genannt. Außerdem behandelt er die Frage von der Folter, widerlegt die Einwendungen weichherziger Seelen. Im dritten Casus erklärt er, daß es sowohl gegen göttliches, wie menschliches und canonisches Recht sei, sich in irgend einer Sache der Hülfe oder des Rathes der Hexen zu bedienen. Im vierten Casus spricht er von den Geistererscheinungen und ist der Meinung, daß, so lange der Körper noch nicht verwest sei, der Geist auf Erden erscheinen könne, da nach Verwesung desselben der Teufel keine Macht mehr über denselben habe. Was den Verkehr mit den Geistern angeht, so glaubt er daran, verwirft aber den Verkehr mit denselben als gottlos und gefährlich.

2. M. Christian Eichsfeld. Seine »orthodoxia Casualis sive orthodoxa responsa ad difficiliores, praecipuos, singulares, ac non ubivis obvios Conscientiae, fidei, vitaeque Christianae casus,« Leipzig 1655, zerfällt in drei Sektionen. Die erste verbreitet sich über die menschlichen Handlungen in Bezug auf Gott, die zweite über die

menschlichen Handlungen in Bezug auf die Geister, und die dritte über
die menschlichen Handlungen gegenüber den Mitmenschen. Hier an
dieser Stelle ist nur die zweite Sektion von Wichtigkeit. Sie zerfällt in
acht Kapitel, von denen hauptsächlich das fünfte von dem gottlosen Treiben der Hexen handelt. Er erklärt, die Hexen seien durch den Teufel
im Stande, sich unsichtbar zu machen, nächtliche Luftfahrten zu unternehmen, ihre Mitmenschen so zu täuschen, daß sie sich in wilde Thiere
verwandelt glauben, Unwetter zu erregen und ihren Nebenmenschen Milch
zu stehlen. In Betreff der Richter lehrt er, daß es ihre heilige Pflicht
sei, die Hexen aufzusuchen und zu verbrennen, weil sie alle Unheil und
Schaden bei ihren Mitmenschen anrichten oder, wenn es bei einigen nicht
vorkomme, doch die Absicht haben. Die Weissagungen der Astrologen
sind für ihn nicht von unfehlbarer Gewißheit, jedoch erfüllen sie sich in
vielen Fällen mit großer Wahrscheinlichkeit. Gespenstererscheinungen hält
er nach Luthers Anschauung für Vorspiegelungen des Teufels und erklärt
es für unmöglich, daß die Verstorbenen zurückkehren könnten.

3. Der bedeutenste Casuist ist unstreitig der Pfarrer und Superintendent an der Universität Wittenberg, Dr. F r i e d r i c h B a l d u i n.
Sein »tractatus de materia varissime antehac enucleata, casibus
nimirum conscientiae summo studio elaboratus« wird auf dem
Titelblatte mit dem Epitheton ornans eingeführt »luculentus, post-
humus, toti rei publicae christianae utilissimus [1].«

Dieses Werk erschien nach dem Tode des Verfassers, welches mit
einem 10jährigen Privilegium des Kurfürsten Joh. Georg von Sachsen
für dessen Erben geschützt wurde. Derselbe bezeichnet den Autor als
hochgelehrt und empfiehlt sein Werk vorzüglich den Pfarrern auf dem
Lande, wie auch der studirenden Jugend. Der Verleger versäumt nicht
in der Vorrede vom 1. Mai 1628, an dem ersten Jahrestage des Ab-
lebens des Verfassers, diesem seinem Werke das Lob „eines goldenen
Buches" zu ertheilen, »in quo nihil superstitionis, nihil conspiratio-
nis, nihil periculi aut fallaciae,« dem Verlebten aber die Gemeinschaft
„der himmlischen Akademie" zuzuerkennen. Das Werk umfaßt vier
Bücher, welches auf 1281 Seiten alle Gewissensfragen bezüglich der
Religion, des Cultus, der Sakramente, des Gebetes, der Gelübden,
des Eides, der guten und bösen Engel, der Wahrsagerei, der leiblichen
und geistigen Güter des Menschen, der gesellschaftlichen Pflichten der
Eltern, Kinder, Magistrate u. s. w. umfaßt. Für unsern Zweck dienen
die Kapitel IV, V, VI und VII des zweiten Buches, welche über
Melancholiker, Zauberer, Wahrsager und Gespenster handeln. In Kap. IV

---

1) Wittenbergae impensis Pauli Helwigii bibliographi anno 1628.

räumte er dem Teufel eine gewaltige Macht über den Menschen ein, und nicht nur ihm, sondern auch seinen Werkzeugen. Letzteren schreibt er sogar die Macht zu, andere besessen machen zu können. Das ganze Kapitel V handelt von Zauberei und Hexerei. Er verwirft jegliche Erlernung und Gebrauch der Magie, d. h. der Kunst, welche die Menschen mit Hülfe des Teufels zum Nutzen oder Schaden ihrer Mitmenschen ausüben. Den Religionswechsel, ohne triftigen Grund, schreibt er der Magie zu; ferner daß man sich nicht von einem Platze zum andern bewegen könne, gegen seinen Willen zu Jemanden unerlaubte Neigung, wie auf der anderen Seite Haß verspüre, daß Eheleute in Zank und Hader leben, daß die Richter so getäuscht werden, daß sie einen, der Unrecht hat, begünstigen. Auch theilt er den allgemein verbreiteten Glauben, daß die Menschen mit Hülfe des Teufels sich schußfest machen können, ja selbst die Macht haben sich plötzlich aus der Mitte der Menschen in die Lüfte emporzuschwingen. Ebenso die nächtlichen Fahrten der Hexen zu ihren Versammlungen auf Besen, Böcken u. s. w. hält er für richtig und wahr. Ferner sucht er zu beweisen, der Teufel und seine Werkzeuge, die Hexen, könnten den Menschen so täuschen, daß er sich in ein wildes Thier verwandelt glaube. Auch das Erregen von Gewitter, Sturm, Hagel, das unsichtbare Stehlen von Getreide, Milch, Butter u. s. w. schreibt er der Macht der Hexen zu.

Daher ermahnt er am Schlusse die Richter, daß es ihre ernste und heilige Pflicht sei, die Hexen aufzusuchen und zu verbrennen, weil sie die Menschen verderben, selbst ihre eigene Kinder dem Teufel opfern, die Kinder im Mutterleibe tödten und durch ihr verruchtes Treiben dem Staate schädlich und verderblich sind. In Betreff der Geistererscheinungen lehrt er, daß sie Gebilde des Teufels seien, der die Gestalt, die Haltung und die Stimme des Verstorbenen nachahme. Erschreckende und drohende Traumgesichte erscheinen und beängstigen die Menschen am meisten da, wo Unglaube herrscht, an einsamen Orten, wo öfters Verbrechen verübt wurden, bei Kindern, die ihre Eltern mißhandelten, bei Herrschern, die ihre Unterthanen ungerecht und grausam behandelten, wo unbeerdigte Leichen liegen. Es sei erwähnt, daß Balduin der Astrologie weniger Einfluß und Werth zuerkennt, als die meisten seiner Zeitgenossen. Er will nur ihre natürlichen Einwirkungen, wenn auch große, gelten lassen. Als Curiosum sei noch bemerkt, daß er Luther unter die Heiligen versetzt.

„Dann bedenken wir, daß auch heilige Männer von den Gespenstern heimgesucht wurden, wie besonders Gregorius, Antonius und unser Luther." S. 832.

Von dem großen Ansehen, dessen sich unser Autor in der Folge erfreute, geben Kunde die zahlreichen Citate, welche Theologen, Casuisten und Prediger aus seinem Werke schöpften.

Als Vertreter des ungeschwächten Gespensterglaubens, wie er noch im vorigen Jahrhunderte herrschte, lassen wir einen Professor der Moral folgen.

4. Der Professor der Moral Dr. Schuppart zu Gießen hat vor seinen Zuhörern seine eigenen Erfahrungen bezüglich der großen Macht des bösen Feindes, zumal in Form des quälenden Teufelsspuckes, nicht vorenthalten wollen. Es möge daher nach kurzer Einleitung der Professor selbst das Wort nehmen.

Aus den Heften zu einem »Collegio thetico«, welches weyland Herr Doctor und Superintendent Schuppart als Professor Theologiae auf der Alma Ludoviciana im Jahr 1723 zu Gießen gelesen hat.

»Ad Articulum de Angelis malis. Accedit tandem experientia, Diabolum nempe exercere animum nocendi, et quidem, omissis caeteris, *mea*; verum illud, quod jam dicam, *coram facie Dei dicam*, quod sc: Diabolus tandem Deo obedire debeat.«

„Ich habe nun eben kein Journal hierüber geführt, quod doleo, jedoch will ich erzählen, was mir einfällt. Ich habe bei sechs Jahre mit dem Teufel gekämpft, und fast keine Viertelstunde sicher seyn können, daß er mir nicht den Hals herum gedrehet. Ich lag einmal in meinem Cabinet in dem Bette und schlief, und meine Frau lag gegenüber und hatte das Fieber; da kam es an die Thür circa horam 1 et 2 und schlug dieselbe mit einer solchen Vehemenz zu, als wenn sie sollte in Stücken fahren. Ich fuhr aus dem Bette und sprach: Der Teufel kann mir ja nicht sagen, daß mein Bruder todt sey. („Denn ich hatte eo tempore noch einen Bruder, welcher aber etliche Zeit hernach gestorben.") Ich dachte, es hätte mir geträumt und setzte mich wieder in's Bett, da schlugs die Thür noch einmal eben so hart zu. Des andern Tags dachte ich, es hätte mir doch wohl nur geträumt, und ließ mir's leicht aus dem Sinn reden. Aber diesen folgenden Abend schlägts das Licht vom Tisch, welches über den Boden fort rutschte und doch fort brannte. Das machte mir dann Gedanken. Hernach gings weiter fort und warf mir endlich Steine von 6, 8, 9, 10 Pfund nach dem Kopf, daß die ganzen Fenster mit Scheiben und Blei hinaus fuhren. Alle Tage hatte ich fast neue Fenster zu machen. Oft bin ich in vier Wochen nicht aus den Kleidern gekommen. Da hats mich ins Angesicht geschlagen, mich mit Stecknadeln gestochen, ja gebissen, daß man utramque seriem Dentium gesehen. Die zwei großen Zähne standen da und waren so spitz wie Stecknadeln. Wenn ich in der Beicht gewesen, hats mir unzähligemal die Bücher weggeworfen. Wenn ich habe schlafen wollen, so habe ich gelegen und den einen Backen auf's Kissen gelegt, den andern aber mit einem Kissen zugedeckt; da hat's mich dennoch gezwickt und geschlagen. Endlich habe ich mich des Nachts wider die Wand gesetzt, und S. histoire de l'Eglise, welche vier Bände in vier tomis ausmachet, ganz durchgelesen. In specie hat's auch Feuer angezündet; so habe ich dann den Herrn Grafen um etliche Wächter gebeten, und die Wächter haben zugesehen, wie es mich geschlagen und haben Ohrfeigen mit mir bekommen. Ja es hat meiner Frau in praesentia 12 Personarum einmal auf die Backen geschlagen, daß man's wohl über zehn Häuser gehört. Sie hat wieder in einem anderen Haus in praesentia dreier Personen bei 50 Backenstreiche bekommen. Diese Schläge waren aber nicht so hart, als andere Ohrfeigen. Endlich habe ich meine Gemeinde gebeten, sie sollte doch für mich bitten, und nach geendigtem Gottesdienst that ich allemal noch ein Gebet zu Gott, daß er doch mich und mein Haus wolle bewahren. Ich that auch das, daß ich sagte zu meinen Zuhörern, Gott hätte dem Teufel vielleicht erlaubt, mich selbst einmal zu tödten; wenn sie mich nun irgendwo einmal fänden an einem Ort todt liegen, so sollten sie deswegen nicht denken, quod defuerit summa Dei tutela. Als ich Abends Betstunden gehalten, in welche meine Zuhörer auch gekommen; so hat es mich während des Gebetes geschlagen und gestochen, daß es alle praesentes gesehen und gehört haben. Es hat mir und meiner Frau Stricke um den Hals geworfen, daß, wo wir uns die Stricke nicht geschwind abgemacht, wir wären strangulirt worden. Der Talmud hat sich insonderheit leiden müssen; die Kirchenordnung hat's zerrissen, so wie die Blätter aus dem Gesang- und Gebetbuch. Eine Editio novi foederis hat's ganz zerrissen, et quod maxime notandum, als ich eben die Epist. ad Rom. explicirte und einmal eben Kap. VIII. 17 (sind wir denn Kinder, so sind wir auch Erben 2c.) zu expliciren hatte, so riß es mir das Blatt, da der Text auf stund, heraus, und meiner Frau, die eben krank lag, waren die ganz kleine Zettulcher davon, kurz und klein, auf's Bett geworfen. In der Bibel hat es mir Jes. 47 mit Dinte beschüttet. Ich lag einmal im Bett, da schmiß es die Tranch-Gabel nach mir; allein der Stiel traf mich nur. Ein andermal warf's das Tranchier-Messer nach mir, als ich's aber kommen hörte, zuckte ich, und es fuhr vorbei ohne mir zu schaden. Ich saß einmal in der Stube, da fuhr nach mir ein spitziges Messerchen, womit meine Leute das Federvieh geschlachtet; meine Frau, als sie es saußen hörte, sprach: Du hast jetzo was bekommen; da sahe ich zu, fand das Messer und mir war nichts. Als ich nun eben zu meiner Frau sagte: Da siehe tutelam divinam, da fuhr ein pfündiger Stein mir an den Kopf her und schmiß das

Fenster aus. Wann ich ins Bett gegangen, bin ich auf Stecknadeln gefallen, daß sie krumm geworden, haben mich aber doch nicht verletzet. Ich ging eben einmal zu einem Maleficianten und meine Frau blieb zu Haus, da kam mitten in die Stube ein schwarzer Vogel in der Größe einer Dohle; da dachte meine Frau, sie wollte ihn tödten, weil aber alle Messer verschlossen waren, so hohlte sie den Bratspieß und stößt nach dem Vogel, daß er weggefahren und man nicht gesehen, wohin; allein Blut lag da. Meine Sachen sind endlich alle auf die Canzlei kommen, aber die Kleider waren zerschmettert und zerschlagen. Ein andermal hatte ich eben eine Vocation an Hof, so wollte ich denn geschwind noch einen Sallat und eine Bratwurst essen, ich aß aber nur ein wenig und meine Frau auch nicht viel circa horam 10; da mußte ich alles evomiren, was ich gegessen hatte, auch meine Frau. Der Hund, der das Vomirte gefressen, vomirte auch, allein die Katze starb daran. Da weiß ich denn nicht gewiß, ob mir der Teufel mit Gift vergeben wollte, oder nicht. Wenn ich einen Degen hatte, war ich sicher von vornen, wenn ich ihn wieder weglegte, bekam ich Schläge und Stiche wie vorher. Wenn ich geschlafen, und zwei Mann haben mir beständig mit Degen über dem Gesicht gefochten, so war ich sicher; so bald sie aber nicht mit dem Gewehr fochten, so hatte ich meine vorige Qual. Ich habe den Zauberbalsam gebraucht aus der fürstlichen Apothek zu Stuttgardt; allein es hat meiner Frau nichts geholfen. Als sie aber einmal einen sehr dicken Backen bekommen, hat mir ein Medicus ein Buch gesandt, worin ein Recept stand sc. ein Rauchpulver, das ließ ich in der Apothek zurecht machen und thats auf die Kohlen, hielt hernach meiner Frau den Kopf darüber, und hohlte einen Wasserschöpfer — und zog ihr selbst heraus einen Haufen Zwirn, Pferdehaar und des Zeugs mehr, daß der Schöpfer fast voll war. Ich habe niemals etwas gesehen, aber gefühlt habe ich genug. Ich saß einmal und schrieb, da nahms einen ganzen Kolben Branntwein und schüttete mirs über den Hals und meine Schriften. Ich bin allezeit in meinem Hause geblieben, ob mir gleich meine Herrschaft ein ander Haus hat geben wollen. Ich wollte einmal Tabak rauchen und suchte meine Pfeife und Tabak, allein es war alles fort. Von ungefähr kam ich s. v. auf das Secret, da lag meine Pfeife, halb mit Menschenkoth besudelt und halb mit Tabak bestreut, und wog die Tabaksblase und die Pfeife so schwer, daß ich meynte, ich hätte Gold darin, allein es war Dreck. — Es hat Niemand sonderlich geschadet, außer einem Manne, der eben einmal in meinem Hause war, als es so tournirte und tumultirte, und dabei sagte: Wenns kein Pfarrhaus wär, so flucht ich einmal recht. Als er nun aber eben geflucht, da fuhr ihm gleich eine Schüssel durch die Luft an die Nase, daß es einen lauten Knall that. Ein einzigesmal hat mich doch auch ein Messer unten am Fuß verletzt. Den Wein hat mirs sammt den Kannen hinaus getragen, aber auch wieder gebracht. Ich habe ihn getrunken, und es hat mir niemal geschadet. Das übrige fällt mir jetzt nicht gleich alle bei; jedoch Deo volente will ichs all zusammen notiren und darüber disputiren lassen. Keine 3000 Thaler nähme ich darum, daß ichs nicht ausgestanden hätte; denn da hab ich gelernt, was das Gebet und der Gebrauch der heiligen Sakramente vermag; keine tausend Thaler nähm ich aber auch darum, so ichs wieder ausstehen möchte" [1]).

Viertes Kapitel.

Die Juristen.

Theatrum de veneficis, die Zauberbühne.

I. Aehnlich den Predigern, welche im »Theatrum Diabolorum« eine Predigtsammlung über des Satans Werke veranstaltet hatten, wurde für die Juristen unter genanntem Titel ein Sammelwerk von verschiedenen Tractaten über Zauberkunst zusammengestellt durch Dr. Sawr. Der deutsche Titel lautet: „Von Teufels-Gespenst, Zauberei und Giftbereitern, Schwarzkünstlern, Hexen und Unholden vieler fürnehmen Historien und Exempeln 2c., jetzt aufs neue zusammen in ein Corpus gebracht, allen Vögten, Schultheißen, Amtleuten des weltlichen Schwertes sehr nützlich. Mit kaiserlichem Privileg auf zehn Jahre gegen Nachdruck." Frankfurt a. M. Durch Nicol. Bassäus 1586. In der Vorrede erklärt der Buchdrucker, daß es kein Laster gebe von solcher Größe und Ausdehnung wie die Zauberei. „Hie thut von nöthen, daß die Obrigkeit nicht schlafe, sondern fleissig nachforschunge hab und daß sie deren etliche, also von Gott abgefallen befindet, kein Holz, Kolen, Stroh noch Fewer spare, damit dem grausamen Unglück gewähret, Gottes Ehr gerettet und ihr selbst eigen

-----

1) Dieses Actenstück hat Horst, Dämonomagie I. 242—249 mitgetheilt. Der Inhalt wird verificirt durch einen „Rübsamen", welcher das Colleg selbst gehört und manu propria nachgeschrieben haben will. Ein Pfarrer Reuch zu Crofdorf bei Gießen haftet für der Aechtheit des Dokumentes, aber nicht für jene des Inhaltes. Horst vermuthet einen Studentenscherz, wie ihn zehn Jahre später einige Studenten mit dem H. Superintendenten Liebknecht sich erlaubt hatten. Hier war der Effect der richtige. Herr L. glaubte bestimmt es mit dem Gottseibeiuns zu thun zu haben, und waffnet sich mit Gebet und Gesang, unterstützt von seiner Familie, ihm zu begegnen. I. 242.

Leib und Leben gefristet werde." Der Compilator war M. Abraham Sawr von Frankenberg, zur Zeit Procurator des hessischen Hofgerichtes zu Marburg. Der Zweck des Unternehmens war, die Richter und Amtleute zu größerem Eifer in der Hexen-Aufspürung und Bestrafung anzuspornen. Doch hat der Autor auch abweichenden Schriftstellern Raum in seinem Theatrum vergönnt. Es kommen Zweifler und Starkgläubige zum Wort. Deßhalb sagt der Verleger:

"Doch muß ich auch warne darbey
Daß es nicht alles wahrheit sey,
Und bestehen mag unverruckt
Was hie zusammen ist getruckt,
Der Truckerherr mit allem Fleiß
Zusammen gesetzt schwarz und weiß,
Böß und gut, lügen und wahrheit
Ein jedes mit seinem bescheidt,
Auf daß man aus dem gegensatz,
Erfinden mög den guten schatz,
Und verstehen worauf er sich
Verlassen darffe sicherlich."

1. Der erste Tractat ist betitelt: Wahrhaftige Zeitung von gottlosen Hexen, auch ketzerischen und Teufelsweibern, die zu Schlettstadt auf den 22. Herbstmonat 1570 sind verbrannt worden, durch Reinhard Lutz.

2. Ein Gespräch von Zauberern durch Lambert Danäus, ein Dialog zwischen Antonius und Theophilus. Antonius bringt die Einwände vor, welche Theophilus widerlegt. Die Frage, weshalb zu jener Zeit so viele Zauberer sich fänden, wird gelöst durch die Bemerkung, daß Gott die Verächter des neuen Evangeliums und seiner Gnaden „in des Teufels Strick mehr fallen läßt denn zuvor, daß sie Zauberer werden und sich dem Teufel ergeben." Aehnlich sei es zur Zeit Christi Geburt gewesen. Das Ganze umfaßt 7 Kapitel.

3. Das dritte Tractätlein trägt den Titel: „Von Zäubern, Hexen und Unholden durch Herrn Jacob Vallick, Pfarrherrn zu Grossen. In Form eines Dialogs zwischen Mechthild, Elizabeth und dem Pfarrer wird das Thema über die Zauberei behandelt. Von unglaublicher Naivität ist die Erzählung des Pfarrers, daß im menschlichen Leib Bäume wachsen können, wie er selbst erfahren bei einer Frau, welcher er ein starkes Purgirmittel gegeben, weil sie gar lange Zeit einen beschwerlichen Leib gehabt. Es war Freitag zu Großfastabend, als zwei Maaß Kirschenstein sich entfernten, welche allesammt eines Fingers lang gewachsen und seit vorigem Sommer in ihrem Leib gelegen waren. So könne der Satan auch natürliche Künste treiben.

4. Der Tractat des Ulrich Molitor von Costnitz von Hexen und Unholden, übersetzt von Conrad Lautenbach.

5. Ein christlich und nothwendiges Gespräch von bösen abtrünnigen Engeln, die man Teufel nennt durch Hrn. Abr. Reynmann, Diener am Wort zu Weiden. Ein Dialog zwischen Eusebius und Theophilus.

6. Von Gespenstern und Ungeheuern, Fällen oder Poltern oder anderen wunderbaren Dingen, so mehrentheils wenn die Menschen sterben sollen oder sonst große Sachen und Aenderungen vorhanden sind, dargestellt durch Ludwig Lavater, Diener der Kirche zu Zürich. Der Tractat zerfällt in drei Theile. Im ersten Theile zeigt er, daß es wahre und falsche Gespenster gebe. Im zweiten Theile beweist er, daß solche Erscheinungen oder Gespenster nicht Seelen der Verstorbenen, sondern gute oder böse Geister seien. Im dritten Buche weist er nach, warum Gott solche Gespenster erscheinen lasse, und wie der Mensch sich ihnen gegenüber verhalten solle.

7. Tractat des Herrn Leonh. Thurneyßers Bedenken, was er von der Exorcisterei halte.

8. Eine kurze treue Warnung, Anzeuge und Unterricht. Ob auch zu dieser unser Zeit unter uns Christen Hexen, Zauberer und Unholden vorhanden durch Abrah. Sawr beschrieben nebst Bekenntniß, Urgicht und Examination der am 25. Mai 1582 zu Marburg hingerichteten Zauberinnen. Im Vorspruch sagt der Buchdrucker zum Leser:

> Es haben viel von Hexerei
> Geschrieben: Aber nicht einerley.
> Doch hat Abraham Sawr den Streit
> Nur auff drei Bogen gefaßt nit weit.
> Andere habens gar bunt gemacht,
> Dieser sein schlecht an tag gebracht
> Ein jeder hat sein eygen Haupt,
> Wers besser macht, ist ihm erlaubt.

Hierauf gibt Sawr Martin Luther das Wort: „Zauberey ist des Teufels selbst eigen werk, damit er den leuthen (wenns ihm Gott verhänget) nit allein Schaden thut, sondern sie oftmals ganz und gar dadurch erwürget und umbringet. Ja wir seind beide mit leib und gut als Frembling in dieser Welt dem Teufel unterworfen 2c. Darum kann er auch durch seine H. ren und Zauberinnen den Leuten wohl Schaden tun an Leib, Gut und Ehren" 2c. Seite 202.

Es folgt 9, Des Paul Frisius Nachholbanus Tractätlein von Teufels Nebelkappen, d. h. ein kurzer Begriff vom ganzen Handel der Zauberei, dem Landgraf Georg von Hessen gewidmet. Der Tractat zerfällt in 5 Kapitel. Die Blendwerke, womit der Teufel die Menschen zum Besten habe und täusche, nennt er Nebelkappen. Er glaubt an Incubus und Succubus und an Wechselkinder und belegt seine Behauptung mit verschiedenen Exempeln und Historien.

10. Des Scribonius Bericht von Erforschung und Prob der Zauberinnen durch kaltes Wasser, nebst Widerlegung desselben durch Dr. Neuwalt, übersetzt aus dem Lateinischen durch Hrch. Maibaum in Marburg.

11tes Tractätlein. Ein christlich Bedenken und Erinnerung von Zauberei, woher, was und wievielerlei sie sei durch Augustin Lercheimer von Steinfelden. Der Tractat behandelt neunzehn Fragen und ist überreich an merkwürdigen Histörchen und Erzählungen. Zum Beweise der sehr vernünftigen Beurtheilung des Verfassers über Zauberei lassen wir ihn selbst reden. „Ich halte es mit denen, die da meinen, es sei viel billiger, glimpflicher und auch christlicher, die Zauberei also ausrotten, daß die Pfarrherrn das Volk von diesem Teufelstrug unterrichten, dafür warnen, davon abschrecken mit Anzeigung, was große Sünd es sei. Wo solches bei etlichen verfinge und vermerkt würde, daß sie nichtsdestoweniger damit umgingen, so soll er sie zu sich berufen; wollen sie nicht kommen, so nehme er den Schultheiß zu Hülfe und vermahne sie, daß sie des Dinges müßig gehen, die Predigt und den Gottesdienst fleißig besuchen, lasse sie den Glauben und das Vaterunser aufsagen. Wollen sie nicht lernen und des Hexenwerks sich nicht entäußern, so strafe man sie um Geld, haben sie es nit, so setze man sie eine weil in den Köppich oder stelle sie in Obstdiebkorb, daß sie ins Wasser fallen. Wann dies oder dergleichen nicht hilft, dann verweise man sie des Landes." Seite 227.

Folgt der 12. Tractat. Wider die schwarze Kunst, abergläubisches Segnen und wahrhaftiges Wahrsagen von Hrch. Bullinger. Der Verfasser glaubt an die Zauberkunst durch Hilfe des Teufels und beweist es durch die Geschichte Jobs.

13. Tractätlein. Eine wahre Entdeckung und Erklärung, aller fürnehmsten Artikel der Zauberei u. s. w. von Jac. Freiherr von Lichtenberg, herausgegeben durch Dr. Jakob Becker. Der Autor ist übermäßig angefüllt vom Zauber- und Hexenglauben, so daß wenige an Leichtgläubigkeit ihm gleich kommen.

14. Von der Hexe, die man gewöhnlich Zauberin nennt, Natur, Kunst, Macht und Thaten, billig und rechtmäßig bedenken, von Joh. Ewich, Physicus der Stadt Bremen.

15. Tractätlein des Joh. Trithemi zu Sponheim. Antwort auf etliche Fragen, so ihm von weiland Kaiser Maximilian I. vorgehalten.

16. Tractätlein. Consilia und Bedenken etlicher Juristen von Hexen und Unholden, und wie es mit der Tortur zu halten. Es werden vier Bekenntnisse von Angeklagten mitgetheilt und daraufhin Rechtsgutachten

abgegeben. Letztere tragen das Datum von 1564 und 1565, und zwei von 1567.

17. Den Schluß macht Dr. Johann Weyers Vorrede über das sechste Buch seines Werkes: De praestigis Dämonum „von Straf und warem Unterschied der Zauberer, Hexen und Giftsieder.“

Soldan-Heppe bezeichnet die Tendenz dieser Sammlung mit den Worten: „es sollten diese Tractaten zur Hexenverfolgung weitere Anregung und Anleitung geben[1]).“

II. Unter den deutschen Rechtslehrern, welche die Hexenverfolgung zur ersten Aufgabe der Criminal-Rechtspflege machen, nimmt unstreitig Benedict Carpzov die erste Stelle ein. Er war 1595 zu Wittenberg geboren und widmete sich gleich seinem Vater der Jurisprudenz. Schon 1620 fand er eine Anstellung beim Schöffenstuhl zu Leipzig, von 1636 an eine solche als Assessor beim Oberhofgerichte. 1639 wurde er als kurfürstlicher Rath ans Appellationsgericht zu Dresden versetzt und zum Hofrath ernannt; 1645 lehrte er als Professor der Rechte an die Universität Leipzig zurück, bis ihn die Ernennung zum Geheimen Rath 1653 wieder nach Dresden führte. Doch kehrte er abermals 1661 aus Rücksicht auf sein Alter nach Leipzig zurück und setzte seine Thätigkeit beim dortigen Schöffenstuhle fort, bis ihn der Tod am 30. August 1666 aus seinem thätigen Leben abrief. Er war ein frommer lutherischer Christ, welcher in seinem Leben die Bibel 53 Mal ganz durchlesen hatte. Dieser fromme Sinn hat ihn nicht abgehalten, während seiner dreißigjährigen Amtsthätigkeit zu Leipzig eine Unzahl von Hexen, wie seine Gegner sagen, zwanzigtausend, in den Tod zu schicken. Wäre es auch nur die Hälfte, so würde die Blutarbeit zu Leipzig die umfassendste in Deutschland sein, gegen welche jene zu Bamberg, Würzburg und Trier verschwinden müssen. Von seinen zahlreichen gelehrten Werken kommen hier zwei in Betracht. Erstens Practica nova rerum criminalium, Wittenberg 1635; zweitens Processus juris Saxonici, Leipzig 1657. Das Titelkupfer des ersten Werkes zeigt das Porträt des Verfassers mit der Inschrift auf dem Schilde: vir pius, vir doctus, sincerus, cordeque purus, stat viridans obitu, cedrus ut in libano. Als Pendant zeigt die Gegenseite das Bild einer Richtstätte mit Rädern und Galgen, mit Holzblock, von Kindern umstanden, welche der Hinrichtung ihres Kameraden zusehen, während ein Zweiter gestäubt wird. In der Nähe wird einem dritten Erwachsenen die Hand abgehauen und ein vierter zum Ersäufen eingesackt.

Die »Practica nova« besteht aus drei Theilen. Der erste Theil

---

1) Soldan-Heppe II, 22, Anmerkung 1.

behandelt die Kapital-Verbrechen, als: Mord, Vater- und Kindesmord, Brandstiftung, Münz- und Majestäts-Verbrechen, Häresie und Blasphemie und endlich Zauberei und Hexerei. Die Fragen 48, 49 und 50 behandeln dieses Verbrechen. In Fr. 48 wird das Verbrechen der Zauberei wissenschaftlich geprüft, bezüglich seiner Wirklichkeit, Schwere und Strafbarkeit. Hier werden die Gegner, wie Ponzinibius und Wierus, widerlegt. Die Blendwerke des Satans, welcher bewirken kann, daß ein Mensch durch optische Täuschung in der Gestalt eines Esels erblickt werde; das Bockreiten und Blocksbergfahren stellt er als Thatsache hin, wiewohl er einräumt, daß der größere Theil der Theologen und Juristen sie für Einbildung hielten. Er will dieses bei Einzelnen zugeben, um dem Ansehen Luthers und Melanchthons, Biermanns und Fischards nicht zu nahe zu treten. Eine Berufung auf Luther beweist, daß auch dieser den Abt von Sponheim unter die Zauberer versetzt hat. Ferner hält Carpzov daran fest, daß die Hexen mit Zulassung Gottes Wetter machen, Früchte verderben, Menschen und Vieh beschädigen und mit dem Satan Verträge eingehen können. In der Frage 49 wird untersucht, welche Strafen die Hexen verdienen, welche teuflische Bündnisse geschlossen haben. Im §. 23 stellt er den Satz auf, daß ihnen die Todesstrafe gebühre, auch wenn sie Niemanden irgend einen Schaden zugefügt hätten. Er beruft sich auf die sächsische Criminalordnung, worin es heiße, daß dieselbige Person, ob sie gleich mit Zauberei Niemands Schaden zugefügt, mit dem Feuer vom Leben zum Tod gestraft werden soll. Desgleichen auf Entscheidungen zu Jena 1608, vom Schöffenstuhl in Leipzig 1594 und 1615. In den ferneren Paragraphen untersuchte er die Frage des teuflischen Umgangs und der daraus sich ergebenden Folgen. Er verneint jede Kindererzeugung, gibt jedoch zu die Entstehung der sog. Elben. Für diese Behauptung führte er wiederum die sächsische Criminalordnung ins Feld, sowie die Entscheidungen des Leipziger Schöffenstuhles von den Jahren 1583 und 1584, 1604 und 1608. Sehr beklagenswerth ist der §. 60, in welchem Carpzov die Theorie entwickelt, daß bei geheimen Vergehen die »Präsumtiva et conjecturata probatio pro plena et concludenti« zu halten sei. Conjecturen sollen also Beweiskraft besitzen! Anhaltspunkte für solche Muthmaßungen sind: Umgang mit verurtheilten Hexen, Abwesenheit aus verschlossenen Räumen, nicht weinen können, Zaubersprüche sagen, angerichteter Schaden bei Menschen und Thieren, das Vorfinden von geschriebenen Verträgen, zuletzt das eigene Bekenntniß. Ferner in der Frage 50 wird untersucht, welche Strafe den Hexen gebühre, welche ohne Teufelsbund schaden thun. Das sächsische Recht verfügt die Todesstrafe durch das Schwert; desgleichen Schöffensprüche aus den Jahren 1593, 1597 und 1599. Dazu werden noch die Strafen verschiedener Arten der Zauberei, z. B. Segensprecher, untersucht und festgestellt. So auch das Ausstäuben mit Ruthen für solche Frauen zugelassen, „wenn sie die jungen Gesellen auf dem Bock holen lassen." Diese Quästion ist bereichert mit 36 Urtheilssprüchen vom Leipziger Schöffenstuhl vom Jahre 1582 bis 1622. Noch sei erwähnt, daß Carpzov die peinliche Strafe über solche verhängt wissen will, die in puncto Zauberei zu keinem Reat, sondern blos zu einem Conat (Versuch) gekommen seien, resp. die nur die böse Absicht gehabt hätten.

Das zweite genannte Werk Processus juris zeichnet sich ebenfalls aus durch seine Härte und Strenge im Inquisitionsverfahren und in der Anwendung der Tortur. Er rechtfertigte sein System der Strenge durch die Behauptung, daß beim Verbrechen der Zauberei die Beschädigung des Menschen das weniger Gravirende, die Verleugnung Gottes und Pactirung mit dem Satan dagegen das eigentliche corpus delicti sei, woraus die Schwere des Vergehens erkannt werde. Für Carpzov hatte weder ein Tanner noch ein Spee gelebt. Unter ihm erreichte das Hexenverbrennen in Deutschland seinen Höhepunkt [1]). Denn er galt als das Orakel der Juristen und sein Ansehen bewirkte, daß man allenthalben auf seinen Namen hin Hexen verurtheilte und verbrannte.

III. Ludwig von Seckendorf, kursächsischer Staatsmann, ließ im Jahre 1686 zu Leipzig ein Werk erscheinen: „Christlicher Staat" in drei Büchern [2]). Darin verbreitet er sich auch über die Frage der Zauberkunst und Hexerei. Da lesen wir Seite 44 „daß durch Zauberei unsichtbarer Weise und also durch Kraft der Geister gewirket werde, ist mit Exempel und auf Haar erwiesen." Unzählige Acten liegen hin und wieder in Archiven und Gerichtstuben von der Zauberei, und zwar einer solchen, die nicht blos in Erzählung und Bekenntniß der Gefangenen bestanden, sondern deren Effect auch von anderen Leuten gesehen worden ist, z. B. daß, wenn ein Zauberer ausgesagt, er habe in eines andern Menschen Leib unterschiedliche Dinge, zu dessen Plage und Beschwerung, mit Hilfe des bösen Geistes unvermerkt eingezaubert, so hats sich im Beisehn der

---

1) Horst, Dämonomagie.

2) Der Titel lautet: Herrn Veit Ludwig von Seckendorff Christen=Stat in 3 Büchern abgetheilt; im ersten wird von dem Christenthum an sich selbst wider die Atheisten; im zweiten Buche von der Verbesserung des Weltmenschen; im dritten Buche von der des geistlichen Standes nach dem Zweck des Christenthumes gehandelt. In Franken geboren, kam Seckendorf in den Zeiten des 30jährigen Krieges nach Sachsen, wurde dort erzogen, war von 1646—64 am sächsischen Hofe und 12 Jahre Hofrichter in Jena; von 1664 in Herzog Moriz von Sachsen Dienst bis 1681; war Geheimrath, hatte 1655 ein Buch: Deutscher Fürsten=Stat, erscheinen lassen.

Gerichtspersonen und Aerzte wirklich befunden und sind bezauberten Leuten aus ihren Schenkeln oder Armen solche Materialien herausgeschnitten worden, als: Glas, Haare, Eierschalen, ja gar giftige Thiere, Eidechsen, Kröten, Molche u. dgl., die durch keine natürliche Wege oder menschliche Kunst hineingebracht worden, sondern es muß ein Geist durch die Zauberei, oder auch vor sich allein, gethan haben. Unverwerfliche Zeugen haben mit eigenen Augen gesehen, daß am hellen Tage sich Getreide und Garben auf den Feldern sich von selbst aufgerichtet, oder ganze Schoben Heu in die Höhe gestiegen und über Berg und Thal gefahren, also dem Eigenthumsherrn entwendet und zauberischen Leuten zugebracht worden. Man kann Personen, Zeit und Ort desfalls nennen. Wie viele Zauberinnen haben bekennet und sind darauf gestorben, daß sie aus einem Strick oder Seil oder aus einem Holz so viele Milch gemolken, als ihr eigen Vieh nimmer geben könne, und hat sich im Werk befunden, daß hingegen den Inwohnern jenes Ortes an ihrem Vieh die Milch gänzlich oder für lange Zeit gemangelt. Man weiß darüber die Personen und alle anderen Umstände anzuzeigen, und sind wenigstens einige Exempel unwidersprechlich gewiß, wenngleich tausend andere verworfen würden, und der Vorwand der Atheisten bei etlichen Fällen und Personen gelten möchte, es wäre eine melancholische Einbildung milzsüchtiger Leute oder eine falsche Relation. Vor kurzer Zeit ist an einem benachbarten Orte, wo ich selbst einige Botmäßigkeit habe, ein Mägdlein von bösem Geist geplaget worden, daß von ihm öfters große Menge von Reisig oder Gesträuche, spannenlang oder buschelweise als vom Besen geschnitten, item stroherne Schleiflein, in der Mitte wie ein Band gebunden, auch Federn handlang zum Munde herausgegeben worden, so geist- und weltliche Personen in großer Anzahl mit Augen gesehen und die Materie in Händen gehabt, mir auch selbsten auf Begehren fürgeleget, daß unmöglich gewesen, daran zu zweifeln und gleichwohl läuft es über und wider alle Natur, daß dergleichen Dingen in solcher Menge in eines Menschen Leib und Magen gebracht oder gezeuget werden können, sondern es ist durch unsichtbare und also durch Geistesgewalt hineingebracht und mit gräulichen Schmerzen wieder herausgetrieben worden, und so es durch Verblendung geschehen wäre, als einige vorgeben, so beweise doch auch die Blendung, daß Geister seien, die solche verrichten[1]).

---

1) Der Verfasser schreibt jedem Lande seinen eigenen Teufel zu, „unser deutscher Teufel wird ein guter Weinschlauch sein und muß Sauff heißen, daß er so durstig und hollig (lechzend) ist, daß er mit großem Saufen Weins und Bieres nicht kann gekühlt werden, und wird solch ewiger Durst Teutschlands Plage bleiben bis zum jüngsten Tag." Additiones S. 52.

Ferner berichtet er Seite 66 der Additiones unter Berufung auf das Werk des Heinrich Morus[1]) gegen den Atheismus. „Dieser handelt im ersten Buche Kapitel 2—12 von etlichen magischen Dingen, als dem Sieblaufen, Pferdekuren durch Worte, Charaktere und dergleichen, von Wind und Gewittern, so durch Zauberei verursacht werden; von dem Fahren der Menschen durch die Luft, von Poltergeistern in den Häusern, von Bezauberung der menschlichen Leiber und von anderen bösen Thaten der Zauberer, von ihrer schändlichen Vermischung mit bösen Geistern, von welch allem er alte und neue Exempel aus Büchern und Erzählungen anführt, dergleichen zwar noch mehr bei denen Autoribus, daraus er sie allegirt, sonderlich dem Wierus zu lesen. Daher ich auch Bedenken gehabt, in diesem meinem Werke andere Exempel, als die ich selbst mit gewissen Umständen erfahre, und solche zu glauben ich mich überzeugt halte, anzuziehen."

Auch vom Gespensterglauben ist unser gelehrter Mann angefüllt. Der §. 6, I. Th. trägt die Ueberschrift: „Beweis der Wirkung der Gespenster; Gleichniß von der Kraft des Windes, den man nicht sieht..." „Von Gespenstern findet man unzählige Historien, welche zwar gleicher Gestalt verworffen und abgelehnt werden wollen, und mag seyn, daß bisweilen Betrug oder Einfalt mit unterlauffe. Daß aber durch Geister und Gespenster solche Dinge geschehen, die kein Mensch ausrichten kann, dessen wird man auch durch unwidersprechliche Exempel überwiesen. Aus eigener Erfahrung könnte unter andern ein frischer Casus angezogen werden, da ein adelicher Meierhoff oder Vorwerg, darüber ich Freund- und Vormundschafft wegen zu disponiren gehabt, in höchster Gefahr gestanden, und man schon auf Anstalt denken müssen, solchen zu verlassen, und den darinnen befindlichen Vorrath an Viehe und Getreyde anders wohin zu bringen: Es wurde Feuer hin und wieder an gefährlichen Orten angelegt gefunden, so doch nicht zündete, das Gesinde wurde mit Steinen, Holz und Unflath geworffen, ihre Speise verderbt, ihr Geräthe auf hohe Bäume, dahin kein Mensch steigen, oder mit Stangen und Leitern, ohne Hülfe vieler Personen, reichen konnte, gehänget befunden. Kein einziger Umstand konnte ersonnen oder ausgeforschet werden, daß es durch Betrug und Schelmerey des Gesindes oder anderer Leute geschehe, kein Mittel war davor zu erdenken, bis sichs endlich selbst verlohren, und

---

1) Dr. Henry More gab 1681 das Werk des Engländers Josef Glanvil (1636 + 1680) heraus: »Sadducismus triumphatus«, worin der Hexenglaube mit geistreichen Gründen vertheidigt wird. More war Philosoph; ihm stand zur Seite Casaubonus, Dechant von Canterbury und der hochkirchl. Theologe Cudworth. Heppe-Soldan II. 232.

eine Zeit lang ein großes Heulen in einem gegenüber liegenden Berge gehöret worden. Hieraus folget unumgänglich, daß dergleichen Dinge durch der Geister Kräffte verrichtet werden, die sich nicht sehen noch greifen lassen. Aber ihre unnatürliche Wirkungen ziehen den Beweis nach sich, daß etwas sein müsse, welches solche Wirkungen thue. So wenig nun, als geleugnet werden kann, daß ein Haus oder Baum vom Winde umgeworfen sey, obgleich der Wind an sich selbst nicht sichtbar ist, auch noch kein Mensch ergründet hat, wo er her kommet, und wohin er gehet, so wenig kann das Wesen und die Krafft der Geister geleugnet werden, wann man den Effect und die Wirkung davon siehet, oder glaubwürdig bezeugen höret."

IV. Christian Thomasius. Thomasius war 1655 zu Leipzig geboren. Mit dem Studium der Jurisprudenz hatte er auch Collegien in der Philosophie verbunden und war ein begeisterter Anhänger des Cartesius geworden. In Halle erwarb er sich eine Professur und hatte 1694 die Aufgabe, in Untersuchungssache gegen Barbara Labarentz aus Cöslin, wegen Zauberei Beklagte, das Referat auszufertigen. Dieses lautete seinerseits auf Verhängung der peinlichen Frag. Zu seiner Ueberraschung beschloß das Collegium, das milde Verfahren der Entlassung nach geschworener Urpfede. Er fühlte sich nunmehr veranlaßt, das Studium Carpzovs und Delrios zu vertauschen mit den Werken der Gegner der Hexenprocesse, eines Weyer, von Spee, van Dale und B. Bekker. Bald war er überzeugt, daß das ganze Proceßverfahren rechtswidrig sey und auf falschen Voraussetzungen (praejudiciis) beruhe. Zu den letzteren zählte er den Pact und die Buhlschaft mit dem Satan. In dem Gerichtsverfahren bekämpfte er die Carolina mit ihren unbestimmten, dehnbaren und verfänglichen sogen. Indicien. Diese Anschauungen suchte er mit allen Mitteln in die Oeffentlichkeit zu bringen. Schon 1701 veranlaßte er, daß Johann Reiche in öffentlicher Disputation seine Ansichten vertheidigte, welche dann unter dem Titel „Kurze Lehrsätze vom Laster der Zauberei" dem Drucke übergeben wurden. Er macht mit Recht einen Unterschied zwischen Hexenglauben und Hexenproceß. Mit Carpzov, dem Juristen, und Spizelius, dem Senior Ministerii zu Augsburg † 1691, als Theologen, geht er scharf ins Gericht, indem er die Grundlosigkeit ihrer Beweise ans Licht stellt. Er macht es diesem Prediger zum größten Vorwurfe, daß er sich gerühmt habe: „ein solch heilsames Werk (Hexenverfolgung) nach äußerstem Vermögen zu befördern, habe er von vielen Jahren her sich hoch verpflichtet erachtet." Den gleichen Vorwurf erhebt er auch gegen seine Amtsgenossen, §. 31 und 46, besonders gegen die orthodox-lutherischen, wobei er selbst Melanchton nicht verschont.

22*

Am Schlusse spricht der Präses dem Johann Reiche verdientes Lob mit der Aufforderung, auf dem betretenen Wege fortzuschreiten.

Thomasius hat Entstehung und Entwickelung seiner schriftstellerischen Laufbahn selbst dargelegt in der von ihm verfaßten Vorrede zu dem Werke Johann Websters, Untersuchungen über Hexereien, dessen Uebersetzung er selbst veranlaßte. Es folgte noch im gleichen Jahre eine Disputation über die trügerischen Indicien der Magie. Alsdann erschien im Jahre 1703 durch Johann Reiche eine Sammlung von Schriften: „Vom Unfug des Hexenprocesses." Zu dieser Sammlung gehören: 1. Das Schriftchen eines Annonymus, betitelt: malleus judicum, d. h. Gesetzhammer der unbarmherzigen Hexenrichter. — Eine Abhandlung mit neun Kapiteln; 2. die cautio criminalis von Spee; 3. die christliche Erinnerung an Regenten und Prediger, wie das Laster der Zauberei mit Ernst auszurotten und bescheidentlich zu verfolgen, von Johann Meyfahrt. Dieser Mann ist Professor der Theologie und sehr fromm. Jedes Kapitel beginnt er mit dem Gebetsspruche: mit mir, o Jesu, fange an und mit mir höre auf. Am Schlusse: mit mir, o Jesu, höre auf und mit mir fange an. Den Regenten und Predigern zeigt er die schwere Verantwortung, welche sie in der gräulichen Hexenverfolgung auf ihren Gewissen tragen. Endlich

4. viererlei Sorten von Hexen-Acten, um sowohl die vermeintliche Zauberkunst und Betrug, als auch die kindischen Indicien der Zauberei und andere Mißbräuche des Hexenprocesses offenbar zu machen. Das Vorgehen von Thomasius war an und für sich nicht neu. Vor ihm hatte Johann Brunnemann, Samuel Stryck, Ericus Mauritius, Struvius, Coccejus, Sebastian Meyer über dieselben Materien in gleichem Sinne geschrieben. Selbst wenige Tage vor der Disputation vom 6. November hatte ein F. M. Brähm an derselben Universität zu Halle über die „trügerischen Indicien der Magie" disputirt und die Falschheit derselben nachgewiesen. Noch 1708 hatte ein Jurist aus Pommern über denselben Gegenstand in deutscher Sprache geschrieben und diesen Tractat unter dem Namen Alois Claritinus zu Stargard veröffentlicht. Trotzdem hatten alle diese Werke kein besonderes Aufsehen erweckt. Bei Thomasius sorgte ein Gegner dafür, daß sein Name eine Berühmtheit wurde. Diesen Erfolg verdankte er dem Pfarrherrn zu Sterup Peter Goldschmidt, welcher sich bereits in der Literatur einen Namen von zweifelhaftem Werthe errungen. Er hatte 1698 ein Buch erscheinen lassen unter dem Titel: „Höllischer Morpheus, welcher kund wird durch die geschehenen Erscheinungen der Gespenster und Polter-Geister, so bisher zum theil von keinem einzigen Scribenten angeführet und bemerkt worden sind, daraus nicht allein erwiesen wird, daß Gespenster seyn,

was sie seyn, und zu welchem Ende dieselben erscheinen, wider die vorige und heutige Atheisten, Naturalisten, und namentlich D. Bekern in der bezauberten Welt ꝛc." Dieser tapfere Gottesmann glaubte sich berufen, nunmehr auch auf den neuen Goliat Thomasium loszuziehen; denn 1705 ließ er ein neues Buch erscheinen mit folgendem Titel: Petri Goldschmids verworfener Heren- und Zauber-Advokat, d. i. wohlgegründete Vernichtung des thörichten Vorhabens Hrn. Christiani Thomasi, j. u. Dr. et Professoris Hallensis, und aller derer, welche durch ihre superkluge Phantasie-Grillen dem Teufelischen Heren-Geheimniß das Wort reden wollen, indem gegen dieselben aus dem unwidersprechlichen Göttlichen Worte, und der täglich lehrenden Erfahrung das Gegentheil zur Genüge angewiesen und bestätiget wird, daß in der That eine Teufelische Hererey und Zauberey sey, und dannenhero eine Christliche Obrigkeit gehalten, diese abgesagte Feinde Gottes, schadenfrohe Menschen- und Viehmörder aus der christlichen Gemeinde zu schaffen, und dieselbe zur wohlverdienten Strafe zu ziehen [1])."

Im Jahre 1712 ließ Thomasius wiederum einen Angriff auf den hergebrachten Zauberglauben machen. Es geschah dies durch eine Dissertation, welche zu Halle durch J. P. Ipsen herausgegeben wurde unter dem Titel: »Disputatio de origine et progressu processus inquisitorii contra Sagas.« Ihr Verfasser war Thomasius. Der Zweck dieses Tractates war, den Nachweis zu liefern, daß sowohl der Inquisitionsproceß, wie auch die Verbrechen des Teufelsbündnisses und der Buhlschaft nicht alten sondern jüngeren Datums seien. Er verlegt ihre Entstehung ins Ende des 15. Jahrhunderts, mit Berufung auf Erasmus, welcher dasselbe bezeugt. Er hätte ebensogut die Blocksbergsfahrten hinzu setzen können; denn wie Schwager berichtet, sind diese sog. „Bockladen" [2]) eine Erfindung der späteren protestantischen Zeit. Noch einmal reagirte Thomasius in gleicher Richtung gegen die Herenprocesse, indem er 1718 für die deutsche Uebersetzung von Johann Websters Untersuchungen ꝛc. Sorge trug.

Thomasius hat mit Fug und Recht als erstes Object seines Angriffes das verwerfliche Gerichtsverfahren ausgewählt. Er stand hiermit auf dem nämlichen Boden, wie Tanner, Spee, Fischard, Ewich, Molitor,

---

1) Den schreibfertigen Arzt Eberhard Gockelius zu Ulm 1636—1710 und Balthasar Timäus aus Fraustadt 1610—1667 nennt Gräße eine „abergläubische Sippschaft im Geiste des ehrwürdigen Goldschmidt." Gockelius schrieb um seinen Namen zu rechtfertigen: „Der eierlegende Hahn sammt seinem Basiliskenei." Ulm 1697; „Vom Beschreyen und Verzaubern." Frkft. 1699.

2) Schwager 286.

Ponzinibius und Grevius[1]). Aus diesem Grunde hatte sein Unternehmen auch einen besseren Erfolg, als die Versuche Weyers und Beders hatten. Beide richteten ihre Angriffe vorzugsweise gegen den bestehenden Teufelsglauben, welchen jener bis zur Hälfte, dieser bis zur Wurzel zu beseitigen suchte. Thomasius verneinte nur die Möglichkeit des Pactes und der Buhlschaft mit dem Satan, im Uebrigen ließ er ihn bei Seite liegen. Er glaubte ebensowohl an seine Einwirkungen auf die physische und geistige Natur des Menschen, wie auch an die Wirklichkeit und Wirksamkeit der Gespenster. Bezüglich der Tortur befürwortete er einen mäßigen Gebrauch und Anwendung derselben. Ihre Abschaffung, welche Spee befürwortet hatte, wollte er ebensowenig anrathen, wie der Pfarrherr Schwager von Jöllenbeck, welcher 1783 ihre Beibehaltung für ein nothwendiges Uebel erklärte.

Fünftes Kapitel.

Die Mediciner im 16. und 17. Jahrhundert.

Eine betrübende Erscheinung ist die unläugbare Thatsache, daß die Medicin als eine Wissenschaft, welche zumeist auf Erfahrung beruht, und scharfe Beobachtung erheischt, ebenso sehr von dem Zauberglauben durchseucht war, wie die anderen Disciplinen, die Jurisprudenz, Theologie und Philosophie. Diese Erscheinung tritt mehr im Norden unseres Vaterlandes hervor als im Süden; doch auch hier war das Uebel schon groß und Ausgangs des 16. Jahrhunderts wurde von einem Manne geklagt, „daß Viele an dem Kieselbette des Cocytus haften und so von seinem schlammigen Netze erfaßt werden, daß sie nicht leicht mehr entrinnen können. Der Eine ist blind durch Geiz, der Andere durch Ignoranz, der Dritte stürzt sich hinein durch irgend eine trügerische Einbildung. Die Hauptsache besteht darin, daß sie entweder einen heimlichen Bund mit dem Satan schließen oder auf die geheime Anbetung des Satans schwören oder durch ein genommenes oder gegebenes Bündniß dazu sich verpflichten. O gottloses Jahrhundert! o verwerfliche Sitten! O Schlangenbrut und verderbtes Geschlecht! jedes Jahrhundert hat seine Seuchen, seinen Aussatz; dieser Aussatz aber dringt bis in die Seele und bis ins Heiligthum des heiligen und höchsten Gottes und gießt aus seinen Schmutz und seinen tödlichen Gifthauch! Heutzutage ist fast die

---

1) Responsum juris etc. führt noch an: Sigismund Scaci, jur. Cosultus romanus celeberrimus pag. 18. qu. I. Köln 1708.

Mehrzahl der Magistrate von diesem Wahne erfüllt; die Goetie oder Theurgie wird zur Magie durch Beschwörung unreiner Geister; und die auf schändlicher Neugierde beruhende Kunst verblendet Tausende von Augen und Tausende von Seelen." Mit diesem Klagelied beginnt der englische Arzt Ricardus sein Buch: „Ueber die Blendwerke und Beschwörungen der Teufel," und, er wie hinzusetzt „ein seltenes, nie dagewesenes Buch"; Basel 1568. Nach seiner Aussage versteht es der Satan, wie ein zweiter Proteus, seine Gestalt zu wechseln und den ihm verbündeten Hexen nach Anwendung von Salben und anderen Vorbereitungen bald als Incubus, bald als Succubus zu dienen; dabei ahmt er alle religiösen Gebräuche nach, als die Taufe, Abendmahl ꝛc. Die Frauen sind am zahlreichsten ihm ergeben, weil sie in der Untreue und Gottlosigkeit am weitesten fortgeschritten sind. Den Glauben an Gespenster vertheidigt er. Ihren Aufenthalt verlegt er in die die Erde umgebende nebelige Luftschichte. Ferner redet er von Liebestränken, Nestelknüpfen, Besessenen, sowie über Hexen, welche in der Gestalt ungewöhnlicher Vögel, bei den Alten Harpyen genannt, ihr Unwesen treiben. Den Hauptsitz der Gespenster verlegt er in den Norden, wo sie ihre nächtlichen Zusammenkünfte zu feiern pflegen, wo man nach Sonnenaufgang ihre vom Thaue benetzten Spuren entdecken kann. Die Lappen und Finnen sollen es verstehen, nach Art indischer Fakire, in verborgenen Höhlen, wo sie eherne Frösche und Schlangen bewahren, mit vorgeschriebenen Beschwörungen sich in Extase zu versetzen, um die Schicksale weit entfernter Verwandten zu erfahren. Sechs Wege gibt es, auf welchen der Mensch Zukünftiges erfährt: Träume, Erscheinungen, Vögel, Eingeweide, Geister und Sybillen. Er gibt Segenssprüche an, wodurch man sich auf Reisen sichere vor Dieben und Räubern. Ebenso um Blut zu stillen, durch Feinde unversehrt hindurch zu gehen u. s. w. Mit Berufung auf Joh. Gennatius erzählt er, daß die Fratricellen zur Zeit Kaiser Ludwigs des Baiern und während des Schismas, zu Neapel wahre Orgien gefeiert hätten. Auch Priester seien Theilnehmer gewesen. Am Schlusse ihres nächtlichen Treibens habe ein Priester geprediget, daß die Liebe das höchste sei; tum demum peracta sacra censebatur, non hoc esse christi testimonium, »pacem meam do vobis«, sed »crescite et multiplicamini super terram.« Hierauf seien die Orgien begonnen worden. Sollte aus solchen Verbindungen ein Kind erzeugt worden sein, so wurde es getödtet, zu Asche verbrannt, und die Asche mit Wein vermischt, den Novizen vom Priester zum Tranke gereicht. Solche Mittheilungen finden wir in dem Buche des Arztes Ricardus. — Nach hundert Jahren vernehmen wir einen anderen Vertreter der Arzneikunst, den gelehrten Johann Christian Fromann; er hat sich verewigt durch sein dickleibiges und gelehrtes Werk: »Tractatus de fascinatione novus et singularis, in quo fascinatio vulgaris profligatur, naturalis confirmatur, et magica examinatur, Nürnberg 1675.« Fromann wurde von seinen Zeitgenossen sehr geschätzt. Nach dem Titel zerfällt sein Werk in drei Theile: 1. de fasc. vulgari seu poëtica; 2. de fasc. naturali seu philosophica; 3. de fasc. magica seu daemonica. Er befolgt die Methode, die verschiedenen Ansichten über die einzelnen Punkte voraus- zuschicken, um dann die seinige nachfolgen zu lassen. Die Fascinatio, d. h. Vorspiegelungen, definirt er folgendermaßen: Est actio, qua cor- pori noxa visu, verbis, contactu aut effluviis malis, occulto modo agentibus, per vim, seu naturalem seu supernaturalem, inferri putatur. Der hier in Betracht kommende dritte Theil zeigt die ver- schiedenen Arten, wie der menschliche Körper bezaubert werden kann, deren Ursachen, Gegenstand, [d. h. ob Geist oder Leib, natürliche Dinge oder Elemente] Kennzeichen, Zweck und Heilmittel. Bei letzterem ist zu unterscheiden ein dreifaches: ob durch göttliche, natürliche oder teuflische Heilmittel. Interessant sind die Kapitel über die natürlichen Arznei- mittel, indem er einen ganzen Catalog von Recepten gegen zauberische Krankheiten zusammen stellt. Statt des gewöhnlichen Recipe in latei- nischer Sprache führen wir ein solches in deutscher Sprache an. Becker in seiner Wachholder-Apothek pag. 511 empfiehlt den Wachholder, um Zaubereien zu vertreiben mit diesen Worten: „Conradus schreibet in seiner Medulla pag. 463, daß für allerlei zauberische Einschüsse, Schä- den und Zustände, man bey den zauberischen empfangenen Giften, wo sich am Leibe Schmerzen erzeugen, denselben Ort mit S. Johannis Oel schmiere, und Wachholderbeer zu einem Mues stoße, oder, so sie dürre, im Wasser siede und darüber lege, und auf 24 Stunden ungefähr darüber liegen lasse. Und wo zauberische Beulen aufwachsen, so soll man Wach- holder-Salz, und zweymal so schwer gebratene Zwiebeln zusammen wol untereinander stoßen und auf ein leinen Tüchlein gestrichen über den Schaden legen. Daneben soll auch der Patient von Wachholderbeer- Körnlein, St. Johannis Kraut oder Wohlgemuth trinken." Nicht erlaubt sind die Zaubermittel, um angerichteten Schaden wieder zu beseitigen. Fromann räumt dem Satan eine große Macht ein über alle Kreaturen. Mit Gottes Zulassung kann er dieselbe auch seinen Werkzeugen, den Hexen, mittheilen; daher theilt er auch die abergläubischen Vorstellungen seiner Zeit über Wettermachen, Verbringen von Getreide, Milch und Fleisch, von Incuben und Succuben, Nestelknüpfen und Wechselbälgen, den Luftfahrten, dem Einflößen von Haß oder Liebe, Zu- und Abneigung unter Eheleuten u.'s. w. Auch bezweifelt er nicht die Kunst, mit Teu- fels Hülfe sich schuß- und feuerfest zu machen! Schiffe an ihrer Fahrt zu hindern, den Tod zu verlängern oder zu beschleunigen, den Menschen zu täuschen, daß sie glauben, in Wölfe verwandelt zu sein oder zu sehen Etwas, was nicht geschieht; insonderheit vermag der Satan eine Menschengestalt anzunehmen auf zweifache Weise: entweder einen scheinbaren Leib, aus comprimirter Luft gebildet, oder einen wirklichen Leib, indem er einen nicht verwesenen todten Leichnam annektirt. Wie das Auge, so kann er auch alle andere Sinne täuschen, als Gehör, Geruch, Geschmack, Gefühl. Als Anhang sind noch fünf Thesen behandelt, nämlich 1. die Zahl der Dämonen ist überall sehr groß; 2. auch die Zahl der Zauberer und Zauberinnen ist sehr groß[1]); 3. der Satan ist der größte Feind Gottes und des Menschengeschlechtes; 4. der Teufel ist der Affe Gottes. Im Prolog wie im Epilog gibt er Beweise von seiner Frömmigkeit. Er ruft in ersterem die göttliche Güte an, daß seiner Arbeit Lohn darin bestehe, alle satanischen Vorspiegelungen zu zerstören und alle Mißgeburten des Aberglaubens in kluger Weise ohne Gefährdung der Unschuldigen zu Boden zu schlagen und des Satans Arglist und Trug mit dem Lichte der Wahrheit zu vernichten. Am Schlusse seines fast 1100 Seiten umfassenden Werkes bringt er dem Dreifaltigen mit warmen Worten den schuldigen Dank entgegen, wiederholt von Neuem, wie groß die Zahl Derer sei, welche der satanischen List zum Opfer fielen. Dann aber ruft er den göttlichen Geist an, daß er weit von uns scheuche aller unserer Feinde Nachstellungen, die feurigen Pfeile des Satans tapfer abwende und uns nach Besiegung aller Feinde zur himmlischen Burg hinüber führen wolle. Aus der großen Zahl derjenigen Aerzte, welche an zauberische und teuflische Krankheiten glaubten und darüber Schriften veröffentlichten, nennen wir: Dr. Wecker, Baricellus, Sennert, Aber, Cäsar, Salmasius, Fernell, Zacchias[2]), Carthanus, Vallesius[3]), R. Goclenius, Hofmann, Erastus, Langius, Henricus ab Heer, Benivenius, Thimäus a Guldenklee, Bartholinus, Sebizius, Caspar a Rejes, Merchlinus, Rolfing, Conringius, Johann Georg Rosa, Myntichtus, Eisenmenger, Salmuth, Göller, Carl von Gogler, Schockius, Franz Joel, Hartmann, Matthias Thilling, Ganzius, Lud. Grupelius, Baptist Condronchius u. a. m.

---

1) Als Hauptursache, daß es mehr Hexen als Zauberer gebe, sei zu betrachten: die Schwäche des weiblichen Geschlechtes; als Specialursache: curiositas et credulitas, cupiditas, libido, egestas. Die Frauen sind geschickter in der Vermehrung der Zahl der Complicen und bereitwilliger das vom Dämon Aufgetragene zu befolgen. Letzteres ist begreiflich; denn nach Freudius schilt er die Hexen, wenn das Unwetter nicht folgt, oder schlägt sie auch, wohl mit Fürwenden, daß sie damit unfleißig seien umgegangen, oder weiß sonst eine Ausflucht. S. 648.

2) »Medicorum princeps, omniscius,« Putter 36.

3) »Daemon est causa externa morborum.« soc. philosophia. pag. 169.

Auch der Gespensterglaube fand unter den Aerzten entschiedene Vertreter. M. Johann Heinrich Deder schrieb eine Spectrologia h. e. Discursus ut plurimum Philosophicus de Spectris. Hamburg 1690. In sieben Kapiteln behandelt er die Existenz, das Wesen, die Qualität, Aufenthalt, Erscheinungsweise der Gespenster und ihre Wahrnehmung seitens der Menschen. Der Verfasser hebt hervor, daß er es vorziehe, die Urtheile berühmter Männer über diesen Gegenstand zusammenzustellen, als sein eigenes Urtheil zu fällen. Deshalb zeichnet sich sein Buch aus durch eine vollständige Literatur über die Gespenster. Es sind im Index der Autoren 225 Namen genannt, auf die er sich beruft. Rechnet man ungefähr 50 heidnische und katholische Autoren ab, dann bleiben noch 175 protestantische Autoren übrig. Sieben darunter handeln ex professo über Gespenster, Lavater, Johann von Münster, Rivius, Scheretzius, ein Annonymus »Magica, Sive Historia de Spectris.« 1597 in Eisleben; dann „Beweisthum, daß Gespenster seien", Hannover 1689. Auch Luther wird Seite 79, 144 u. 171 citirt; ebenso Bartholomäus Anhorn, welcher seine »Magiolologia« 1674 in Basel herausgab und Deder reichen Stoff zu Citaten gibt. Seine Anschauungen gehen ganz in den abergläubischen Vorstellungen seiner Zeit auf. Teufelsbuhlschaft, Wechselbälge, gehören in sein Credo. Er belegt seine Behauptungen mit geschichtlichen Thatsachen in seinem Sinne, die er entweder in seinen Gewährsmännern gelesen oder von solchen gehört haben will. Von einigen behauptet er selbst Zeuge gewesen zu sein, z. B. Seite 185 das Gespenst in Hamburg.

Dann die Erzählung aus dem Munde seines Collegen Schellwichius, wie der Satan 1688 in Migenhall einem kranken Mädchen die vorgehaltenen Speisen wegnahm, eine Thatsache, welche durch die Ortsbehörde und den Ortspfarrer feierlich bestätigt wurde. Auch die berühmte Erzählung, welche Gödelmann[1]) aufbewahrt hat, fehlt nicht. Dieser will nämlich von seinen Professoren in Wittenberg wiederholt gehört haben, daß einstens ein Mönch zu Luther gekommen sei unter dem Vorwande, über einige papistische Irrthümer mit ihm zu sprechen. Doch habe Luther alsbald den Erzfeind erkannt und ihn mit einem Bibelspruche davon gejagt. Daß die Gespenster nicht Seelen verstorbener Menschen, sondern nur Erscheinungen des Teufels seien, dafür citirt er neben Luther Dr. Spener, Waldschmidt und Dr. Mayer. Letzterer in seinem Buche: „Das betrübte Kind Gottes" Kap.: „Anfechtungen wegen der Gespenster."

---

1) G. Gödelmann, Bericht von Zauberern ꝛc. Frankfurt 1592.

Sechstes Kapitel.

Gegner.

1. Gegenüber den im Zauberglauben festgebannten protestantischen Theologen macht es einen erfreulichen Eindruck am Beginne des 17. Jahrhunderts auch eine versöhnlichere und mildere Sprache zu vernehmen, welche Verwandtschaft hat mit jener des Jesuiten Fr. von Spee: „Gründlicher Bericht *Antonii Praetorii*, Lipsiano-Westphali von Zauberei und Zaubern." 4. Auflage, Frankfurt 1629. Die erste Auflage erschien 1602. Der Verfasser richtet seine Schrift an seine Landsleute in ganz Westphalen, veranlaßt durch die Wahrnehmung, daß schon viele unter ihnen über diesen Gegenstand geschrieben haben, als: Jodocus Hoder in Osnabrück; Dr. Johann Wierus, M. Hermann Wittelind, zu Roden bei Iserlon geboren, Mathematicus und Professor in Heidelberg; endlich Dietrich Graminäus, Anwalt im Fürstenthum Berg. Noch mehr aber, weil etliche Oberen und Beamte theils übermäßig streng und hart, andere theils zu viel Geduld und Unverstand gezeigt. Er will, daß die Obrigkeit den Unschuldigen nicht drücke, den Schuldigen nicht schmücke, sondern recht hindurch gehe zur Erbauung und nicht zur Verderbung vieler Seelen. Die Schrift führt sich ein als: „Bericht von den Zauberen und ihrem Fürnehmen: Auch wie ihnen durch ihre Obrigkeit zu wehren." In dreizehn Kapiteln auf 174 Seiten behandelt der Autor die einschlägigen Fragen über Ursprung, Arten der Zauberei, sowie der Wirkungen, Verderblichkeit und Sündhaftigkeit derselben. Der Verfasser ist in seinen Anschauungen sehr maßvoll, in seinen Forderungen sehr human und christlich gesinnt, und unterscheidet sich dadurch sehr vortheilhaft von seinen übrigen Collegen. Er ist kein Freund der Tortur und der Wasserprobe, er geht namentlich scharf mit den Richtern in's Gericht. Auf Seite 121 zeigt er, daß viele Richter wider kaiserliche Ordnung handeln, wie sie härter plagen, als der Teufel; sie werden schuldige Todtschläger an Eltern, Kindern und Freunden, wenden sich selbst zu zauberischen Teufelsknissen in der Folterung. Seite 127 plaidirt er für den Satz: „Besser schuldiges Blut zu erhalten, als unschuldiges Blut zu vergießen." Ebenso zeigt er sie dreifacher Ungerechtigkeit in der Strafe, a) Uebelthäter zu verdammen, ehe sie aus dem Gefängnisse vor's Gericht gestellet, b) gleiche Strafe für ungleiche That, c) heimliche Zauberer werden bestraft, öffentliche freigelassen. Zur Bekämpfung der Zauberei empfiehlt der Verfasser, Kirchen und Schulen wohl zu bestellen, Seite 157, und keine Kosten zu sparen, die Jugend zur Kirche und Schule anzuhalten, ebenso für eine gute Polizeiordnung zu sorgen und alle abergläubischen Bücher zu verbieten und

abzuschaffen. Auf Seite 137 citirt er die kurfürstlichpfälzische Polizei-
ordnung und Criminalordnung; die erstere besagt Kapitel 9, pag. 8.
„Wir gedenken alle Zauberer, Wahrsager, Teufelsbeschwörer, Segner und
alle dergleichen Abgötterer, in unserm Kurfürstenthum nicht zu dulden,
sondern dieselbige unseres Landes, sofern sie von solchen gottlosen Wesen
nicht abstehen würden, stracks zu verweisen, oder im Fall, an Leib und
Leben zu strafen. Daselbst wird auch denen, welche Zauberer rathfragen,
gedrohet, daß sie ernstlich, nach Gelegenheit des Uebertretens, mit dem
Thurm oder sonst gestrafft werden sollen.“ In der Malefiz-Ordnung
Kapitel 9, pag. 9 stehet also: „So jemand seinen christlichen Glauben,
darauff er getaufft, vorsetzlicher Weise verläugnet, mit dem Teufel Bündn-
nis macht, oder mit demselben umbgeht und zu schaffen hat, Zauberey
übet und treibet, Viehe oder Menschen, mit oder ohne Gifft beschädigt,
dessen auch verwiesen oder sonsten geständig ist, auch sich also befinden
würde, soll derselbe oder dieselbe vom Leben zum Todt mit dem Feuer
gericht und gestrafft werden.“ Auch vergißt er nicht, die strengste deutsche
Criminal=Ordnung, die sächsische, zu citiren. „Im Kurfürstenthumb
Sachsen werden, vermög ihrer Rechten, die Wahrsager und Chrystallen-
seher enthauptet. Welche mit dem Teuffel sich verbunden, sie haben
jemand beleidigt oder nicht beleidigt, werden verbrannt. Welche aber
Gott nicht geläugnet haben, und Schaden gethan, wenig oder viel, werden mit dem Schwert gerichtet.“ Weniger entspricht es der sonst so
nüchternen Auffassung, wenn er Seite 28 zu den namhaftesten Zauberern
in Deutschland folgende Männer rechnet: Albertus Magnus, Johannes
Trithemius, Corn. Agrippa, Joh. Saxonicus, Joh. Faustus, „zu welchen
ich ordne Scotum, Wagner und Thurneyßern mit ihrem Anhange. Ich
könnte solcher noch mehr nennen, weil sie aber noch leben und sich
vielleicht bekehren möchten, will ich ihres Namens verschonen [1]).“

2. Balthasar Bekker. Dieser reformirte Prediger zu Amsterdam hatte als Student, während der Ferien, Bielefeld besucht, wo Ver-

---

1) Der Franzose Gabriel Naudé hat eine eigene Apologie geschrieben, um
die gelehrten Männer des 16. Jahrhunderts und früherer Zeit von der Anklage
der Zauberei zu reinigen. Apologie pour les grands hommes soupçonnés de
magie. Amsterdam 1712. Unter anderen vertheidigt er gegen diese Anklage
Raymund Lullus, Arnold von Villanova, Paracelsus, C. Agrippa, Trithemius,
Albert den Großen, St. Thomas, R. Bacon, Savonarola, Carbanus u. s. w. —
Auf Thomasius hat die Lectüre dieses Buches großen Eindruck gemacht, wie er
selbst bekennt. S. Vorrede zu Webster S. 6. „Als ich in Carpzovio gelesen, hätte
ich mich für dessen Ansichten todtschlagen lassen. Nachdem ich aber des Naudé
Apologie der fälschlich als Zauberer beschuldigten Männer gelesen, nebst Autoren
der Cautio criminalis, sind mir die Schuppen von den Augen gefallen.“

wandte lebten. Hier hatte er Gelegenheit, Hinrichtungen von Hexen anzusehen, wie Professor Scribonius von Marburg einst in Lemgo. Doch war die Wirkung eine verschiedene. Scribonius veröffentlichte daraufhin seine Schrift: „Bericht von Erforschung Prob und Erkenntniß der Zauberinnen durchs kalte Wasser." Lemgo 1583[1]).

Beller dagegen sah sich angeregt, einen Versuch zu wagen, die Welt von dem Zauberwahne zu befreien. Er veröffentlichte sein berühmtes Werk: „Die bezauberte Welt"[2]). Den Hauptangriff richtete Beller gegen die Natur und Wirksamkeit des Satans, von welchem er behauptete, daß er keines von den ihm zugeschriebenen Werken verrichten könne, als Pacteschließen, Buhlschaft halten, leiblich erscheinen u. s. w. Er will das Papstthum für diese Vorstellungen verantwortlich machen, welches diese Lehren aus jüdischen und heidnischen Vorstellungen geschöpft habe. Der einzige Ort, wo der Satan wirksam quälen könne, sei die Hölle. Die solchen Behauptungen widersprechenden Stellen der Bibel glaubte er, durch eine freie oft geschraubte Exegese, in seinem Sinne umdeuten zu können.

Dieses Werk von Beller erregte ein großes Aufsehen und einen gewaltigen Sturm gegen den Verfasser. Nach Veröffentlichung des ersten Buches 1691 trat die reformirte Synode zusammen, von welcher Beller seines Amtes entsetzt wurde. Man beschuldigte ihn der Ketzerei, selbst des Atheismus oder des Adämonismus, weil er des Dämons Existenz im Grunde leugne. Von dem gewaltigen Eindruck seines Buches gibt die Zahl seiner Gegner den besten Beweis: M. Leydecker, Petr. Poiret, Joh. a Marck, B. Fall, Josef Glanvill in Holland; in Deutschland waren es Pfeiffer, Winkler, Beerens, Zobel und Goldschmid. Ihre Gesammtzahl wurde recensirt 1692 in Boek Zaal van Europe[3]).

Der Pastor zu Sterup Peter Goldschmidt beehrte ihn mit einer Gegenschrift „Höllischer Morphäus" 1690.

Fast ein Vierteljahrhundert später trat gegen ihn auf Carl Fr. Romanus (Römer) in einer Streitschrift »Shediasma polemicum« etc. vulgo „ob wahrhaft Gespenster, Zauberer und Hexen seien?" Leipzig 1717, 73 pag. in 4⁰. Der Verfasser, ein Jurist in Leipzig, polemisirt in dieser Schrift ebenso sehr gegen Thomasius wie gegen Beller. Mit fünf Beweisen sucht er den Letzteren zu widerlegen. Am Schlusse fügt er eine Uebersicht über die Literatur in Zaubersachen bei.

---

1) Prof. Dr. med. Hermann Neuwalt antwortete ihm mit einem „Gegenbericht". Helmstadt 1584.

2) »To betoouerde weereld« in vier Büchern. 1691—93.

3) C. F. Römer, »Schediasma polemicum« etc. Seite 3.

In einer zweiten Schrift sucht derselbe Verfasser den Nachweis über die Existenz der Gespenster zu führen. Wie wenig Einfluß das Bekker'sche Werk unter seinen Zeitgenossen errang, beweist eine Dissertation, welche 1698 zu Rostock vor der Juristen=Fakultät gehalten und dann publicirt wurde. „Juristische Untersuchung über das gerichtliche Bekenntniß der Hexen, daß sie aus der schändlichen Buhlschaft mit dem Satan ein menschliches Wesen erzeugt hätten." Ueber den Inhalt dieses Tractats läßt sich wenig sagen, weil er zu obscön ist. Der Verfasser nannte sich Nikolaus Putter, geistig verwandt mit J. H. Pott, welcher 1689 in Jena eine Schrift veröffentlicht hatte: „von der Hexen schändlichem Umgang mit dem bösen Feinde nebst Exempeln". Die Zahl derjenigen, welche noch am alten Hexenglauben in Norddeutschland am Schlusse des 17. Jahrhunderts festhielten, war Legion. Und dieses war sehr natürlich. Die Orthodoxie, auf Seite der reformirten wie der lutherischen Kirche, sah sich mit Bekkers Grundsätzen in ihrer Grundlehre bedroht. Denn die Lehre vom rechtfertigenden Glauben hing zu sehr mit dem Glauben an des Teufels Arglist und Gewalt auf Erden zusammen. Sie war darauf erbaut. Luther hatte den Satan zu unseres Gottes Stockmeister, Profoß und Executor bestellt, um durch Furcht vor ihm die Christen zur Gläubigkeit anzuhalten [1]. Deshalb wurde jetzt der Kampf gegen die Freigeister und Atheisten auf die Kanzeln verlegt; es wurde fast mehr über Satanas und sein Geschmeiß geprediget als über Christus [2]. „Der große Glaube an einen beinahe allmächtigen Teufel," schreibt ein unverdächtiger Autor, „herrscht noch in den meisten Köpfen der Christen. Geistliche sind es, welche ihn gewöhnlich unterhalten und fördern. Ein gewisser frommer Trotz, der nicht Unrecht haben und eines bessern sich nicht belehren lassen will, schadet der Aufklärung mehr als vormals Kerker, Folter, Scheiterhaufen ⁊c.; unser Gottesdienst, der ein vernünftiger sein soll; bleibt leider noch immer durch Fabeln und Mährchen entstellt. Wie soll der Laie aufgeklärt werden, wenn sein Lehrer und Seelsorger sich nicht seinen Irrthum nehmen lassen will, und seine Vorurtheile zur Sache Gottes macht? Ich rede nicht bloß von großen Städten (wo vom großen Haufen dasselbe gilt), sondern vom platten Lande, wo es zum Theil noch sehr finster aussieht. Größentheils erschallt hier der

---

1) Gott ist der Hirte; die Gläubigen sind seine Schafe; der Satan ist der Hirten= oder Schäferhund, welcher die Schafe hinter die schützende Hürde der sola fides zu scheuchen hat. „Denn Gott gab Satan die große Macht, auf daß die gottlosen und verstockten Menschen sich fürchten und glauben und Gott anrufen lernen." Luther nennt Satan einen Stockmeister und Henker im großen Katechismus.

2) Janssen, Geschichte des deutschen Volkes. IV. 12. 42. 44.

Name des Teufels häufiger von der Kanzel als der Name Gottes und Jesu. Wagt Einer eine gegentheilige Ueberzeugung laut auszusprechen, was ist sein Lohn? Verketzerung und Verfolgung. Man stichelt auf ihn an heiliger Stätte; man hetzt seine „Kirchkinder" wider ihn auf, macht ihn bei seinen Vorgesetzten verdächtig — und glaubt, man thue Gott einen Dienst daran. Man kann mir's glauben, daß ich in diesen Stücken die Chronik skandaleuse meiner Amtsbrüder ziemlich genau kenne." So Joh. Moritz Schwager, Pastor zu Jöllenbeck, hundert Jahre nach Beller, in seinem Versuche einer Geschichte der Hexenprocesse. Berlin 1784.

Siebentes Kapitel.

Schlußwort.

Eine unparteiische Prüfung der einschlägigen Literatur und der Geschichte des 16. und 17. Jahrhunderts führt zu der Ueberzeugung, daß der Protestantismus viel mehr Antheil hat an der Verbreitung und Forterhaltung des Hexenwahnes, als der Katholicismus. Balthasar Beller, ein wichtiger Zeuge, legt dieses Bekenntniß selbst ab. „Der Bund der Zauberer und Zauberinnen mit dem Teufel ist nur ein Gedicht, das in Gottes Wort nicht im Allergeringsten bekannt ist, ja streitig wider Gottes Wort und Bund, allerdings unmöglich, das allerungereimteste Geschwätz, das jemals von den heidnischen Poeten ist erdacht worden, und dennoch von vielen vornehmen Lehrern in der protestantischen Kirche vertheidigt, wo nur nicht auch zum Theil erdacht. Denn ich finde schier keine Papisten, die von dem Teufel und den Zauberern mehr Wunder schreiben, als Danäus, Zanchius und ihres Gleichen thun. Woraus man sehen mag den kläglichen Zustand der Kirche, in welcher ein so häßliches, ungestaltetes Ungeheuer von Meinungen nicht allein gelitten, sondern auch gehegt und unterhalten wird[1])."

Aber nicht bloß wurde auf jener Seite der Wahn mehr gehegt und gepflegt, sondern auch der Proceß gegen die Hexen häufiger und beharrlicher unterhalten als bei den Katholiken. Reiche bezeugt dieses in seiner öfters erwähnten »Theses inaugurales«, worin er nachweist, §. VI, daß der Glaube an die Teufelsbündnisse eine Fabel sei, welche aus dem Judenthum, Heidenthum und Papstthum stamme und durch den schmählichsten Proceß, der auch bei den Protestanten in allgemeine Aufnahme

---

1) B. Beller II. Kap. 35, §. 1. Soldan-Heppe II. 239.

(usitatissimo) gekommen, gefestiget worden sei (esse stabilitam fabulam). Eine Stimme von katholischer Seite sagt: „Nicht die katholischen Länder allein waren es, wo der Hexenproceß seine mörderische Thätigkeit entfaltete, die protestantischen Territorien blieben hierin nicht zurück. Ja, sie thaten es den katholischen in vielen Stücken zuvor[1]."

Dabei gewahrt man die betrübende Erscheinung, daß die protestantische Geistlichkeit sich entschieden für die Hexenprocesse interessirt und sie befördert hat. Die zahlreichen Beweise hiefür liefert das erste Buch des ersten Theiles dieses Werkes. Ein protestantischer Schriftsteller erklärt: „Die Geistlichkeit (protest.) drang eifrig auf die Einführung der Hexenprocesse, um dem Vorwurf der ketzerischen Gleichgiltigkeit zu entgehen, selbst da, wo sich das weltliche Regiment dagegen sträubte, wie in Siebenbürgen[2]." Ein Superintendent zu Nördlingen predigt 1588 und verlangt die Bestrafung der Hexen[3]. Freilich hatte er, wie auch später Dr. Waldschmidt zu Frankfurt, die Auctorität Luthers für sich, welcher schrieb: „Manche Obrigkeit ist zwar eifrig und läßt sich angelegen sein, kann aber ihres Orts nichts dahinbringen, daß von dieser bösen Art und höllischem Schlangensame nichts sollte übrig bleiben . . . Gehen derselben also etliche durch Schwerdt, Feuer und Rauch darauf, so ruhet er gar nicht, andere zu dieser schrecklichen und abscheulichen Zauberei zu verführen und sein Teufelsgeschmeiß zu erhalten, sondern auch zu vermehren, welches auch durch Verführung kleiner, junger, unverständiger Kinder geschieht, wie die Erfahrung aller Orten, mehr als gut ist, solches genugsam bezeugt[4]."

Ueber die Geistlichkeit in Schottland berichtet ein ebenfalls protestantischer Schriftsteller[5]: „Die Geistlichen in Schottland lebten ganz ehrlich des allgemeinen Glaubens an Hexerei, indem sie diese als ein Verbrechen ansahen, das ihren Stand mehr als irgend einen andern im Staate verletzte, da sie, besonders zum Dienste des Himmels berufen, vorzugs-

---

1) J. Baader, Anzeiger für Kunde der dt. Vorzeit XXIII. 227.
2) Dr. Schindler, Aberglaube des M.-Alters. 309.
3) Dr. Meyer, Periode der Hexenprocesse. S. 19. Jenem folgte in Nürnberg Franziskus Erasmus 1695 in seinem „höllischen Proteus". Auch er hatte während seiner Jugend in Thüringen Hexenbrände gesehen, ist aber nach Schindler „der leichtgläubigste und geschwätzigste aller Schriftsteller." Sein „gestriegelter Rockenphilosoph" von 1718 erreichte trotzdem bis 1759 die 5. Auflage.
4) Waldschmidt, Hexenpredigten. Vorrede.
5) Walter Scott, Briefe über Daemonologie und Hexerei II. 158 u. 16.. Von 1690—1718 erschienen in England 25 Schriften zur Vertheidigung des Hexenglaubens meist von Theologen: Richard Baxter, berühmt durch seine Frömmigkeit, war darunter.

weise verpflichtet waren, den Einwirkungen des Satans sich zu wider-
setzen . . . Die Priester stellten den Grundsatz auf, daß die Römisch-
katholischen, als ihre Hauptfeinde, mit einander dem Teufel, der Messe
und den Hexen zugethan wären, welche ihrer Meinung nach, alle drei
zum Unheilstiften vergesellschaftet und natürliche Verbündete sein müßten...
Ein Priester brachte den Richtern, damit sie ihr „Schuldig" mit gutem
Gewissen aussprechen konnten, den Beweis bei, daß er an der Thüre des
Kerkers dem Gespräche der Hexe mit ihrem satanischen Gebieter zugehört
habe." Das Verfahren gegen die unschuldig Angeklagten war das un-
menschlichste. Was Calvin in Genf in Hexenverfolgung geleistet, ist
bekannt. Melanchthon und Brenz dachten nicht milder. Als in Osnabrück die große Hexenverfolgung inscenirt wurde, geschah dieses vorzugsweise auf Betreibung der dortigen Geistlichkeit[1]). Den humanen und
christlichen Bestrebungen eines Friedrich von Spee trat ein Mitglied der
protestantischen Geistlichkeit entgegen, Superintendent Rimphoff in seinem
„Drachenkönig"[2]). Auch Tanner hatte auf der Gegenseite seinen Wider-
part gefunden in H. Nikolai.

Es muß auch auffallen, daß kein protestantischer Prediger als Hexenmeister verbrannt wurde, wie dasselbe von den Israeliten gilt. Außer
dem mitgetheilten Falle in Homburg-Bingenheim[3]) ist uns bezüglich
Letzterer keiner bekannt geworden. Dagegen sind viele katholische Priester
seit Edelins Tod, 1483, in den Flammen umgekommen, namentlich zu
Würzburg und Bamberg, in den Jahren 1628 und 1629[4]).

Es ist dies nur dadurch zu erklären, daß diese Unglücklichen sich
öffentlich mißbilligend über das Treiben der Hexenrichter und den Hexenwahn ausgesprochen hatten. Der keineswegs ultramontane Bürgermeister
zu Offenburg, Franz Voll, hat in seiner Hexen-Schrift[5]) dem Klerus
von Offenburg und Ortenau ein schönes Zeugniß ausgestellt: „Die

[1]) Director Fischer in einem Vortrage zu Osnabrück, Febr. 1886. Westf.
Volksblatt Nr. 35. 5. Febr. 1886.

[2]) Der Drachenkönig Rinteln 1647, wo Spee's Buch cautio cr. erschienen.
Er glaubt an Wehrwölfe und Elben. Schindler 303.

[3]) Siehe Seite 101. Die Juden waren nicht in der Lage, ihr Taufbündniß
zu brechen und Christo abzuschwören. Das Volk fand in der Zauberei zugleich
Ketzerei, Abfall vom christlichen Glauben.

[4]) Bis Ende 1629 betrug die Zahl der verurtheilten Kleriker in Würzburg
19 Personen. Soldan-Heppe II. 50.

[5]) Hexen in der Landvogtei Ortenau und der Reichsstadt Offenburg. 1882.
S. 103.

Offenburger Hexenprocesse haben ihren Entstehungsgrund durchaus nicht in einer besonderen Anregung durch die Geistlichen. Wenn ein Eingreifen von diesen erkennbar ist, so können wir nur ein wohlthuendes Bestreben wahrnehmen, die Leiden der Unglücklichen zu mildern und zu heben. Der Kirchherr ist es, welcher der Bäcker Else Tochter das Leben rettete und die Ketten löste, und klug die zuletzt verurtheilten Frauen dem hirn- und herzverstockten Rate aus den Händen wand." Das große Aufheben, welches Soldan-Heppe[1]) mit der hessischen Generalsynode zu Marburg 1575 macht, verdient dieses nicht, da sie ja die Zaubersache ganz vertrauensvoll in die Hände des Landgrafen legte. Dieser, Landgraf Ludwig zu Marburg, wie sein Vetter Georg zu Darmstadt, ließen noch vor Schluß des 16. Jahrhunderts die Hexenverfolgung ins Leben treten. Betreffs der beiden Fürstbischöfe in Bamberg und Würzburg kann man die Initiative nicht diesen Fürsten zuschreiben, sondern ihren weltlichen Räthen und dem unsinnigen Verlangen des bethörten Volkes. Spee klagt mit Recht über der Ersteren Indolenz und Gleichgültigkeit[2]). In Münster regierte der sehr weise und milde Bischof Bernhard, welcher keine Processe aufkommen ließ[3]). Der spätere Kurfürst Johann Schönborn von Mainz übertraf alle Reichsstände an Einsicht, Weisheit und Vorsicht in der Hexensache, weshalb er das Lob und die Anerkennung eines Leibnitz wohl verdient hat. Die 5 Jahre währende Hexenverfolgung zu Trier 1586—1591 (Soldan-Heppe setzt 93), welche durch Hungersnoth veranlaßt wurde, fand ihr Ende durch das Rescript des Kurfürsten Johann vom 18. December 1591[4]). Es dürfte zu hoffen sein, daß Soldan-Heppe seine Geschichte der Hexenprocesse einer gründlichen Revision unterzieht, und sollte eine neue Auflage davon Zeugniß geben, so wäre der Zweck dieser Untersuchung erreicht. Ich schließe mit Wolfgang Menzels Worten: „Dergleichen Gräßlichkeiten (Hexenprocesse) waren das ganze Mittelalter hindurch unbekannt; erst in der gepriesenen Zeit der Reformation und der Renaissance sind sie mit dem römischen Rechte und

---

1) Soldan-Heppe, I. 484.

2) Spee, XVI. Fr. 27 u. 29. S. 45. Deutsche Ausgabe. Frkf. 1649.

3) Riezußß, S. 34, 58 u. 59.

4) Reiffenberg, Hist. rhen. I. 239 citirt Lindens gest. trev: »quia vulgo creditum est, annorum *continuatam* sterilitatem a strigibus et maleficis causari, tota patria in exstinctionem maleficorum exsurrexit. III. 170. Hunc motum juvabant multi officiati ex hujusmodi cineribus aurum et divitias sperantes.« Cornel. Loos hatte dieses nach eigener Wahrnehmung die „neue Goldmacherkunst" genannt. Dr. Binz. Meyer. 103. Soldan-Heppe führt die Leser irre, wenn er die Worte Lindens ohne die vorstehenden citirt »deficiebat arator, et vinitor; hinc sterilitas«, wodurch er die Wirkung als Ursache gelten läßt. II. 37. Anmlg.

dem teuflischen Despotismus zugleich in Deutschland angekommen. Man pflegt oft das Mittelalter barbarisch, finster, die neuere Zeit gebildet, aufgeklärt zu nennen. Wenn man aber die Sache recht betrachtet und nicht aus Rücksicht auf die herrschenden Vorurtheile lügen will, muß man sagen, daß die deutsche Nation im Mittelalter viel humaner gesinnt war, und auch humaner regiert wurde, sowie daß die Finsterniß und Barbarei erst mit der Reformation, mit den klassischen Studien, mit der neuen römischen Jurisprudenz und mit der Büreaukratie hereinbrach[1])."

[1) W. Menzel, Literaturblatt 1862. Nr. 50.

Namenregister.